Über dieses Buch Kesslers Lebenserinnerungen, die Beschreibung seiner Jugend zwischen den Nationen und Hauptstädten des alten Europa vor der Jahrhundertwende, gehören seit ihrem ersten Erscheinen bei S. Fischer (1935) zu den klassischen Erinnerungsbüchern einer Generation, die ihren Lebensentwurf in Trümmer gehen sah. Der Text wird hier in einer kritisch durchgesehenen Neuausgabe vorgelegt und durch Material aus dem Nachlaß ergänzt, das die ursprünglich von Kessler geplante, dann nach 1933 nicht mehr ausgeführte Konzeption ahnen läßt. Die wichtigsten Varianten der von Kessler selbst erarbeiteten französischen Version von 1936 werden im Anhang mitgeteilt. Hinzu kommt das 1898 erschienene Reisebuch in ein Traumland Friedrich Nietzsches, die ›Notizen über Mexiko‹, mit denen Kessler seinen Rang als Tagebuchautor erstmals öffentlich unter Beweis stellte.

Der Autor Harry Graf Kessler, 1868 in Paris geboren, studierte Jura, Nationalökonomie und Kunstgeschichte, war Mitbegründer der Zeitschrift ›Pan‹ (1895–1900) und gehört als finanziell stets unabhängiger homme de lettres und passionierter Tagebuchschreiber zu den faszinierendsten Vermittlerfiguren unseres Jahrhunderts. Als Leiter des Weimarer Museums für Kunst und Kunstgewerbe wie als Privatsammler förderte Kessler die Moderne (Rodin, Maillol, Bonnard, Beckmann, George Grosz), als Bibliophile druckte er auf seiner Cranach-Presse international gerühmte Werke, als Mitführer der Deutschen Friedensbewegung und Propagator des Völkerbundsgedankens agierte der »rote Graf« in den zwanziger Jahren auf den Schauplätzen der »Erfüllungspolitik«. Kessler starb 1937 in Lyon.

Der Herausgeber Gerhard Schuster, Jahrgang 1956, Dr. phil., Studium der Germanistik, Kunstgeschichte und Geschichte in Tübingen und München. Veröffentlichungen unter anderem zur Verlagsgeschichte der Moderne, zu Hugo von Hofmannsthal, Rudolf Borchardt, Max Rychner; Herausgeber der Stuttgarter Ausgabe der Sämtlichen Werke Gottfried Benns, Bearbeiter der Kessler-Ausstellung des Deutschen Literaturarchivs / Schiller-Nationalmuseums (Marbach am Neckar) 1988.

Harry Graf Kessler

Gesammelte Schriften in drei Bänden

Herausgegeben von
Cornelia Blasberg und
Gerhard Schuster

Band I Gesichter und Zeiten
Band II Künstler und Nationen
Band III Walther Rathenau

Harry Graf Kessler

Gesichter und Zeiten

Erinnerungen

Notizen über Mexiko

Mit einem Nachwort und
Anmerkungen versehen
von Gerhard Schuster

Fischer Taschenbuch Verlag

Veröffentlicht im Fischer Taschenbuch Verlag GmbH,
Frankfurt am Main, Mai 1988

Die Texte ›Amerika‹ und ›Pilsudski‹ erschienen teilweise 1935
in der ›Neuen Rundschau‹, die ›Geplante Kapitelfolge der Erinngerungen‹
im ›Jahrbuch der Deutschen Schillergesellschaft‹ Band 31, 1987
(Drucknachweise im Anhang),
das ›Curriculum Vitae‹ war bisher nicht publiziert.
Umschlaggestaltung: Buchholz / Hinsch / Hensinger
unter Verwendung des
Kessler-Porträts von Edvard Munch aus dem Jahr 1906
(Nationalgalerie Berlin-West)
Mit freundlicher Genehmigung der Oslo Kommunes Kunstsammlinger, Oslo
Gesamtherstellung: Clausen & Bosse, Leck
Printed in Germany
ISBN 3-596-25674-7

Inhalt

Gesichter und Zeiten

Erinnerungen

Meiner Schwester gewidmet

Erster Band
Völker und Vaterländer

I Mémé

1

Mémé nannten sie ihre Enkelkinder. Sie liebte dieses kindliche Wort, das in einem sonderbaren Gegensatz zu ihrer herben, leidenschaftlichen, kompromißlosen Natur stand. Sie schien es wie einen Mantel und Schutz gegen die harte, kalte Welt zu empfinden. Bis ans Ende war und blieb sie königlich schön. Als Mädchen und junge Braut muß sie, nach den Bildern zu urteilen, von bestrickender Anmut gewesen sein: ein zart modelliertes Kinn, ein kleiner, fester, wie eine Waffe gespannter und doch so sanfter Mund, eine fein geschwungene, klassisch schöne Nase, deren Flügel wie Rosenblätter immer ganz leicht bewegt schienen und in der Erregung wie die eines Vollblüters bebten; dunkelbraune, fast schwarze Augen, in die einige Goldkörner eingebettet waren, Augen, die allzu ausdrucksvoll keine Bewegung der Seele in Zorn, Liebe, Spott verschleiern konnten, die Stirne hoch und auf kühn geschwungenen Brauen hoheitsvoll, darüber wie eine Krone eine seltene Fülle dunkelblonden Haares, durch den ein Unterton von rotem Gold schimmerte. Sie war etwas über mittelgroß und bis ins Alter mädchenhaft schlank. In einer Zeit schöner Frauen, wie es die galanten siebziger und achtziger Jahre des vorigen Jahrhunderts waren, die Zeit Renoirs und der Walzer von Strauß, erregte ihre Erscheinung unter den schönsten und bekanntesten überall Aufsehen; ja ich entsinne mich, als kleiner Junge meinen Spaß daran gehabt zu haben, einen mit kindlichem Stolz gemischten Spaß, wenn die Leute auf der Kurpromenade in Ems auf Stühle und Tische stiegen, um sie vorbeigehen oder -fahren zu sehen. Sie hatte eine Art, mit einer kaum merklichen Neigung ihres schönen Nackens Bekannte zu grüßen oder mir, wenn sie mich mit meinem Kinderfräulein erblickte, zuzulächeln, die mich, ohne daß ich recht wußte warum, hinriß. Ich glaube, daß diese besondere Art ihres Grußes und Lächelns viel dazu beitrug, daß ich mich etwas später, mit acht Jahren, in die schöne Hortense Schneider, Offenbachs ›Schöne Helena‹, sterblich verliebte, weil ich bei ihr einen verwandten, vertrauten Ausdruck des Grüßens und Lächelns wiederfand.

Wenn ich an diese Zeit der siebziger Jahre meiner Kindheit zurückdenke, so schwebt sie mir in solchen halb verblaßten Bildern schöner Frauen und ihrer heute schon ach so historisch wirkenden Kostüme vor: romantischen Häufungen von Bändern, Schleiern, Rüschen, Spitzen, poetischen Übertreibungen bald des Ätherischen, bald des Fleischlichen durch geheimnisvolle Bauschungen und kunstvoll daraus emporsprießende Wespentaillen, die von der Wirklichkeit des Frauenkörpers kaum noch etwas erkennen ließen, aber um so mehr verwirrten und bezauberten. Auch die Parfüms, die diese Erscheinungen als leichter Hauch umschwebten, sind meinem Gedächtnis eingeprägt geblieben; vielleicht sogar noch deutlicher als die blassen Bilder ihrer Schönheit. Brise des Iles und Origan, Rose du Soir, Chypre, Souvenir de la Réunion, – ihre exotischen Namen erfuhr ich später, aber die Besonderheit, die ihnen jede Frau durch den Duft und die Schwüle ihrer Haut verlieh, lernte ich unterscheiden, als ich noch aus der Kinderstube hereingeführt wurde, um dieser oder jener die Hand zu küssen. Aus tausend Einzelheiten, die nur einer eigen waren, erwuchs die Eleganz der Frau dieser siebziger und achtziger Jahre, das, was sie, ob Große Dame oder Kokotte, in ihrem Bereich zur Königin machte und, wenn Jugend, Zärtlichkeit, »Seele« oder Geist hinzukam, zu einer Zauberin, deren »Charme«, die aus vielen Kleinigkeiten sich herausdestillierende Quintessenz ihrer Weiblichkeit, durch seine Intimität völlig anders als die steife, protzige Hoffart der nachfolgenden wilhelminischen Jahrzehnte bis zum Krieg und die standardisierte Schönheit Amerikas auf Phantasie und Sinne wirkte. Renoir hat die Erscheinung und den Charme der Frau dieser Zeit in seiner ›Dame in der Loge‹ für alle Zukunft festgehalten. Das Schwärmerische, Sanfte mischte sich bei ihr mit dem Pikanten, das Rokoko mit Robert Schumann, der Ausklang der Romantik mit einem spielerisch neu belebten Louis Seize. Noch einmal blühte in diesen Frauen alles, was das achtzehnte und neunzehnte Jahrhundert an zarter erotischer Kultur geschaffen hatte, in letztem Abendglanze auf, während schon aus der Politik, der Wirtschaft, dem sozialen Untergrund ein dunkleres Zeitalter hereinbrach. Vorläufig aber standen sie noch in allen Hauptstädten, Berlin, Petersburg, London, Paris, Wien, im Zenit und beherrschten, wenn ich meinen Erinnerungen trauen darf, bis zu meinem zwölften oder dreizehnten Jahr das Weltbild.

Von diesen Frauen sind zwei mir deutlicher als die andern in Erinnerung geblieben; die eine, weil Gerüchte und seltsame Erzählungen von ihren Spielereien und Launen wie Märchen manchmal noch lange nach dem Schlafengehen meine Phantasie beschäftigten. Die andere, weil sie mir später, als ich ihr in einer verwandelten Welt begegnete, wie eine letzte, etwas künstlich konservierte Blüte aus dem Zaubergarten meiner Kindheit erschien. Die erste, die Gräfin X. Y., war eine der Gesellschaftsköniginnen des Zweiten französischen Kaiserreichs gewesen, eine Freundin der Kaiserin Eugenie und der Fürstin Pauline Metternich. Sie erfand die Mode, um jeden Preis in Schmuck, Kleidung, Geist, Vergnügen originell zu sein. Unter der Dritten Republik behielt sie ihre Herrschaft und auch ihre launenhafte Originalität bei. Es hieß, und sagenhaft drang es in mein Kinderzimmer, daß sie nie ein genähtes Kleid trug, sondern nur mit Stecknadeln nach ihren wechselnden Eingebungen mehrmals am Tage von ihrer Zofe sich ein Kleid stecken ließ, so daß sie immer überraschend und haargenau ihrer augenblicklichen Stimmung entsprechend gekleidet erschien. Die übertriebenen Gerüchte von ihren täglichen und stündlichen Verwandlungen rückten sie für mein Gefühl in den Bereich der Feen; nur daß ich die schöne Gräfin, die unsere Nachbarin war, mit ihrem leichten Gang und ihren himmelblauen Augen, die mir schelmisch, wie mir schien, zulächelten, fast täglich sah, während die Feen am Tage unsichtbar blieben und bloß nachts in meinen Träumen heranschwebten. Eine Erzählung, die, von bösen Zungen verbreitet, durch Dienstbotengespräche auch an meine Ohren drang, trug dazu bei, sie mir noch geheimnisvoller zu machen. Sie lautete, daß sie, plötzlich in einem Séparé überrascht, nur drei Sicherheitsnadeln zu lösen gebraucht habe, um in halblangen weißen Höschen, wie sie damals Frauen trugen, mit einem schnell herbeigeschafften Barett als Küchenjunge durch ein Fenster zu entweichen. Die Geschichte war ohne Zweifel eine Erfindung guter Freundinnen; aber sie wurde für mich insofern ein Wendepunkt in meinem Verhältnis zu unserer Nachbarin, als ich sie nachher immer mit erstaunten Kinderaugen ansehen mußte, um den Widerspruch zwischen ihrer Haltung als sehr Große Dame und diesem bubenhaften Abenteuer zu lösen.

Die andere Frau war die Gräfin Mimi Wolkenstein. Sie hatte Richard Wagner protegiert und gegen Bismarck als Frau des preußischen Hausministers Schleinitz aus ihrem Salon in der Wilhelmstraße einen den Allgewaltigen empfindlich schmerzenden Feldzug geführt, für den er sich an ihr und ihrem ersten Mann, spät, in ›Gedanken und Erinnerungen‹ rächte. Ich habe sie als Kind kaum oder nur flüchtig gesehen, nachher immer lieber und häufiger, weil sie in einer veränderten Welt, von Jahr zu Jahr fremdartiger wirkend, wie ein Sinnbild der von »Blut und Eisen«, von Schwerindustrie und Militär verdrängten Goethezeit, für mich immer reizvoller und merkwürdiger wurde. Sie hatte nach dem Tode ihres ersten Mannes, mit etwa vierzig Jahren, den Grafen Wolkenstein-Trostburg geheiratet, der österreichischer Botschafter in Paris wurde. Kaum schön, aber einen sicheren Bestand mädchenhafter Jugendlichkeit klug pflegend, erschien sie abends in einer Wolke von Spitzen und Tüll bei gedämpftem Licht in den Prunksälen ihrer Botschaft und begann mit den gerade Anwesenden fast ohne Übergang eine Konversation, die wie ein Kapitel aus den ›Wahlverwandtschaften‹ anmutete. Trotzdem lag ihr nichts ferner als das Lehrhafte; ihre Unterhaltung schillerte im Gegenteil bunt wie ein Schmetterling von geistreichen, etwas preziösen Bemerkungen und romantischen Einfällen, die noch den Duft Bettinas und Rahels verbreiteten. Bridge war noch nicht erfunden, Whist das Reservat der Ballmütter. Daher hatte sie freie Bahn für Gesellschaftsspiele, die sie von Fall zu Fall auszudenken schien. So gab sie jedem etwa auf, einen Edelstein zu nennen – Rauchtopas, Opal, Rubin, Diamant – und dann einen oder eine Anwesende, deren Wesen dem dieses Edelsteins entspreche. Junge Attachés gerieten in Verlegenheit, Freundinnen wurden süß-sauer oder giftig. Sie aber saß dem Gerichtshof vor wie eine Turnierkönigin. Ein andermal mußte ein jeder eine Anekdote zum besten geben; und bei ihr waren es immer überraschend farbige, die aus dem Schatz der von ihr ererbten mündlichen Überlieferungen auftauchten. Unvergeßlich, so wie sie sie erzählte, ist mir eine von Beethoven geblieben. Ein alter Mann (der Name ist mir entfallen) habe ihr geschildert, wie er Beethoven eines Tages im Wiener Wald gesehen habe. Der Meister, seines Grußes nicht achtend, taub, schon ergraut, sei im Sturmschritt an ihm vorbeigeeilt, mit beiden Armen im Schreiten taktierend und zwischendurch ein Kleidungsstück nach dem andern von sich werfend. Schließlich, in einer Waldlichtung, sei der Alte fast nackt stehengeblieben, habe sich umgewendet, ihn angeschaut, mit verbissenem Gesichtsausdruck nur gesagt: »Vortrefflich! Vortrefflich!« und sei weitergeeilt. – Die Gräfin Wolkenstein war nie langweilig und nie müde. Als fast Siebzigjährige hat sie in der Generalprobe des Zweiten Faust bei Max Reinhardt neben mir ausgeharrt von vier Uhr nachmittags bis zwei Uhr früh und war am Ende frischer wie am Anfang. Als ich ihr bei einem Diner meine Bewunderung darüber aussprach, daß sie Abend für Abend immer gleich angeregt bleibe, während andere in Gesellschaft zu schlafen schienen, flüsterte sie mir hinter ihrem Fächer zu: »Ich habe ein Geheimmittel: ich schlafe nämlich zu Hause.« Alles in ihr wurde wie auf einem starken Strom vorwärtsgetragen von ihrem Temperament, von dem sie sich, wo Ziele auftauchten, die ihr erstrebenswert oder gar erhaben schienen, über alle Bedenken fortreißen ließ. So riskierte sie während der Dreyfus-Affäre in Paris für das, was sie als die Gerechtigkeit ansah, ihre gesellschaftliche Stellung; wie sie sie früher in Berlin unbedenklich gegen Bismarck eingesetzt hatte. Und auch Bayreuth wäre, wie Wagner bekannte, ohne die rücksichtslose Energie, mit der sie finanzielle Schwierigkeiten forträumen half und gesellschaftliche Stützpunkte ausbaute, kaum zustande gekommen. – Einmal hat sie eine große, romantische Leidenschaft entfesselt: die ihres zweiten Mannes Wolkenstein. Als er schon ganz weiß und lange Jahre Botschafter war, benahm er sich gegen sie immer noch wie ein Jüngling. Er blickte sie mit verliebten Augen an, beugte sich über ihre Hand mit Inbrunst, redete zu ihr mit einer anderen Stimme wie zu anderen Frauen. Der Zauber, den ihr Geist, das Abseitige und Beschwingte ihres Wesens, ihre hohe und feine Kultur auch auf andere ausübten, war um ihn zu einem Bann verdichtet, aus dem er keinen Augenblick freikam. Da er in seinem Äußeren und seinen Manieren von gewinnender Grazie und Vornehmheit war, entging er auch in einer späteren, für solch romantische Ehen weniger empfänglichen Epoche der Lächerlichkeit, während sie jeden Schatten des Komischen durch das Strahlende ihrer Lebenskraft überglänzte. Aber was auch von leiser Komik vielleicht doch das Verhältnis der beiden alten Leute umschwebte, ging unter in der bis ins Grausige gesteigerten Tragödie ihrer letzten Tage. Sie erkrankte im Palast-Hotel in Berlin und starb in ihrem Hotelzimmer. Während sie krank war, pflegte sie der alte Graf mit seinen ritterlichen Handreichungen und aller Zärtlichkeit und Anbetung, die sie von ihm gewohnt war. Stundenlang soll er an ihrem Bett gesessen und sie schweigend angeblickt haben. Als sie aber tot war, da fiel aller Firnis seiner Herkunft und Erziehung von ihm ab, und was übrigblieb, war ein waidwund geschossenes Tier. Tagelang soll er an ihrem Totenbett geschrien haben, so daß die Hotelgäste entsetzt aus dem Hotel flüchteten. Dann legte auch er sich und starb.

Um diese beiden Frauen, die zusammen noch heute mir die Umwelt meiner Kindheit, das seltsame Nebeneinander von Rokoko und Romantik, fast sinnlich greifbar machen, bewegt sich, in einem längst schon gespenstisch gewordenen Reigen, eine unbestimmte Zahl von anderen, die ineinander übergehen, von denen ich keine mehr als Ganzes fassen kann, sondern nur noch einzelne Gebärden oder einen besonderen Duft, eine Stirn, ein paar Augen, ein Kleid, eine schmale, blasse Hand, zu der ich das Gesicht nicht mehr finde... alles nur noch Traumgestalten, die schon damals wohl in die Märchenwelt eingingen, in der ich als geschwisterloses und ziemlich einsames Kind ohne näheren Verkehr mit Gleichaltrigen lebte. Nur ein einziger Spielkamerad von damals steht mir deutlich vor Augen, der Sohn eines Mitgliedes unserer Botschaft in Paris, ein hübscher, etwas schwammiger und ungewöhnlich folgsamer Junge, der mir, der ich ziemlich wild und unternehmend war, fortwährend als Muster vorgehalten wurde und den ich deshalb bald zu meiden suchte. Abends im Bett, zwischen Halbschlaf und Traum, baute ich an Palästen für meine Prinzessinnen und Feen, labyrinthisch aneinandergereihten Höfen und Hallen, die von Edelsteinen funkelten und in einem wunderbaren Licht schwammen, obwohl sie meistens, wie ich mich zu erinnern glaube, aus Gründen, die mir nicht mehr gegenwärtig sind, unterirdisch waren. Durch diese Pracht führte ich dann unterschiedslos die Figuren, die mir am Tage aufgefallen waren, und die, von denen ich im Märchen gehört hatte. Ich arbeitete manchmal wochenlang Nacht um Nacht an den Plänen und der Ausstattung eines und desselben Zauberschlosses, das ich immer wieder umbaute und verschönerte; bis es mir der erlauchten Gesellschaft, die ich einzuladen gedachte, würdig erschien. Ja ich hatte mir aus einem alten Bademantel und bunten Federn eine Art von Staatsgewand zusammengebettelt, in dem ich die Gäste in meinen unterirdischen Gemächern zu empfangen mir vorgenommen hatte. Dieser Zaubermantel, der mehrere Jahre eine Rolle spielte, wurde mir zurechtgeschneidert und immer reicher ausgeschmückt von meiner alten Kinderfrau Marie aus Winsen bei Hamburg, die auch die Urheberin der Märchenatmosphäre war, in die die ganze mich umgebende Wirklichkeit nach und nach einbezogen wurde und sich sozusagen auflöste. Durch sie hörte ich täglich bei Spaziergängen, beim An- und Auskleiden, beim Aufstehen und Zubettgehen, in hamburgischer Aussprache mit dem harten s-t, von Frau Holle und Rotkäppchen, vom gestiefelten Kater und den Bremer Stadtmusikanten, später auch von Robinson und Sindbad, vom letzten Mohikaner und dem Räuberhauptmann Ali Baba mit seinen vierzig Räubern. Diese treue Seele war mit sechzehn Jahren bei meiner Urgroßmutter in Hamburg in den Dienst getreten und ist, bis sie starb, fast sechzig Jahre, in unserer Familie geblieben. Sie war trotz ihrer Märchen eine recht diesseitige Erscheinung, norddeutsch, semmelblond bis in ihr höchstes Alter, ohne Fehl irgendwelcher Art, trocken, schlank, immer kerzengerade, in einem schwarzen, eng anliegenden Wollkleid, das Sommer und Winter und all die Jahre hindurch das gleiche zu bleiben schien: eine schmale, hohe, schwarze Figur, mit weißer Halskrause, die geräuschlos herumglitt und immer da war, wo sie gerade am dringendsten gebraucht wurde.

2

In dieser bunten und zerfließenden Märchenwelt war und blieb weit über die Märchenzeit hinaus bis in mein zwölftes oder dreizehntes Jahr der feste Maßstab und Mittelpunkt aller Dinge meine Mutter. Sie erschien mir als eine Zusammenfassung aller Vollkommenheiten, die ich bei anderen Frauen entdeckte. Schon ihre Stimme bewegte mich in besonderer Weise, wie später nur die von ganz großen Sängerinnen. Sie hatte einen etwas tief gelegenen, sehr sanften und vollen Mezzosopran und sang vor allem italienische Musik, Rossini und Verdi, die »Wahnsinnsarie« aus Donizettis ›Lucia‹ und die Rolle der Zerline aus dem ›Don Juan‹. Ich habe nie »Una voce poco fa« oder den letzten Akt der ›Traviata‹ hören können, ohne im Geiste neben der Stimme der Sängerin eine zweite, mich tief ergreifende aus den frühesten Tagen meiner Kindheit mit zu hören. Da meine Mutter am Pariser Konservatorium und außerdem zu Hause von guten italienischen Lehrern ausgebildet worden war, so sang sie auch künstlerisch vollendet. Doch mehr noch bewegte mich ihre Stimme, wenn sie sprach. Sie beherrschte gleich gut Englisch und Deutsch und mit einem kaum hörbaren Akzent Französisch und Italienisch. Aber jede Sprache wurde in ihrem Munde verwandelt in etwas, was ihr ganz eigen war durch die Einzigartigkeit des Metalls, in dem sie wie gegossen schien: einer hellen Legierung aus Silber und schmiegsamem Stahl, die durch die immer das Absolute und Äußerste suchende leidenschaftliche Seele vor jeder Erstarrung bewahrt wurde. Ich habe mich als Kind nur von dem Wohllaut und der mütterlichen Wärme dieser Stimme wiegen lassen; aber sie allein genügten, um mich, wenn meine Mutter zu mir sprach, in einen Zauberkreis zu bannen, der die übrige Welt von uns schied.

Bezwingend war sie, wenn sie erzählte. Sie hatte von Irland, wo sie herstammte, den Humor und vielleicht von ihren normannischen und schottischen Vorfahren eine grimmige Härte, ja Grausamkeit im Anpacken und Hinstellen von Figuren, die manchmal die Menschen oder Situationen vergewaltigte, aber meistens doch zum wirklichen Kern vordrang und, wo sie liebte oder haßte, auch tief Verborgenes, Gold oder Talmi, ans Licht zog. Durch sie und ihre Erzählungen bekam meine Familie für mich zuerst Gesicht und Gestalt. Denn die Verwandten, wenn sie mir von ihnen sprach, mochten es deutsche oder englische, entfernte oder nahe, lebende oder längst verstorbene sein, wuchsen sich jedesmal zu Figuren aus, die Schwergewicht und Blut hatten und von den wechselnden Gefühlen, mit denen sie meine Mutter betrachtete, Haltung und Ausdruck bekamen. So standen sie wie große Bildsäulen, abwechselnd von Sonnenschein und Gewitter erhellt, rings um den Horizont, der unsere Welt räumlich und zeitlich begrenzte. Aus dem Märchen, mit dem meine Phantasie frei spielte, kam ich in einen Umkreis, der fest und unverrückbar meinem Spieltrieb Schranken zog. Es war noch nicht die wirkliche Welt, denn die Familie erschien mir nur in Überlieferungen und Erzählungen; doch eine feste, harte, die des Mythos, der sich nicht wie das Märchen luftig in den Wolken tummelt, sondern schwer und tief verwurzelt an der Erde klebt.

Seit vierhundert Jahren saß die Familie meiner Mutter, die der Blosse-Lynch, auf dem Familiengut Partry bei Killarney in Südirland. Ihre Abstammung führte sie zurück auf einen im zehnten oder elften Jahrhundert herübergekommenen, wahrscheinlich sagenhaften Normannenführer Wilhelm. Eine Tochter dieses Wikingers, wenn nicht eine noch ältere Prinzessin, war auch das Familiengespenst, die Weiße Frau, die »Banshee«, die aus einem der das Gut begrenzenden schönen Seen aufstieg, wenn ein Mitglied der Familie Blosse-Lynch sterben mußte. Zum letzten Male sollte sie wenige Tage vor dem Tode meines Onkels, des Bruders meiner Mutter, des Erben von Partry, der ganz jung und plötzlich an einem Blutsturz 1872 in Paris starb, auf dem See schwebend gesehen worden sein.

Diese gespenstische Warnung und die Sage von der »Banshee« haben in meiner Jugend eine nicht unbedeutende Rolle gespielt. Sie weckten in mir früh ein Gefühl für das ungreifbare Geheimnis, das hinter der Welt überall gegenwärtig ist und ihren Wert verleiht und zugleich nimmt, sie im selben Augenblick sinnvoll und sinnlos, mächtig und machtlos macht. Diese Ahnung von der relativen Ohnmacht des Wirklichen gegenüber einer hinter ihm schwebenden gespenstischen, aber stärkeren anderen Wirklichkeit war mein keltisches Erbe. Sie verdichtete sich manchmal um Menschen fast zu einer Sinnestäuschung, einem geisterhaft flackernden Widerschein, als ob Schauspieler vor einer unsichtbaren Rampe auf einer unsichtbaren Bühne Tragödie oder tragische Komödie spielten; und gegenüber Tieren, Hunden oder Pferden, vor blühenden oder alten Bäumen zu einem schmerzlichen Gefühl von der Unergründlichkeit der Beziehung, die uns miteinander verband. Bis zu meinem zehnten oder elften Jahr gaben mir solche Einbildungen eine Art von zweitem, sinnlich-übersinnlichem Gesichtssinn, ein »Zweites Gesicht«, wie es in Irland heißt; und auch später blieb ich ihnen in anderen, mehr deutschen, mehr philosophischen Einkleidungen oder als Intuitionen von visionärer Eindringlichkeit verhaftet.

Eine besondere, einen ersten, rein romantischen Kontakt mit der Politik herstellende Rolle spielte auch das Partry benachbarte, unseren Vettern Colthurst gehörende Schloß Blarney, die irische Königsburg, um die in der irischen Volkssage ähnliche Hoffnungen schweben wie in der deutschen um den Kyffhäuser; denn dort wurde von den Colthursts der Stein behütet, auf dem, wie in einer sagenhaften Vorzeit, der König eines freien Irland einst gekrönt werden sollte. Und von hier führten geheimnisvolle geistige Fäden zum irischen Freiheitskämpfer und Staatsmann Charles Stewart Parnell, der ebenfalls ein entfernter Vetter war (meine Cousine Cissie Parnell war eine meiner wenigen Gespielinnen), den aber die Familie als Rebellen mit Abscheu verleugnete. Nur meine Mutter, die für jede Art von Auflehnung Verständnis hatte, sprach von ihm mit Sympathie.

Mein Großvater Lynch war anglo-indischer Marineoffizier und hatte als junger Kommandant einer Kanonenbootflottille auf dem Tigris meine Großmutter kennengelernt, eine Tochter des englischen Generalkonsuls in Bagdad, des Obersten Taylor, der nicht bloß in den Erzählungen meiner Mutter, sondern auch bis in die Zeit des Weltkrieges unter den Arabern und Beduinen des Irak eine legendäre Figur war. Taylor war von allen Gestalten, die in den Geschichten meiner Mutter auftauchten, die, die mich am meisten fesselte, obwohl sie immer etwas verschleiert und offenbar auch für meine Mutter geheimnisvoll blieb. Er mußte zwischen 1800 und 1815 nach Bagdad entsandt worden sein, als die Drohung Napoleons mit einem Alexanderzug die Aufmerksamkeit der englischen Regierung auf die Wichtigkeit Mesopotamiens als Flankendeckung Indiens lenkte. In den nachfolgenden Jahrzehnten errichtete er, gestützt auf anglo-indische Kanonenboote und einige Bataillone indischer Sepoys, vermutlich auch auf reichliche Bestechungen, in dieser entlegenen, für England lebenswichtigen Provinz des zerfallenden türkischen Weltreichs, ungefähr zur selben Zeit wie Mehemet Ali sein Vizekönigtum Ägypten, ein verschleiertes Protektorat, eine Art von anglo-indischem Vizekönigtum Babylonien, dem erst der Aufstand in Indien und die dadurch erzwungene Zurückziehung der indischen Streitkräfte ein vorläufiges Ende bereitete; das aber später im Araberaufstand während des Weltkrieges und nachher unter einem englischen Völkerbundsmandat als Königreich »Irak« wiederauflebte. Er beherrschte nach der Familienüberlieferung einige Dutzend Sprachen und Dialekte; und daß er auch literarisch hochbegabt war, habe ich später aus seinen Berichten ersehen, die Jakob Wassermann teilweise wörtlich in seinen Roman »Alexander in Babylon« übernommen hat. Sein Porträt, von Lawrence oder einem Lawrenceschüler, hing bei meiner Urgroßmutter, ein schönes, strenges, auffallend jugendliches Gesicht mit schwarzem Haar und blauen Augen, dessen regelmäßige, energische Züge sich bei fast allen seinen zahlreichen Nachkommen wiederfanden und den Grund zum Familientypus gelegt haben. Er muß seinen Posten zur Zufriedenheit der Bewohner ausgefüllt haben; denn ein Vetter von mir, der das Land vor etwa dreißig Jahren bereiste, wurde überall als Nachkomme dieses »gerechten und weisen Mannes« mit besonderen Ehren aufgenommen. Nebenbei hatte er als erster Ausgrabungen im alten biblischen Zweistromland teils selber unternommen, teils veranlaßt, was ihn für mich mit einem Nimbus umgab, weil er die Heimat Abrahams, Ur, gefunden und allen bösen Geistern und arabischen Dschinns der Wüste zum Trotz die Gräber und Tempel der alten Könige aufgedeckt hatte.

Am romantischsten aber war seine Ehe. Er hatte ein hochstehendes persisches Mädchen von erstaunlicher Schönheit, eine Verwandte des persischen Herrscherhauses, entführt und gegen den Willen seiner Familie geheiratet. Dieses war meine Urgroßmutter. Als er ein paar Jahrzehnte später heimkehrte und sein Lebenswerk in Mesopotamien scheinbar zusammenbrach, zog er sich still zurück, ohne je den Versuch zu machen, seine Verdienste irgendwie ins Licht zu rücken; bald darauf ist er gestorben. Meine Urgroßmutter lebte hochbetagt noch bis 1877. Als der Schah Nazzr Eddin 1873 nach London kam, machte er ihr als Verwandten einen Staatsbesuch. Sie hatte bis zu ihrem Tode eine Fülle der schönsten weißen Haare, auf denen sie unbegreiflicherweise eine Perücke aus schwarzer Seide trug, und wunderbar feine, wie gemeißelte, schmerzlich ausdrucksvolle Züge, die denen meiner Mutter glichen. Ihre Augen habe ich nie gesehen, denn sie war blind und hielt sie geschlossen; aber sie liebte es, wenn ich auf einem Schemel zu ihren Füßen saß, mit ihren Händen, die immer etwas nach Rosen dufteten und zart geformte, mit Henna gefärbte Nägel hatten, mir über das Gesicht zu streichen, und sagte dann, es war eine stehende Redensart, sie fühle, daß »sugar plumbs« (Zuckerpfläumchen), so nannte sie mich, die Züge ihres lieben verstorbenen Mannes habe.

Meine Mutter hat in Erinnerungen, die leider Bruchstück geblieben sind, vieles von dem, was sie mir erzählte, schriftlich festgehalten. Ich zitiere daraus wörtlich, weil nichts unmittelbarer ihren Geist und ihr Temperament vermitteln kann und mein frühstes Innenleben von diesen bei ihr besonders stark und souverän waltenden Seelenkräften, ihrer Leidenschaftlichkeit und Romantik, entscheidend bestimmt wurde; ja, nur langsam aus deren Umstrickung zu selbständigem Fühlen und Sehen auftauchte, wie wenn das seelische Einssein das körperliche noch um Jahre überdauert hätte. Mit meiner Mutter zu der

Zeit, wo ich noch nicht auf der Welt war, identifizierte ich mich vollkommen; ihre Erlebnisse damals waren meine Erlebnisse in einem Vorleben, das in mir selbst keine Erinnerungen hinterlassen hatte. Daher fesselten mich ihre Erzählungen aus ihrer Kindheit in ganz eigener Weise.

»Das Allererste«, schreibt sie, »auf das ich mich in diesem Jammertal, genannt Leben, besinnen kann, ist, wie ich im Vorhofe eines großen niedrigen Hauses in Indien, in der Stadt Bombay, am Strande lag, während meine anmutige junge Mutter von einem Teebrett Körner ausstreute, die eine Menge gackernder kleiner Hühner pickte; und wie ich dann hinter ihr hertrippelte und stolperte und an ihren Kleidern mich festhielt. Lebhaft, als wenn es gestern gewesen wäre, sehe ich die Szene vor mir: die vielen Hühner, meine Mutter und die Meeresbrandung dichtbei und neben mir meine kleine Schwester Rose, vier Jahre alt, mein Schrecken und Quälgeist, die schrie, um die Hühner wild zu machen und das Klappern ihrer Flügel zu hören, wenn sie hart gegeneinander schlugen.

Dann gab es noch Annai und Bendha, die beiden, nur meiner kleinen Person ganz allein zugeteilten schwarzen indischen Kinderfrauen. Ich entsinne mich, wie Annai abends ihr langes, krauses, schwarzes Haar auskämmte, wenn ich in meinem Bettchen wach lag.

Eines Tages sagte uns Mama, daß wir eine lange, weite Reise vorhätten, weit weg übers große Meer, nach England, wo ihre Mama und ihr Papa lebten; auch würden wir eine große Wüste, genannt Sahara, durchqueren auf wirklichen lebenden Kamelen, nicht bloß Kamelen aus Holz, wie die, mit denen wir spielten. Wir waren über diese Nachricht so wild vor Entzücken, daß wir ich weiß nicht welchen Unfug verübten, um unserer Freude Luft zu machen. Die Vorbereitungen für die große Reise waren bald beendet. Da Mama uns gesagt hatte, daß sie sich mit unseren Spielsachen nicht beschweren könne, schloß Rose hinten herum und ganz geheim ein Abkommen mit dem Dragoman, er solle sie in einen großen weißen Kissenbezug stopfen, den sie zu diesem Zweck beiseite gebracht hatte, und unauffällig unter Mamas Gepäck mischen. Nie werde ich Mamas Zorn vergessen, als das ganze Spielzeug vollzählig in Aden wieder auftauchte.

Die Reise, der wir mit solchen Erwartungen entgegensahen, war wie alles im Leben schöner in der Phantasie als nachher in der Wirklichkeit. Wir reisten eines schönen Tages ab nach einem gewaltigen Durcheinander von Einpacken und Vorbereitungen, während deren Rose und ich uns selber viel mehr überlassen blieben als gewöhnlich und die Gelegenheit benutzten, um mehr tolle Streiche zu verüben als je zuvor. Oh, was für Streiche! Zu meinem unaussprechlichen Entzücken trug Rose sämtliche Kätzchen in das Bett ihrer alten Kinderfrau und befahl mir unter Todesstrafe, ›nicht zu petzen‹. Außerdem begoß sie Bendhas Bett mit der kleinsten Gießkanne des Gärtners, der einzigen, die sie heben konnte... Worauf sie alle Wasserhähne im Hause und Garten aufdrehte und zum Schluß bei ihrem Spaziergang auf der Promenade Mrs. Gamber und ihre sieben Töchter sämtlich zum Essen einlud, unter Zusicherungen, daß ›Mama ihr das ausdrücklich aufgetragen habe, weil wir alle am nächsten Tag abreisten‹. Als wir nach Hause kamen, zog sie vor, aus Angst vor Schelte, nichts von der Einladung zu sagen. Der Leser mag sich ausmalen, was geschah, als bald darauf Mrs. Gamber im ausgeschnittenen Abendkleid und ihre sieben Töchter, alle in Weiß mit riesigen roten Seidenschärpen, pünktlich zum Essen sich einfanden, wo es kein Diner, sondern, weil die Dienstboten alle voll beschäftigt waren, nur Tee mit kaltem Aufschnitt gab.«

Meine Mutter schilderte oft die Heimreise, den Dampfer, auf dem sie so seekrank war, daß sie meinen Großvater rufen ließ, »damit er sie sterben sähe«, den Ritt auf Kamelen durch die Wüste von Suez nach Alexandrien, die Ankunft in Triest. Endlich war das Ziel der Reise, Boulogne, der Sommeraufenthalt der Mutter des Obersten Taylor, erreicht. Diese, meine Ururgroßmutter, die in zweiter Ehe Mrs. Cape hieß, aber wieder verwitwet war, lebte in Paris und bewohnte dort in der Nähe der Champs-Elysées ein altes Palais mit einem großen Garten; ich glaube an der Stelle, wo jetzt das Rothschildsche Palais steht. Den Sommer und Herbst verbrachte sie an der See.

»An einem dunklen Novembermorgen«, schreibt meine Mutter, »fuhren wir vor der Sommerwohnung meiner Urgroßmutter, dem ›Parvis-Notre-Dame‹ in Boulogne-sur-Mer, vor: Papa, Mama, der

Troß indischer Dienerschaft und wir Kinder. Wo war die Sonne Indiens? Ich weiß noch, wie ich die Gesichter von Urgroßmama und der Tante Money an einem Fenster im ersten Stock erblickte. Dann tat die Haustür sich auf, ein Schwall von Menschen kam die Treppe heruntergelaufen, und wir Kleinen wurden mit Entzücken hochgehoben und hineingetragen von Grannie (Mrs. Taylor) und meiner jungen Tante, die uns hin und her reichten und leidenschaftlich küßten. Nur Mrs. Cape, unsere Großtante Lady Money und unser Großonkel Lord Congleton rührten sich nicht aus dem Salon, wo sie in voller Majestät auf uns warteten, Urgroßmutter steif und kerzengerade in einem Sessel mit hoher Rückenlehne, der wie ein Thron aussah. Sie blickte so streng und böse, als sei sie eine regierende Königin. Doch wußten Rose und ich gleich, daß sie keine Königin sein könne; denn sie trug ein Trauerkleid aus schwarzer Wolle und keine goldene Krone auf dem Kopfe und kein langes goldenes Haar wie die Königinnen in unseren Märchenbüchern. Außerdem waren Königinnen immer jung, nicht so uralt wie Urgroßmama. Als wir eintraten, stand Mrs. Cape nicht auf, auch bekamen wir keinen Kuß, sondern nur den Befehl, Aufstellung vor ihr zu nehmen, uns grade zu halten und ihr die Hand zu küssen, falls sie sie uns hinhielt. Doch tat sie das nicht, sondern setzte schweigend ihre Brille auf, wobei jede ihrer langsamen Bewegungen uns vor Angst lähmte, sah uns lange in feierlicher Stille an und sagte dann langsam: ›Rose, mein Kind, du bist häßlich, ja, so unansehnlich, daß du vielleicht tugendhaft bleiben wirst. Doch bei dir, Alice (dabei sah sie mich durchbohrend an), ist kaum zu hoffen, daß deine Seele, die mit so viel Schönheit versetzt ist, rein bleibe, denn Schönheit ist Schmutz und Tand. Du mußt dich fortwährend vor dem Teufel fürchten, Kind.‹ In diesem Augenblick verdrehte Onkel Congleton die Augen himmelwärts, während ich das durchbohrende Gefühl bekam, wie unrecht es von mir sei, hübsch zu sein, und mein Gesichtchen tief senkte, um es zu verstekken. ›Schönheit muß ihren Sitz in der unsterblichen Seele haben, nicht im verweslichen Fleisch, Alice‹, fuhr Großmama feierlich fort. – ›Sage Urgroßmama, daß du bereust, Kind!‹ flötete Lord Congleton.

Mrs. Cape war bereits sechsundachtzig. Sie trug immer Trauer und ein kleines Häubchen auf einer tizianroten hellglänzenden Perücke aus Seide, die in sorgfältig geglätteten Ringeln über ihre dünnen, welken Wangen herunterhing. Tag für Tag saß sie, ohne sich jemals anzulehnen, in einem grünsamtenen Sessel mit hoher Rückenlehne in ihrem klösterlichen Empfangssaal, der den Garten des Parvis überblickte. Sie hatte kleine, stechende, böse braune Augen, deren Blick, wenn er uns verspielte Kinder traf, uns erschrecken und warnen sollte vor dem bodenlosen Sumpf der Sünde in unserem Innern, der, wie Urgroßmutter uns belehrte, schamlos zutage trat in unserer Spielsucht und der geringen Neigung, die wir spürten, uns in das Wort Gottes zu vertiefen.

Wie anders als Mrs. Cape war mein Großmütterchen, Mrs. Taylor. Zur Zeit, als wir in Boulogne zu ihr kamen, war sie zwischen fünfundfünfzig und sechzig, sprach aber noch immer gebrochen Englisch, wie alle Orientalen, die erst als Erwachsene nach England kommen. Auch sie saß gewöhnlich in ihrem Empfangssalon im ersten Stock. Doch wie freundlich und hell war dieser, wie verschieden von der riesigen klösterlichen Halle der Mrs. Cape. Hier waren oft kleine Spielsachen für uns in den Ecken versteckt; und Großmütterchen hatte immer offene Arme und ein freudiges Lächeln, wenn meine kleinen klappernden Schritte mich wie eine Windsbraut in ihr Zimmer trugen. Blitzschnell entwand ich mich dem liebevollen Druck ihrer Arme, um einen gefährlichen Ausfall in der Richtung des Fensters zu unternehmen oder ihren herrlichen Arbeitskorb zu erstürmen und dessen bunte Wollknäuel auf der Erde hin und her zu streuen, zum Entsetzen von Palmer, ihrer Kammerzofe. Worauf ich mich gegen den Schaukelstuhl wandte, auf dem Großmütterchen saß, um ihn umzuwerfen, nicht aus Ungezogenheit, sondern weil ich überzeugt war, daß dieses herrliche Spiel ihr ebenso viel Vergnügen bereite wie mir; und da sie nicht aufhörte, mich liebevoll anzublikken, hatte ich auch Grund so zu denken, besonders da Miß Taylor, ›Tantchen‹, gewöhnlich in diesem Augenblick hereinschoß und den Unfug mitmachte.

Aber ach, welcher Unterschied, wenn, statt der damals noch jugendlichen und schlanken Gestalt von Tantchen, Lady Money in der Tür erschien, das Gebetbuch in der Hand, um mit Großmütterchen zu beten. Gewöhnlich begleitete sie Lord Congleton, ein sehr langer, sehr magerer, aristokratisch und finster aussehender Herr in den sechziger Jahren mit dünnen, glänzend braunen Haaren, der, wie er selbst sagte, ungern eine Gelegenheit, ›dem Herrn sein Gebet darzubringen‹, verpaßte. Wenn er solch einen Ausspruch von sich gab, hatte er eine Art, die Augen nach oben zu verdrehen, daß nur noch das Weiße zu sehen war. Er gehörte zu der Sekte der ›Plymouth Brethren‹, einer unermeßlich heiligen Gesellschaft, denen allen, wie wir ehrfürchtig staunend vernahmen, der Himmel sicher war. Sein Hauptzeitvertreib bestand darin, aus dem Stegreif zu predigen. Es lief einem geradezu kalt über den Rücken, wenn, nachdem Tante Money eine Andacht mit dem Vaterunser geschlossen hatte, er aus seiner kniefälligen Lage auf dem Teppich, auf dem er wie verzückt und aufgelöst dalag, sich erhob, mit geschlossenen Augen und gefalteten Händen einen Augenblick dastand, nach Luft rang und dann hervorstieß: ›Brüder, höret mich!‹ und ausholte zu einer unabsehbar langen Predigt. Tante Moneys* wässerige blaue Augen, ihre blonde Perücke und das weiße Spitzenhäubchen mit lila Schleifen schienen ganz aufgelöst in süße Rührung über den heiligen Mann, der sich fortwährend an die Brust schlug und die Hände rang, während seine Klagen über uns hinflossen.«

Diese Bilder einer frühviktorianischen Familie, die in ihrer insularen Absonderlichkeit an die »Conversation pieces«, die Gruppenbilder kinderreicher Familien, von Zoffany und Hogarth erinnerten, schenkten mir als Kind, noch bevor ich Thackeray und Dickens las, bestimmte, ziemlich grell gefärbte Vorstellungen von der geistigen Struktur der regierenden Kaste Englands in der Frühzeit der Königin

* Von Lady Money, der Schwester des Obersten Taylor, existiert ein schönes Porträt in ganzer Figur von Lawrence. Es zeigt eine hübsche blonde junge Frau in Puffärmeln und einem tief ausgeschnittenen schwarzen Samtkleid etwa in der Mode der zwanziger Jahre des vorigen Jahrhunderts. Das Porträt des Obersten Taylor, das früher bei meiner Urgroßmutter hing, neben ihrem Lehnstuhl, auf dem sie immer saß, ist jetzt in der National Portrait Gallery in London.

Viktoria. Mit ihrer erstickend engen Verflechtung eines großen Verwandtenkreises, ihrer Steigerung der Familiengeschichte zu einem Mythos, ihren materiellen Wurzeln im Nahen Orient und Indien, ihrer aus einem frommen Selbstbetrug gespeisten lauten Heiligkeit war diese wie ein Schaustück aus einem ethnographischen Museum anmutende Familie typisch für das damalige England. Denn dieses England von Dickens, dieses Pickwicksche England, war zu gleicher Zeit das eines großen neo-pietistischen Erwachens und daneben herlaufend der Gründung und Ausweitung des neuen Britischen Weltreiches nach der Niederwerfung Napoleons und der zweiten großen Kolonialmacht Frankreich. Die Familie, ihr Vermögen und ihr Rang unter den an Reichtum und Einfluß teilhabenden Familien waren für die meisten meiner englischen Verwandten noch zu meiner Zeit der Grundstock ihres Denkens; und ein sehr ernst zu nehmendes Stück darin deshalb auch ›Society‹, das Clearing House der regierenden und verdienenden Familien. Der Engländer der Oberschicht dachte in Familien, – viel deutlicher und bestimmter als in einzelnen Individuen; und zwar in Familien, die alle mehr oder weniger der von meiner Mutter geschilderten ähnlich waren, das heißt jede mit mehr oder weniger großem Landbesitz, einem Titel, einigen gut gespeisten Bankkonten – und meistens einem Gespenst und einem Prokonsul im Hintergrunde. Meine Mutter behielt von den Gefühlen, die diese Verwandten in ihr weckten, ihr Leben lang eine heftige Abneigung gegen jede Art von Frömmelei und Heuchelei. Sie rechnete sie zu den Mächten der Finsternis, die in der Welt triumphieren. Wenn ein schwarzgekleideter Betbruder auftauchte, pflegte sie heimlich, halb im Scherz und halb im Ernst, mit dem Zeige- und Mittelfinger der rechten Hand das Abwehrzeichen gegen den Teufel zu machen.

3

Meine Eltern lebten nur die Sommermonate in Deutschland, den größten Teil des Jahres in Paris, wo mein Vater als einer der Inhaber die Niederlassung eines alten hamburgischen Kommissions- und

Bankhauses leitete, das seit dem Anfang des achtzehnten Jahrhunderts in der Familie seiner Mutter, einer Auffmordt, sich vererbt hatte. Sein Onkel, der damalige Seniorchef des Hauses, hatte ihn, obwohl seine Neigung mehr nach gelehrten Studien ging, als Teilhaber herangezogen.

Seine eigene Familie stammte aus der Gegend des Bodensees bei St. Gallen. Zuerst erscheint ein Kessiler urkundlich im Jahre 1282; er war zu Studon zwischen Feldle und Vonwil begütert. Die Familie muß in die Fehden der Zeit verwickelt worden sein; denn 1372 fiel mein Vorfahr Heinrich Kessler als »miles« im Heer der Reichsstädte in der Schlacht, die dieses zu Altheim bei Ulm dem Herzog von Württemberg lieferte. Im fünfzehnten Jahrhundert blühte das Geschlecht auf; es war unter dreizehn selbständigen Familienvorständen in und bei St. Gallen angesessen. Das Gebiet gehörte damals noch zum Reich. Mitten in der freien Reichsstadt thronte, wie der Papst im heutigen Rom, als souveräner Reichsfürst und Herr eines vom Bodensee bis Österreich reichenden geistlichen Fürstentums der Abt des Benediktinerstiftes St. Gallen, das im frühen Mittelalter durch gelehrte Mönche wie die beiden Notkers, die vier Ekkehards und andere eine führende Rolle im deutschen und europäischen Geistesleben gespielt hatte. Die geistlichen Länder, aber auch der fürstäbtliche Teil der Stadt, blieben bis zum Anfang des neunzehnten Jahrhunderts Reichsgebiet, während die übrige Stadt, allerdings erst im sechzehnten Jahrhundert, sich der Schweizer Eidgenossenschaft anschloß. Die mächtige, im achtzehnten Jahrhundert errichtete Barockkathedrale, die es mit den prunkvollsten und weiträumigsten Bauten Österreichs und Bayerns aufnimmt, zeugt vom Reichtum und Glanz des geistlichen Hofes in der kleinen, zum Protestantismus übergegangenen Stadt. Der Reformator, der gegen die Macht des gefürsteten Abtes den Umschwung durchsetzte, war mein Vorfahr Johannes Kessler (geboren 1502), der, wohl zum Teil auf den Einfluß seiner weitverzweigten Verwandtschaft gestützt, dieses ebenso politische wie geistliche Unternehmen zum Erfolge führte. Das St. Galler Bürgerbuch rühmt »seine vielseitige Bildung, seinen geläuterten Geschmack, seinen biederen, sanften, edlen und liebenswürdigen

Charakter und sein musterhaftes Leben«. Er hinterließ unter dem Titel ›Sabbata‹ Memoiren, in denen er unter anderem schildert, wie er als junger Student auf der Reise zur Universität Wittenberg in Jena im »Schwarzen Bären« Martin Luther traf, der sich als »Ritter Georg« auf der Wartburg verborgen hielt. Gustav Freytag zitiert in seinen ›Bildern aus der deutschen Vergangenheit‹ die Erzählung. Sein Sohn Josua studierte ebenfalls Theologie und alte Sprachen, stand dem Kaiser Maximilian II. nah und wurde von diesem merkwürdigen, dem reformierten Glauben zuneigenden Habsburger zum Dichter gekrönt und im Jahre 1566 mit einem neuen Wappenbrief beschenkt. Es gibt von ihm noch eine Medaille, die ein kräftiges, nicht unschönes Barockprofil zeigt. Das Wappentier, ein geflügelter Pegasus, spielt auf die Dichterkrönung an. Die Familie hat dann in den folgenden Jahrhunderten eine lange Reihe von Theologen, Juristen und St. Galler Prominenten hervorgebracht, bis mein Großvater zu Anfang des neunzehnten Jahrhunderts einen Ruf als Pfarrer und Vorsteher der reformierten Gemeinde in Hamburg annahm und dort das Ehrenbürgerrecht verliehen bekam.

Mein Vater, etwas über Mittelgröße, dunkelblond mit graublauen Augen, ein guter Reiter, gewandter Fechter und sicherer Schütze, der einmal auf eine Wette hin freihändig hintereinander fünfzig silberne Fünfzig-Pfennig-Stücke, die in ein Streichholz eingeklemmt wurden, einem Jungen aus der Hand schoß, war von einer fast stürmischen Vitalität, die alles, was er anfaßte, Geschäftliches und Gesellschaftliches, in einen Wirbel zog, in dessen Mitte er, drängend, anfeuernd, fast immer führend, sich behauptete. Die Bewegung als solche machte ihm Freude: auf Reisen, die für ihn eine Art Naturnotwendigkeit waren, beim Reiten, Gehen, ja beim Bergsteigen, wo er die Führer durch sein Tempo zum Erliegen brachte. Wenn es zu seiner Zeit Autos gegeben hätte, wäre er immer mit einhundertzwanzig Kilometer Geschwindigkeit gefahren; so mußte er sich mit den schnellsten Pferden, Iren oder ungarischem Halbblut, am liebsten Rappen, begnügen. Von Vergnügungen bevorzugte er Rennen und als guter Tänzer und Bewunderer schöner und beschwingter Frauen Bälle und Tanzvorführungen. Bei alledem war er ein zäher und unermüdlicher Arbeiter und geschäftlich ein kühler und, wie der Erfolg bewies, sicherer Rechner, der jedes bloß spekulative Unternehmen ablehnte. Als großer Geschäftsmann mit Interessen in aller Welt, in Europa und Amerika, in Lancashire und Persien, in der Schweiz, Sachsen und Frankreich, übte er vielfach ärgerlich Kritik an den politischen und gesellschaftlichen Zuständen und Vorurteilen in Preußen-Deutschland. Auch waren zwischen hanseatischem und preußischem Wesen damals noch die Gegensätze fühlbarer als heute. Doch verlangte er von mir Pflichterfüllung und Unterwerfung selbst in Kleinigkeiten. Ich mußte jahrelang Gerichte, die ich verabscheute, wie Spinat oder grüne Schoten, immer wieder unter Tränen aufessen, sonst bekam ich sie bei der nächsten oder übernächsten Mahlzeit unter Ausschluß jeder anderen Nahrung vorgesetzt, bis ich sie vor Hunger schluckte. Das war wohl die bitterste Wirklichkeit, an die ich mich als Kind stieß. Geschlagen hat er mich, soviel ich weiß, nur einmal. Warum, ist mir entfallen. Aber leichtere Strafen gab es viele, meistens wegen Flüchtigkeiten, wenn ich in den Tag hineinträumte. Dabei war er eigentlich weich und von unfaßbar gutem Herzen, und später, als er seiner Meinung nach der Erziehungspflicht genügt hatte, von einer Nachgiebigkeit mir gegenüber, die zweifellos zu weit ging; jedenfalls, und dafür werde ich ihm immer dankbar sein, sobald ich als großer, ausgewachsener Junge neben ihm stand, ein Freund und Gentleman durch und durch in Takt, Verständnis, Güte und zartester Rücksicht.

Seine Ehe mit meiner Mutter muß für ihn eine stürmische Liebesheirat gewesen sein; er führte sie wie eine Wunderblume heim, deren Duft, Schönheit, Geist, Geschmack ihn berauschten. Er war und blieb auf sie wie auf eine Eroberung stolz. Meine Mutter war eher gesellschaftsscheu, blieb am liebsten zu Hause mit ihren Büchern, ihrer Musik, mit ihm, zu dem sie eine tiefe Zuneigung hatte; er aber liebte es, sie auszuführen, um den Triumph ihrer Schönheit zu erleben. Da sie ihn nicht kränken mochte, ließ sie sich in die Gesellschaft hineinziehen, obwohl sie, von zarter Gesundheit, auch körperlich darunter litt und von einer gewissen plumpen Kurmacherei, die in der Atmosphäre jener Zeit mit unterlief, heftig abgestoßen wurde.

Den Sommer verbrachten meine Eltern meist in deutschen Bädern, Baden-Baden, Ems, Kissingen. Hier knüpften sie zu einem Kreise von Freunden, die teils dem Hofe des alten Kaisers, teils der nächsten Umgebung Bismarcks angehörten, enge und dauerhafte Beziehungen, von denen die am tiefsten in das Leben meiner Eltern einschneidende die zum alten Kaiser selbst war. Wie diese Beziehung entstand, schildert meine Mutter in einem Bruchstück ihrer Erinnerungen.

»Meine Ankunft in Ems auf der Höhe der Saison (Sommer 1870), während König Wilhelm mit seinem ganzen Hofstaat sich dort aufhielt, wurde zu einer kleinen Sensation, so hübsch und zahlreich waren meine Toiletten und so strahlend meine fast noch kindliche Jugend und Schönheit. Der Leser wird sich hier über meine Eitelkeit aufhalten, doch habe ich es immer lächerlich gefunden, wenn Frauen ihrer Schönheit sich schämen oder umgekehrt auf sie eitel sind, da unsere äußere Erscheinung doch nicht unser Verdienst ist. Eines Tages, als ich am Kesselbrunnen auf meinen Mann wartete, der in der Menge sich bemühte, mir ein Glas Brunnen zu holen, stand der König plötzlich vor mir und sagte: ›Gnädige Frau, ich habe schon lange den Wunsch gehabt, Sie kennenzulernen, also stelle ich mich selbst vor.‹ Ich war noch so jung und schüchtern, daß ich einige Augenblicke sprachlos blieb und dann stotterte: ›Eure Majestät müssen verzeihen, aber ich bin es nicht gewohnt, mit Königen zu sprechen.‹ Der König lachte herzlich und sagte: ›Na, dann werde ich es mir zur Freude machen, Sie daran zu gewöhnen.‹ Während dieser kurzen Unterhaltung hatte sich eine große Menschenmenge um den König und mich gesammelt. Ich trug ein allerliebstes türkisblaues Kleid, ein Meisterwerk von Rodrigues, dem damaligen großen Pariser Modenschneider, dazu einen weichen grauen Filzhut, der nur mit einer langen blauen Straußenfeder garniert war, etwa wie ein Reiterhut aus der Zeit Cromwells oder Wallensteins. Ich fühlte, daß ich hübsch aussah, wie so die glänzenden Augen der Menge und die bewundernden Blicke des Königs um mich herumtanzten. Wo auch immer der König vorbeikam, mochte er mit wem auch sprechen oder gehen, gab es um ihn einen Auflauf, da er überaus beliebt war. Ich fühlte mich schrecklich verlegen, wie ich so in der großen Menge vor dem

König dastand, und überlegte mir, was mein Mann wohl denken würde, wenn er diesen Auftritt sah. Ich brauchte mir nicht lange den Kopf zu zerbrechen, denn bald erschien er mit dem Glas kochenden Kesselbrunnen in der Hand. Ich sah ihn plötzlich stillstehen und aus Taktgefühl zögern, durch die Menge zu mir hindurchzudrängen. Auch der König sah ihn sofort und sagte leise einige Worte zu seinem Adjutanten, dem schlanken, schönen Grafen Heinrich Lehndorff, der uns einen Augenblick verließ, nach der Stelle hinsteuerte, wo mein Mann stand, und ihn heranholte. Mit großer Liebenswürdigkeit sagte der König: ›Sie sehen, ich habe Ihre Gattin angeredet, ohne Sie um Erlaubnis zu bitten; aber Könige haben ebensowenig wie Bettler Zeit, sich ein Empfehlungsschreiben zu verschaffen.‹
Von dem Tage an wurden wir täglich vom König auf der Promenade an der Lahn angesprochen, während die Kapelle lustig musizierte und schöne Frauen unter vielen Berühmtheiten, männlichen und weiblichen, inländischen und ausländischen, miteinander in Geschmack und Eleganz wetteiferten.
Einige Tage später sagte sich der König bei mir zu Besuch an und erschien zur festgesetzten Zeit. Dieses Ereignis wurde zu einer Sensation in dem kleinen, äußerst klatschsüchtigen Badeort, weil der König kaum je, außer bei sehr alten Bekannten oder gekrönten Häuptern, Besuche machte. Die Wut und Eifersucht kannte keine Grenzen, besonders die der Frauen, die der König auf der Promenade anzureden pflegte.«
Trotz dieser sporadischen Feindschaften wandte sich das Gros des Hofes und der dem Hofe nahestehenden Kurgäste dem aufgehenden Stern zu. Im kleinen Musiksalon der Villa, die meine Eltern bewohnten (vielleicht schon damals die von ihnen später alljährlich bezogene Villa Monrepos), drängte sich am späten Abend eine große Gesellschaft, die plauderte, musizierte, der Schönheit und der wunderbaren Stimme meiner Mutter huldigte. Zu den regelmäßigen Besuchern gehörten die beiden Flügeladjutanten des Königs, Graf Heinrich Lehndorff, der ein langjähriger, treuer Freund werden sollte, und Fürst Anton Radziwill, der auch mir später bei meinen Anfängen in Berlin ein Beschützer und Gönner geblieben ist. Dann der Chef des

Militärkabinetts von Albedyll und der dem König persönlich attachierte Geheimrat von Borck. Dazu gab es immer eine Schar von jungen durchreisenden Diplomaten, die bei Hofe sich zeigen wollten, und von Offizieren der Bonner Husaren, die mit dem Hofe in einem besonders nahen Kontakt standen. Am frühen Vormittag traf sich der jüngere Teil der Gesellschaft nach der Brunnenpromenade auf dem sogenannten Pilz, einer kreisrunden Terrasse vor dem Kurhaus, wo vorzüglicher Kaffee geschenkt wurde, das Gebäck aber von den Gästen selbst an einem kleinen Stand auf der Promenade gekauft und mitgebracht wurde.

In diese sommerliche, galante, einer fröhlichen Landpartie gleichende Gesellschaft schlug plötzlich die französische Kriegserklärung ein, und alles flatterte wie eine Schar aufgescheuchter Vögel auseinander. Meine Mutter schreibt:

»Den denkwürdigen Morgen der Benedettischen Kriegserklärung, den 16. Juli 1870, werde ich nie vergessen. Eine starke Erregung herrschte schon vorher seit einigen Tagen in Ems. Graf Benedetti, der außerordentliche Botschafter Frankreichs, hielt sich seit kurzem dort auf, um dem König das Versprechen abzuringen, daß sein Verwandter, der Prinz von Hohenzollern, den spanischen Königsthron nie annehmen werde. An jenem Morgen des 16. Juli bei der Frühpromenade an den Brunnen und in der Nähe der Musikkapelle roch die Luft nach Pulver; und mein Mann sagte mir, er befürchte ernste Ereignisse. Der König sah besorgt aus und ging lange mit General Albedyll. Graf Lehndorff gesellte sich zu uns und sagte, man befürchte schlechte Nachrichten; die Hohenzollernfrage verursache unvorhergesehene Schwierigkeiten und Häkeleien. Größere Menschenmengen als sonst gingen hinter dem König her. Da geschah plötzlich etwas, das die Sache zu einer furchtbaren Krisis zuspitzen sollte. Man sah Benedetti auf die Promenade kommen. Der König blickte einen Augenblick in seine Richtung. Benedetti eilte auf ihn zu. Der König drehte aber mit offenbarer Absicht dem französischen Botschafter den Rücken und machte eine Gebärde, um ihm abzuwinken. Diese kleine Szene, die bei den Zuschauern nur wenig Aufsehen erregte, sollte den Weltfrieden erschüttern. Mein Mann und ich wohnten ihr beide bei. Nach einem kurzen Spaziergang mit dem Grafen Lehndorff und Geheimrat Borck, die uns gefolgt waren, kehrten mein Mann und ich zum ersten Kaffee nach Hause zurück; gleich nachher sagte mein Mann, er wolle Nachrichten einholen. Ich blieb zu Hause, spielte mit meinem Kindchen und plauderte mit seiner französischen Amme, als plötzlich die Tür mit Gepolter aufging und mein Mann, der offensichtlich in großer Eile nach Hause gekommen war, blaß und atemlos vor uns stand und sagte: ›Der Krieg zwischen Frankreich und Preußen ist soeben von Frankreich erklärt worden. Die Aufregung ist ungeheuer. Viele Ausländer wollen aus Furcht vor ernsten Ereignissen heute noch nach Hause abreisen. Es wird einen Ansturm auf die Züge geben; vielleicht kommen wir gar nicht fort, wenn wir nicht sofort packen und den nächsten Zug erreichen. Kein Augenblick ist zu verlieren.‹ Während wir in aller Eile packten, kamen fortgesetzt Besucher hereingeströmt, unter ihnen Graf Lehndorff, um zu erfahren, was wir beschlossen hätten. Er riet uns, sofort abzureisen. Mein Mann war entschlossen, uns nach England in Sicherheit zu bringen. Unser Packen war trotz der großen Anzahl der Kleider und Hüte bald beendet, und so fuhren wir nach dem kleinen Emser Bahnhof ab. Hier gerieten wir in eine gewaltige Menge von Reisenden. Die Leute waren alle wie toll in ihrer Eile, fortzukommen. Wenn die französische Armee vor Ems gestanden hätte, hätten sie nicht kopfloser sein können. Alte Damen sprachen von den Schrecken der französischen Besatzung im Jahre 1814, als die Franzosen so brutal gegen die Frauen gewesen seien. Niemandem schien es auch nur einen Augenblick einzufallen, daß vielleicht Preußen und nicht Frankreich den Krieg gewinnen könnte. Schließlich nach großen Schwierigkeiten und heftigen Drängeleien brachte es mein Mann fertig, uns Plätze in einem Personenzug, der nur bis Köln fuhr, zu erobern. O diese furchtbare, langsame, endlose Reise! Für uns, die wir gewohnt waren, in einem schnellen Expreßzug zu reisen, der an den Stationen vorbeischoß, war diese langsame Fortbewegung von einer kleinen Haltestelle zur andern in einem Abteil dritter Klasse unerträglich. Es war uns gelungen, Plätze in einem Zug zu bekommen, der am späten Abend abfuhr. In Koblenz, das ein militärischer Sammelpunkt war, wurden große Mengen von Truppen verladen, die sofort an die Grenze geschickt werden sollten. Die ruhige Begeisterung der Menge, die den Bahnhof umlagerte, und die Truppen, die mit tiefen, feierlichen Stimmen die ›Wacht am Rhein‹ sangen, waren so ergreifend, daß meine Augen sich mit Tränen füllten. Die Sommernacht und ein heller goldener Mond, der diese sich auf jedem Bahnhof wiederholenden Szenen durch die ganze lange Nacht erleuchtete, machte die Reise tief eindrucksvoll. Wir erreichten Köln zu später Abendstunde und mußten dankbar sein, den Rest der Nacht mit anderen Reisenden auf Stühlen in einer Hotelhalle zu verbringen. Welcher Unterschied am nächsten Morgen, als wir die französische Grenze passierten. Hier wich der ganze feierliche Ernst, mit dem in Deutschland die Situation erfaßt wurde, wildester Aufregung und einem herausfordernden, lärmenden, grölenden Enthusiasmus. Hier wie jenseits der Grenze wurden Truppen bei Trommelwirbel und Trompetenklang mobilisiert. Hier aber umtobte die Menge ihre Soldaten, vor Begeisterung immerfort Hurra rufend und nach der Schlagermelodie der ›Lampions‹, ›A Berlin, à Berlin! les lampions!‹ singend. Alle unterlagen der Aufregung, die die Ereignisse entfesselten. Die Raserei erreichte ihren Höhepunkt! Die ganze Nacht erklangen die Straßen, die Vorstädte von Kriegsgeschrei. Die Studenten, die Arbeiter ballten sich zu Massen, die mit Fahnen daherzogen und nach der Melodie der ›Lampions‹, ›An den Rhein, an den Rhein‹ sangen. Alles war aus dem Häuschen.«

Die Kriegszeit und wohl auch noch das Jahr darauf verbrachten wir, meine Mutter und ich, in Wanstead, dem Landsitz eines ihrer Großoheime bei London, während mein Vater in London selbst die Leitung der dortigen Niederlassung übernahm und sich den caritativen Aufgaben des Krieges widmete. Der Landsitz meines Urgroßonkels steht mir noch deutlich vor Augen, da wir auch in den nachfolgenden Jahren mehrfach da waren. Das Haus stand inmitten eines schönen Parks, der Park ging in Wiesen über, durch die am Sonntag zwischen weidenden Schafen und Kühen hindurch die ganze Familie bei Glokkengeläut festlich gekleidet sich zur Kirche schlängelte, ein Bild beispielhafter christlicher Gesinnung. Unter den uralten Bäumen des Parkes, dessen Rotbuchen und Maulbeerbüsche besonders mächtig waren, habe ich von meiner Mutter lesen gelernt. Diese Stunden unter den alten Rotbuchen sind mir unvergeßlich geblieben, weil ich nirgends wieder meiner Mutter so nahe gekommen bin. Ich kann heute sagen, daß ich kein anderes Wesen je so restlos bis zum Verlöschen meiner selbst geliebt habe wie sie, mit Leidenschaft und allem, was Leidenschaft an Überraschung, Eifersucht und zeitweise an Haß mit sich bringt. Ich habe nächtelang wach gelegen und meine Mutter gehaßt – und ihr dann wieder unter Tränen Abbitte geleistet. Hier unter den alten Bäumen auf dem Landsitz meines Onkels war die Meeresstille dieser Liebe, wenn wir über einer Fibel oder ein Lesebuch gebeugt saßen und ich ihre Nähe wie einen Rausch empfand.

Das Haus, das mindestens zwanzig bis dreißig Schlafzimmer hatte, war immer von Verwandten voll besetzt. Jeden Morgen versammelten sich pünktlich zur festgesetzten Stunde die Familie und etwaiger Hausbesuch um den Frühstückstisch, der mit kaltem Geflügel, Eierspeisen, Schinken, frischen und eingemachten Früchten beladen war. Dann wurde vom Onkel das Tischgebet gesprochen, das die Verwandten und Gäste stehend murmelten, während die Dienerschaft hinter ihnen kniete. Kaum war es beendet, trat der Majordomus in schwarzem Frack, in Kniehosen und silberner Kette hinter meinen Onkel, und hinter jeden älteren oder prominenten Gast ein junger Diener in Livree mit leicht gepudertem Haar und fragte nach den Befehlen: Tee oder Kaffee oder Schokolade, Eier mit Speck oder kaltes Geflügel oder Roastbeef, geräucherten oder gebratenen Fisch? Und sobald ein Gast seine Wünsche kundgegeben hatte, gab sie der Lakai an die Mädchen weiter, die das Gewünschte herbeitrugen oder die Bestellung dem am Tisch vor der betreffenden Platte sitzenden Gaste meldeten, der dann mit einem gewaltigen Tranchiermesser das Stück Fleisch abschneiden und überbringen lassen mußte. Es war etwas Feierliches an diesen Mahlzeiten, die sich dreimal am Tage, morgens, mittags und abends, mit dem gleichen Zeremoniell wiederholten. Ich aß dabei mit einer Art von Ehrfurcht, die nicht sehr verschieden war von der, die ich beim Gottesdienst in der Dorfkirche empfand. Eine Episode ist mir wegen ihrer Komik unvergeßlich geblieben. Bei einem Mittagessen saß ein ausländischer Gast, vermutlich ein Diplomat, vor einem großen dampfenden Geflügelstück. Da er keine Übung im Tranchieren hatte, glitt ihm das Tier unter dem Messer fort auf seine Hose. Im furchtbaren Schmerz, weil die Gans oder Pute kochend war, packte er sie seiner Nachbarin, einer nichts ahnenden Dame in Hellgrau, auf den Schoß. Die Verwirrung war unbeschreiblich; selbst die sonst so wohlerzogenen Lakaien kicherten hilflos hinter ihren weißbehandschuhten Händen. Mein Onkel, ein großer, schwerer Herr, der eine goldgestickte, scharlachrote Uniform trug, wenn er zu Hofe fuhr, imponierte mir gewaltig. Eigentlich nur hier habe ich das Landleben intim kennengelernt; und später, wenn ich eine englische Landschaft von Constable oder Old Crome sah, mußte ich immer an den Landsitz meines Onkels, den alten Baumbestand und die Wiesen jenseits des Parkes denken.

Im Sommer 1873 kehrten meine Eltern zum erstenmal seit dem Krieg nach Ems zurück. Meine Mutter fährt in ihren Erinnerungen fort:

»Ich dachte, der König, der inzwischen Deutscher Kaiser geworden war, würde mich vollständig vergessen haben. Aber kaum war ich auf der Promenade erschienen und in der Menge der Kurgäste untergetaucht, als er schon auf mich zukam, mir die Hand entgegenstreckte und meinen Mann und mich ansprach, als ob wir erst gestern auseinander gegangen wären.

Der Hof des Kaisers und die, die sich an ihn drängten, waren in diesem Jahr zahlreicher und glänzender als selbst in dem des Kriegsausbruches. Jedermann wußte, daß ich nach dem Theater um 9½ zu Hause war. Bald wurden meine kleinen Abende Mode. Meistens kam der ganze in Ems anwesende Hof. Da ich gut sang und Klavier spielte und jedes Klavierstück vom Blatt las, kamen alle gern, die Musik liebten. Regelmäßige Gäste waren der sehr gut aussehende

Prinz Heinrich XVIII. von Reuß, Graf und Gräfin Arnim,* Frau Metzler aus Frankfurt mit ihren beiden jungen Töchtern, von denen die eine später Gräfin Schlippenbach, die andere Gräfin Tattenbach wurde; die Gräfin Fürstenberg-Herdringen mit ihrer Tochter Ada. Die Gräfin Fürstenberg war eine große Freundin des Kaisers, der sie oft besuchte und auf der Promenade ansprach; sie zeichnete sich dadurch aus, daß sie weder bösartig noch klatschsüchtig wie manche von den anderen Frauen war. Eine stehende Figur war der Hofmarschall Graf Perponcher, der vollendete Typ des geschniegelten, zurechtgemachten, aber noch immer ›grünen‹ alten Lebemannes. Haar und Schnurrbart waren tiefschwarz gewichst, das Haar eine einzige lange Strähne, die in der Mitte und am Hinterkopf gescheitelt, flach nach vorn gebürstet, mit Creme festgelegt und zu beiden Seiten der Stirn an die Schläfen mit Pomade festgeklebt wurde. Dabei ein gutmütiger, harmloser alter Mann und vollendeter Gentleman und Grandseigneur, trotz seiner vielen komischen Eigenschaften. Unter den ständigen Besuchern befand sich auch noch der blutjunge Bernhard Bülow, der spätere Reichskanzler, der, wenn ich mich recht erinnere, damals bei den Bonner Husaren diente, aber im Begriff war, als Attaché in den diplomatischen Dienst einzutreten. Da er ein intimer Freund eines der besten Freunde meines Mannes, des Barons Ludwig Plessen, war, sah ich ihn während seines Aufenthaltes in Ems, wohin er wegen eines Halsleidens gekommen war, fast täglich. Nie habe ich einen größeren Streber kennengelernt. Er pflegte zuzugeben, daß er ›über Leichen gehen würde‹, um Karriere zu machen. Er war gänzlich ohne Herz oder Skrupel, gescheit, doch nicht übermäßig, und überaus unsympathisch, weil man ihn und seinen abgründigen Egoismus sofort durchschaute. Er war mittelgroß, sehr blond, mit blonden Augenbrauen und Wimpern und ausdruckslosen, wäßrigblauen Augen. Wegen dieser Häufung fader Blondheit sah er uninteressant und charakterlos aus. Sein Freund Ludwig Plessen, ein dunkelblonder junger Mann mit einem ernsten, stirnrun-

* Harry Arnim, der deutsche Botschafter in Paris, der bald darauf mit Bismarck in Konflikt geriet.

zelnden Ausdruck, der jedoch jeden Augenblick in ein lustiges, argloses Lächeln überging, war dagegen auffallend intelligent, doch zu ehrlich und gerade heraus, um eine größere Karriere zu machen. Er war kein ›getünchtes Grab‹ wie Bernhard Bülow, als dessen lebender Gegensatz er erschien. Obwohl er so tat, als sei er ein tief planender Machiavelli, der voll des rücksichtslosesten Egoismus steckte, hat es nie ein gütigeres, hilfsbereiteres Herz gegeben. ›Bülow ist der heilige Vinzenz von Paul und ich der Judas Ischariot unseres Zirkels‹, verkündete er stirnrunzelnd. Bülow pflegte bei solchen Äußerungen zustimmend, aber bescheiden zu lächeln, als ob er sich des Komplimentes erwehren wolle.« *

Enge Beziehungen bildeten sich zur Familie Battenberg, einer Nebenlinie des großherzoglich hessischen Hauses, die eben damals ihren Aufstieg begann und bald in der europäischen Politik eine Vordergrundrolle spielen sollte. Sie stammte aus einer morganatischen Ehe des Prinzen Alexander von Hessen mit einer Gräfin Haucke, die für sich selbst und ihre Kinder den Namen Battenberg erhielt. Meine Mutter schreibt darüber:

»Zu unseren nächsten Bekannten, die mit mir vierhändig spielten, gehörte der Prinz Alexander von Hessen. Er kam mit seiner reizenden Frau, der Prinzessin Julie von Battenberg, und ihrem Sohn, Heinrich Battenberg. Der Prinz Alexander war ein ausgezeichneter Klavierspieler, las jedes Musikstück vom Blatt und freute sich, jemanden zu finden, mit dem er vierhändig spielen konnte. Während der Prinz und ich stundenlang in meinen Salons im Pariser Hof musizierten, spielten die Prinzessin, ihr Sohn und mein Mann Karten oder plauderten. Der Prinz Heinrich war damals ein gut aussehender Junge, ein lebendes Abbild seiner Mutter, der Prinzessin Julie. Während seine beiden Brüder, der spätere Fürst von Bulgarien, Alexander, und der Prinz Ludwig, ihrem Vater glichen und groß waren, war er nur mittelgroß, hatte ein frisches rundes Gesicht, einen kleinen dunklen Schnurrbart unter einer kleinen griechischen Nase und

* Diese Charakteristik Bülows ist 1908 niedergeschrieben, als er Reichskanzler war und auf der Höhe seines Ansehens stand.

einen kleinen Mund, in dem eine Reihe kleiner weißer Zähne glänzte. Er war ein nett aussehender, vor allen Dingen ›sauberer‹ Junge, ganz Frische, ›ohne Arg‹ und so hilfsbereit und gut, daß wir ihn in unserer kleinen Gesellschaft alle etwas mißbrauchten, indem wir ihn für unsere Kommissionen und sonst vielfach ausnutzten. Da wir in dem so voll ausgefüllten Emser Leben, in dem sich die Ereignisse überstürzten, immer in Hast und Eile und einer Art von Wirbel lebten, gab es komische Zwischenfälle. Immer konnte jeden Augenblick sich der Kaiser zum Besuch ansagen oder ein königlicher Prinz oder irgendeine Prinzessin; und so erinnere ich mich, daß ich nach einem Sommergewitter von der überfluteten Promenade mit durchnäßten und eiskalten Füßen in meinen kleinen grauen Atlasstiefeln nach Hause kam und schon im Gang verzweifelt nach der Zofe rief, die mir dort die Schuhe wechseln sollte, weil der Salon schon voll Fürstlichkeiten war. Plötzlich schoß der Prinz Heinrich mit eleganten Hausschuhen in der Hand aus meinem leeren Schlafzimmer, während zu gleicher Zeit mein Mann mit einer Tasse heißem Tee heraneilte.* Da ich nicht wußte, was ich mit der heißen Tasse machen sollte, stellte ich sie, um meine Hände frei zu bekommen, einen Augenblick auf den Kopf des Prinzen, der vor mir kniete und den ich in der Dunkelheit für einen Diener hielt, und befahl ihm, er solle sie eine Sekunde auf dem Kopf balancieren. Man kann sich die Verwirrung und das Gelächter denken, als die Verwechslung sich aufklärte.«

Den Schwerpunkt in diesem ganzen leichten sommerlichen Treiben bildete natürlich infolge seiner Stellung, seiner Leistung und seinen noch von der großen Hoftradition des achtzehnten Jahrhunderts geschliffenen Umgangsformen der alte ruhmreiche Kaiser, der den Zeitgenossen mehr noch als Bismarck wie der Schöpfer der deutschen Einheit und Erneuerer des hohenstaufischen Kaisertums erschien. Zwischen ihm und meiner Mutter, die zu ihm im Altersverhältnis einer Enkelin stand, knüpfte sich seit dieser Zeit immer fester von Jahr zu Jahr eine Freundschaft, um die sich allerhand Legenden woben, die aber schon durch den Altersunterschied jeder Möglich-

* Der Prinz war damals sechzehn oder siebzehn Jahre alt.

keit einer Mißdeutung entzogen war. Der Kaiser behandelte sie wie ein etwas verwöhntes, ausgelassenes, aber liebes Kind, mit dem er sich gern unterhielt und lange Spaziergänge in Begleitung eines seiner Adjutanten, meistens des Grafen Lehndorff, machte, weil sie ihn durch ihre unerwarteten Antworten ebenso wie durch ihre kapriziösen Toiletten und ihre jugendfrische Anmut amüsierte und fesselte. Er nannte sie mit einem von ihm selbst erfundenen Spitznamen »Sottichen«, der mit seinem halb großväterlichen, halb galanten Ton sehr gut diese unschuldige, aber von echter Zuneigung erwärmte Beziehung ausdrückte. Über Politik hat er mit ihr kaum gesprochen, schon weil meine Mutter sich für Politik wenig interessierte; um so mehr aber über Menschen, die ihm im Leben nahegestanden waren: seine Mutter, die schöne Königin Louise, und seine alten Paladine, die ihm im Unglück treu geblieben waren und auf die Höhe geführt hatten. Und da sowohl er wie meine Mutter beide Humor hatten und schlagfertig waren, wurde auch viel und harmlos gescherzt; ja er liebte, meine Mutter zu allerlei drolligen Bemerkungen herauszulokken. Sie wurde für ihn in seinen letzten Jahren bei den alljährlichen wochenlangen Zusammenkünften in Ems und Bad Gastein ein Abglanz seiner Jugend, die sich in der ihren spiegelte. Im Herbst und Winter, in den Zeiten der Abwesenheit, wurde die Beziehung zwischen ihnen aufrechterhalten durch eine fortlaufende Korrespondenz, oft mehrere Briefe in der Woche, des Flügeladjutanten Grafen Lehndorff, der Nachrichten und Grüße schickte und wieder übermittelte. Noch Jahre nach des Kaisers Tode stand eine große Photographie von meiner Mutter auf seinem Schreibtisch im historischen Eckzimmer Unter den Linden.

Meine Mutter schreibt über ihn: »Kaiser Wilhelm I. ist zu oft von Biographen beschrieben und von Photographen und illustrierten Zeitungen abgebildet worden, als daß ich nötig hätte, ihn zu porträtieren. Ein jeder kennt die hohe, etwas volle Gestalt des ›Allergnädigsten‹, denn ›allergnädigst‹ war er gegen alle hübschen oder fesselnden Frauen. Sein Gesicht mit den oft blitzenden Augen und dem flachen grauen, etwas schütteren Backenbart, der nach vorn gebürstet und auf jeder Backe mit Kosmetik festgelegt war, glich ein wenig der

Maske eines gutmütigen großen grauen Katers. Seine Höflichkeit gegen Frauen war sprichwörtlich; doch war er weder ein Lovelace noch ein Don Juan. ›Ses attentions s'arrêtaient aux bagatelles des la porte.‹ Selbst in seiner Jugend – ich habe ihn nur im Alter gekannt – war er seiner Frau treu geblieben.

Sein Leben in Ems lief pünktlich ab wie ein Uhrwerk. Jeden Morgen um sechseinhalb stand er auf, sein Kammerdiener zog ihn an; gewöhnlich ging er in Zivil und, da es Sommer war, ohne Überzieher. An den seltenen kühlen Morgen warf er sich mit großem Schwung einen eleganten grauen Militärmantel über die breiten Schultern. Dann sah er wirklich aus wie ein großer Herr und Held. Er pflegte nach dem frühen Aufstehen nichts zu sich zu nehmen, sondern sofort mit dem Flügeladjutanten vom Dienst nach der Promenade zu gehen. Es war dann meistens zwischen siebeneinhalb und acht Uhr. Beim Verlassen seiner Gemächer schritt er immer die große Mitteltreppe des Kursaals hinunter und ging gleich zum Kesselbrunnen, um dort sein erstes Glas heißen Brunnen zu trinken, das das Brunnenfräulein ihm auf einem silbernen Tablett überreichte. Jeden Morgen, sobald es hieß, der Kaiser kommt, begann die Menge im Kurpark und auf dem Kurplatz, sich nach der Richtung zu bewegen, aus der er nahte. Keine Rufe oder Hochs wurden laut, aber sobald er neben seinem Flügeladjutanten, aufrecht trotz seines hohen Alters, zu sehen war, wich die Menge respektvoll nach beiden Seiten zurück und beugte sich in langen Reihen vor ihm wie ein Kornfeld im Winde.

Kaum hatte die Kurkapelle den Choral beendet und irgendein Potpourri angestimmt, als der Kaiser festen, aber gemessenen Schrittes vom Brunnen wieder auf die Promenade zurückkam. Hier sprach er der Reihe nach die ihm bekannten Damen an; dann kehrte er zum Kesselbrunnen zurück und ging zwischen diesem und dem hübschen Spaziergang an der Lahn hin und her, bis er etwa drei oder vier Glas geleert hatte. Nach dem letzten Glase pflegte er gleich nach Hause zu gehen und sein erstes Frühstück einzunehmen: Kaffee, Gebäck und Honig. Sofort hinterher setzte er sich an seinen Schreibtisch und bearbeitete den ganzen Morgen die Briefe und Depeschen aus Berlin, die der Kurier täglich überbrachte. Sein zweites Frühstück fand um zwölf Uhr, sein Mittagessen um fünf statt. Zu diesem waren meistens einige auserlesene Gäste geladen, aber in der Regel nur Herren. Nach Tisch hielt er einen Cercle ab, um siebeneinhalb Uhr war alles fort, und er beendete dann den Abend im kleinen eleganten Kurtheater.

Die Geschichte und die Biographien werden alle nur eine schattenhafte, unvollständige Vorstellung von Wilhelm dem Siegreichen geben, weil sie die kalte, dienstliche Seite seines militärisch disziplinierten Lebens in den Vordergrund rücken müssen, niemand aber unter der lächelnden, huldreichen Maske, die die Stürme und den Reichtum seines selbst noch im hohen Alter feurigen Herzens verdeckte, richtig in ihm lesen oder überhaupt lesen konnte. Selten, wenn überhaupt, sprach er von seiner Vergangenheit, obwohl viele bittere und einige grausame Jahre unheilbare Narben in seinem Herzen hinterlassen hatten. Wenige wußten vom langen Harren seiner Jugend, als er, für die zarte und anmutige Prinzessin Elisa Radziwill in Leidenschaft entbrannt, sechs Jahre wider alle Hoffnung gehofft hatte, sie zu heiraten, wenn nur ihre Ebenbürtigkeit erwiesen werden konnte. Sechs lange Jahre grausamen Wartens, während seine Liebe, von ihrer Aussichtslosigkeit angefacht, tiefer und tiefer in seine Seele fraß. Dann, als jede Hoffnung endgültig geschwunden war, die erzwungene Verlobung mit der Prinzessin Augusta von Sachsen-Weimar, der er später ein ritterlicher und treuer Gatte wurde. Und schließlich, als habe das Gewicht des Leidens den jungen Prinzen noch nicht tief genug gebeugt, der tragische Tod der jungen, zarten Prinzessin auf einem Ball, den er selbst und seine junge Gattin in ihrem Palais gaben; die plötzliche Ohnmacht, die ersten Blutstropfen, die von ihren aschgrauen Lippen fielen, während sie noch im Arm ihres Tänzers im Walzer lag, der Schrei, der durch den großen Festsaal tönte, und das Zusammenlaufen all der mit pompösen Kleidern und Juwelen geschmückten Damen und der Männer in Galauniformen mit Ordensbändern um die sterbende Prinzessin. Und während das Blut, das zuerst nur in winzigen Tropfen gefallen war, jetzt schon in Strömen über das weiße

Tüllkleid der Prinzessin hervorschoß, die Meldung der furchtbaren Wahrheit an ihn, der, während er den furchtbaren Stoß empfing, sein Gesicht in eine undurchdringliche Maske hüllen mußte wegen seiner Gattin, die als eine der ersten der Sterbenden zu Hilfe geeilt war und sie in ihren Armen hielt.* Die Blüte, die ihm entrissen wurde, ihr tragisches Ende hinterließen im Prinzen eine tiefe Wunde, von der er nie sprach; doch fühlten seine nächsten Freunde, daß damals etwas für alle Zeit in ihm zerbrochen war.

Manchmal erzählte er von den grausamen Tagen, die er, der jetzt in Ems nach großen Siegen so umjubelt wurde, erlebt hatte. ›Jetzt‹, pflegte er zu sagen, wenn wir die Promenade in Ems entlanggingen, ›können die Leute vor mir nicht tief genug katzbuckeln, aber es gab eine Zeit, da sie mir die Fenster einwarfen und ich auf ein Attentat gefaßt sein mußte, so daß mein Bruder der König mich zwang, in der Festung Spandau Schutz zu suchen.‹ Die unglücklichsten und aufregendsten Jahre seines Lebens waren die zwischen 1846 und den ersten sechzigern. Die Prinzessin von Preußen war in den Tagen der Gefahr unerschütterlich tapfer, und so wurde der kleine Funke gegenseitiger Zuneigung, der in ihrer Vernunftehe geglimmt hatte, durch ihre Hochachtung voreinander zur Flamme einer tiefen, wenn auch nicht leidenschaftlichen Liebe. – Einmal hatte Prinz Wilhelm während jener unruhigen Jahre in Verzweiflung seinen Degen auf den Tisch geworfen und gesagt, er werde ihn nie wieder gebrauchen, so hoffnungslos schienen die Aussichten seines geliebten Preußen.

Von seiner Reise nach England während der Revolution schilderte er, wie Bunsen, der damalige preußische Gesandte in London, eines Morgens überrascht war, ihn in sein Studierzimmer eintreten zu sehen. ›Eure königliche Hoheit hier in London!‹ rief der Gesandte. –

* Der Blutsturz auf dem Fest beim Prinzen Wilhelm ereignete sich am 20. März 1833. Die Prinzessin hat sich aber dann noch anderthalb Jahre hingeschleppt. Im Sommer 1834 machte man einen letzten Versuch, sie zu retten, und brachte sie nach dem Schlößchen Freienwalde, das später Walther Rathenau gehört hat; dort ist sie am 27. September 1834 gestorben (Paul Wiegler: ›Wilhelm der Erste‹ [Sein Leben und seine Zeit. Hellenau 1927] S. 77).

›Ich selbst in Fleisch und Blut.‹ Er war gerade dabei, dem Gesandten, der schon das meiste aus den Zeitungen wußte, hastig die Ereignisse der letzten Tage aufzuzählen und auseinanderzusetzen, was Leute wie Otto Bismarck, Gerlach, Arnim und so weiter vorhätten; da wurde sein Bericht unterbrochen durch einen Boten aus dem Bukkinghampalast, der vom Prinzgemahl Albert eine Einladung zum Diner um neun Uhr am selben Abend überbrachte. Die Königin, die damals eine bildhübsche junge Frau war, hatte einige Wochen vorher einem jungen Prinzen das Leben geschenkt. Trotz der revolutionären Bewegungen auf dem Kontinent wuchs ihre Beliebtheit mit jedem Tage, und wenn sie nachmittags in ihrer vierspännigen Kalesche im Hydepark die Rotten Row hinunterfuhr, oft im Kreise einer Schar reizend gekleideter kleiner Kinder, sie selbst noch so jung und schön, brachen auf allen Seiten Hochrufe aus. Sie sei eine sehr auffallende Erscheinung gewesen, erzählte der Kaiser, mit ihren glatten, ungelockten Haaren, die in der Mitte gescheitelt und bis zu den Ohren heruntergestrichen (das Ondulieren war damals noch unbekannt), dort geflochten und korbartig um die Ohren gelegt waren, genau so, wie sie die Porträts aus jener Zeit zeigen, mit dem kleinen Kabrioletthut und der auf einer Seite tief herunterhängenden Feder. Wie oft hat sie mir der Kaiser so geschildert! Und auch den damals noch kleinen Prinzen von Wales in seiner schottischen Hochländertracht und die temperamentvolle kleine Prinzessin von England, den Liebling des englischen Volkes, die später die Gattin seines einzigen Sohnes, des Prinzen Friedrich Wilhelm, geworden war. Von jenen unruhigen Zeiten in der Mitte des Jahrhunderts sagte er: ›Als ich älter und älter wurde und wie Schwester Anna in ›Blaubart‹ nichts kommen sah, erlag meine Seele fast der großen Entmutigung.‹ Wie edel und loyal er sich in jener Zeit gegen seinen kranken Bruder verhielt, dessen ›ersten Untertan‹ er sich nannte, konnten alle bezeugen, die damals zu seiner Umgebung gezählt hatten; trotzdem sein Bruder ihm manch bittere Pille nicht ersparte. Wenn der damalige Prinz von Preußen nicht ein so tiefreligiöser, gläubiger Mann gewesen wäre, der Kraft im Gebet fand, hätte er nie sein Kreuz so heiter und tapfer tragen können.

Der Kaiser war wie die Königin Viktoria von großer Treue gegen seine alten Diener, namentlich aber gegen seine Offiziere und alten Soldaten. Wenn sie krank waren, pflegte er sie zu besuchen. Selbst an ihrem Totenbett verweilte er. Ganz besonders rührend verlief sein letzter Besuch beim Feldmarschall von Roon kurz vor dessen Tod. Roon, der, wie ich glaube, an einer Lungenentzündung schwer erkrankt war, war zur Pflege nach Berlin gebracht worden; aber bald wurde sein Zustand beängstigend. Als der Kaiser dies hörte, ließ er sich nach Roons Wohnung fahren. Es war eine erschütternde Begegnung. Der Kaiser setzte sich an das Bett des Sterbenden, nahm seine abgemagerten Hände in die seinen und sprach ihm tiefgefühlte Worte der Liebe und des Trostes zu. ›Guter und getreuer Diener, gehe ein in den Frieden des Herrn.‹ Als er aufstand, um wegzugehen, blieb er einige Minuten schweigend am Bette stehen und faßte noch einmal in tiefster Erschütterung Roons Hände. Dann bezwang er die Tränen, die ihm die Kehle zuschnürten, erhob seine rechte Hand zum Himmel und sagte: ›Adieu. Auf Wiedersehen dort oben.‹ Er wollte rasch zur Türe, um seine Rührung zu verbergen, dann aber kam er noch einmal an das Bett, sagte: ›Grüßen Sie die alten Kriegskameraden‹, und verschwand.«

In diesem oder einem der folgenden Jahre wurde meine Mutter nach Koblenz befohlen, um der Kaiserin Augusta vorgestellt zu werden. »Die Kaiserin«, schreibt sie, »saß ziemlich leidend in einem Sessel mit hoher Rückenlehne. Sie mußte sehr schön gewesen sein, war aber jetzt fürchterlich geschminkt, eine Ruine. Sie trug ein Kleid aus grauer Seide mit kleinen altmodischen Rokokorüschchen; ihr Haar – oder war es eine Perücke? – war ohne Geschmack aufgetakelt. Die Obersthofmeisterin flüsterte Ihrer Majestät etwas zu, die hierauf mir entgegenging und in einen so hastigen Redefluß ausbrach, daß ich gar nicht der Mühe unterzogen wurde, irgend etwas beizusteuern. ›Sie leben in Paris!‹ sagte sie, klappte ihre Hände zusammen, die in zwei viel zu großen Handschuhen steckten, hob die Augen zum Himmel und schrie: ›Voir Paris et puis mourir!‹ ... dann fuhr sie fort: ›Tout est beauté et poésie à Paris‹, indem sie schneller und immer schneller ihre Worte herunterhaspelte. ›Et les chiffons! Sehen Sie das Kleid dieser kleinen Frau, Häckchen, ... ein Gedicht! Ich sage *ein Gedicht!* So etwas würde *mir* stehen, Häckchen!‹ Häckchen, oder richtiger gesagt, die Gräfin Hacke, die Obersthofmeisterin, kam hierauf etwas näher an mich heran, hob ein Schildpattlorgnon an ihre blauen Augen und rief: ›Entzückend! Le Chic parisien! Cela ne se donne pas!‹ Die Kaiserin fuhr mit großer Geschwindigkeit fort: ›Ich erinnere mich noch der Kaiserin Eugenie und der österreichischen Botschafterin Pauline Metternich.‹ Hier folgte eine lange Tirade über irgendein ›Gedicht‹, das die große Pauline in Paris getragen hatte bei einer Gelegenheit, bei der auch die Gräfin Castiglione die Welt durch ihr Kleid in Erstaunen setzte. ›Et la Walewska, quelle élégance!‹ schrie die Kaiserin. Dann raste sie in größter Geschwindigkeit durch eine lange Liste schöner Frauen der Pariser Welt und Halbwelt (über diese war sie durch Hörensagen oder Augenschein erstaunlich gut unterrichtet) und sprach von jenem glänzenden Zweiten Kaiserreich, dem der Deutsch-Französische Krieg eben ein Ende bereitet hatte. ›Der arme Napoleon‹, sagte sie, ›welch trauriges Ende eines Ruhmestraumes! Doch er war immer ein Fatalist und hat sein Schicksal mit Fassung getragen!‹« Meine Mutter sagte, was sie am meisten erschüttert habe, sei die Tatsache gewesen, die ihr während dieser ganzen Audienz vor Augen stand, daß diese seltsame, so übertrieben mit Paris kokettierende Hohe Frau sozusagen auf Goethes Knien aufgewachsen sei.

Zur Nachkur ging der Kaiser meistens nach Gastein. »Des Kaisers Gewohnheiten in Gastein waren«, schreibt meine Mutter, »denen in Ems ähnlich; aber da Gastein zu jener Zeit weder Kasino noch Kursaal besaß, wären ihm die Abende lang geworden, wenn er nicht als Zuflucht die Villa der Gräfin Lehndorff gehabt hätte. Die Gräfin Lehndorff, oder richtiger Lehndorff-Steinort, die so nach dem Majorat ihres Mannes, Steinort in Ostpreußen, hieß, war die Schwägerin des Grafen Heinrich Lehndorff, des Lieblingsadjutanten des Kaisers. Sie war damals eine Frau von etwa fünfzig, mit groben Gesichtszügen, sehr groß, recht angenehm, aber völlig ohne Charme; eine vorzügliche praktische deutsche Hausfrau und als sol-

che zu ihren Stunden ein ›Scheuerdeubel‹, mochte sie auch noch so sehr Gräfin sein. Diese Stunden fielen gewöhnlich vor den Besuchen des Kaisers in ihre Villa; da wurden Bürsten und Scheuerlappen nicht der Dienerschaft allein anvertraut, sondern selbst legte sie mit Hand an und zog dabei ihre Tochter Anna hinzu, ein großes, solides Mädchen, ihr Ebenbild, nur mit dem Unterschied, daß sie jung und frisch war; ja in Wirklichkeit erschien die Gräfin wie ein ›gewaschenes Exemplar‹ von Anna, so ähnlich sahen sich beide. Wenn alle ›Scheuerdeubel‹, sowohl die gräflichen wie die proletarischen, die ›Solitude‹ zu einem wahren Schmuckkasten gescheuert hatten, war diese bereit und würdig, ihren kaiserlichen Gast zu empfangen.
Wilhelm I. pflegte in der Regel jeden Abend gegen acht zu kommen, um früh nach Hause zu gehen und am folgenden Morgen um sieben am Brunnen zu sein. Es gab immer irgend etwas Unterhaltendes für ihn, entweder lebende Bilder, Klavier und Gesang oder Kammermusik oder kleine Theateraufführungen, von denen eine der ersten Scribes ›La pluie et le beau temps‹ war, in der Anna Lehndorff, mein Mann und der in mittleren Jahren stehende, schon ergraute, dicke Geheimrat von Bülow die Hauptrollen spielten. Wie Bülow als Don Juan mit ausgebreiteten Armen herumraste und leidenschaftliche Worte der Liebe, die er nur flüchtig memoriert hatte, dazu noch in schlechtem Französisch sprach, war es den Zuschauern fast unmöglich, ernst zu bleiben. Doch der schrecklichste Moment wurde überbrückt durch die alte Gräfin Orloff, die laut auf ihren Fächer klopfend in letzter Verzweiflung Bülow zurief: ›Cher ami, habe ich Ihnen nicht schon immer gesagt, daß Ihr Platz an der Comédie Française sei!‹ Der arme schwerfällige Bülow, der mehr und mehr die Fassung, vor allem aber sein Gedächtnis verlor, rang sich schlecht und recht, aber mehr schlecht wie recht, durch die Tiraden, in denen er sein Herz ausschüttete und, völlig verwirrt, jede Phrase dem laut schreienden Souffleur nachsprach. Der Kaiser rettete die Situation mit Grazie, indem er auf französisch sagte: ›Charmant, charmant! Mais qui prouve une fois de plus que qui peut le plus, ne peut pas toujours le moins, et qu'un conseiller est incapable d'être un petit cabot. Tel

qui soutient un grand empire, est trop fort pour conduire sans l'écraser une petite piécette.‹*
Derselbe Abend wurde noch durch ein anderes Ereignis denkwürdig. Die alte Orloff stellte dem Kaiser die Madame de X. vor, eine pariserisch-russische große Halbweltdame, die den Spitznamen ›Le passage des princes‹ führte. Die alte Gräfin, die fürchtete, daß sie vielleicht mit der Vorstellung einer so weltbekannten Frau doch zu weit gegangen sei, flüsterte ängstlich dem Flügeladjutanten vom Dienst ins Ohr: ›Dites bien à sa Majesté, que tout ce qu'elle fait c'est pour les pauvres.‹**
In der ›Solitude‹ spielten wir mehrere der reizenden ›Proverbes‹ von Alfred de Musset und fast alle seine ›Nächte‹. Wenn unsere Aussprache auch nicht sehr gefeilt klang, ja, wie der Kaiser witzig sagte: du Paris–Berlin panaché (Paris–Berliner Mischung) war, so machte uns die Sache doch einen unbändigen Spaß. Die leidenschaftlichen Liebeserklärungen, die wir mit Pathos und immer wiederkehrenden Gedächtnislücken deklamierten, wirkten über alle Maßen komisch. Wenn in uns der Liebe Flammen loderten und Raserei oder Glück uns ganz zu verzehren drohte, umdüsterte unsere Stirn plötzlich eine tödliche Verlegenheit, und mit Augen, die den Gegenstand unserer Leidenschaft völlig außer acht ließen, blickten wir verzweifelt in die Richtung des Souffleurs. Der Kaiser, der immer mit jedem Versuch, ihn zu unterhalten, zufrieden war, pflegte dann zu sagen, das Erröten einer schönen Frau, das durch die Schwäche ihres Gedächtnisses verursacht werde, mache ihre Fehler und ihren Charme unwiderstehlich.
Mancher Flirt wurde während der Proben angeknüpft, und dann und wann eine Verlobung. Einmal verlobte sich eine süße Knospe von neunzehn mit einem großen Hofwürdenträger von sechzig, worauf

* »Reizend, reizend! Doch zeigt sich wieder einmal, daß, wer das Größere kann, nicht immer auch dem Kleineren gewachsen ist; und daß ein Geheimrat unfähig ist, ein kleines Schauspielerchen zu werden. Wer ein großes Reich auf seinen Schultern trägt, ist zu stark, um ein kleines Theaterstück, ohne es zu erdrücken, zu Ende zu führen.«
** »Sagen Sie Seiner Majestät recht deutlich, daß sie alles, was sie tut, für die Armen tut.«

der Kaiser dem Mädchen zuflüsterte: ›Mais votre fiancé est très mal conservé pour votre âge.‹ (›Aber Ihr Bräutigam ist doch recht schlecht konserviert für Ihr Alter.‹)
Bad Gastein war der Ort, wo man dem Kaiser am nächsten kam, sogar näher als in Ems; namentlich die Bevorzugten, die in den Salons der Gräfin Lehndorff verkehrten. Obwohl dort die Bewirtung meistens einfach, ja ziemlich bürgerlich war, waren ihre Gesellschaften immer angenehm und nie ermüdend.
Ein großes Fest fand im Laufe dieser Jahre für die schöne und unglückliche Kaiserin von Österreich statt. Ich kann mich darauf besinnen, als ob es gestern gewesen wäre. Jeder weiß, was für eine kühne Reiterin die hochgewachsene, schlanke Kaiserin war. Bei diesem Fest trug sie ein tief ausgeschnittenes, eng anliegendes Prinzeßkleid aus goldgelbem Samt, das ihre Gestalt wie ein Reitkleid umschloß; dazu ein breites schwarzes Moiréordensband, so daß sie in den österreichischen Farben erschien. Ihre Frisur war, wie sie ihre Bilder zeigen, ohne jede Konzession an die Tagesmode. Sie bestand aus einer Unmasse von Locken, die tief bis zur Mitte ihres Nackens herunterhingen, von dort wieder hochgeführt und in Flechten um den aristokratischen kleinen Kopf herumgesteckt waren, so daß sie über der Stirn vorn eine Art Krone bildeten und einem Diadem um so mehr glichen, als in jede dieser Flechten ein Perlenkettchen eingeflochten war. Die Kaiserin war sehr groß und hielt sich königlich. Sie trat in den Salon am Arme des Kaisers. Die beiden Souveräne stellten sich in die Mitte des Zimmers und hielten einen Cercle ab. Die Stimme Ihrer Majestät war süß und harmonisch, und die wenigen Worte, die sie an jede Person richtete, die im Cercle an ihr vorüberdefilierte, waren jedesmal gescheit und passend. Ihre Obersthofmeisterin muß sie über die Personalien eines jeden gut unterrichtet haben, denn als der Großneffe eines gewissen Abbé Bardinet, eines lebenslustigen Weltgeistlichen aus der Zeit unmittelbar vor dem Zweiten Kaiserreich, sich vor ihr verbeugte, sagte sie, ohne sich zu besinnen, auf französisch: ›Sind Sie nicht der Großneffe des Geistlichen Ihres Namens, der dem Prinzen-Präsidenten, als dieser einen Botschafter in einer schwierigen Mission nach London schickte, den Rat gab: ›Sagen

Eure kaiserliche Hoheit dem Herrn Botschafter recht nachdrücklich, daß man, um Erfolg zu haben, die Frauen gewinnen und gute Diners geben muß. Und Sie selbst, Herr Präsident, lassen Sie, bis Sie das Kaiserreich machen, die Republik tanzen, damit sie um so eher springt.« Der Kaiser, der Frauen gegenüber immer ritterlich war, trat hinter die Kaiserin soweit wie möglich zurück, um ihr Licht allein leuchten zu lassen. Eine Art Polonaise, die zur Eröffnung des Balles angesetzt war und die die Kaiserin mit dem Kaiser tanzte oder vielmehr schritt, gab Anlaß zu einem reizenden Wort von ihm, wie sie an ihm vorbeischwebte. ›Hat die Kaiserin nicht Poesie in den Füßen? Ich habe nur einen ganz kleinen Rest; der ist bei mir im Herzen verborgen.‹«

4

Im Sommer 1874 verbrachten meine Eltern einige Wochen in Kissingen. Es war der Juli, in dem dort ein gewisser Kullmann ein Attentat auf Bismarck verübte. Meine Mutter schreibt: »Eines Tages während jenes denkwürdigen Aufenthalts in Kissingen – mein Mann schrieb gerade auf dem Balkon Briefe – kam ein Kellner und reichte ihm auf einem Tablett eine Karte ›Graf Herbert Bismarck‹. – ›Es muß eine Verwechslung vorliegen‹, sagte mein Mann; ›wir haben nicht den Vorzug, die Familie Bismarck zu kennen.‹ Der Kellner erwiderte: ›Graf Bismarck hat aber ganz ausdrücklich nach Ihnen gefragt.‹ – ›Gut, bitten Sie ihn einzutreten.‹ Der Kellner ging und führte sogleich einen jungen, gut aussehenden Mann mit einem kleinen Schnurrbart herein, der lächelnd herantrat und sagte: ›Mein Schritt mag Ihnen ungewöhnlich erscheinen, aber mein Vater hat die Gnädigste oft auf dem Balkon gesehen und ihren Gesang und ihr Klavierspiel gehört; ich komme, ihr *seine* Aufwartung zu machen.‹ Der Besuch dauerte eine Stunde, während der mein Mann und der Graf politische Tagesereignisse besprachen. Als Herbert Bismarck sich empfahl, war verabredet, daß wir am selben Nachmittag um vier beim großen Kanzler zum Tee erscheinen sollten. Zur festgesetzten Stunde waren wir die paar Schritte bis zum Bismarckschen Quartier gegangen und in den sehr einfachen grünen Ripssalon geführt worden, wo, groß, mit einem riesigen Schnurrbart und schweren weißen buschigen Augenbrauen, der Koloß stand, der Europa in seinen Grundfesten erschüttert hatte. Neben ihm verhielt sich eine bescheiden gekleidete, unscheinbare Frau mittleren Alters, seine Gattin. Bismarck trat auf mich zu mit einem freundlichen Lächeln, das seinem Gesicht jede Strenge nahm: ›Sie sind Engländerin, ich weiß‹, sagte er, ›also kann ich Ihnen, wie es in Ihrer Heimat üblich ist, die Hand reichen‹; dabei verneigte er sich und drückte mir einen leichten Kuß auf die Hand. ›Johanna‹, sagte er zu seiner Frau, ›das ist unsere Nachbarin, die so schön singt.‹ Die Fürstin streckte mir freundlich die Hände entgegen und sagte: ›Auch ich habe Sie gehört… und geweint! Ach… Schumann ist zu herrlich!‹ In diesem Augenblick kam ein einfach aussehendes, etwas korpulentes und nicht mehr ganz junges Mädchen, Bismarcks einzige Tochter, Gräfin Marie Bismarck, herein und hinter ihr ein dicker, gutmütiger und ewig lächelnder junger Mann, ihr Bruder Graf Bill Bismarck. Sobald die ersten Formalitäten vorüber waren, saßen wir schon alle und unterhielten uns angeregt; wozu die Fürstin anmerkte: Ich müsse mich doch sehr geschmeichelt fühlen, da der große Kanzler in der Regel die Gesellschaft aller ›Röcke‹, ob von Frauen oder Geistlichen, verabscheue. Hier griff der große Mann ein und sagte lächelnd: ›Obwohl ich nicht wie meine allergnädigste Herrin, die Kaiserin Augusta, für alles Ausländische und besonders alles Englische schwärme, bin ich, meine kleine gnädige Frau, doch ein guter Physiognomiedeuter; und Ihr hübsches, ehrliches, unschuldiges Gesichtchen hat mir gesagt, daß ich nichts von Ihnen zu fürchten habe. Und da die Weiber Sie hassen und verleumden, so habe ich mir gleich gedacht, daß in einer so leidenschaftlich befehdeten kleinen Person eine tüchtige Portion Güte und Begabung stecken müsse.‹ Dann nahm bald nachher die Teestunde ein Ende, weil die blaugoldene Hofkutsche des Königs von Bayern, die er Bismarck zur Verfügung gestellt hatte, zu einer Ausfahrt gemeldet wurde. An den darauf folgenden drei Tagen wurde jedesmal in der gleichen Weise die Teestunde beendet.«

Leider bricht die Niederschrift meiner Mutter jetzt an dieser Stelle ab. Weitere Aufzeichnungen über Unterhaltungen mit Bismarck, die ich von ihrer Hand gelesen habe, muß sie in einem Anfall übersteigerter Nervosität verbrannt haben; heute sind sie nicht zu finden. Aber auch so kann man sich nicht dem Eindruck entziehen, daß die etwas abrupte Annäherung der Familie Bismarck an meine Eltern durch Berichte aus Ems über die freundschaftlichen Beziehungen des alten Kaisers zu meiner Mutter beeinflußt worden sind. Jedenfalls entwickelte sich rasch zwischen beiden Familien, und insbesondere zwischen der Gräfin Marie Bismarck und meiner Mutter und zwischen Bill Bismarck und meinem Vater, ein nachbarlicher Verkehr, der bald die Wärme wahrer Intimität erreichte. Jeden Morgen machten Bill Bismarck und mein Vater lange Spaziergänge, bei denen ich mitgenommen wurde und der junge Bismarck, der sehr lustig und kindlich war, allerhand Schabernack mit mir trieb. Auch gibt es eine Reihe von etwas naiven Gruppenaufnahmen der beiden Familien, wie sie zusammen um den Frühstückstisch sitzen oder mit ihren Damen unter Sonnenschirmen vor einem Boskett stehen. Hat Bismarck vielleicht einen Augenblick daran gedacht, den Einfluß meiner Mutter auf den Kaiser gegen den der ihm wenig wohlgesinnten »kaiserlichen Damen« einzusetzen? Die plötzliche überschwengliche Freundlichkeit der ganzen Familie Bismarck mit Einschluß der alten, sonst gar nicht so expansiven Fürstin kann schwerlich bloß auf die schöne Stimme und die Anmut meiner Mutter zurückzuführen sein, ebensowenig wie die Abkühlung einige Jahre später. Die Anspielung gleich bei der ersten Begegnung auf Anfeindungen, denen meine Mutter bei Hofe begegnete, und die merkwürdige Wendung, Bismarck habe von ihr wohl nichts zu fürchten, sehen fast aus wie Fühler, die ein Bündnisangebot vorbereiten sollten. Wie dem auch sei, Bismarck bemühte sich, meine Eltern nach Berlin zu ziehen. Es war sogar die Rede von einem künftigen Ministerposten für meinen Vater, wenn er sich dazu verstehen wollte, ein Abgeordnetenmandat anzunehmen. Aber auch auf den Spaziergängen mit Bill Bismarck wurde viel von einer Übersiedlung nach Berlin gesprochen, die in hohem Grade meine Phantasie anregte.

Dann platzte in die Behaglichkeit des Kurlebens das Kullmannsche Attentat* hinein. Ich war damals sechs Jahre alt. Meine Erinnerungen sind trotzdem teilweise von einer merkwürdigen, selbst kleine Einzelheiten festhaltenden Präzision, in anderen Punkten allerdings völlig verschwommen, wie wenn durch eine Nebelwand einzelne Bergspitzen überdeutlich hervorleuchten. Noch am Tage des Attentats, oder spätestens an dem darauf folgenden, schickte mich meine Mutter mit meiner Kinderfrau und einem Strauß Feldblumen zu Bismarck, um Erkundigungen einzuholen. Die Fürstin machte uns selbst auf; und hieran haftet ein winziges Detail, das mir unauslöschlich eingeprägt geblieben ist: sie trug einen einfachen wollenen braunen Schlafrock, und dieser Schlafrock war unter der linken Achsel geflickt mit einem eingesetzten Stück aus einem helleren rötlichbraunen Stoff. Dieser Flicken ist die deutlichste Erinnerung, die mir vom Kullmannschen Attentat geblieben ist. Während ich, vom Flikken wie hypnotisiert, mit offenem Munde sprachlos vor der Fürstin dastand, beugte sie sich mütterlich zu mir herab, nahm mir aber den Blumenstrauß, den ich ihr hinhielt, nicht ab, sondern sagte, ich solle ihn selbst dem Fürsten überreichen. Sie nahm mich dann an der Hand und führte mich in das Schlafzimmer an das Bett des Fürsten. Dieser lag steif und unbeweglich, wahrscheinlich wegen des Verbandes, auf dem Rücken, wendete den Kopf auf dem Kissen nur ein wenig nach links mir zu, nahm den Strauß, trug mir einen Gruß an die Eltern auf und sah mich dabei mit seinen seltsamen, bestrickend schönen, etwas aus dem Kopf tretenden Augen an. Dies war der zweite Eindruck. Bismarcks Augen und der geflickte Schlafrock der Fürstin sind für mich immer, wenn ich an die Familie Bismarck dachte, in einem unlösbaren Zusammenhang geblieben. Der geniale Mensch und Grandseigneur, denn beides war Bismarck, und um ihn herum die überraschend einfache junkerliche Familie. Einige Briefe aus dem Briefwechsel der Gräfin Marie Bismarck und ihres Bruders Bill mit

* Kullmann war Böttchergeselle und Mitglied eines katholischen Gesellenvereins; durch den Kulturkampf fanatisiert, schoß er aus nächster Nähe auf Bismarck, als dieser mittags um 1 Uhr zur Saline fuhr, und verletzte ihn an der rechten Hand.

meiner Mutter, die sich zufällig erhalten haben, verdeutlichen diesen merkwürdigen Gegensatz durch den in die Augen springenden Abstand ihres Stils von den bekannten grandiosen Briefen des Fürsten selbst. Einige Stichproben genügen.

»Kissingen, 8. August 74

Ihr so freundlicher Brief war mir eine gar angenehme Überraschung. Ich bin gleich den andern Tag mit meinem Bruder zu der Persönlichkeit Ida Rath gegangen, um derselben Ihren Auftrag mitzuteilen, und hoffe, daß Sie inzwischen die gewünschte Anzahl Gruppenbilder nach Schlangenbad erhalten haben werden?

Unser hiesiger Aufenthalt wird nun demnächst beendet werden, da wir den 12. abreisen wollen, um uns dann bis Anfang Dezember nach Varzin zu begeben; Gott helfe, daß Papa dort eine recht angenehme, ruhige Erholungszeit noch hat, denn wenn's ihm nach der Kissinger Kur auch einigermaßen besser als zuvor geht, bleibt doch gar manches zum befriedigenden Wohlbefinden noch bei ihm zu wünschen übrig, und die Doktoren hoffen besonders auf recht erfreuliche Nachwirkung der ganzen Brunnen- und Badekur für ihn, Gott woll's in Gnaden geben! Mein ältester Bruder wird dann sich wieder nach Dresden zurückbegeben, und der jüngere will fürs erste nach Schlesien, um dort bei einem seiner Freunde sich Jagdvergnügungen hinzugeben; anfangs September kommt er dann in seine kleine Gerichtsstadt nahe bei Varzin.

Wie gerne würde ich vor unserer Abreise Ihnen einen kleinen Besuch in Schlangenbad machen! Ich würde aber keineswegs beabsichtigen, mit Ihnen Schach zu spielen, wie der dortige Doktor, denn ich muß gestehen, das finde ich das langweiligste Spiel, das es gibt! Ich möchte viel lieber eine angenehme, heitere Plauderstunde mit Ihnen haben und mich persönlich überzeugen, wie's Ihnen ergeht; aber leider sind diese Wünsche ja momentan unausführbar, daher kann ich Sie nur auf diese Art bitten, mir eine freundliche Erinnerung bewahren zu wollen, und indem ich Ihnen die Erreichung bester Gesundheit wünsche, hoffe ich sehr, daß man sich bald einmal glücklich wiederzusehen vermöchte!

Papa, Mama und meine beiden Brüder tragen mir viele herzliche Grüße für Sie auf, mit welchen ich schließe als Ihre Sie ganz besonders verehrende

Marie Gräfin Bismarck-Schönhausen«

»Varzin, 17. August 1874

Mama beauftragte mich gestern, Sie zu bitten, doch ja nicht vergessen zu wollen, daß sie von Ihnen keine Photographie besitzt, aber daß sie gern so bald als möglich eine von Ihnen haben möchte! ... Unsere gemeinschaftlichen Gruppenbilder, die wir am Tage Ihrer Abreise noch in Kissingen herstellen ließen, sind nichts weniger denn schön gelungen! Nur mein Bruder ist gut geworden. Sie sind gar nicht zu erkennen, und das Gesicht Ihres Herrn Gemahls ist ja total verwischt und ganz undeutlich.

Wir verließen Kissingen am 12., waren spät in der Nacht in Berlin, wo wir uns zwei Tage aufhielten. Vorgestern reisten meine Eltern mit mir hierher. Meine Brüder blieben vorläufig noch in Berlin, da für gestern, als dem berühmten Mars-la-Tour-Tage, ihr Regiment, zur Erinnerung an jenen glorreichen Tag, eine große Feierlichkeit veranstalten wollte, wobei sie natürlich nicht fehlen durften. Mein ältester Bruder wollte sich dann auf einige Wochen nach Ostende begeben, weil er durch das viele Schreiben und Arbeiten, welches das Attentat mit sich brachte, während der Kissinger Kur angegriffen worden war. – Meinen jüngsten Bruder erwarten wir zu unserer Freude heute nachmittag in Varzin! ...

Papa und Mama grüßen Sie sehr herzlich!

Believe me

in affectionate friendship Yours

Marie von Bismarck-Schönhausen«

»Varzin, den 23. August 1874

... Mit Papas Befinden geht's Gott sei Dank ziemlich gut. Er ist den ganzen Tag draußen in seinen Wäldern, und man möchte ihm nur ein bißchen angenehmeres Sommerwetter wünschen, nur neun Grad

Wärme und viel Regengüsse ist doch eigentlich Oktoberwetter. Er läßt Sie vielmals grüßen, ebenso Mama und mein Bruder...

Yours affectionately
Marie von Bismarck-Schönhausen«

»Berlin, 13.1.75

...Nun aber vor allem eine Menge der schönsten Glückwünsche noch nachträglich für Sie und Ihren Herrn Gemahl und your dear little son zu dem neuen Jahre! Und dann viel tausend Dank für das wunderhübsche Blumenkörbchen und den liebenswürdigen kleinen Brief, mit der so freundlichen Einladung für mich, eine Zeitlang Sie in Paris zu besuchen. So gern ich dieses letztere aber auch tun würde, so ist dies doch leider jetzt ein Ding der Unmöglichkeit, denn allein dürfte ich das elterliche Haus doch nicht verlassen, und meine Mutter trennt sich, wie Sie wissen, zu schwer von Papa. Also müssen wir uns schon bis zum Frühjahr auf ein hoffentlich glückliches Wiedersehen vertrösten, da Sie uns ja erfreulicherweise in Aussicht stellten, daß Sie alsdann vielleicht vorübergehend nach Berlin kommen würden... Mit vielen herzlichen Grüßen von Papa und Mama für Sie und Ihren Herrn Gemahl, dem ich mich bestens zu empfehlen bitte, believe me,

affectionately yours
Marie Gfn. von Bismarck-Schönhausen«

5

In Paris, zuerst in der ziemlich bescheidenen Wohnung, in der ich geboren bin, an der Ecke der Rue de Rivoli und der Rue du Luxembourg, jetzt Rue Cambon, dem Tuileriengarten gegenüber, dann in einer weitläufigen Etage am Boulevard Malesherbes neben der Madeleinekirche, wo wir die schöne Gräfin zur Nachbarin hatten, später in dem kleinen Palais, das meine Eltern am Cours la Reine zwischen Champs Elysées und Seine bewohnten, bildete sich um sie ein Kreis, der zum Teil aus Pariser Gesellschaft, zum Teil aus Diplomatie und insbesondere den jüngeren Mitgliedern der Pariser deutschen Botschaft sich zusammensetzte. Auch gehörten viele heute vergessene Künstler, französische Akademiker, dazu; darunter allerdings einer, dessen Ruhm dauern sollte: der junge, aber schon heftig befehdete Rodin. »Ich pflegte jeden Montag«, schreibt meine Mutter, »zu empfangen. Zu den Stammgästen bei meinen Empfängen gehörte der spanische Botschafter Señor Albareda. Er war ein großer schwerer Mann von etwa fünfzig, mit blondem, schon leicht ergrautem Haar und Bart, führte große Worte im Munde, namentlich mit hübschen Frauen, und war in seiner Haltung sehr ›Grande von Spanien‹, obwohl er keiner war. Vor allem sah er sehr dekorativ aus und stach angenehm ab von der Masse der unscheinbaren kleinen Diplomaten, wenn er in der Präsidententribüne beim Rennen oder bei anderen Gelegenheiten im Kreise seiner Kollegen auftrat. Ob der innere Kern der Intelligenz ganz so groß und solide war wie die Fassade, ließ sich schwer an seiner Konversation erkennen; doch er mag sie auf das Niveau heruntergeschraubt haben, das ihm als das hübscher Frauen vorschwebte, mit anderen Worten, auf das Niveau halber sanfter Idiotie. Wenig ahnt solch ein herablassender, fader und großsprechender Mann, für welch einen Dummkopf die Fee an seinem Arme ihn hält, sobald sie seine Geringschätzung bemerkt. Wie oft habe ich Männern, die mich so behandelten und ein leidenschaftliches Interesse für meine Schneiderinnen, meinen Putz und Flitter an den Tag legten, gesagt: ›Ich mag sehr dumm sein, doch vielleicht nicht ganz so, wie ich aussehe.‹ Worauf mein Partner mit einem faden Lächeln zu antworten pflegte: ›Die einzige Pflicht einer Frau ist, hübsch zu sein. Dazu ist sie geschaffen und in die Welt gesetzt.‹ Das ekelte und empörte mich derart, daß mein Mann die größte Mühe hatte, die Ausbrüche meines Zornes zu dämpfen. Und auch das gelang ihm trotz seiner Vorhaltungen leider nicht immer, so daß er oft die empörte Abfertigung eines Mannes nicht hindern konnte, der dann mein Todfeind wurde. Ich fürchte, mein armer Mann hat viel von mir auszustehen gehabt; denn mochte er tun und sagen, was er wollte, er vermochte nicht das naive, wenig weltkluge, leidenschaftliche junge Wesen, das ich war, in die überlegene Weltdame umzuwandeln, die er aus mir machen wollte.

Zu den mehr oder weniger historischen Persönlichkeiten, die zu mir kamen, gehörten auch der deutsche Botschafter, Fürst Chlodwig Hohenlohe, seine Frau und seine erwachsenen Kinder, die Prinzessin Elisabeth und Prinz Philipp-Ernst, ein sehr musikalischer junger Mann, der drei- oder viermal die Woche erschien, um mit mir zu singen, vierhändig zu spielen und Musik vom Blatt zu lesen. Der Botschafter war klein von Gestalt, etwas unter mittelgroß; aber dieser Nachteil wurde von einem solchen Eindruck von Vornehmheit aufgewogen, daß sein Mangel an Statur unbemerkt blieb. Wenn man ihn erblickte, fühlte man gleich den Mann aus großem Hause. Mochte er am Tage in seinem gutsitzenden Gehrock erscheinen oder abends bei Bällen und Empfängen im Frack mit Ordensband und zahlreichen Orden langsam auf einen zukommen und seine ernsten, fast nie lächelnden Augen in einen einbohren wie Schrauben, die alles aus seinem Gesprächspartner herausziehen wollten, immer war man ihm sofort hörig. Er war ›jemand‹ und der rechte Mann, um ein großes, sieghaftes Reich zu vertreten. Die Fürstin paßte nicht recht zu ihm. Obwohl sie groß war und alles, was ihm an Statur fehlte, reichlich wettmachte, hatte sie nicht die fürstliche Haltung ihres Mannes, außerdem war sie nicht schön, was für eine Frau immer ein Nachteil ist. So wie ihre Tochter, die Prinzessin Elisabeth, zeigte sie, wenn sie sprach und lächelte, ihr ganzes Zahnfleisch, was sofort einem Gesicht einen blöden Ausdruck gibt, obwohl die Fürstin keineswegs dumm war und dieser plötzlich aufblitzende Zug von Einfalt bald verschwand, wenn sie schweigend ihre strenge Stirn in Falten legte und Antworten nur mit einsilbigen Worten austeilte, die ihre völlige Gleichgültigkeit gegenüber allem, was um sie herum gesprochen wurde, bezeugten. Diese Geistesabwesenheit veranlaßte einen witzigen Diplomaten, der sich oft im Salon der Fürstin zeigte, zu sagen: ›Ich gehe heute zur Fürstin H., da kann ich mein Gehirn zu Hause lassen.‹
Eine andere höchst interessante Figur war der damalige österreichische Botschafter Graf Beust.* Selten verging eine Woche, ohne daß

* Im Kriege 1866 war Beust sächsischer Ministerpräsident und mußte daher nach dem Sieg Preußens Sachsen verlassen. Er wurde österreichischer Außenminister, dann

er mich besuchte. Graf Beust war damals schon ein sehr alter Mann, aber so geladen mit blitzendem Geist, daß gewiß niemand sein Gehirn zu Hause lassen konnte, wenn er zu ihm auf Besuch ging. Schon seine Augen leuchteten so von unterdrücktem Gelächter und kleinen Bosheiten, daß sie sofort den Weg öffneten zu einem geistigen Turnier, aus dem man meistens als Besiegter hervorging. Er hatte eine Fülle von ausgefallenen Erinnerungen an längst vergangene Zeiten, und sein Gedächtnis war unerschöpflich. Auch erfand er passende Spitznamen für jedermann. Er hatte einen entfernten Verwandten, einen Herrn von Könneritz, der seiner Botschaft attachiert war. Frau von Könneritz bellte wie ein Hund, wenn sie sprach, und Beust nannte sie deshalb ›l'aboyeuse‹. Sie war eine sehr bigotte Katholikin und hatte ›zu größerer Sicherheit‹, aus Angst, ihre Erben könnten ihre sterblichen Überreste in einem ungeweihten Armengrab bestatten, sich ein Erbbegräbnis im Père-Lachaise gekauft. ›Mein Mann und ich werden nur zwei Plätze nötig haben‹, sagte sie zum Grafen Beust, ›ich biete Ihnen daher von ganzem Herzen den dritten an.‹ Beust lehnte das freundliche Anerbieten mit folgenden Worten ab: ›Quoique très flatté de la tentante invitation de coucher à côté de vous pour toute l'éternité, j'aime trop faire la grasse matinée, même le jour du jugement dernier, pour ne pas craindre d'être réveillé trop tôt par vous.‹* Ein anderes Mal, als ein sehr bösartiger Artikel gegen ihn in einer Zeitung erschien, sagte er lächelnd, er habe das schon immer erwartet, ›ich habe *so* viele Freunde in der Redaktion!‹ Das Leben hatte ihn gelehrt, niemandem zu trauen. ›Aber‹, sagte er, ›man muß über alles lachen, um nicht in die Lage zu kommen, darüber weinen zu müssen.‹ Wenn ihn ein Schlag traf, sei es in der Politik, sei es sonst, sagte er immer: ›Suchen Sie den, dem ich am meisten Gutes getan habe, der wird dahinterstehen.‹ Er pflegte oft zu sagen, daß, wenn

Reichskanzler und schließlich Botschafter in Paris. Er war vier Jahre älter als Bismarck, 1809 geboren, und galt für seinen erbitterten Feind.

* »Obwohl sehr schmeichelhaft berührt von der verführerischen Einladung, für alle Ewigkeit neben Ihnen zu schlafen, liebe ich zu sehr, blauen Montag zu machen, selbst am Tage des Jüngsten Gerichts, um nicht Angst zu haben, daß Sie mich zu früh wecken könnten.«

Machiavelli in diesem Jahrhundert gelebt hätte, er im Haufen von Intriganten, die sich wie Kaninchen vermehrten, unbemerkt verschwunden wäre. ›Unmöglich, sie zu zählen. Aber lachen wir! Lachen wir!‹ schrie er fast. ›Denn man müßte zuviel weinen, wenn man sich nicht durch das unaufhaltsame hysterische Lachen, das in einem Seufzer endet, betäubte.‹ Er pflegte mir immer zu sagen, daß es ihm kalt über den Rücken laufe, wenn er bei meinen Empfängen sähe, wie jugendlich unerfahren, impulsiv und arglos ich, wie ein armes dummes Täubchen, unter allen diesen Geiern säße, die nur darauf warteten, auf ihr Opfer herabzustoßen und es in Stücke zu reißen.

Ich sah auch oft den alten Blowitz, den berühmten Pariser ›Times‹-Korrespondenten. Blowitz, oder richtiger Oppert von Blowitz – denn sein Name war Oppert, doch das Städtchen oder Dörfchen, aus dem er stammte, hieß Blowitz, und so fügte er diesen Namen dem seinen hinzu, um ihm einen adligen Klang zu geben –, also Blowitz war das groteskest aussehende Geschöpf, das je Gott oder der Teufel geschaffen hat. Allerdings neige ich zur Ansicht, daß er eher ein Werk des letzteren war, so böse und hinterhältig konnte er sein. Er war ein Zwerg, dabei von gewaltigem Leibesumfang, das genaue Abbild jener scheußlichen Unholde, die auf chinesischen Vasen sich breitmachen. Er pflegte von sich zu sagen, er sei eine Mißgeburt, die aber ihr Geist rechtfertige. Als einmal eine dumme Gans, an der er seinen dicken Körper vorbeiquetschte, um zu seinem Parkettsitz zu gelangen, ihm ein unfreundliches Wort zurief, zog er demütig seinen Hut vor ihr und sagte: ›Verzeihen Sie, Fräulein, mein Körperumfang belästigt Sie nur eine Minute, mich aber immer.‹ Ein jeder weiß, welche Macht in der Presse der alte ›Blo‹, wie man ihn nannte, darstellte. Sein Gewicht in der Waagschale der öffentlichen Meinung wog in den meisten Fällen jedes andere auf. Ein jeder mußte mit ihm rechnen. Trotz seiner abschreckenden Mißgestalt wurde er daher von den Frauen verzogen und hatte zahllose Abenteuer. Und obwohl er so intelligent war, erzeugte diese Vergötterung durch die Weiber doch in ihm schließlich den Glauben, daß seine Häßlichkeit irgend etwas Pikantes habe, das ihn für schöne Frauen unwiderstehlich mache.«

Ganz anders war der berühmte Erbauer des Suezkanals, Ferdinand von Lesseps, Weltmann, Geschäftsmann, Erfinder, der durch seine große Schöpfung Welthandel und Außenpolitik aller Staaten umwälzte. In allen Phasen seiner stürmisch bewegten, über Höhen und durch Tiefen führenden Laufbahn war er häufig bei uns zu Gaste. »Der alte Lesseps«, schreibt meine Mutter, »war mittelgroß, mit vollem grauem Haar und kleinen, aber sehr lebendigen dunklen Augen, die blitzend und funkelnd jede Stimmung spiegelten. Seine Konversation war reich an interessanten Erinnerungen von seinen vielen Reisen. Auch war es herzerfrischend, ihn morgens zu Pferde im Bois zu sehen, umtummelt von der Schar seiner jungen Kinder. Einer seiner liebsten Gesprächsstoffe war der Besuch der Kaiserin Eugenie zur Eröffnung des Suezkanals. Er konnte sich nicht genug tun in der Schilderung der schönen Kaiserin mit ihrem Schwanenhals, ihrem wunderbaren Gesicht, dem wie gemeißelten Profil und den vergißmeinnichtblauen Augen. Er sagte, es habe alles, was er je gesehen habe, übertroffen, als sie auf dem Wasser heranglitt wie ein königlicher Schwan, lautlos, eine Elfe, eine Erscheinung umglänzt von Poesie und Romantik, ein Wesen, in dem die Feen und Nixen der alten Sagen wieder auflebten...

Eines Tages schlug der Besitzer des ›Figaro‹, Francis Magnard, mir vor, die große Schauspielerin Sarah Bernhardt in ihrem berühmten Atelier am Boulevard Pereire zu besuchen. Sie arbeitete damals gerade an einer Büste einer Miß Hall, einer ältlichen amerikanischen Bekannten von mir. Ich nahm die Einladung mit Freuden an. Wir fanden Sarah als Mann gekleidet in einem weißen Flanellhemd und Hosen. Aber ihr gebleichtes Blondhaar war nach der üblichen Frauenart frisiert. Als wir eintraten, lag die Künstlerin in einer affektierten Haltung halb auf dem Boden vor der alten, völlig unpoetischen Miß, die etwas verlegen, und bemüht, bedeutend auszusehen, mit leeren Augen auf die theatralischen Verrenkungen der allerhand Posen einnehmenden Sarah herunterlächelte. ›Gut, gut so! Behalten Sie diesen Glanz in Ihrer Maske‹, schrie Sarah der armen, völlig ausdruckslosen, gutbürgerlichen, etwas ordinären Miß zu. Die Miß, die eine reiche Erbtochter aus Südkarolina war, deren Vater Millionen in

Pökelfleisch oder Marmelade verdient hatte, und der von Sarah eingeredet worden war, daß sie nur deshalb bereit sei, ihre Büste für den ›lächerlich geringen Preis‹ von fünfundzwanzigtausend Franken zu machen, weil ihr Gesicht so pikant sei und sie begeistere, wagte nicht von ihrem Thron herunterzuklettern, um uns guten Tag zu sagen, aus Angst, der ›Glanz‹, den Sarah festhalten wollte, könnte aus ihrem Antlitz schwinden, ehe er für alle Ewigkeit in Marmor fixiert sei. So waren wir gezwungen, unseren Atem anzuhalten und auf den Fußspitzen einzutreten, um das Fassen und Festhalten des ›Glanzes‹ nicht zu stören. Nachdem wir volle zehn Minuten, ohne uns bewegen zu dürfen, gestanden waren, während Sarah den Ton der Büste knetete und zahllose Sprünge nach vorn und rückwärts vor ihrem Modell ausführte – wobei jeder Sprung in einer neuen theatralischen Stellung endete –, bekamen wir die Erlaubnis, Atem zu schöpfen und uns zu rühren. ›Ich bin mit mir zufrieden!‹ sprudelte Sarah mit ihrer ›goldenen Stimme‹ hervor. ›Verzeihen Sie, daß ich Sie nicht beachtet habe, während ich ganz in meiner Konzeption befangen der Idee nachjagte, die ich verkörpern will. Schauen Sie, der Künstler, der seine Idee nicht bis ans Ende verfolgt, ist in seiner Seele überhaupt kein Künstler. Hier – kommen Sie, sehen Sie diesen Glanz!‹ sagte sie, indem sie uns vor die Büste zerrte. Dieser wundervolle ›Glanz‹, den sie uns zeigte, war ein breites Grinsen, das die Lippen der Büste der Südkarolinamillionärin auseinanderzog und einen unbehinderten Blick auf ihre Vorderzähne, oben und unten, gestattete. Doch wenn auch der ›Glanz‹ uns nicht sichtbar wurde, so bot er doch den Ausgangspunkt, den Sarah Bernhardt gebrauchte, um uns eine Vorlesung über sich zu halten und ihr Genie zu preisen, neben dem jedes andere verblasse. Sie verfehlte auch nicht die Gelegenheit, den großen und wirklich göttlichen italienischen Schauspieler Salvini, der gerade ganz Paris durch sein geniales Spiel begeisterte, herunterzureißen. In zahllosen theatralischen Kapriolen vor der Büste zeigte sie, wie *sie* alles gemacht hätte, wenn sie an Salvinis Stelle gewesen wäre. Und es war ganz unterhaltend, zuzuhören, wie sie, dieser kleine Geist, dessen Talent, obwohl echt und unbestritten, doch hauptsächlich aus Pariser Schick und einer ungeheuren Portion Affektiertheit und Künstelei gemacht war, jenen Riesen zu kritisieren wagte. ›Wir sind alle Hündchen, die den Mond anbellen‹ – leider begnügte ich mich nicht, dieses zu denken, sondern begann das Gespräch mit der holden Sarah mit diesen Worten. Zum Glück war sie von ihrer Eitelkeit so umnebelt, daß sie sich keine Minute mit dem Hündchen identifizierte, sondern mich nur freundlich anlächelte und fragte, in welcher Rolle mich ihr Genie am meisten geblendet hätte? ›In der Rolle, in der ich Sie jetzt sehe‹, antwortete ich demütig. Aber Sarah fühlte den Stachel in dieser Demut ebensowenig wie in meiner ersten Äußerung. ›Also Sie meinen wirklich, daß mein Genie in der Plastik höher fliegt als in der Tragödie oder dem Lustspiel? Bébé mignon‹ (mein süßes Baby), rief sie einer dicken alten Frau von etwa Sechzig zu, die sehr jugendlich und nach der neusten Mode gekleidet in einer Ecke Schokoladenbonbons knabberte, ›hören Sie her!‹ Hierauf antwortete das ›bébé mignon‹ in einem tiefen Baß mit russischem Akzent: ›Bei Gott, habe ich nicht immerr gesagt, daß, seitdem Sie Bildhauerin geworden sind, Michelangelo in seinem Grabe wohl keine Ruhe mehrr finden wird, der Arme (le pôvre)!‹ Sarah lächelte zustimmend und machte ein Gesicht, als ob auch wir alle den armen Michelangelo bemitleideten. Ihre Laune wurde immer besser, sie kostete ihren Triumph bis zur Neige aus. Irgend jemand aber hatte den Mut zu äußern, daß auch Rodin etwas Talent habe; doch davon wollten sie und ihre Anbeter nichts wissen. ›Gewiß, Rodin sei nicht übel, aber sie habe *ein Etwas*, das undefinierbar sei!‹

Am selben Tage, an dem wir Sarah besucht hatten, sahen wir Tommaso Salvini als Othello. Ich wurde von einem der größten Kunsterlebnisse, die ich je gehabt habe, tief erschüttert. Von dem Augenblick, wo der große, weißbeturbante Mohr die Bühne betrat, in seinem einfachen, aber reichen blauen Gewand, mit einem funkelnden Rubin auf der Stirn, gab es auf der Bühne und im Hause nichts mehr als ihn. Ehe er ein Wort gesprochen hatte, hatten seine Augen, sein Gesichtsausdruck, sein Gang, sein ganzes ›Ich‹ alle bezaubert. Nachdem das ganze Haus atemlos seinen ersten Worten gelauscht hatte, brach ein solch brausender Sturm von Beifall los, daß die Vorstellung erst nach einigen Minuten fortgesetzt werden konnte. Trotz allem, was häufig gesagt wird, daß jeder, der Talent hat, immer eitel und seiner Gaben bewußt sei, stimmt dieses nicht mit meinen Erfahrungen überein. Gewiß sind Leute mit kleinem, künstlich hochgezüchtetem Talent oft eitel und selbstbewußt. Aber ein Genie ist meistens so einfach und naiv wie ein kleines Kind und ebensowenig seiner Gaben bewußt. Als ich Salvini vorgestellt wurde und ihm sagte, wie tief meine Bewunderung und Erschütterung sei, antwortete er sehr einfach: ›Sie gehen zu weit. Wenn ich die Menschen etwas erschüttere, so ist es, weil ich zu verstehen suche, was mein Held fühlt, mit anderen Worten, es selber zu fühlen mich bemühe; daher ist in mir ganz natürlich wahre Leidenschaft, und diese überträgt sich auf die Zuschauer. Sie sehen, meine Auffassung von der Schauspielkunst steht in schroffem Gegensatz zu der des großen Diderot, der behauptete, daß der Schauspieler überhaupt kein Gefühl haben dürfe. Ich bin in jeder Kunst für Einfachheit und Natürlichkeit.‹«

6

Als meine Schwester geboren wurde, ließ der Kaiser durch Lehndorff meine Eltern wissen, daß er gern die Patenschaft übernehmen würde. Die Taufe wurde daher für den September in Baden-Baden angesetzt, in der Villa meines Großonkels Auffmordt, in die auch die Kaiserin, die die Patin meines kleinen Vetters war, gelegentlich zu Besuch kam; der Kaiser hatte Wert darauf gelegt, persönlich bei der Taufe anwesend zu sein. Am festgesetzten Tage war er aber unpäßlich und machte erst am nächsten Tage meinen Eltern einen Besuch, um sein Patenkind zu sehen. Dieser Besuch wurde zum Unterschied von anderen wegen seines Anlasses mit einer gewissen Feierlichkeit umgeben, was in den mehr oder minder mit dem Hof zusammenhängenden Kreisen der Kurgäste eine kleine Sensation verursachte. »Schon am Morgen«, schreibt meine Mutter, »kam ein Kammerherr mit Weisungen für das Zeremoniell. Wir durften keinen Besuch am Nachmittag annehmen. Aber mein Töchterchen, das kaum fünf Wochen alt war, sollte hereingetragen werden, sobald einer von den Generaladjutanten, Graf Lehndorff oder Fürst Radziwill, ein verabredetes Zeichen gab. Der Tag steht mir, als ob er gestern gewesen wäre, vor Augen. Welche Wut und Aufregung bei meinen Feindinnen, die ich nicht besänftigen konnte, mochte ich ihnen noch so viel Freundlichkeiten und Wohltaten erweisen! Rund um das Hotel glitten diese Busenfreundinnen, in dem Bestreben, einen Aussichtspunkt zu finden, von wo aus sie die Begebenheiten des Nachmittages beobachten könnten. Die Aufregung im Hotel und unter der Dienerschaft war unbeschreiblich. Alle Zimmer wurden immer wieder gefegt und gescheuert, Blumen kamen wie durch ein Wunder aus allen Ecken, besonders dunkelblaue Kornblumen, die Lieblingsblumen des Kaisers, die auch auf das cremefarbene Spitzenkleid des Patenkindes gestickt waren. Die kaiserliche Equipage fuhr vor. Der Jäger mit dem Dreispitz und Federbusch sprang vom Bock, der Kaiser mit umgehängtem grauem Militärmantel stieg, für seine Jahre verhältnismäßig leicht, aus dem Wagen; hinter ihm Fürst Radziwill und Graf Lehndorff. Und alle drei, der Kaiser voran, überschritten die Schwelle des Hotels, wo mein Mann sie mit unserem kleinen Sohn empfing. Der Kaiser grüßte mit der weiß behandschuhten Hand, indem er den Helm mit zwei Fingern berührte, und kam die Treppe herauf, auf deren oberstem Absatz ich ihn erwartete. Als er mich erblickte, glitt ein Lächeln über sein ernstes Gesicht, wie Sonnenschein über eine erregte See. ›Schönen guten Tag, meine Gnädigste‹, sagte er und verbeugte sich über meine etwas zitternde rechte Hand. Wir traten ein, wobei er mich mit einigen scherzhaften Bemerkungen zwang, voranzugehen. Als wir alle saßen, sah der Kaiser sich um in der wahren Blumenlaube, in die mein Salon verwandelt war, und sagte lächelnd: ›La cage vaut presque l'oiseau‹ (Der Käfig ist fast so schön wie der Vogel). Dann nahm er eine blasse Malmaisonrose aus einer Vase und überreichte sie mir mit den Worten: ›Gleich und gleich gesellt sich gern – und das Vöglein zwitschert, wie die Blume duftet; also hoffe ich auf ein Liedchen; zum Beispiel: ›Er, der Herrlichste von allen.‹ Dieses Schumann-Lied war eines, das der Kaiser ganz besonders liebte. Der leidenschaftliche Schwung der Melodie ergriff sein ewig jugendliches und poetisches, sentimentales Herz. Denn im Herzen blieb Wilhelm I. immer ein Jüngling, so unverdorben wie ein Student in einer Idylle, weil immer Seele und Gefühl das Übergewicht über seine Sinne behielten. Die Schönheit und der Zauber seiner Mutter, der lieblichen Königin Louise, verliehen seinem ganzen Leben Poesie. Allerdings war er mit vielen alten und häßlichen Frauen befreundet; doch nannte er diese ›côté cerveau‹, die anderen aber ›côté cœur‹. ›Aber erst gestatten Sie mir, mein Patenkindchen zu sehen.‹ Mein Mann ging hinaus, die Doppeltüren taten sich auf, und herein trugen die beiden Ammen, auf einem Kissen aus blauem Atlas, in einem langen Kleidchen aus Spitzen und weißem Atlas, in den Kornblumen eingestickt waren, ein winziges, krall waches und ernst um sich blickendes Kindchen. Sie sah so streng und selbstsicher aus wie ein Richter, und als der Kaiser ihr Kinnchen kitzelte, schaute sie ihn nur streng und abweisend an. ›Na, ganz die Mutter, Sottichen‹, sagte Lehndorff, als ich das winzige kleine Wesen aufhob. Der Kaiser weigerte sich, es zu halten. Er prallte zurück und tat entsetzt, indem er sagte, er habe nie gewußt, ›an welchem Ende‹ man ein Baby anfassen müsse. Das Baby fuhr fort, sich schweigend und ernst umzusehen, als ob es sich der Gegenwart einer großen historischen Figur bewußt sei und die Szene sich einprägen wollte.«

Damals müssen schon Gerüchte über terroristische Absichten und Attentatspläne bis zum Kaiser gedrungen sein. Meine Mutter erzählte einen Vorfall, der darauf hindeutet. Auf einem Ball bei der Herzogin von Hamilton fragte sie der Kaiser lächelnd, was das sei, was sie da im Haare trage? Meine Mutter antwortete wahrheitsgemäß, aber etwas unbedacht: »Ein Dolch, Majestät.« Es war in der Tat ein mit Brillanten besetzter Miniaturdolch, den meine Mutter oft in ihrem nach damaliger Mode hochgesteckten Haar trug. »Na, na, Sottichen, soll der etwa dazu dienen, mich umzubringen?« – »Nein«, antwortete meine Mutter lachend, »um Eure Majestät, falls Sie angegriffen werden, zu verteidigen!«, was der Kaiser mit allerlei Scherzen über seine neue Leibgarde quittierte. Wenige Monate später, am 11. Mai und 2. Juni 1878, erfolgten tatsächlich die Attentate von Hödel und Nobiling; beim ersten kam der Kaiser unverletzt davon, beim zweiten wurde er schwer verwundet. Eine terroristische Epoche, wie sie in Rußland eingesetzt hatte und 1881 zur Ermordung Alexanders II. führte, schien auch in Deutschland bevorzustehen. Der vulkanische Untergrund der Zeit begann sich bemerkbar zu machen. Etwas mit ihrem galanten und noch immer aristokratischen Geist Unvereinbares regte sich. Der Eindruck in der Oberschicht war ungeheuer.

Lehndorff unterrichtete in seinen Briefen nach den beiden Attentaten meine Eltern fortlaufend. Alles Politische ist mit Absicht – die Briefe gingen durch die Post nach Paris – fortgelassen. Aber zwischen den Zeilen zittert auch die politische Erregung.

Am Tage nach dem ersten Attentat heißt es:

»Von Rominten heimgekehrt, bin ich so erschüttert und abimiert durch das Unheil, das uns gedroht hat, obgleich der liebe Gott es abwendete in seinen furchtbaren Folgen, daß ich kaum zu einem vernünftigen Gedanken fähig bin. Man sollte ja eigentlich nichts weiter tun, als Gott danken, daß er so viel Gnade uns geschenkt hat, und doch bin ich *tief, tief* traurig. Ich möchte mich in eine Ecke setzen und weinen und mit keinem Menschen darüber sprechen als mit Ihnen, daß solche Tat hat geschehen können. Es ist ja namenlos schauderhaft, und ich werde das Gefühl *solcher* Möglichkeiten in dieser scheußlichen Welt niemals wieder los werden mit dem Gefühl unüberwindlichen Ekels.«

Dann folgte das Nobilingsche Attentat. Am Tage des Attentats selbst, aber noch ehe es stattfand, am Sonnabend, dem 2. Juni, schreibt Lehndorff:

»Es ist eine recht ernste, Betrübnisse bringende Zeit, und man kommt dahin, sich umzusehen, was kommt nun? Denn die betrübenden Unfälle und Untaten kommen unvorhergesehen, wie die Steine vom Dach beim Sturm. Man kann sich von einem frostigen und unheimlichen Gefühl nicht mehr erholen, und wenn ein Kummer nachläßt, kommt schon ein neuer heran.«

Kaum war dieser Brief voller düsterer Vorahnungen fort, als das Attentat geschah. Lehndorff meldet am Tage nach dem Attentat aus Berlin vier Uhr vierzig nachmittags an meinen Vater nur telegraphisch: »Seine Majestät haben diese Nacht abwechselnd geschlafen. Schwellungen und Schmerzen geringer, bis jetzt fieberfrei.« Erst zwei Tage später schreibt er wieder:

»Palais, 5.6.78 früh

In diesen Jammertagen bin ich nicht imstande gewesen, meine Gedanken zu einem Brief zu konzentrieren, und wußte auch, daß Sie sich denken konnten, warum Nachrichten ausblieben. Heute zum erstenmal ist Gott sei Dank ein Lichtstrahl in diese Finsternis gedrungen. Die Nacht war verhältnismäßig gut, mit mehrmaligem, ausruhendem Schlaf, wenig Schmerz, sinkendere Geschwulst und *noch* ohne Fieber. Mag der liebe Gott uns nun wieder helfen, meine Verzweiflung ist heute geringer, und man kann wieder atmen und etwas Hoffnung schöpfen, daß der geliebte Herr gerettet wird.«

In den nächsten Tagen schreibt er:

»Palais. Berlin, den 7. Juni 78

Mir fehlt die Fähigkeit, an andere Zusammenhänge zu denken als an dieses Elend, dieses himmelschreiende Elend! Ich kann nicht wieder zu einem anderen verständigen Gedanken kommen, meine Nerven fliegen. Ich habe Ihnen eben telegraphiert und kann erläuternd dazusetzen, daß der ganze Verlauf des Allerhöchsten Befindens ein solcher ist, wie es überhaupt unter den namenlos traurigen Verhältnissen denkbar und zu hoffen möglich ist. Die Angst aber bleibt, daß es auch anders sein oder jeden Tag anders werden könnte und kann. Gott behüte Sie und helfe Ihnen! Ihr in den Tod betrübter alter Lehndorff.«

»Berlin, 11.6.78

Unsere Sorgen werden Gott sei Dank und unberufen doch jetzt von Tag zu Tag weniger drückend und schwer, und die Erholung des Allergnädigsten Herrn macht, wenn auch sehr langsam, doch unverkennbare Fortschritte. Das Aussehen des Kaisers ist natürlich sehr angegriffen und herunter. Auch sieht er noch durch die kaum verheilten Wunden und das vielfach unter die Haut gedrungene Blut, das grüne und gelbe Flecken erzeugt, sehr bunt aus; aber ein Umstand, der mich sehr tröstete, als ich ihn zum erstenmal wieder sah, ist der, daß er in den Dimensionen des Kopfes nicht frappant kleiner geworden ist, was bei so alten Leuten leicht vorkommt und einen ungeheuren Eindruck macht, und daß er in der Haltung nicht sehr zusammengesunken erscheint. Sie können denken, daß das erste Wiedersehen für mich ein furchtbar ergreifender Moment war und daß ich Mühe hatte, meine eigene Haltung zu bewahren.«

In einem weiteren Brief heißt es:

»Berlin, den 14.6.78

... Wie es mir geht, brauche ich Ihnen nicht zu sagen: Ganz niederträchtig, innerlich und äußerlich; mir ist, als wenn die alte Welt geschlossen und die neue schwarzdunkel und unendlich unheimlich und sorgenvoll aussähe...«

Graf Heinrich Lehndorff war in Gesinnung und Erscheinung ein Urbild des vornehmen preußischen Offiziers: aus großem Hause, Garde du Corps, über ein Meter achtzig, blond, mit auffallend großen, mandelförmigen blauen Augen und regelmäßigen Gesichtszügen, in denen der vorherrschende Ausdruck eine Mischung von Entschlossenheit und fast weicher Güte war. Er galt lange für den schönsten Offizier am Berliner Hof. Trotz seiner Größe bewegte er sich bis ins Alter mit fast knabenhafter Flinkheit und Grazie. Eine Besonderheit, die er sich seit seiner Leutnantszeit bei der Garde du Corps bewahrt hatte und auf die er Wert legte, war, daß er nie Lackstiefel trug, sondern nur blitzblank gewichste. Er behauptete, daß Lackstiefel ein Zeichen von Faulheit, sei es ihres Trägers, sei es seines Burschen, und im übrigen vom Reglement nicht vorgesehen seien. Mit dem König und Kaiser, dessen Flügel- und später Generaladjutant er mehr als zwei Jahrzehnte war, verband ihn eine altgermanische Mannestreue, die nichts Süßliches oder Kriecherisches hatte, sondern für ihn selbstverständlich war als Erfüllung einer von Familientradition und echter Verehrung diktierten Pflicht. Er war alles andre als ein Streber. Zur Befriedigung seines Ehrgeizes genügten ihm sein Uradel und der tägliche Dienst beim Kaiser. Anderes wollte und erstrebte er nicht. Einen Botschafterposten, der ihm angeboten wurde, lehnte er ab. Er war mit Bismarck, der fast zwanzig Jahre älter war, seit seiner Kindheit befreundet, hat in schwierigen Augenblicken zwischen ihm und dem Kaiser vermittelt und war überhaupt bei diesem eine der festesten Stützen des Kanzlers, der solche privaten Beziehungen nicht nur am preußischen, sondern auch an den meisten auswärtigen Höfen pflegte und noch virtuoser zu handhaben wußte als die offiziellen. Da Lehndorff sehr gewandt und durch und durch loyal war, war er lange Zeit ein Kernstück in der Bismarckschen Staatsmaschine.

7

Lehndorffs Stoßseufzer, ihm sei, »als wenn die alte Welt geschlossen und die neue schwarzdunkel und unendlich unheimlich und sorgenvoll aussähe«, spiegelt nicht bloß seine Verzweiflung über das Nobilingsche Attentat wider, sondern auch die Tatsache, daß um das Ende der siebziger und den Anfang der achtziger Jahre ein Wetterumschlag in Europa eintrat. Der Horizont umwölkte sich; ein unbeständigeres Klima setzte ein. Das hochkapitalistische und hypernationalistische Zeitalter brach an, das unmerklich in das des merkantilen Imperialismus überging. Der Berliner Kongreß 1878 enttäuschte Rußland, das sich Frankreich näherte, Deutschland verbündete sich mit Österreich. In Frankreich kam der Gedanke der Revanche auf. Die Pariser Weltausstellung 1878 war ein Welttriumph. 1880 gründeten französische Chauvinisten die »Patriotenliga«. Zum erstenmal drang der Nationalismus, von unten aus dem Mittelstand, dem »tiers état«, der ihn in der Französischen Revolution als Sturmbock gegen Könige und Aristokraten erfunden hatte, trennend und verbitternd ein in die bis dahin kosmopolitische europäische Gesellschaft, die als Vertrustung der Aristokratie mit den Geldmächten wie eine Art geheimer Dachorganisation Europa trotz der erstarkenden zentrifugalen

Kräfte bis nach dem Kriege 70 noch zusammenhielt. Es begann das Auseinanderbrechen der europäischen Oberschicht, das dem endgültigen Auseinanderbrechen Europas präludierte. In der Pariser Gesellschaft ereigneten sich ähnliche Zwischenfälle wie vierzig Jahre später nach dem Weltkrieg: Karten wurden nicht erwidert, Einladungen in bisher weit offene Häuser blieben aus. Bedrohlich wuchs die Zahl der Nadelstiche und Dolchstöße. Während der deutschen Besetzung in Nordfrankreich nach 1870 waren deutsche Offiziere auf französischen Schlössern mindestens korrekt empfangen worden. Jetzt sagte eine Französin aus großem Hause zu einem Herrn, der ihr den deutschen Botschaftsrat vorstellen wollte: »Vous osez me présenter un Allemand?« (Sie wagen es, mir einen Deutschen vorzustellen?) und kehrte beiden den Rücken.

Ich erlebte diese Wandlung – zunächst naiv und ohne viel darüber nachzudenken – durch die Augen meiner Mutter. Von ihr aufgefangen waren ein Blick, ein Wort, die ungewohnte Kühle im Ton einer Stimme, die leichte Senkung oder Hebung eines Fächers auf einem Empfang, einem Botschaftsdiner, einem Ball, wie Blätter, die in der Luft wirbelnd Richtung und Stärke eines aufkommenden Windes anzeigen, schwache Vorboten des über Europa heraufziehenden Gewitters. Dann, 1886, kam die erste Bö, die überschwengliche Begeisterung breiter Volksmassen in Frankreich für den Kriegsminister General Boulanger, ein Sturm nationalistischer Leidenschaft, der die Fenster der Pariser Salons aufriß und das feine Gewebe der Pariser Gesellschaft zerknitterte. Meine Mutter wollte sich dem Unwetter nicht beugen, änderte nichts an ihrer Haltung, blieb nach wie vor der Politik fern, aber verleugnete gegen niemanden ihre Sympathien für die Länder, denen sie menschlich nahestand, England und Deutschland. Diese Haltung trug ihr, ohne daß sie sich dessen gleich bewußt wurde, zu dem Neid, den sie immer erregt hatte, neue, noch giftigere Feindschaft ein. Es kam dadurch in ihr Leben etwas Kämpferisches, Dramatisches, zeitweise Tragisches, ein bitterer Beigeschmack, der allem und jedem beigemischt war. Trotzdem habe ich nie erlebt, daß sie Furcht hatte oder innerlich unsicher wurde; sie blieb wie Dürers Ritter zwischen Tod und Teufel tapfer und unerschüttert, auch wenn die Wellen des Chauvinismus und persönlicher Feindschaften um sie haushoch gingen. Nur litt sie viel hinter ihrem sanften Lächeln und dem leichten Ton, in dem sie plauderte. – Mir zeigte sich an ihrem Beispiel und dem, was um sie vorging, immer deutlicher nicht bloß die Wandlung von einem in seinem Überbau noch kosmopolitischen zu einem durch und durch nationalistischen Europa, sondern recht früh auch der dschungelartige Charakter der »Welt«, das heißt der genießenden und regierenden Gesellschaftsschicht. Und mit diesem Bild verschmolz die mir sozusagen eingeborene Ahnung, – das zu verschiedenen Zeiten verschieden, dunkler oder heller in meinem mütterlicherseits keltischen Blut flackernde Gefühl von der Unwirklichkeit des Wirklichen, von einer zweiten Wirklichkeit – einer über- oder untersinnlichen –, die hinter der sinnlichen zäh und unbezwingbar mitbestimmt. Das ergab ein zwar noch etwas karikaturales, im Grunde aber schon richtiges Bild der »Welt« und der Grenzen ihrer Macht.

Der alte Kaiser erkannte früh die schwierige und gespannte Lage, in die meine Mutter durch die wachsende Revanche-Stimmung geraten mußte; denn bereits im März 1878 schreibt Lehndorff in seinem Auftrage: »Bülow hat seine erste Dosis in ziemlich reichlichem Maße empfangen und kann mich kaum mißverstanden haben über den hier« (das heißt bei den Majestäten, d. V.) »herrschenden Wunsch, daß Sie zu soignieren wären, nach Möglichkeiten und Kräften. Ich habe ihm die Anteilnahme für Sie in Farben geschildert, die hoffentlich genügen werden; ich bin eben im Aufbruch, um ihn nochmals aufzusuchen zu demselben Zweck, und werde dies, wenn ich ihn nicht treffe, noch wiederholen. Kurz, ich werde ihn nicht aus den Fingern lassen, so daß er dem Eindruck sich nicht verschließen kann, daß er, was an ihm ist, unbedingt zu tun hat, um sich Ihnen nützlich zu machen und Ungemach von Ihnen abzuwenden. Dumm ist er nicht, wie Sie wissen, und unterstützt soll sein Einsehen genügend werden.«

Ob es sich hier um Adolf Bülow handelte, der schon seit längerer Zeit Militärattaché in Paris war, oder um seinen Vetter, den späteren Reichskanzler Bernhard Bülow, dessen Ernennung als Sekretär an die Botschaft in Paris bevorstand, ist nicht mehr festzustellen, aber weniger wichtig als der Umstand, daß zweifellos auch Bernhard Bülow ähnliche Winke mitbekam. Tatsächlich bemühte er sich, als er im November seinen Posten in Paris antrat, so dienstbeflissen wie möglich zu erscheinen. Er machte für meine Mutter Besorgungen, gab ihr mehr oder weniger gute Ratschläge, kam im letzten Augenblick als vierzehnter zu Tisch, wenn Gefahr bestand, daß die fatale Zahl von dreizehn Gästen sich ergeben könnte, einmal hat er sogar ganz allein als »guter Onkel« mich in eine Vorstellung der ›Weißen Dame‹ begleitet, bei der er einschlief und ich ihn am Schluß wecken mußte. Auch liebte er, darauf anzuspielen, daß er mit uns entfernt (allerdings sehr entfernt) verschwägert sei; seine Mutter war wie die Großmutter unserer Vettern Hasperg eine Hamburger Jenisch. So erreichte er, obwohl er meiner Mutter nie sympathisch war, fast wie ein Kind im Hause bei uns ein- und auszugehen. Aber da er sich in der Rolle eines unbarmherzigen Don Juan sah, der jede schöne und einflußreiche Frau nach Belieben und Bedarf auf seine Leporelloliste zu setzen vermochte, versuchte er, als mein Vater einmal länger in Amerika war, mehr zu erreichen. Es folgte eine Posse. Meine Mutter, der seine Zudringlichkeit zuviel wurde, wandte sich an ihren einzigen in Paris anwesenden Verwandten, Lord Congleton. Dieser, der mit dem Alter noch heiliger und fanatischer geworden war, wohnte in der Cité du Retiro in einer dunklen Zimmerflucht, die er mit Bibelsprüchen tapeziert hatte. Meine Mutter fand ihn auf den Knien und so in Gebet versunken und aufgelöst, daß sie ihn zuerst nicht zu stören wagte. Als er endlich die Augen aufschlug, erzählte sie, was geschehen war, und bat um Rat und Hilfe. »Das ist eine ernste, sehr ernste Sache, Alicia«, meinte der alte Lord. Er machte ihr Vorhaltungen über ihr Kleid. »Wenn du, Alicia, statt solche Erfindungen des Teufels anzuziehen, dich kleidetest wie deine liebe Tante, würden dir solche Dinge nicht passieren. Ich habe nie erlebt, daß ein Mann den Versuch gemacht hätte, deiner Tante zu nahe zu treten.« (Die Tante war dreiundsiebzig.) »Auch fürchte ich, daß dein langes blondes Haar die Männer in Versuchung führt. Opfere es tapfer auf dem Altar des lieben Herrn Jesus. Es gibt hier im Hause einen Mann, der es dir unverzüglich abschneiden kann. Geschoren und in einer Kopfbedekkung, die ich dir morgen zugehen lassen werde, begebe dich zu Empfängen, wo du *jenen Menschen* triffst. Ich bin selber ein Sünder und darf den Vater im Himmel nicht herausfordern, indem ich jenen einen Sünder nenne; – richtet nicht, auf daß ihr nicht gerichtet werdet! sagt der Herr. Also, Alicia, gekleidet und geschoren wie ich es dir rate, geh hinaus in die Welt und reich jenem Mann, der dich entehren will, *diese* Schriften!« Er griff nach einem Häufchen Traktätchen und reichte sie meiner Mutter, die inzwischen so verschüchtert war, daß sie nur noch an Flucht dachte. Um sich vom alten Onkel loszureißen, erfüllte sie seinen Wunsch, Name und Adresse Bülows auf ein großes Kuvert zu schreiben. Nachdem sie fort war, stopfte der alte Heilige das Kuvert voll Traktätchen und brachte es zur Post. Am nächsten Tage erhielt meine Mutter ein Billett etwa folgenden Inhalts: »Vielen Dank für die mehr als reichliche erbauliche Bescherung. Ich sehe, daß ich mich geirrt habe und Sie nicht sind wie eine gewisse geistreiche Dame, die als Motto für ihren Grabstein wählte: ›Ci gît dame qui fit son paradis sur terre, incertaine sur celui au delà.‹ (Hier ruht eine Edelfrau, die ihr Paradies auf Erden machte, da sie dessen im Jenseits nicht sicher war.)« Diese witzelnde, aalglatte Art, wie er sich aus der Affäre herauswand, hätte Bülows Eitelkeit eigentlich befriedigen müssen, und das Ganze wäre eine Posse geblieben, wenn der verunglückte Don Juan nicht ihren peinlichen Ausgang und die lächerliche Situation, in die er dadurch geraten war, meiner Mutter bis übers Grab nachgetragen und sich gerächt hätte, indem er fünfzig Jahre später, nach ihrem Tode, in seinen ›Denkwürdigkeiten‹ die Verleumdung erfand, sie habe »Beziehungen« zum General Boulanger unterhalten.

Wie die Beziehungen meiner Mutter zu diesem französischen General aussahen, schildert sie in ihren Erinnerungen:

»Bei einem Empfang in der spanischen Botschaft sah ich den General Boulanger, der damals Kriegsminister und auf der Höhe seines Ruhmes war. Er bat darum, mir vorgestellt zu werden. Ich weiß nicht, ob ich an dem Abend besonders dumm aussah, ich weiß nur, daß mir bei den faden Gemeinplätzen, die der Minister mir in einem intimen Flüsterton ins Ohr träufelte, fast übel wurde. Er machte auf mich den Eindruck einer vollkommenen Null, und nach allem Großen, was man von ihm gehört hatte, war die Enttäuschung ungeheuer. Was! Diese geistlose, eitle Puppe mit verzückten Augen, in denen keine Spur von Seele oder Geist war, mit ihrem blonden, in Hufeisenform gestutzten Vollbart, sollte der große Soldat sein, von dem Frankreich seine Rettung erwartete? Dieser Mann, der, sobald er einer hübschen Frau vorgestellt war, den Don Juan und Hofhahn spielte, war der Held, von dem das Schicksal Frankreichs abhing? Am folgenden Tage machte er mir seine Aufwartung, und dieser Besuch vertiefte meine Eindrücke vom vorigen Abend. Ohne jeden Zweifel war dieser hübsche Mann und Schürzenjäger eine hohle Nuß, ein falscher Messias! Ich benahm mich ihm gegenüber so kühl und abweisend, indem ich ihm sagte, ich sei wie Sardous ›Madame Benoiton‹ ›nie zu Hause‹, daß er zu meiner großen Genugtuung nicht wiederkam.«

8

Meine Mutter reagierte auf die durch Haß vergiftete Politisierung des Lebens mit einer immer stärkeren Neigung nach der entgegengesetzten, rein geistigen und künstlerischen Seite. Eine ähnliche Wendung vollzogen aus demselben Gefühl damals viele sowohl in Frankreich, wie zu gleicher Zeit auch in Deutschland und England. Ein Teil der Intellektuellen verlor absichtlich die Politik aus den Augen (was sich später bitter rächte), überließ sie angewidert den in sie einströmenden Massen, verschloß sich gegen das Geschrei der Straße in einem »Turm aus Elfenbein«. Es begann – ausgelöst von der Barbarisierung Europas – die Zeit der »Kunst für die Kunst«, der äußersten artistischen Verfeinerung, der kleinen, von der Masse Distanz suchenden Zirkel, in denen die Geistigen sich wie Ordensbrüder abschlossen, – die Zeit Mallarmés und der Symbolisten in Frankreich, Oscar Wildes in England, Stefan Georges in Deutschland, – eine neue Blüte, eine neue Durchgeistigung der Dichtkunst und der Kunst als seltsame Folge der Flucht der Geistigen aus der Politik, der Entgeistigung der Politik.

Meine Mutter, die nach Temperament und Weltanschauung der Romantik zuneigte, fand sich in Gesinnung und Sympathien am nächsten mit dem letzten großen französischen Romantiker aus der Zeit Victor Hugos, Balzacs, Baudelaires, dem Dichter des »Teuflischen«, Barbey d'Aurevilly.

»In dem kleinen einfachen, anspruchslosen Salon der Mrs. Read und ihrer Tochter Fanny Read«, schreibt sie, »traf man viele interessante Literaten. Bei einem Freitagempfang dort machte ich die Bekanntschaft von Barbey d'Aurevilly. Als dieser große Dichter und raffinierte Stilkünstler in seiner elenden armen Wohnung starb, hinterließ er, wie es so die grausame Ungerechtigkeit, die den meisten irdischen Schicksalen anhaftet, mit sich bringt, gerade neun Franken und zwanzig Centimes. Und auch die hätte er nicht gehabt, wenn nicht die Liebe und Verehrung seiner treuen Beschützerin Fanny Read über die letzten Jahre des zu Tode getroffenen Adlers gewacht und sie für ihn erträglich gemacht hätten; denn wirklich wie ein Adler sah der große alte Mann aus mit seinen tiefen, glühenden Augen, die sich in seine Hörer wie die Flamme eines großen Gedankens einbrannten. Obwohl er lang und hager war, obwohl er Kragen und Manschetten aus Spitzen trug, die von seinen langen, dünnen, bleichen, wachsgelben aristokratischen Händen in Falten zurückfielen, obwohl er eine Vorliebe für komische Fracks mit buntem Atlasbesatz hatte, die wie aus einer grauen Vorzeit aussahen, obwohl er sich einen riesigen schwarzen Zylinder mit ungeheuer breiten Rändern auf den Kopf stülpte, unter dem sein mageres Adlerprofil, umrahmt von dünnen, langen, schwarzgefärbten Haaren, mit der Schärfe einer in hartem Stein geschnittenen Kamee heraussah, obwohl er hellrosa oder blaßblaue Atlaskrawatten und ein langes Spitzenjabot liebte, wirkte er nie lächerlich. Im Gegenteil, seine große, von romantischen Stürmen verwüstete Persönlichkeit verlieh seinen armen welken Händen eine tragische, erhabene Größe, so daß ich immer an die Verse des persischen Dichters Sadi denken mußte, daß der Ton, der mit der Rose lebt, ihren Duft annimmt und, was wertloser Schmutz ist, durch diese süße Nachbarschaft frisch und wohlriechend wird. So verhält es sich mit den tragischen Lumpen meines großen Barbey d'Aurevilly.

Nach jenem ersten Zusammentreffen bei Miß Read besuchte er mich. Ich lud ihn ein, im allerkleinsten Kreise bei uns zu essen, und dann kam er oft. Seine Konversation war glanzvoll, fesselnd und tief, obwohl er viel in Paradoxen sprach. Zum Beispiel haßte er das Reisen und behauptete, Leute reisten nur, um mit ihren Erlebnissen zu renommieren, sie führen nur fort, um ›zurückkommen‹ zu können. ›Ihr reist aus Eitelkeit‹, pflegte er seine Zuhörer anzufahren. ›Ich aber sage mir Lafontaines Fabel von den zwei Tauben vor und bleibe hübsch in meiner Ecke mit jemandem, den ich liebe, zum Beispiel mit dem Weißen Engel.‹ Dabei blickte er väterlich zu Miß Fanny Read hinüber, der er immer diesen Namen gab, sowohl in seinen Dichtungen wie auch im Gespräch. Sie verdiente ihn in der Tat; denn eine so rührende Freundschaft wie die ihrige für ihn habe ich selten, wenn je wieder gesehen. Da seine Augen müde waren, nahm sie ihm die ganze Arbeit des Schreibens ab und arbeitete manchmal zwanzig Stunden hintereinander ganz unauffällig, sozusagen heimlich, damit ihr armer großer Mann die Last seiner Jahre und Leiden nicht fühle. Sie opferte ihm ihre Gesundheit und Kraft so selbstverständlich, daß niemand ihr dafür Dank wußte; und da der einzige Lohn, auf den sie Wert legte, das Bewußtsein war, Barbey d'Aurevilly behilflich zu sein, verlangte sie auch nichts für sich. ›Der Weiße Engel‹, pflegte er zu sagen, ›hat den gütigen Ehrgeiz, für mich eine Heldin zu sein. Was würde aus mir werden ohne sie?? Ich hätte keine Flügel mehr, um ins Blaue zu fliegen!‹ Und das war die reine Wahrheit; denn sein Genie wurde zu seinen Lebzeiten nie richtig anerkannt, und seine allmähliche Erblindung und schreckliche Armut hätten ihn ohne Miß Read erdrückt in dem elenden Logis, wo er inmitten eines gefährlich aussehenden Haufens schwarzer Katzen lebte, die in einer äußerst gruseligen Weise über seinen langen, mageren Körper herumkletterten und krochen. Aus Angst und Abscheu vor diesen lautlos schleichenden kohlschwarzen Katzen mit ihren goldgelben Augen mied ich sein Heim, so daß ich ihn immer nur bei mir oder in der kleinen Wohnung des Weißen Engels am Boulevard Saint Germain sah. Diese Katzen waren eine schwere Belastung des Elendsbudgets des armen großen Mannes; aber er zog es vor, selber einen Tag nichts zu essen, als diese scheußlichen schwarzen Kreaturen, die er vergötterte, an irgend etwas Mangel leiden zu lassen. Mir erschienen diese Katzen, bei deren Anblick mich eine Gänsehaut überlief, wie böse Geister, die ihren armen großen Herrn verzaubert hielten. Wenn sie alle zusammen plötzlich ein Konzert des Fauchens und Miauens anstimmten, kam ich mir vor wie inmitten eines unheimlichen Zauberkreises und Hexensabbats. In diesem ohrenbetäubenden Lärm schrieb er Meisterwerke wie ›Die Verhexten‹, ›Der verheiratete Priester‹, ›Eine Geschichte ohne Namen‹.

Barbey d'Aurevilly faßte eine große Liebe zu meinem Töchterchen, einem winzigen Kindchen, das ganz klein, schmal und durchsichtig war und dessen fast unheimlich ernste Babyaugen in die blitzenden von Barbey hineintauchten und zu versinken schienen. Er hob das winzige Kindchen nur auf einer Hand hoch, und es ließ sich das mit großer Feierlichkeit gefallen.

Er pflegte mir seine Bücher mit pompösen Widmungen zu überreichen, die in roter, mit Gold unterstrichener Tinte geschrieben waren und unter die er gewöhnlich einen amoretten Pfeil zeichnete. Auf das Vorsatzblatt der ›Geschichte ohne Namen‹ schrieb er: ›A vous, Madame, cette histoire sans nom pour un sentiment sans nom.‹* ›Man muß in die Menschen immer durch ihre Leidenschaften eindringen‹, hat er oft zu mir gesagt.«

Dilettantenvorstellungen waren damals in Paris große Mode. Es gab sogar eine Zirkustruppe, die nur aus Frauen und Männern der großen Welt bestand und einmal im Jahr eine Wohltätigkeitsvorstellung veranstaltete, bei der Gräfinnen Trapezkunststücke zeigten und Bankiers am fliegenden Reck turnten. Es gab aber auch Privattheater, wo ernste Stücke mit großer Gewissenhaftigkeit inszeniert und gespielt wurden. Theaterkunst wurde in diesem Paris des Jahrhundertendes etwa so gepflegt wie gute Musik in Deutschland in der romantischen Epoche. Die französische Schauspielkunst erlebte mit Mounet-Sully, der Sarah Bernhardt, den beiden Coquelins, der Bartet ihre letzte

* »Ihnen, gnädige Frau, diese Geschichte, die keinen Namen hat, als Ausdruck für ein Gefühl, das keinen Namen hat.«

große Blüte. Ihr fester Unterbau, der ihre Jahrhunderte alte Tradition wahrte, war die staatliche Schauspielschule, das Conservatoire, das zu drei Vierteln eine Anstalt zur Ausbildung von Sprachvirtuosen war; ihre Stärke daher die Sprache, die, wenn Sarah Bernhardt oder Mounet-Sully Verse von Racine sprachen, zu einer bezaubernden Musik wurde. Yvette Guilbert übermittelt von dieser Gestaltungskraft noch heute eine Vorstellung, wenn sie die ›Pierreuse‹ oder andere Galgenlieder halb spricht, halb singt und, ohne das Gesicht zu verziehen, fast starr, eine ganze Verbrecherwelt nur aus ihrer Sprache gestaltet. Diese französische Schauspielkunst ist mit Musik näher als mit Plastik oder Tanz verwandt. Auf höfischem und gesellschaftlichem Boden gewachsen, ist sie eine durch die souveräne Beherrschung aller Register und Nuancen der Aussprache und des Sprechtons zu Kunst, oft zu großer Kunst gesteigerte Konversation. Bei Hofe oder im Salon macht man keine großen Armbewegungen, beherrscht man sein Gesicht, der ganze Ausdruck konzentriert sich auf ein winziges Detail, den Ton. Die Gefahr dieser Kunst ist das Erstarren ihrer Tradition zu einer Konvention; ihre Grenze die des gesellschaftlich, ja fast noch höfisch gebundenen Individuums. Für die Tiefen des Einsamen oder Hemmungslosen oder die Ungeschlachtheit der Massenseele fehlen ihr die Ausdrucksmittel. ›Die Weber‹ oder ›Hamlet‹ liegen jenseits ihrer Grenzen. Aber Frauen und Männer der Gesellschaft, denen Konversation Hauptberuf ist, brauchen nur noch technisch etwas zuzulernen, um in dieser Schauspielkunst und den ihr gemäßen Stücken zu glänzen.

»Zu den tiefsten künstlerischen Freuden, die mir zuteil geworden sind, gehören die«, schreibt meine Mutter, »die mir das Theater und insbesondere mein Theater machte, das ich in den Garten meines Hauses in Paris hineinbaute. Wenn ich von meiner Truppe spreche, vermeide ich absichtlich das schreckliche Wort ›Dilettant‹, denn ich sagte jedem, der sich zu ihr meldete, ganz offen, daß genau wie in einem wirklichen Theater ernste tägliche und stundenlange Arbeit unter einem strengen Regisseur verlangt werde und keine faden Komplimente gemacht würden, die uns verleiten könnten, besser von uns zu denken, als wir verdienten; sondern daß im Gegenteil jeder Fehler schonungslos aufgedeckt und korrigiert werde. Jeder Satz mußte in der Tat immer und immer wieder gesprochen werden, bis er tadellos richtig klang. Die Proben begannen jeden Morgen um neun Uhr. Der Regisseur und der Souffleur waren die ersten; dann kamen die Schauspieler und Schauspielerinnen unserer fröhlichen und interessanten kleinen Truppe, der, sooft sie in Paris waren, Prominente wie Tommaso Salvini, Ermete Novelli und seine Frau Olga Giannini, Eleonore Duse und andere Besuche abstatteten. Unsere Proben wurden schließlich ein Treffpunkt für viele bekannte Pariser Schriftsteller.

Doch lange vor der Gründung meines eigenen kleinen oder richtiger großen Theaters spielte ich bei Madame Nérisaie de Lalande vor Guy de Maupassant die Doppelrolle von Gilberte und Musotte. Maupassant war ein großer, kräftiger junger Mensch, rothaarig und auffallend vollblütig. Nichts deutete in seiner Erscheinung auf die innere Flamme, die allzu verzehrend in ihm brannte. Seine Gesichtszüge trugen nicht den Stempel des Genies. Und doch, welche Meisterwerke waren diesem Kopf entsprossen! Ich brauche nicht auf den stürmischen Erfolg von ›Musotte‹ an jenem Abend bei Madame Nérisaie de Lalande zurückzukommen; es gab viele Tränen und erstickte Seufzer. Maupassant konnte kaum selbst seine Bewegung verbergen. Einige Tage später schickte er mir das Buch von ›Musotte‹ mit der Widmung: ›A Madame la Comtesse de Kessler en souvenir de l'inoubliable Musotte – telle que je l'avais rêvée grisette de 18 ans. Ainsi l'avais-je rêvée, telle l'aubépine en fleurs.‹* Ich glaube, kann es aber nicht bestimmt behaupten, daß ›Musotte‹ damals, als wir es spielten, noch unveröffentlicht war und daß die Première erst zehn oder fünfzehn Jahre später im Gymnase stattfand.**

Ein anderes Stück, das bei Madame Nérisaie de Lalande einen großen Erfolg hatte, war ›Ein Puppenheim‹ von Ibsen. Die Aufführung

* Frau Gräfin von Kessler in Erinnerung an die unvergeßliche Musotte – so wie ich sie als Grisette von 18 Jahren geträumt hatte. Ja, so hatte ich sie geträumt, wie eine knospende Wildrose.

** Die Erstaufführung von ›Musotte‹ am Gymnase in Paris fand am 4. März 1891 statt.

hatte ein interessantes Vorspiel. Madame Nérisaie de Lalande, die ein schönes Privattheater besaß, obwohl sie selbst nie spielte, war eigens nach Christiania gefahren, um Ibsen kennenzulernen und zu der Vorstellung einzuladen. Und wirklich, eines Tages gelang es ihr, ihm vorgestellt zu werden, im berühmten Hotelzimmer, in das er sich seit vielen, vielen Jahren nachmittags begab, um zu plaudern und zu rauchen. Er war gerade im Begriff, nach Rom zu fahren, als wir sein ›Puppenheim‹ zu spielen planten. Man hat ihn so oft geschildert, daß es überflüssig ist, hier nochmals das so charaktervolle Gesicht zu beschreiben, aus dem, von kurzen Borsten und Bartstoppeln eingerahmt, durchbohrende, wunderbar helle und kluge Augen leuchteten. Der feste, eigenwillige Mund unterstrich noch die Entschlossenheit des Ausdrucks. Als Madame de Nérisaie ihm gegenüber die Ibsen-Mode erwähnte, die durch die ganze Welt ging, sagte er: ›Besser spät als nie; denn Sie können sich nicht vorstellen, wie schwer es für uns skandinavische Schriftsteller ist, uns durchzusetzen, weil unsere Sprache nur von einem so kleinen Publikum verstanden wird, daß wirklich nur unsere Übersetzungen uns einen Namen geben und viele unserer größten Dichter im Auslande ganz unbekannt geblieben sind.‹ Nachdem Madame de Nérisaie ihn eine Zeitlang aufmerksam angehört hatte, schnitt sie die Frage an, die sie am meisten interessierte. Ob er auf dem Weg nach Rom eine Nacht in Paris bleiben würde, um bei ihr der Aufführung vom ›Puppenheim‹ beizuwohnen? Mißtrauisch prallte Ibsen zurück, denn er haßte Leute, die aus ihm einen Salonlöwen machen wollten. ›Sie sagen, daß Sie eine interessante junge Frau haben, die die Nora spielt. Ich mißtraue interessanten jungen Frauen, ich hasse sie!‹ – ›Dieser brauchen Sie nicht zu mißtrauen‹, sagte Madame de Nérisaie, ›sie ist so einfach und echt wie Sie selbst und findet, genau wie Sie, oft kein Wort in einem ihr nicht zusagenden Kreise, während sie unter Menschen, die ihr sympathisch sind, auftaut und dann viel Schönes und Tiefes ans Licht kommt.‹

Im Gegensatz zu Barbey d'Aurevilly war Ibsen nämlich kein guter Gesellschafter. Er war unberechenbar und häufig launisch; doch wenn jemand seine Werke erwähnte, dann brach plötzlich ein Strom von Licht und Leben aus ihm hervor. Jetzt war er in Gedanken an die ›interessante junge Frau‹, die ihm wie ein Schreckgespenst erschien, ärgerlich geworden. Wenn er nur einen großen Bogen um Paris machen könnte, um irgendeinem Hinterhalt zu entgehen, der der Eitelkeit dieser Salonpuppe dienen sollte! Sie lechzte doch bloß danach, in allen Zeitungen neben ihm in den Himmel gehoben zu werden! Ibsen, durch diese Sirene aus seiner Höhle gelockt! ›Denn wahrscheinlich ist sie hübsch‹, brummte er. – ›Leider sehr‹, sagte Madame de Nérisaie ängstlich, ›ich habe nicht einmal als mildernden Umstand vorzubringen, daß meine Heldin ein Gesicht hat, das nur durch ihr Genie erträglich wird; die Arme ist hoffnungslos, bemitleidenswert hübsch.‹ – ›Hat also nicht einmal Gehirn!‹ brummelte der große Mann. ›Wohl zuviel goldene Löckchen auf dem Kopf, und im Kopf daher nichts?‹ – › Ja, leider hat sie viel dunkelblondes Haar, das sich wunderbar macht, wenn es sich bei Noras verzweifelter Tarantella löst.‹ – ›So, sie tanzt Noras Tarantella gut?‹ – ›Hinreißend!‹ Ibsen dachte ein paar Minuten nach. ›Diese Tarantella ist nie so getanzt worden, wie ich sie mir vorgestellt habe.‹ Madame de Nérisaie schwieg. ›Da ich sowieso durch Paris komme, werde ich vielleicht Ihrer Vorstellung beiwohnen, obwohl ich nichts verspreche, doch nur unter der Bedingung, daß Ihre wunderbare junge Frau nicht in den Zeitungen neben mir genannt wird und daß niemand, verstehen Sie mich *recht, niemand* von meiner Anwesenheit bei der Vorstellung erfährt – wenn ich hinkommen sollte.‹ – ›Also werden wir eine Höhle für den Bären vorbereiten, da Sie sich als Bären bezeichnen‹, sagte Madame de Nérisaie, ›auch brauchen Sie mit meiner hübschen jungen Frau kein Wort zu sprechen.‹ – ›Ich sehe, daß Sie auf eine blitzartige Bekehrung rechnen; aber gegen Blitzschläge bin ich gefeit. Ich schreibe keine Rollen, ich schaffe *Menschen*. Ich weiß nicht, ob ich es verdient habe, wie Sie sagen, so schrecklich berühmt zu sein, mir ist das auch ganz egal, tout n'est que fumée sur la terre‹ (alles ist nur Rauch auf dieser Erde), ›sogar die sogenannte literarische Größe; denn was bedeutet die gegen den Tod und das Grab sechs Fuß tief unter der Erde, das unser aller einzige Zukunft ist. Der Bär bleibt in seiner Höhle, weit abseits von jener leeren Geschäftigkeit, die so völlig nichtig ist, obwohl die Menschen ihr so zahllose Gewissensopfer bringen, nur weil sie auf der Gesellschaftsleiter höherklettern wollen. Der Bär klettert auch, aber *abwärts*, um in seiner Höhle mit wenigen, ihm zusagenden Geistern zu leben, fern vom Summen der Drohnen.‹«

Wenn ich mich heute frage, ob und wie das Talent meiner Mutter über das Dilettantische hinausging, so sehe ich als Grundelement, das zu ihrer Schönheit und Grazie beim Spiel hinzukam, die Mimik, das packend ausdrucksvolle Zusammenspiel zwischen ihren dunklen Augen, den zart bebenden Nasenflügeln und dem fein geschwungenen Mund, der jedes Wort zu modellieren und ihm einen wundervoll geformten Körper zu geben schien. Es war eine andere Schauspielkunst als die traditionelle französische aus dem Wort geborene, eine mehr sichtbare als hörbare, mehr plastische als musikalische. Wenn sie auf ihren kleinen Füßen dahinschwebte und das zarte Gesicht überzeugend wahr alle Nuancen eines Gefühls, von Freude oder Schmerz, Erwartung oder Zorn, ausdrückte, so war das keine Salonkunst, sondern Kunst schlechthin.

Was war ihre Quelle? Brach sich in ihr ein unwiderstehlicher Drang nach Gestaltung Bahn? Oder war sie ein Ersatz für Erlebnisse, die die Natur meiner Mutter versprochen, das Leben versagt hatte? Ich glaube, beides.

Der Drang nach Gestaltung war in ihr stark; von Kind auf muß sie unter einer Art Zwang gestanden haben, alles, was sie innerlich oder äußerlich bewegte, auszudrücken, ihm teils in Worten, teils als Mimik Form zu geben. Einen kleinen, aber bezeichnenden Vorfall hat sie aus ihrer frühesten Kindheit von der großen Heimreise aus Indien erzählt:

»Die Familie machte von Triest aus einen Ausflug nach den Grotten von Adelsberg. Papa und Mama hatten meine Schwester Rosie und mich ohne Kinderfrauen mitgenommen. Wir Kinder liefen den Eltern weit voraus. Plötzlich standen wir wie angenagelt still vor einem Anblick, der mich durch seine Schönheit und Seltsamkeit bezauberte. Ein Orgelspieler in italienischer Tracht stand vor uns mit einem winzigen Äffchen auf dem Instrument; das Tier trug ein

Wams aus rotem Sammet mit Fransen und Flittergold. Es drehte und drehte sich wie toll im Kreise. Mein Herz schlug heftig bei diesem hinreißenden Anblick; ohne mich zu besinnen, lief ich hin, stellte mich neben den Italiener und fing an, wie besessen zu tanzen und herumzuspringen, indem ich die Arme hob und die Zehen spitzte. Papa und Mama waren zuerst, als sie herankamen, wie gelähmt, dann durchbrach Papa die Menschenmenge und trug mich, obwohl ich verzweifelt brüllte und strampelte, davon.«

So wie sie hier als kleines Kind das plötzliche, überwältigende Glücksgefühl ganz naiv durch einen Tanz äußern und gestalten mußte, so hat von früh an meine Mutter unter einem inneren Zwang gestanden, in Gesprächen, Notizen, Erzählungen den Erlebnissen oder Menschen, die sie tiefer berührten, eine plastische Form zu geben.

Aber vermischt mit diesem Drang nach Gestaltung wirkte etwas Undurchsichtigeres, das aus einer tieferen, ursprünglicheren Seelenschicht heraufkam, eine Art von Wildheit, die sich der Welt, wie sie ist, nicht anpaßte. Ganz dunkel und ohne daß sie sich immer davon Rechenschaft gab, rebellierte in meiner Mutter fortgesetzt etwas gegen alles, was war, und sagte dazu aus dem Innersten ihrer Seele nein. Die ihr kongenialste Figur in der Dichtung war Miltons »Luzifer«, der rebellische Erzengel, der ein Gegenreich gegen Gott aufrichten will. Sie haßte mit einer Art Inbrunst die Sonne und schenkte ihre Liebe den Vernichtungskräften der Natur, Unwetter und Sturm. In den langen Jahren ihres Siechtums konnte sie, gelähmt und halb blind, stundenlang auf einer Terrasse am Meer sitzen und den Wind durch ihr schweres, wunderbares Haar fegen lassen. Das Wilde in ihrem Wesen brachte ihr alles Romantische nah, aber es war nicht in seinem Ursprung romantisch, sondern ein echtes Stück Schicksal, das aus ihrem Blut in ihr Leben einbrach. Die Wildheit ihrer Tarantella als ›Nora‹ war nicht bloß Schein, sondern wahrer als die Gesten und Worte, die Alltag und Welt ihr aufzwangen. Ja, man kann sagen, daß sie nur in solchen Augenblicken, zu denen ihr die Bühne Gelegenheit bot, sich selbst unverfälscht lebte. Die Wirkung war daher manchmal fast erschreckend, wie wenn auf der Bühne zwischen künstlichem Feuer plötzlich wirkliche Flammen züngelten und sengten. Vor uns Kindern und in der »Welt« unterdrückte sie diese Wildheit. Aber wenn ihr jemand zu nah trat, wenn eine Äußerung fiel, die Heuchelei oder Bosheit oder Trägheit des Herzens in besonders krasser Form erkennen ließ, dann erwachte in ihr der schwelende Aufruhr, und plötzlich schoß ein Wort wie eine Stichflamme hervor.

9

1895 starb mein Vater. Die Aufzeichnung, die meine Mutter über seinen Tod hinterlassen hat, atmet eine tiefe Verzweiflung. Die Welt, der sie sich nie angepaßt hatte, deren Mittler bei ihr mein Vater gewesen war, erschien ihr von nun an wie eine weglose Wüstenei. Langsam fielen auch die ersten Schatten der Krankheit in ihr Leben, die sie, die früher ganz Lebhaftigkeit, Grazie und Bewegung gewesen war, fünfzehn Jahre in fortschreitender Bewegungslosigkeit an einen Krankenstuhl fesseln sollte.

»O Schreckenjahr 1904«, schreibt sie, »da eine furchtbare, hinterlistige Krankheit, die langsam herangeschlichen kam, mitten im Leben über mich herfiel und wie ein Blutegel mir das Blut aus dem Herzen saugend an Stelle einer schönen, lebenslustigen, feinnervigen Frau einen elenden Kadaver zurückließ. Gefällt von einem einzigen, tückischen Streich. Gelähmt! Unfähig, das Geringste für mich zu tun! Ein hilfloser, armer menschlicher Fetzen, für alles abhängig von anderen, angewiesen auf die Gnade anderer, Tag für Tag. Jedes Jahr eine neue Bedrohung, ein neuer Fortschritt der erbarmungslosen Krankheit. Lähmung, Blindheit, gestörte Sprache, die ganze Meute menschlicher Leiden auf einen zarten Körper losgelassen, um ihn zu foltern und dann durch einen furchtbaren Tod zu vernichten.

Und alles mußte schweigend ertragen, in einem schon überbürdeten Herzen erstickt werden, um nicht die Umgebung zu ermüden, deren Mitleid eine so lange Krankheit langsam abstumpfte.«

Sie lebte im Winter in Paris, im Sommer dicht am Meer in dem von ihr gepachteten, weitläufigen Landsitz Sainte-Honorine bei Caen in

der Normandie, einem großen halbverwilderten, rund um einen anderthalb Kilometer langen Wiesenstreifen kranzartig angelegten Park mit dichtem Unterholz und Baumriesen, in deren Schatten das Schloß, ein einstöckiger Bau aus dem achtzehnten Jahrhundert mit einer langen Fensterfront, wie der Schauplatz eines Balzacschen Romans lag. Sie konnte zuerst noch ein paar Schritte im Park, auf einen Stock oder auf den Arm einer Schwester gestützt, gehen, dann wurde sie langsam von Tag zu Tag unbeweglicher. Erschütternd, ehrfurchtgebietend war, daß weder ihre Schönheit noch ihr Geist abzunehmen schien, sondern beide lebendig in die wachsende Totenstarre wie in eine Gruft versanken.
Ein Spiegel mußte in der Nähe sein, in dem sie den fortschreitenden Verfall ihres Körpers verfolgte.
»Ich!... Ich sah in den Spiegel. Ja, das war *ich*. Wahrhaftig ich, diese schattenhafte, zitternde, gebeugte Gestalt in einem flatternden, durchsichtigen Morgenrock, durch den sich die erbärmlich verfallene Ruine meines Körpers abzeichnete, ein hilfloses Etwas, das die Berührung eines Kindes umstoßen konnte.
Nichts war von mir geblieben als Verwüstung und Vorzeichen des kommenden Todes, der durch immer tiefere Eingriffe in meinen schon widerstandslosen Körper sein Nahen verkündete! Und das alles in einem Alter, wo die meisten noch auf der Höhe des Lebens stehen! Nichts mehr in mir unversehrt als der Geist, der mir gelassen worden ist, damit ich mein unermeßliches Unglück in seiner vollen Größe erkenne und bis auf die Neige auskoste.
Ich... ja, das war ich, dieser zittrige Schatten, der in den Sälen des alten Schlosses in der Normandie herumflackerte wie ein Licht, das dem Verlöschen nahe ist. Ich betrachtete diesen gebückten Schatten im Spiegel. Ach diese armen, jeder Hoffnung baren, verzweifelten, erloschenen, lichtlosen dunklen Augen, die der schwelenden Asche eines ausgebrannten Feuers gleichen, aber doch noch Asche, heiße Asche sind, so heiß, daß ihre Berührung brennt. Und in dieser Finsternis eine noch tiefere Finsternis, die sich um mich zusammenschloß und mich zu ersticken und begraben drohte: mein Augenlicht versagte von Tag zu Tag schneller; der Kelch der Bitternis und des

Elends füllte sich bis zum Rande. Wie Oswald in Ibsens ›Gespenstern‹ schrie ich verzweifelt ›Licht! Licht!‹, aber Licht drang zu mir von nirgends; – und doch, ich darf nicht undankbar sein: ein wenig erreichte mich, von meinen geliebten Kindern mir aus ihrem Leben gespendet. Schon allein ihre Gegenwart war Glück!«

Der alte Mensch ging zugrunde; doch allmählich wurde aus Tiefen, die erst das Leiden aufschloß, ein neuer Mensch geboren. Wir lernten es als Schöpfer und Vollender kennen, als den Schöpfer, aus dessen grausamen Händen fast alles Kostbare und Schöne in der Welt hervorgeht. Denn es »verklärte« nicht, es schuf neu; das war sein Sinn, weil die Welt ohne Leiden kein Paradies, sondern leer und ohne Frühlinge oder Herbste, ohne Wachstum, ohne Blüten oder Früchte sein würde. Ich konnte nie wieder einen Menschen leiden sehen, ohne daß in das Mitleid mit seiner Qual und den Schrecken vor der Härte der Natur Ehrfurcht und Bewunderung vor der Schöpferkraft des Schmerzes sich einschlichen. Hinter der schönen und glänzenden Mutter, die wir gekannt und geliebt hatten, hinter ihrer jetzt so grausam gebeugten Gestalt, zeigten sich die Umrisse einer Mutter, deren Gesicht nicht mehr bloß schön, sondern auch mächtig und groß, wie vom Ringen mit dem Schicksal gezeichnet war. Freude und Glanz ihres Lebens schienen jetzt nur noch wie ein Auftakt, ein Vorspiel, ein Scherzo vor einem tragischen Musikstück, gespielt, um das nachfolgende Drama, das Crescendo, das eigentliche Leben, das volle Aufblühen einer Seele vorzubereiten. Der Grundton ihres Wesens wandelte sich, wurde Sanftmut, aber ein Sanftsein, das aus dem Wilden und Ungebändigten in ihrer Natur Kraft sog, so daß es bar aller Illusionen, bar jeder Sentimentalität bestehen konnte: ein festes, fast hartes Sanftsein, eine Verwandlung und Ausweitung ihrer innersten Triebfeder, ihrer Mütterlichkeit, so daß es alles Böse und Häßliche wie Fehler von Kindern verstehen und verzeihen konnte. Die Bitternis blieb, die Verzweiflung blieb; aber sie verbanden sich mit dieser Sanftheit zu einem Dreiklang, dessen seltener und erschütternder Ton ein langgehaltener Schlußakkord wurde.

Sie sprach und schrieb von Jahr zu Jahr weniger. Nur manchmal suchte sie in einigen Zeilen, die sie bei fortschreitender Erblindung und Lähmung mit Anstrengung niederschrieb, Ausdruck für ihr inneres Erleben.

An meine Schwester schreibt sie auf einem Zettel (6. September 1909):

»Wie habe ich Dich geliebt, und wie hast Du es verdient!... Wenn es einen Gott gibt, so müßte er Dich segnen, weil Du mich einst so geliebt hast, ehe die tödliche Macht meiner Qualen mich in einen blinden und hilflosen Körper eingeschlossen hat, der nur noch lebt und atmet, um jeden Tropfen Bitternis, mit der ich überschüttet werde, auszukosten...«

Ein andermal (August 1909):

»O wie schwer wird es mir, diese Zeilen zu schreiben mit Augen, die nicht sehen... mein fieberndes Herz ist so voll, meine Ausdrucksmittel so beschränkt! Lähmung, Blindheit, alle verbündet, mich zu vernichten. Niemand kümmert das viel...Wie könnte das auch sein, armes, ungeschicktes, offenherziges Ich?«

Besuch ließ sie nicht mehr vor. Einmal, als ihr alter Freund, Graf Ludwig Plessen, in Paris war, fragte er an, und sie lud ihn ein, sie zu besuchen. Er kam aber nur bis an die Tür; im letzten Augenblick ließ sie ihn bitten, nicht hereinzukommen, ihr Anblick würde ihn zu sehr erschüttern. Bei dieser Gelegenheit ist vielleicht die folgende Niederschrift entstanden:

»›Sie wollen sie sehen?‹

›Ja.‹

›Bereiten Sie sich auf einen großen Schock vor.‹

Mit diesen Worten legte er die Hand auf den Griff der kleinen Tür, die ins Schlafzimmer der unglücklichen Frau führte, die einst eine der am meisten gefeierten Schönheiten Europas gewesen war. Es war dasselbe etwas dunkle Zimmer mit dem Wandbehang aus blaßblauem und lachsfarbenem Samt; aber an Stelle der glänzenden Atlasmieder und kleinen Haufen von Spitzen und Wäschestücken, die sonst in Unordnung auf Stühlen, Wäschekörben und Bett neben den tausend Kleinigkeiten einer hübschen Frau herumlagen, – stand da wie ein

Schatten eine Figur, traurig, hoffnungslos, tragisch wie eine Gestalt aus Dantes ›Inferno‹. Sie war gekleidet in einen losen schwarzen Schlafrock und hielt sich fest an einer Eisenstange, die in einen schweren braunen Holztisch eingeschraubt war. Diese Figur war die Ruine dessen, was noch vor ein oder zwei Jahren ›die schöne Gräfin Kessler‹ gewesen war. Zwei jetzt hohle und schwarze, tiefeingefallene Augen, die von den bitteren Tränen der Hoffnungslosigkeit getrübt und erloschen waren, richteten sich langsam, fast streng auf ihn; sie waren die verglimmenden, zusammengefallenen Aschenreste von einstens flüssigen Diamanten feurigsten Wassers. Die Haut, früher wie ein Rosenblatt, war jetzt von einem toten Grau, grau unter einem Kranz von Grau, der noch vor kurzem eine Krone schimmernden Goldes gewesen war, jetzt ein Rest Staub und Asche.«
Wer denkt hier nicht an Villon, an die ›Klage der schönen Helmschmiedgattin‹:

»Wo ist die glatte Stirn geblieben,
Der Haare Blond, der Brauen Bogen,
Der hellen Augen süßer Blick,
Mit dem ich die Verschmitztesten belogen,
Der kleinen Ohren zartes Glühen,
Der Lippen volles feuchtes Rot?
...
Die Stirn gefurcht, das Haar ergraut,
Die Brauen kahl, die Augen tot,
Der Schelmerei und Lockung bloß
...
Das ist der irdischen Schönheit Los.«

In der Finsternis, die immer dichter um sie wurde, lebte sie in alten Erinnerungen. Wir baten sie, sie aufzuzeichnen. Im Entwurf des Vorwortes, das sie vorbereitete, heißt es:
»Diese Memoiren wurden unter den ungünstigsten Umständen auf Bitten meiner Kinder geschrieben, während in meinen Augen allmählich das Licht verlosch, so daß ich außerstande war, meine Notizen wieder durchzulesen; so müssen sie dahintreiben wie welke Blät-

ter von toten Blumen auf dem Wind, der sie wirbelnd in wildem Durcheinander mitnimmt und an jeden Luftzug weitergibt, der sich ihrer erbarmt; welke Gedanken einer Sterbenden, Gedanken ohne Kraft, ohne Leben... arme, duftlose Blätter, deren Wohlgeruch mit den Jahren verflogen ist, doch herzzerreißende, so durchtränkt sind sie mit bitteren Tränen. Wer an einem grauen Herbsttag durch den dichten Wald geht, sieht, wie die Windsbraut die noch grünen Blätter von den Bäumen reißt und die Windstöße diesen oder jenen dichtbelaubten Baum immer mehr entblättern, bis nur ein schwarzes Skelett aus Stamm und Ästen übrigbleibt; mein Herz ist ein solches Skelett – schwarz und nackt –, daran kein einziges grünes Blatt der Hoffnung sprießt.«

Es kam der Krieg. Er überraschte sie in Sainte-Honorine. Wie 1870 suchte sie ein Asyl in England. Dort ist sie bis kurz vor ihrem Tode, im Herbst 1919, geblieben. Ich habe sie nach 1914 nicht wiedergesehen. Meine Schwester beschreibt, wie sie die letzten Jahre in »Schicksalsergebenheit und Geduld Stunde für Stunde, Tag und Nacht sitzend in ihrem großen Sessel ausharrte, immer gütig, lieb und voller Rücksicht gegen alle, ihr wunderbares weißes Haar kraftstrotzend und wuchtig bis zuletzt, der Kopf aber mehr und mehr gebeugt und der Blick der lieben dunklen Augen immer tiefer nach innen gerichtet – unsere schöne, begnadete, wunderbare Mémé.«

Der Gedanke des Todes, ihres Todes, beschäftigte sie ständig. Sie sah sich selbst auf dem Totenbett, und fast genau so, wie sie das Ende geschaut hatte, ist es wirklich am 19. September 1919 eingetreten; sie starb, wie sie gefürchtet hatte, fern von ihren Kindern und Kindeskindern, ganz allein. Sie beschreibt ihre Vision:

»Sie lag ganz still, tot, endlich tot nach dem wilden Endkampf zwischen Leben und Tod, auf der alten eisernen Bettstelle, in einem schmalen, vielfach plissierten Morgenkleid aus blauem Atlas. Ihr dichtes graublondes Haar breitete sich wie ein Glorienschein um ihr kleines abgezehrtes Gesicht, das jetzt, steinhart gefroren, einer bleichen, wachsgelben Maske glich. Das Zimmer war still, die Sonne schien durch die Ritzen der geschlossenen Fensterläden. Man hörte nur das Summen der Fliegen. Sie surrten herum und stachen die kleine gelbe Maske, doch diese fühlte sie nicht mehr; ihr Geist durchwanderte gerade das dunkle Schattental des Todes, ...ihr tapferer Geist, der ihr eine Unzahl von Feinden gemacht hatte, weil sie vor der Heuchelei sich nicht ducken konnte.

Doch jetzt war alles vorbei. Ihr Herz hatte aufgehört zu schlagen. Nie wieder würden wir ihre Stimme hören, die jetzt langsam verhauchende Stimme, deren Worte nur noch undeutlichen Seufzern glichen, wie die leise Klage eines schwachen Windes in tiefen Höhlen. Nie wieder würden wir ihren Gang sehen, jenen stockenden, gehemmten Gang, zu dem ihr Siechtum sie verurteilte. Ihr Herz, das so leidenschaftlich geliebt und gelitten hatte, in dem das kleinste Ding, das es erfaßte, an der Glut ihrer Seele zur mächtigen Flamme aufloderte, würde nicht wieder schlagen; es hatte ihren schönen kräftigen Körper zu einer Schlacke ausgehöhlt. Diese Schlacke lag jetzt verloschen auf der alten eisernen Bettstelle, aber noch vom Duft des Lebens so umhaucht, daß sie an einen welken Blumenstrauß erinnerte, den eine Schönheit auf dem gestrigen Ball getragen hat.

Plötzlich öffnete sich die Türe, und Fräulein Flora kam herein, mit dem Roman, den sie im Garten gelesen hatte. Während sie ihr Pincenez auf der Nase befestigte, blickte sie gleichgültig auf den kleinen toten Körper und sprach zu sich: ›Arme Mémé, jetzt ist ihr wohler.‹ Dann schlug sie ihren Roman wieder auf, sagte: ›Ich werde doch bequemer im Garten lesen‹, machte kehrt und verließ das Zimmer, während eine große schwarze Fliege sich auf die Totenmaske niedersetzte.

Arme Mémé war gestorben, ganz allein, nachdem sie von der Dienerschaft, die zum großen Fliegertreffen wollte, in ihr Zimmer geschoben und eingeschlossen worden war.

Nach einiger Zeit wurden Schritte auf der Treppe laut, die Portiersfrau trat ein, gefolgt von den Beamten der Bestattungsfirma, die einen Sarg aus Kienholz hereintrugen. Die Frau erklärte den Beamten, daß eben erst an die Kinder der Toten telegraphiert worden sei. Sie fügte nachdenklich hinzu: ›So wird man wenigstens seine Ruhe haben bis morgen. Die Leute durften doch nicht um den letzten Tag des Preisfliegens geprellt werden.‹

›Soll man die Tote in den Kasten legen, Madame?‹
›Aber natürlich‹, sagte die Portiersfrau, ›doch nicht schließen... der Kinder wegen.‹
Dann faßten die Beamten der Bestattungsfirma grob den zarten kleinen Körper und packten ihn in den Kienholzsarg, den sie zu diesem Zweck mit einem alten Laken und grünen Blättern ausgelegt hatten. Einer von ihnen hob die Augenlider der Toten: zwei große verglaste schwarze Augen starrten aus dem kleinen Gesicht...«

II Lehrjahre

1

Vierzig Jahre früher. Wir fahren durch die schon herbstliche, unter einem feuchten Nebelschleier grün und golden schimmernde Themselandschaft. Meine Mutter, die für mich eine Sonderklasse zwischen Spielkameraden und Erwachsenen darstellt, sitzt mir in einem leichten Sommerkleid, vergißmeinnichtblau mit Silber, am Coupéfenster gegenüber und trägt ein silbergraues Kapotthütchen mit hellblauen Bändern, die neben dem Kinn zu einer breiten Schleife gebunden sind. Wir fahren von London nach Ascot, wohin sie mich nach meiner neuen Schule bringt. Ein junger Botschaftssekretär hat uns an die Bahn begleitet. War es der Baron Ludwig Plessen oder der junge Graf Paul Metternich? Ich weiß nicht mehr; ich sehe nur seinen Haarschopf, wie er sich zum Abschied über die Hand beugt, die meine Mutter ihm zum Fenster hinausreicht, und höre das helle Lachen der beiden bei irgendeinem Abschiedswort. Mir stehen die Tränen in den Augen, denn es naht die erste Trennung von meiner Mutter, unerbittlich, und mich schmerzt, daß ihr so heiter dabei zumute sein kann.

Ich bin zwölf geworden und entrinne der Hölle eines Pariser Halbinternates, wo ich wenig Gutes, aber manches Schlechte gelernt habe. Mich verfolgt das Bild eines kleinen schwarzhaarigen Teufels, der in der Klasse neben mir auf der Schulbank saß und mir keinen Tag Ruhe ließ. Um mich seiner widerlichen körperlichen Zugriffe zu erwehren, mußte ich fast täglich in den Pausen Boxkämpfe mit ihm ausfechten, die allerdings, da es auf französischen Schulen noch keinen regulären Boxkomment gab, meistens mit Kratzen und Beißen endeten, wobei ich, mit kräftigen Zähnen, das Beißen, er wie eine Katze das Kratzen bevorzugte. – Der große Kasten, in dem sich die Schule eingerichtet hatte, wohl ein früheres Kloster, war unvorstellbar unsauber, vom Eßsaal bis zu den Latrinen starrte er vor Schmutz; und das magere Essen, das wir zu Mittag ausgeteilt bekamen, Wassersuppen, etwas zähes Fleisch und ein Getränk, das »Abondance« hieß, weil viel Wasser mit wenig Wein darin gemischt war, hatte mit »französischer Küche« keine Ähnlichkeit. Jeden Morgen ganz früh, im Winter noch bei Dunkelheit, wurden wir in einem blauen Pferdeomnibus, der wie ein Vorfahr der Grünen Minna vom Alexanderplatz aussah, von Hause abgeholt und am späten Nachmittag ebendort wieder abgeliefert. Beim Eintreffen in der Schule bekamen wir, um unser Zeug zu schonen, Überzüge an, schwarze Leinenkittel, die bis unter die Knie reichten und uns das Aussehen von kleinen Greisen mit einem Stich ins Mädchenhafte gaben. Trotz der Munterkeit und Gewandtheit, die gerade kleine Franzosen auszeichnet, hatte diese Jungensbande, wenn sie auf dem Hof herumstand oder spielte, nichts Jugendliches, sondern glich eher einer Versammlung von zwerghaften Beamten; um so mehr, als viele von den Jungen Orden trugen, die wöchentlich an die Fleißigsten verteilt und ihnen auf die Brust ihres schwarzen Kittels geheftet wurden. Von irgendwelcher Hygiene oder gar von Sport war nicht die Rede, kaum daß jeder Junge wöchentlich oder vierzehntägig ein Bad bekam. Einmal habe ich mir Läuse geholt. Der tägliche Wechsel zwischen zu Hause, wo um meine Mutter ein raffinierter Luxus und unter der Aufsicht von unserer Marie peinliche Sauberkeit und Ordnung herrschten, und diesem muffigen Internatsmilieu machte die Sache für mich unerträglich. Die Absicht meines Vaters mag gewesen sein, durch spartanische Tagesstunden die etwas weiche Atmosphäre des Hauses auszugleichen; in Wirklichkeit wurde ich aber körperlich und moralisch so zerrüttet, daß nach zwei Jahren der Hausarzt erklärte, wenn ich jetzt nicht fortkäme, könne er für nichts stehen. So entschlossen sich meine Eltern schweren Herzens, da es auf den anderen Schulen in Paris nicht viel besser war, mich in eine gesündere Umgebung nach England zu schicken. Ein junger Vetter von mir, der spätere Abgeordnete Harry Lynch, war in Slough, einer Vorschule von Eton, einem gewissen Mr. Kynnersley, einem Geistlichen, anvertraut gewesen und hing mit großer Liebe an ihm. Dieser hatte inzwischen eine eigene Privatschule auf dem Lande bei Ascot aufgemacht. In diese sollte ich zur Gesundung, bis ich plangemäß nach Deutschland aufs Gymnasium kam.

Aber es wäre unrecht, zu verschweigen, was ich aus jenem Pariser Fegefeuer an dauerndem Gewinn forttrug. Am wertvollsten war wohl, daß durch den an Fanatismus grenzenden Kult, der mit der Sprache getrieben wurde, wir gedrillt waren, jedem Satz sozusagen in den Bauch zu sehen, ihn Wort für Wort zu zerlegen, bis er uns alle Geheimnisse seiner inneren Struktur offenbart hatte, und wir in der Lage waren, über sie wie über die Stücke eines anatomischen Präparates Rechenschaft abzulegen. Das wurde täglich mehrere Stunden nicht bloß an lateinischen, sondern auch an französischen Klassikern geübt und erzeugte mit der Zeit eine Klarheit des sprachlichen Denkens und Ausdrucks, die mir auch heute noch als der eigentliche Kern der französischen Kultur erscheint.

Wenn wir in der Arbeitsstunde über einen Satz von Cornelius Nepos oder einen Vers von Lafontaine gebeugt uns seine Syntax klarzumachen suchten, um für den nächsten Tag seine anatomische Struktur in einer sogenannten »Analyse« zu Papier zu bringen, wachte über unseren Fleiß nicht der Klassenlehrer, sondern ein armes Geschöpf, das »Pion« genannt wurde, eine Art von Mittelding zwischen Pedell und Vorschullehrer, eine gescheiterte Existenz, gering besoldet, halb verhungert, schlecht gekleidet, der gemeinsamen Verachtung sowohl der Lehrer wie der Schüler bewußt, und von den letzteren als Objekt vieler böser Bubenstreiche bevorzugt. Diese unglücklichen Geschöpfe wechselten häufig, ohne daß man je erfuhr, was aus den Verschwundenen geworden war. Aber einer, der so ähnlich wie Monsieur Péchu hieß, ist mir durch sein Schicksal in Erinnerung geblieben, der einzige von meinen französischen Lehrern, den ich noch, fast wie ein Gespenst, vor mir sehe. Er war lang und hager und offenbar schwindsüchtig, denn er hüstelte immerfort, einen kleinen trokkenen Husten. An seiner Nase, deren Spitze tiefrot war, hing ein Tropfen, den er von Zeit zu Zeit mit dem Handrücken fortwischte. Seine Augen, die ebenfalls entzündet und auffallend klein waren, huschten wie die eines Frettchens, halb ängstlich, halb böse, immerfort von einem zum andern. Meistens saß er zusammengekrümmt, die langen Beine übereinandergeschlagen, auf dem Katheder. Aber plötzlich schoß er dann mit Gepolter die Stufen herunter auf einen

Schüler los, und während er dann mit einer quäkenden Stimme überhastet einige unverständliche Worte sprach, sauste schon das Lineal, das er wie ein Schwert schwang, auf die Hand des Unglücklichen nieder; denn M. Péchu war hilflos und grausam. Es hieß, er sei Kommunist gewesen, von General Gallifet 1871 mit den anderen dreißigtausend Kommunisten an die Wand gestellt worden, durch ein Wunder nur mit einem Lungenschuß davongekommen, im Massengrab erwacht und durch dunkle Protektoren wieder in die Unterrichtslaufbahn zurückgelangt; allerdings nur als »Pion«. Bei uns hieß er wegen seines unheimlichen Abenteuers »die Leiche«. Wenn der Junge, den M. Péchu schlug, um die ganze Klasse wild zu machen, ein furchtbares Gebrüll anstimmte, dann bekam M. Péchu Mitleid mit ihm und versuchte, ihn zu trösten; aber die übrige Klasse ergriff dann zum Schein für M. Péchu Partei, beschimpfte den geschlagenen Jungen, leitete dadurch einen Höllenspektakel ein, bis M. Péchu plötzlich wieder wie eine Viper auf den lautesten seiner Parteigänger losschoß und diesen mit dem Lineal bearbeitete, worauf das Ganze wieder von vorn anfing. Das konnte so stundenlang weitergehen, bis der Direktor kam oder M. Péchu ermattet wieder mit übergeschlagenen Beinen, hocherhobenem Lineal und rollenden Augen auf dem Katheder saß.

Mir tat die arme »Leiche« leid, vielleicht weil ich sie mir schmerzverzerrt und blutbespritzt im Massengrab vorstellte. Ich verhielt mich bei den Spektakelszenen daher meistens ziemlich still, und so faßte er zu mir eine Art Vertrauen. Schließlich begann er mit mir einmal auf dem Hof ein Gespräch, nachdem er einen Kampf zwischen mir und meinem schwarzen Quälgeist geschlichtet hatte. Dann mußte ich ein paarmal allein unter seiner Aufsicht nachsitzen, um wegen irgendwelcher Verfehlungen fünfhundertmal einen Vers von Boileau oder Lafontaine abzuschreiben. Es fing mit trivialen Bemerkungen an, und dann erzählte er mir, gewissermaßen zur Abschreckung, aus seinem traurigen Leben. Und so wurde ich unschuldig zum Werkzeug seines Unterganges. Die kommunistische Periode überging er, stritt sie aber auch nicht ab. Er sagte nur, ich sei zu temperamentvoll, ich würde dadurch mich und andere nicht glücklich machen. Auch er habe sich aus feurigem Idealismus in die Politik gestürzt und damit nicht viel Gutes gestiftet. Er sei dann einer wunderbaren Frau begegnet, die ihn aufgenommen und geheiratet habe. Doch sei sie schwer herzleidend und deshalb leicht erregbar und sehr eifersüchtig. Er zeigte mir eine Photographie, die er aus seiner Brusttasche zog: ein aufgedunsenes weißes Gesicht mit dunklen, stechenden Augen und einem bösen Kinn. Sie sei eine Freundin und Mitkämpferin der berühmten französischen Kommunistin Louise Michel gewesen. »Eine Amazone!« Wenn er manchmal etwas heftig werde, sollten wir Rücksicht nehmen auf die Umstände seines Lebens; er müsse nachts seine Frau pflegen und habe wenig Schlaf; am Tage sei er deshalb oft nicht Herr seiner Nerven. »Solches Kopfweh, solches Kopfweh!« Er stützte den Kopf in die Hand und fing an zu weinen.

Ich verstand nur die Hälfte, aber fühlte grenzenloses Mitleid und beschloß, ihm beizustehen. Am nächsten Tage nahm ich einige der ärgsten Schreier beiseite und erzählte ihnen, was ich erfahren hatte; ich hoffte, sie zu einem Waffenstillstand zu überreden. Zu meiner bitteren Enttäuschung war die Wirkung entgegengesetzt. Jetzt hatten sie ihre Rache! Ohne mich einzuweihen, brüteten sie die Teufelei aus, die Frau mit in ihre Operationen gegen Péchu einzubeziehen. Einer von den Verschworenen ließ unter der Vorspiegelung eines Scherzes von seiner älteren Schwester anonym ein paar Liebesbriefe an Péchu schreiben, die unter Bezug auf frühere Beziehungen zu einem Stelldichein luden. Beim dritten bekam Mme. Péchu, die die Briefe ihres Mannes öffnete, einen Herzschlag; und Péchu hängte sich bei ihrer Leiche auf. Nur langsam sickerte die Geschichte bis zu mir durch. Ich lag dann mehrere Tage mit einer Art von Nervenfieber, bis ich mich meiner Mutter anvertraute, die mich, so gut es ging, zu trösten versuchte, mir aber später, als ich wieder gesund war, ernste Vorhaltungen wegen meines impulsiven Vorgehens machte.

Aus der stickigen, durch die Affäre Péchu halb kriminell gewordenen Atmosphäre des Pariser Instituts entfloh ich jetzt in eine gesündere Luft; und die Freude hierüber dämpfte den Schmerz über den Abschied von meiner Mutter. Ich ahnte noch nicht, daß der Tag durch diesen Schnitt einen Wendepunkt in meinem Leben bedeuten werde. Ich warf mich im leeren Coupé noch einmal leidenschaftlich an ihren Hals. Und sie begann zu weinen. Dann waren wir in Ascot und traten beide mit sehr viel Haltung vor Mr. Kynnersley; meine Mutter erschien mir dabei stolzer und größer denn je.

Als sie fort war, rettete ich mein Gesicht im Kreise meiner neuen Kameraden durch geheuchelten Gleichmut und schlechte Witze; und schrieb noch am selben Abend einen Zettel, den ich vor mir habe, ich hätte mir heute unter meinen Schulkameraden »schon viele Freunde gemacht«. Allerdings weinte ich in meiner Koje dann um so ausgiebiger.

Am nächsten Morgen forderte mich ein Junge, weil ich ein Ausländer sei, was in England damals noch etwas wie in Griechenland ein »Barbar« bedeutete, zu einem Boxkampf. Ein anderer, älterer Junge unterrichtete mich vorher eilig in den Regeln eines »fairen« Kampfes, bei dem Kratzen und Beißen und Schläge unterhalb des Gürtels ausgeschlossen seien. Er vermutete ganz richtig, daß ich das auf dem »Kontinent« nicht gelernt hätte, da es dort ja keine Gentlemen gäbe. Wir gingen hinter das Haus, mein Gegner und ich mußten uns bis auf Hemd und Hose ausziehen, bekamen Handschuhe an, und nach drei Runden war ich knock out. Nachdem ich wieder aufgerichtet war, kam der Junge, der mich gefordert hatte, auf mich zu, bot mir die Hand und seine Freundschaft an. Ich hätte keine Ahnung vom Boxen, mich aber ganz tapfer gehalten und keine unfairen Kniffe, wie sie Ausländer liebten, anzuwenden versucht; wenn ich einmal einen Sekundanten brauche, stehe er als Freund mir zur Verfügung. Der Unparteiische, der mich vorsorglich unterrichtet hatte, war der später vielgefürchtete, ausgezeichnete Kunstkritiker Roger Fry, der als erster in England für Cézanne und Maillol eine Lanze brach, ein Bruder der Joan Fry, die nach dem Kriege in Berlin die Quäkerspeisungen leitete.

Im Gegensatz zum Pariser Kasten und seiner Elendsmiene präsentierte sich die Schule hier wie ein großes freundliches Landhaus. Richtiger: sie bestand aus einem Komplex von Gebäuden in viktorianischem Cottagestil, aus dessen Mitte das eigentliche Schulhaus nur um ein weniges herausragte. Die Ansiedlung lag auf einer Höhe inmitten eines Parkes, an den unten im Tal Wiesen grenzten, die als Spielplätze benutzt wurden. Von der Veranda des Haupthauses sah man weit in eine wellige Landschaft, deren Hügel abwechselnd mit Heide und kleinen Waldstücken bestanden waren. Ein Teil des Parks, ein von der modernen Entwicklung verschonter Rest der uralten Jagdgründe von Windsor, eine etwas felsige und abschüssige Schlucht, hieß die »Wildnis«. Sie diente dazu, seltene Pflanzen der einheimischen Flora und kleine Haustiere, wie Kaninchen, Eidechsen und Schildkröten, zu pflegen. Ein anderer Teil des Parks war in Gärtchen eingeteilt, die einzelnen Jungen als Preis für besondere Leistungen überlassen wurden und in denen sie je nach Geschmack und gärtnerischem Können Blumen setzen und ziehen konnten, Rosenstöcke, Tulpen, Iris, Veilchen, Goldlack, Jasmin, aber auch Kresse, Senfkraut und Radieschen. Die »Wildnis« umschloß einen von einem kleinen Wasserfall gespeisten Teich, in dem wir im Sommer, abgesondert von der Welt, ganz ungeniert, nackt baden, spielen, planschen und schwimmen konnten. Der Teich unterstand ebenso wie die »Wildnis« und die Gärtchen unserer Selbstverwaltung, und äußerst selten nur wurde von oben eingegriffen. Dieses kleine Paradies für Knaben war in allen Einzelheiten Mr. Kynnersleys Schöpfung. Überhaupt fiel ihm allerhand ein, was uns in einen jungenhaften Naturzustand versetzte, unsere Phantasie stachelte, in Abenteuer einspann. Die »Wildnis« war für uns eine wirkliche Wildnis jenseits der modernen Welt, ein Stück Mittelalter oder Wildamerika, Mr. Kynnersley, wenn er Felsen für den Wasserfall heranwälzte oder Urwald rodete und in dessen Schatten seltene Farren und Gräser entdeckte, eine Mischung von Pionier, Schuljunge und Waldgott, ein verzauberter Pastor, eine Ausgeburt des Waldes, dieses Waldes, in dem Falstaff als wilder Jäger zur Geisterstunde Mistreß Quickley erwartete. Und wenn wir von Windsor im Mondschein durch die Forst heimwanderten und das Rotwild zu uns herüberäugte und die verkrüppelten Eichen wie Hexen uns mit ihren Zweigen winkten, dann schien uns unsere Schule Teil einer Raum und Zeit entrückten Fabelwelt.

In Wirklichkeit war die Erziehung nüchtern durchdacht und streng. Die Schule hieß nach dem Schutzheiligen Englands und ersten christlichen Ritter »Saint George's School« und stellte an die Spitze der Tugenden, die von uns verlangt wurden, Ritterlichkeit, Haltung und Wahrhaftigkeit. Wer log oder sonst die obersten Gebote verletzte, deren Befolgung den Gentleman ausmacht, wurde vom Lehrerkollegium oder in besonderen Fällen von einer Anzahl älterer Jungen abgeurteilt, nach altenglischer Schulsitte mit entblößter Mittelpositur über einen Holzblock gelegt und von Mr. Kynnersley persönlich mit Ruten bis aufs Blut gepeitscht.

Morgens mußten wir uns von Kopf bis Fuß, sommers wie winters, kalt abplanschen. Nachmittags zum Sport völlig umziehen; meistens trugen wir dann nur Flanellhose und Sporthemd, im Winter einen schwarzen Pullover mit einem roten Georgskreuz. Wir lernten Boxen und Fechten und selbstverständlich die üblichen Spiele, das nationale Ballspiel Cricket, daneben Handball und sowohl Eton- wie auch Rugby-Fußball, aber wenig Turnen und nicht Tennis, das noch als weichlich galt. Auch Schwimmen im Teich in der »Wildnis« war obligatorisch. Die Lehrer mit Einschluß des »Chefs«, Mr. Kynnersleys, machten überall mit. Dadurch bildete sich eine Kameradschaft wie zwischen älteren und jüngeren Mitgliedern eines Offizierkorps und ein Ehrenkodex, der kaum je verletzt wurde. Bei den Schnitzeljagden im Herbst, die im Laufschritt oft fünfzehn Kilometer querfeldein führten, war Mr. Kynnersley selbst meistens einer der Hasen und gab beim Überwinden von schwierigen Geländeabschnitten, wie Dornendickicht oder Wasserläufen, die durchwatet oder durchschwommen wurden, das gute Beispiel. Lang und langbeinig, mit rotblonden Koteletten, wie sie damals englische Geistliche trugen, mindestens dreißig, benahm er sich dabei, ohne daß seine Würde litt, verschlagen und tollkühn wie ein Junge. Wenn er als Hase uns jagende Jungen durch einen Haken tüchtig in die Irre geführt hatte und entkommen war, dann sahen wir beim Halali die Augen hinter seiner goldgereiften Brille blitzen.

Man könnte meinen, daß bei diesem Training die eigentlichen Aufgaben der Schule vernachlässigt wurden. Ich kann nicht finden, daß das der Fall war. Während ich in Paris ein mittelmäßiger Schüler gewesen war, konnte ich in Ascot in kurzer Zeit fließend Griechisch und Latein lesen, so daß ich später im Hamburger Johanneum meine Mitschüler wenigstens in dieser Hinsicht übertraf. Wir übersetzten mit dreizehn Jahren »vom Blatt« Cäsar und Livius, Sophokles und Aristophanes, mit Ausnahme allerdings der Chöre. Ja, die ›Wolken‹ des Aristophanes führten wir in einer Vorstellung, bei der ich den Pheidippides spielte, in der Ursprache auf. Englische Geschichte und Literatur wurden gründlich und interessant betrieben, es legte sich kein Muff darauf. Shakespeare, Byron, Walter Scott, Dickens gingen in unsere Phantasie ein. Die ›Lustigen Weiber‹, ›Wie es euch gefällt‹, den ›Kaufmann von Venedig‹ lasen wir mit verteilten Rollen; wobei wir gewisse Szenen, die besonders lustig waren, auch mimten. Über Dickens' ›Pickwick‹, ›David Copperfield‹, ›Oliver Twist‹, ›Barnaby Rudge‹, die uns Mr. Kynnersley vorlas, haben wir gruppenweise gelacht oder gebangt. Wir wurden nicht gezwungen, »zu büffeln«; aber wer lernen wollte, fand dazu reichlich Gelegenheit und weniger deprimierende Wege als die, die mir später auf meinem deutschen Gymnasium gewiesen wurden. Das Vorlesen oder Lesen mit verteilten Rollen geschah vielfach an schulfreien Tagen, am späten Nachmittag, wenn wir, die Auserwählten, Eingeladenen, nach dem Spiel, geduscht und in der dem Frack für Jungen entsprechenden Affenjacke, im Salon erschienen, wo wir auf Kissen auf der Erde Mr. Kynnersley zu Füßen saßen und Mrs. Kynnersley Tee und Kuchen reichte. Sie selber, eine kinderlose, etwas trockene, aber temperamentvolle Frau, lang und rotblond, mit einem Pferdegebiß wie ihr Mann, nahm sich mehr der kleinen, acht- bis zehnjährigen Jungen an. Auf die älteren Knaben, die Mr. Kynnersley bevorzugte, war sie unverhohlen eifersüchtig: was zu Szenen führte, die tragisch oder tragikomisch und für uns in ihrer gedämpften englischen Art voller Spannung waren. – Mir wuchs Macaulay ans Herz. Meine Großmutter Lynch hatte mir die große Ausgabe seiner Werke geschenkt, acht Großoktavbände in schönen Ledereinbänden, die angenehm nach Juchten dufteten. Ich las und las immer wieder sein Leben, seine Englische Geschichte, die Essays und Parlamentsreden. Seine großen Re-

den über den Zehnstundentag und verwandte Fragen pflanzten in mir die ersten Keime sozialen Verständnisses.
Praktisch hatte das zunächst allerdings keine Folgen. Praktisch hatte überhaupt nichts von den Grundsätzen, die uns eingeprägt wurden, Folgen, wenn diese den Interessen der in England damals noch herrschenden Klasse, des Adels und des reichen Bürgertums, widersprochen hätten. Mr. Kynnersley führte die Schule als Vorschule der nationalen Erziehungsanstalten Eton, Harrow, Westminster, in denen die Söhne der herrschenden Kaste zu Parlamentsmitgliedern, Ministern, Botschaftern, hohen Verwaltungsbeamten, geistlichen Würdenträgern und großen Wirtschaftsführern, kurz zu Herren des britischen Weltreichs erzogen wurden. Von den vierzig zwischen acht und vierzehn Jahre alten Jungen waren zehn bis fünfzehn aus dem alteingesessenen Landadel, ein weiteres Drittel aus der reichen Bourgeoisie, der Rest aus bekannten Familien der englischen und schottischen Aristokratie: Percy, Hamilton-Gordon, Craven, Blackwood, Spencer-Churchill, Campbell. Niall Campbell, ein sehr bescheidener und einfacher kleiner Junge, wurde nach dem Tode seines Onkels, der mit einer Tochter der Königin vermählt war, Herzog von Argyll, ungekrönter König des Hochlandes und Träger des durch Walter Scott zu dichterischem Ruhm gelangten Titels »Herr der Inseln im westlichen Meer«, das heißt Lehnsherr der Inseln vor der schottischen Westküste im Atlantik. Winston Churchill, ein Enkel des Herzogs von Marlborough, damals ein rothaariger ruheloser Knirps, der allen durch seine Schauspielerei und Streitsucht auf die Nerven fiel, sollte die Laufbahn seines berühmten Vaters, des Lord Randolph Churchill, als Staatsmann und Führer der Nation fortsetzen. Vorläufig war er bei den Stalljungen seines Großvaters in die Lehre gegangen und hatte dort Worte und Manieren gelernt, die für einen jungen Gentleman höchst unpassend waren und Mr. Kynnersley in Empörung und Schrecken versetzten wegen der nicht auszudenkenden Möglichkeit, daß die ganze Schule diese würzige Ausdrucksweise und leicht beschwingte Stallburschenhaltung annehmen könnte. Wütend und schamrot fuhr er unter Androhung der Rute dazwischen, wenn Winston, klein wie ein Schratt, er war eben

erst acht geworden, auf einem Klassentisch herumhüpfend, einer aufmerksamen Jungenschar ein Liedchen aus dem Stall vortrug. – Bei einer solchen Zusammensetzung der Schulgemeinde war es vielleicht nicht zu vermeiden, daß die Lehren des Christentums und der Klassiker, insoweit ihre Auswirkung der oberen Gesellschaftsschicht gefährlich werden konnte, stillschweigend außer Kraft gesetzt wurden. Das geschah salbungsvoll, unter voller Wahrung der Würde christlicher Gesinnung und in den meisten Fällen aus langer Übung unbewußt. An ihre Stelle schob sich eine Klassenmoral, vor der die christliche zu einem »cant«, einem »Cantus«, einer unverbindlichen Begleitlitanei verblaßte. So ergab sich zwangsläufig unter dem Druck der christlichen Tradition und einer ihr wenig günstigen sozialen und politischen Struktur eine Erziehung zu einer doppelten Moral, auf die wir uns, gutgläubig und jungenhaft, ohne es zu merken, einstellten. In der Schule lernten wir »Liebet euren Nächsten wie euch selbst«, aber wenn wir, was häufiger vorkam, eine Fußball- oder Cricketpartie gegen Volksschüler oder Dorfjungen spielten, war uns unter Strafe verboten, mit ihnen ein Gespräch anzuknüpfen; denn sie waren »cads«, wobei »cad« nicht bloß »Straßenjunge«, sondern den Inbegriff alles dessen, was das Gegenteil eines Gentleman ist, bedeutete.

Verwurzelt war die zweite, gültigere Moral im Klassenbewußtsein, das jeder Junge von zu Hause mitbrachte. Dieser Dünkel wurde bei jeder Gelegenheit überdies noch künstlich geschärft wie der Jagdinstinkt bei jungen Hunden. Das erzeugte allerdings Haltung und Selbstbeherrschung, aber auch, außer einer blinden Verachtung anderer Völker und Klassen, kritikloses Annehmen alles dessen, was im eigenen Hause als zum guten Ton gehörig oder wahr galt. Während meinen kleinen Kameraden in Paris nichts heilig war, bezweifelte in Ascot niemand, weder Lehrer noch Schüler, daß der Zylinder und die schwarze Affenjacke, die wir sonntags zum Kirchgang trugen, ebenso wie die Bibel, die Königin Viktoria, das Crikketspiel und das britische Weltreich, zu der von einem gütigen Gott ausgedachten und von uns ehrfürchtig anzunehmenden Weltordnung gehörten.

Zu den Einrichtungen, deren geheiligter Charakter nicht zu bezweifeln war, gehörte selbstverständlich auch die englische Staatskirche. Diese Kirche, die in ihren äußeren Formen und Zeremonien noch fast römisch, in ihrem Geist puritanisch ist, ein Zwitter, aber ein von Politikern mit überlegener Klugheit konstruierter Zwitter, trägt in eigenartiger Weise sowohl den weiblichen wie den männlichen Elementen der Seele Rechenschaft, den ersteren durch einen mit dem römischen rivalisierenden Pomp, den letzteren durch ihre »muscular Christianity«, eben jene doppelte Moral, die dem englischen Gentleman gestattet, sich gleichzeitig als Christ zu fühlen und als Herr auszuleben. Da ich eine ganz hübsche Stimme hatte, wurde ich Chorknabe. Bei den Andachten in unserer Kapelle wurden wir, die Chorknaben, weiß eingekleidet und zogen dann, da wir auch im übrigen sauber und gut gewaschen waren, wunderbar rein und feierlich vor unseren Lehrern, die alle einen akademischen oder kirchlichen Grad hatten und je nach dessen Abstufungen verschiedenfarbige Talare trugen, in den Chor ein. Man hätte uns, da die meisten Jungen noch dazu rosige, regelmäßige Kindergesichter hatten, für lauter kleine Engel halten können. Kleine Pharisäer? Vielleicht! Aber reinen Herzens; denn fast alle durften sich nach den Grundsätzen unserer Moral für tadellos sauber halten, bestes Führermaterial für das britische Weltreich. Allerdings kamen auch von Zeit zu Zeit kleine Skandale vor. Fälle allzu intimer Beziehungen zwischen Jungen, bei denen Mr. Kynnersley einige seiner ausgesuchten Lieblingsschüler ins Vertrauen zog und um ihre Meinung befragte, ehe er die Schuldigen peitschte oder von der Schule fortjagte.

Ich weiß nicht, ob es auf einem vor mir geheimgehaltenen Abkommen meiner Eltern mit der Schule beruhte; aber trotzdem ich allerhand ausfraß, bin ich nie gepeitscht worden. Ich hätte mich wahrscheinlich umgebracht. Auch so beging ich einen lächerlich verlaufenen Selbstmordversuch. Ich sehnte mich, wie ich mich nie wieder nach irgend jemandem gesehnt habe, nach meiner Mutter. Sie schien mir in ihren Briefen kühler, als ich erwartet hatte. Mein, wenigstens moralischer, Anfangserfolg im Boxen hatte nicht vorgehalten. Ich war Deutscher, Ausländer und als solcher für kleine Engländer ein Ärgernis. Es entstand eine Vereinigung, die den Zweck hatte, mich zu ducken. Namentlich beim Rugby, das an sich schon eine der rauhesten Formen des Fußballs ist, suchten die Vereinsbrüder die kräftigsten Tritte immer mir zuzuschanzen. Als eines Tages ein Junge, den ich für meinen Freund hielt, den Spaß mitmachte, ging ich nach dem Spiel an die Hausapotheke, nahm ein Fläschchen Chloroform und vergiftete mich. Mein Stubenkamerad Palk fand mich bewußtlos. Palk, ein nettes Bürschchen, das etwas jünger als ich war, hatte wenige Tage nach meinem Eintritt in die Schule wegen irgendeines Dummenjungenstreiches eine grausame Züchtigung erlitten. Als er mir, ohne viel Worte, seine Striemen zeigte, empfand ich ein stürmisches Mitleid mit ihm. Wir wurden ganz plötzlich Kameraden. Palk rief, als er mich blau angelaufen daliegen sah, die Krankenschwester, und alles endete mit einem Kater. Mr. Kynnersley hat nichts erfahren.

Allmählich fanden sich zu Palk und Fry andere Kameraden hinzu: ein junger Olliver, ein schlanker, dunkelblonder Junge, der die verkörperte Ehrenhaftigkeit und Ruhe war und später Schulprimus wurde; Basil Blackwood, der jüngere Sohn des Vizekönigs von Indien, des Marquis von Dufferin, der glänzend begabt eine Hoffnung der englischen Diplomatie wurde, aber jung starb; Claud Schuster, kleiner als ich, aber kräftig und sehr intelligent, in Sport und Lernen gleich ausgezeichnet (jetzt als Sir Claud Schuster ständiger Staatssekretär des englischen Kanzlers); E. A. J. Jay, ein zarter, feiner, blonder Junge, der, wenn mich meine Erinnerungsbilder nicht täuschen, von mir unzertrennlich gewesen sein muß. Wir bildeten eine Clique, der starren Masse gegenüber eine Opposition, die sich langsam durchsetzte und ihren Meistercoup landete, als wir aus unserem Taschengeld das Kapital zusammensparten, eine Zeitung zu gründen. Mit einem Schlag war unsere Gruppe der Mittelpunkt des Schullebens, die gegnerische Masse k. o. Wir tauften unser Blatt ›St. George's Gazette‹, brachten es von der Gründung an jeden Sonnabend pünktlich heraus, vier Großquartseiten, zuerst mühsam hektographiert, bald aber, nachdem wir genügend Abonnenten und Inserenten unter den Schülern und ihren Eltern und Verwandten gesammelt hatten, sauber in

Windsor auf gutem holzfreiem Papier gedruckt. Ich hatte schon in Paris eine kleine Presse besessen und darauf gesetzt und gedruckt; so konnte ich fachmännisch Satzspiegel, Ränder und Format bestimmen: der Entwurf, ganz von meiner Hand, liegt vor mir. Schuster, Jay und ich teilten uns in die Redaktion, andere Kameraden, auch Lehrer wurden von Fall zu Fall als Korrespondenten oder Reporter herangezogen. Inserate kosteten einen Penny, acht Pfennige, für ein Dutzend Worte, das Blatt selbst den damals üblichen Zeitungspreis von zwei Pence, das Quartalsabonnement zwei Schillinge und acht Pence. Der Wahlspruch auf dem Entwurf ist merkwürdigerweise deutsch: »Mit Gott allein.« Woher wir ihn hatten, weiß ich nicht, aber wahrscheinlich habe ich diesen deutschen Spruch aus Trotz daraufgesetzt. Der Text bestand größtenteils aus Sportnachrichten, Berichten über Fußball- oder Cricketpartien, die die Schule gespielt hatte, aber auch über Unfälle und Krankheiten einzelner Schüler, Geburten und Todesfälle im Kaninchenstall oder Schildkrötenteich, über Schnitzeljagden und Schultouren. Von einem dieser Ausflüge brachte ich für die Zeitung die Schilderung der großen Elektrizitätsausstellung im Kristallpalast mit, wo Tausende der eben erst von Edison erfundenen Glühbirnen einen überraschenden und feenhaften Eindruck auf uns gemacht hatten.

Politik war in unserer »Gazette« ausgeschlossen. Und doch interessierten wir uns für sie kaum weniger als für Sport. England trat gerade in eine revolutionäre Epoche ein. Der Kampf ging um »Home Rule«, das heißt nominell um die Einrichtung eines irischen Parlaments, tatsächlich um die Auflösung des englischen Einheitsstaates. In Irland wie in Rußland bediente sich die revolutionäre Bewegung des Mordes, der Brandstiftung und, was neu war, des Boykotts, der von den Home Rulern erfunden, bald ihre schärfste Waffe wurde. Sogar in unserer Clique bildeten sich zwei Parteien, die eine für, die andere gegen Home Rule. Wir hatten zwar keinen offiziellen Debattierklub, wie die großen Schulen und Universitäten; doch diskutierten wir eifrig. Einzelne Jungen, wie Schuster, Fry, Blackwood, erwiesen sich bei diesen Debatten, so schien es uns, als glänzende Redner. Schließlich gingen nach parlamentarischer Sitte zwei

»Adressen« ab, die eine an den greisen liberalen Führer Gladstone, der der irischen Freiheitsbewegung günstig war, die andere, mit viel zahlreicheren Unterschriften, an den konservativen Führer, den Marquis von Salisbury. Zum erstenmal war ich gezwungen, zu einer aufrührerischen Bewegung Stellung zu nehmen. Mein Vetter Parnell war der Führer der Revolutionäre, meine übrige Verwandtschaft antirevolutionär und konservativ. Ich stellte mich mit knabenhafter Leidenschaft gegen Home Rule ein und unterschrieb das Manifest an Salisbury.

Ein Gegenstand, der nicht im Lehrplan stand, in den ich mich aber mit Leidenschaft vertiefte, war London. Alles in dieser grenzenlosen Nebelstadt, in die das Weltmeer durch die Themse heraufflutete, erschien meiner noch halb im Märchen befangenen dreizehnjährigen Phantasie voller Abenteuer und Geheimnisse. Das Parlament, der Tower mit seinen gespenstischen, blutigen Erinnerungen, die Themse mit ihren Masten, Docks, Lagerhäusern, die Bank von England und ihre Keller, in denen das Gold in Ziegeln zu mannshohen Mauern geschichtet stand – das alles in seiner pulsierenden, lebendigen Verflechtung war das Herz des britischen Weltreiches. Darum herum wogte unruhig und uferlos die Stadt: das London der achtziger Jahre, das unermeßlich reich und groß war, doch wie ein Dorf überall nach Rauch und Stall roch; ein London ohne Autos oder Lichtreklame, in dem das Pferd das Bild der Straße beherrschte und nachts, sobald die Gaslaternen brannten, der Nebel. Ich verliebte mich in den Nebel. Wenn wir von Ascot hinfuhren und schon in den Vororten sein feuchter Rauch und Salzgeruch mir in die Nase stieg, witterte ich über London hinaus die Nordsee. Auf den Kähnen, die die Flut die Themse herauftrug, war jeder von den hochgetürmten Ballen ein Rätsel, das die Phantasie mit Vorstellungen von unbestimmten Fernen füllte. An schönen Sommertagen, wenn nur ein leichter Dunst über dem Fluß schwebte, schien die Stadt ein Luftgebilde, so zart und durchsichtig und regenbogenartig schillernd. Im November aber, wenn der Nebel braun wurde und in seiner dicken Feuchtigkeit die Gebäude, Schiffe, Menschen nur noch undeutliche Massen waren, wurde sie furchtbar und wuchtig und drohend wie eine Gewitterwolke. Dann tauchten aus den dicken Nebelschwaden Gestalten auf aus einer Unterwelt, die noch die von Dickens war; Zeitungsjungen in Gehröcken, die einst einem Lord gehört hatten und jetzt nur noch Lumpen waren, Frauen in einem alten Ballkleid und Federhut, die betrunken im Rinnstein lagen, Zuhälter, die neben uns herliefen und dunkle, unheimliche Worte flüsterten. Einmal geriet ich mit zwei Schulkameraden und einem Lehrer am Strand in einen Auflauf um eine junge Frau, die im Rinnstein lag. Die Menschen hielten sie für betrunken, aber es erwies sich, daß sie in den Wehen war. Ihr Federhut lag neben ihr in der Gosse. Ihr blasses, zartes Gesicht war ein Schrei. Wir kannten die Wehen unserer Tiere, aber noch hatten wir nie einen Menschen gebären sehen. Tief erschüttert bemühten wir uns um sie und halfen sie fortbringen. – In diesen Winternächten, in der schwachen Beleuchtung, herrschte eine Rembrandtstimmung. Ich glaube, daß Roger Fry mir zuerst die Augen für sie öffnete. Die nächste Nähe zwischen Elend und Überfluß, die sozusagen familiäre Nachbarschaft von reich und arm, gehörte mit zu London. Sichtbarer als anderswo wurde der Gegensatz hier, weil die Reichen ihren Luxus und die Armen ihre Lumpen ohne jede Scham zeigten. In den Ferien traf ich mich mit Kameraden oft im Hydepark, meistens zu Fuß, manchmal aber auch auf einem geliehenen Pony eines meiner Vettern. Von Reiten hatten wir, wie ich später in Potsdam merkte, nach deutschen Begriffen keine Ahnung; die Ponys und Pferdchen liefen, wie es sie die Natur lehrte. Aber es gab keine Hindernisse, über die wir nicht setzten, und die Hauptsache, wir fielen nicht herunter. Es war eine wilde Reitkunst! Die Schwestern meiner Kameraden ritten mit, Mädchen mit fliegenden blonden Haaren. Ältere Herren im Zylinder und mit Backenbart, Mode 1880, winkten uns, wenn wir, ein Rudel Jugend, in Karriere vorbeirasten, freundlich zu. Gesellschaftsköniginnen, die lässig schöne Vollblüter im Handgalopp an langen Zügeln ritten und dabei mit eleganten neben ihnen trabenden Herren plauderten, ließen wir in überschäumendem Übermut weit zurück. Diese reiche Gesellschaftsschicht, die sich auslebte, schwamm auf der unteren, die fror und hungerte, wie Öl auf Wasser. Es war etwas Geschlossenes in beiden, das ohne Zweifel Disraeli seine Anschauung von den »zwei Völkern« und Karl Marx die des Klassenkampfes eingegeben hat.

Wenn es trotzdem zu keiner gewaltsamen Auseinandersetzung, nicht zur Revolution gekommen ist, so war der Grund wohl die erstaunliche Übereinstimmung in gewissen Grundanschauungen zwischen beiden Schichten; eine Folge der Suggestionskraft, mit der die Oberschicht ihre Denkungsart der unteren eingepflanzt hatte. Beide bewunderten das gleiche, insbesondere die Grundsätze, Konventionen, Umgangsformen, die den Typ des Gentleman ausmachen. So den sportlichen Geist, das Halten auf »fair play«, die strikte Beachtung der Spielregeln bei Kämpfen jeder Art, selbst bei einem Raufhandel zwischen Straßenjungen oder Bierkutschern. Der Gentleman mußte vor allen Dingen *Haltung* haben; seine Erziehung gipfelte darin, ihn zu lehren, in keiner Lage oder Gefahr, vor keiner Drohung die Haltung, die Spannkraft des Willens und die Herrschaft über sich selbst zu verlieren. Er mußte in jeder Situation die Nerven behalten, »plucky« sein, nicht kneifen, vorangehen, führen. Gegen Schwächere, insbesondere gegen Mitglieder der unteren Stände, sollte er, bei aller Zurückhaltung, immer höflich und rücksichtsvoll sein; Anschnauzen von Untergebenen minderte sein Ansehen, weil es für Mangel an Haltung galt. Überhaupt wurden beim Gentleman sichtbare Gemütsbewegungen nicht gern gesehen; er sollte seine Gefühle, soweit er solche hatte, nach Möglichkeit für sich behalten und sogar nächsten Freunden und Verwandten, Vater oder Mutter nur verschleiert zeigen. Sein Gefühlsleben unterlag so einem fortgesetzten Druck, einem Netz von Hemmungen, durch die es gedrosselt, erstickt oder in unergründliche Tiefen getrieben wurde. Auch die Kleidung eines viktorianischen Gentleman war ihm streng, fast wie einem Ordensbruder, vorgeschrieben; um so kostbarer wirkten kleine willkürliche kokette Abweichungen, Variationen, die der Mann der großen Welt, der »Dandy«, sich erlauben durfte. Und nicht weniger genau war die Sprache eines Gentleman geregelt; ja sie wirkte fast wie eine Ausstrahlung seines Fracks, mehr als Abzeichen seiner Klasse denn als Instrument seines Geistes. Das alles zusammen, diese Haltung und Zurückhaltung, dieses fair play, diese

Grundsätze und Moden, bildeten die wirkliche Volksreligion, von der niemand dissidieren wollte, der alle einen unerschütterlichen Glauben schenkten. Stillschweigend hatte sich in ihr der Gentleman auf den Platz von Christus gesetzt. Die Gemeinschaft des Glaubens neutralisierte die Klassenspaltung, indem sie die Unterschicht in einer freiwilligen Abhängigkeit von der oberen hielt, die allein die echte Gesinnung des Gentleman besaß und wie einen Gral als Lebensodem des britischen Weltreichs hütete. Das geflügelte Wort Wellingtons, das uns eingeprägt wurde: Die Schlacht von Waterloo sei auf den Spielwiesen von Eton gewonnen worden, besagte nichts, als daß *der Gentleman* Napoleon besiegt und den beispiellosen Aufstieg Englands im neunzehnten Jahrhundert ermöglicht habe.

Im übrigen wurde in einem Punkt vom Gentleman eine Haltung verlangt, die grundsätzlich antirevolutionär war: er hatte einen unerschütterlichen Respekt vor der Königin zu haben. Auch hierin waren sich unten und oben einig. Wie London das Herz und die von der Oberschicht gepflegte Gesinnung der Lebensatem des britischen Weltreiches waren, so galt die Krone, verkörpert in der Königin, als sein sichtbares Symbol, das nie angetastet werden durfte. Für beide Klassen war die Königin außerdem der höchste Repräsentant der Oberschicht, der Prinz von Wales als Erbe der Krone »der erste Gentleman im Lande«. So wurde das Verhältnis auch des kleinen Mannes zu ihr und ihrer Familie durch eine Mischung aus Aberglauben, Klugheit und Snobismus bestimmt.

Ich habe die Königin in meiner Zeit in Ascot einmal aus der Nähe gesehen; das war im Juli 1881 bei einer Truppenschau im Park von Windsor. Da ich den alten Kaiser, der sowohl in seiner Erscheinung wie in jeder Bewegung ein Grandseigneur und König war, oft erlebt hatte, konnte mir die Queen nicht besonders imponieren. In ihrem einfachen schwarzen Kleid, mit ihrem roten Gesicht, dem rundlichen Körper und den fetten Händchen, die einen etwas schäbigen Sonnenschirm hielten, sah sie aus wie eine meiner verwitweten Tanten. Und doch strahlte sie eine Art von Majestät aus, das lag an ihrem Blick, der etwas Böses hatte, vor dem man zittern konnte. Sie schien durch ihren Blick ihre Kleinheit kompensieren zu wollen. Ich mußte dabei an das Mißgeschick einer jungen Freundin meiner Kusinen denken, die bei ihrer ersten Vorstellung bei Hofe am Thron über ihre lange Schleppe gestolpert und hingefallen war, worauf die Königin sie, ohne von ihr sonst Notiz zu nehmen, mit dem Wort entließ: »Take away that ass.« (Man soll die dumme Gans fortschaffen.) Bei der Truppenschau erschien sie in Begleitung ihrer ganzen Familie als Großmutter Europas. Ihr gegenüber in dem offenen altmodischen Landauer saßen auf dem Rücksitz ihre Schwiegertochter, die schöne Prinzessin von Wales, eine Dänin, und ihre Tochter, die deutsche Kronprinzessin, hinter ihr als Lakai auf einem Hocker, so wie etwa Malvolio hinter einer sehr gealterten Olivia hätte sitzen können, ihr vertrauter Diener John Brown in einer schwarzen Livree, die mit Silber verbrämt war. Neben dem Wagen ritten ihre Schwiegersöhne, der deutsche Kronprinz, der spätere Kaiser Friedrich, in der weißen Gardedukorpsuniform, ein Siegfried, der alle Augen auf sich zog, ihr anderer Schwiegersohn, der Großherzog von Hessen, und ihr Sohn, der Prinz von Wales; dieser in einer dunklen Uniform mit dem blauen Band des Hosenbandordens, schon etwas dick und keine gute Figur zu Pferde. In einem zweiten Wagen folgten Töchter und Schwiegertöchter, die nachher selbst oder durch ihre Nachkommenschaft die meisten Throne und Thrönchen Europas okkupiert haben. Und in einem dritten Wagen auf dem Rücksitz zwei junge Prinzessinnen, noch fast Kinder, mit langen Zöpfen, in Hellblau, beglückend schön, zwei Enkelinnen der Königin, Töchter des Großherzogs von Hessen, die spätere russische Großfürstin Sergius und ihre jüngere Schwester, die die letzte Zarin wurde, beide einem grausamen Tode geweiht. Dieses tragische Grüppchen, das in Wagen und zu Pferde stundenlang langsam an einer endlosen Truppenfront vorbeizog, war das übernationale Herrscherhaus Europas, dem es beschieden schien, ewig Mittelpunkt des europäischen Geschehens zu bleiben. Denn das Gefühl, daß die Welt, so wie sie war, bis in eine sehr ferne, unabsehbare Zukunft unverändert fortbestehen werde, war in jener Zeit, und besonders in England, allgemein. Uns, unseren Lehrern, mir, meiner Verwandtschaft, wäre es fast sündhaft erschienen, bei der Vorstellung zu verweilen, daß die Königin Viktoria sterben könnte.

Ich kann ziemlich genau angeben, wann und wie dieser Glaube an die Ewigkeit des britischen Weltreiches in mir den ersten Stoß bekam. Die Bedingungen, von denen seine Existenz abhing, wurden uns nicht verhehlt; im Gegenteil: ein Preis, der jährlich in der Schule für den besten Aufsatz über die englische Verfassung verteilt wurde, nötigte geradezu, auf deren Voraussetzungen zu achten und hinter der im Vordergrunde stehenden parlamentarischen Fassade den Geheimnissen der inneren Struktur Englands nachzugehen. So erschienen uns allmählich hinter dem Parlament mehr oder weniger deutlich die drei bereits genannten Faktoren, die für das Britische Reich lebenswichtig waren: sein Handel und seine Handelsmetropole London, seine Gesinnung, die des »Gentleman«, und schließlich die Krone, die das Ganze wie ein Eckstein zusammenhielt. Wenn einer dieser drei Faktoren erschüttert oder vernichtet und nicht sofort durch gleichwertiges Material ersetzt wurde, mußte der ganze Bau einstürzen. Ob viele von uns Jungen bis zu diesem Schluß vordrangen, ist vielleicht zweifelhaft. Auch ich wäre wohl kaum auf die Möglichkeit gekommen, daß die eine oder andere dieser Positionen ernsthaft bedroht werden könnte, wenn nicht das Verhalten und Schicksal eines kleinen Mitschülers, mit dem ich zeitweise befreundet war, das Prekäre der Gentlemansgesinnung mir enthüllt hätte.

Der Junge eignete sich nicht, wie sich bald herausstellte, zum Gentleman. Er ließ sich durch kein Mittel in diese Form pressen. Weder Güte noch die Peitsche halfen. Da ich nicht weiß, ob er noch lebt, will ich ihn »Pat« nennen. Er hatte grüne Katzenaugen, rotes Haar, eine unangenehme schrille Knabenstimme, war dreizehn bis vierzehn und durch und durch ein Rebell. Obgleich er sein Gesicht und die hübschen, fast mädchenhaften Hände immer tadellos sauber hielt, gab er sich im übrigen aggressiv unsauber und unordentlich. Er log mit Genuß, um zu provozieren. Wenn er dann gepeitscht wurde, log er noch schamloser. Obwohl er kräftig und bei Unternehmungen, die ihm gefielen, tollkühn war, ein langer, schlanker, flinker Junge, haßte er den Sport oder tat so, um die Lehrer zu ärgern. Gegen die Grundsätze und Konventionen, die den Gentleman ausmachen, spie er Gift und Galle. Das meiste, was man von ihm erlebte, waren Wutausbrüche; aber dazwischen blitzten dann und wann Dolchstöße. So: »daß er nur gelegentlich löge, die Lehrer aber immer«, oder: »daß sie schlimmer als Mörder seien, weil sie die Seele totpeitschten«, oder: »daß das einzige Echte an einem vollendeten Gentleman sein Bankkonto sei«. Zu Kameraden, die ihm freundlich entgegenkamen, war er zartfühlend, ja weich; sein einziger Haß galt dem »Gentleman«, in den er sich um keinen Preis verwandeln lassen wollte. Er kniff ein paarmal aus, wurde aber wieder eingebracht, gepeitscht und eingesperrt. Sein Körper, dessen Haut sehr weiß war, war immer bedeckt mit Striemen. Wir nannten ihn »Stars and Stripes«, wie das amerikanische Sternenbanner, weil beim Baden sein Rücken und seine Mittelpositur immer die verschiedenartigsten Streifen und Flecken aufwiesen. Aber allmählich bildete sich um ihn wie um einen Aussätzigen eine Leere, die nicht einmal durch Neckereien oder Faustschläge überbrückt wurde. Er war, wie Shelley sich als Schüler mit einer ähnlichen Gesinnung in Eton schildert:

»I feared not those who railed, nor did I hate
Mine equals, but was lone, untameable;
Like some wild beast that cannot find its mate:
A solitary gazelle
Which in the desert wilderness doth dwell
Secure in its own swiftness.« *

Schließlich ließ er sich, wahrscheinlich nur, um etwas für einen Gentleman Unmögliches zu tun, mit einem Dienstmädchen ein, das ihn erpreßte. Lange Zeit wurden unter irgendwelchen erlogenen Vorwänden aus seinem Taschengeld wöchentlich zwei Schilling und sechs Pence an sie abgeführt. Dann aber platzte die Bombe, und er

* »Ich fürchtete nicht die mich beschimpften, noch haßte ich
Meine Kameraden; doch war ich abseits, unbezähmbar
Wie ein Wild, das seine Gefährtin nicht finden kann,
Eine Gazelle,
Die fern von der Herde in der Wüste haust,
Gefeit durch ihre Flinkheit.«

benutzte das, um einen neuen Haufen Lügen aufzutürmen. Ich sehe ihn am kritischen Tage mit seinem weißen, vor Sommersprossen bunten Gesicht neben mir am Mittagstisch. Nach dem Tischgebet, als wir uns gesetzt hatten, rief Mr. Kynnersley: »Halt! Herhören! Ich habe zu meinem Schmerz erfahren, daß nicht alle Jungen hier die Wahrheit sagen. Pat... stehen Sie auf! Ich habe festgestellt, daß Sie eine Laufbahn der Lüge und Schande hinter sich haben. Ich habe an Ihren Vater geschrieben und ihn gebeten, herzukommen. Einen solchen Jungen kann ich unter uns nicht dulden. Selbstverständlich werden Sie gepeitscht; doch das wird nicht Ihre schlimmste Strafe sein. Thomson und Olliver (der Schulprimus und der Zweite), bringen Sie Pat auf mein Zimmer.« Nachdem er dort ein letztes Mal gepeitscht worden war, wurde er eingesperrt und am nächsten Tage, ohne daß er sich verabschieden durfte, fortgebracht. Ich habe ihn erst nach mehr als zehn Jahren wiedergesehen. Seinen Worten entnahm ich, daß er sich bald nach seinem Ausschluß aus der Schule von zu Hause fortgeschlichen und als Schiffsjunge verheuert hatte. Seitdem schien er überall in der Welt herumgekommen. Aber sein ganzer Haß galt nach wie vor dem »Gentleman«, den er als die verlogenste, bösartigste, scheinheiligste, unmenschlichste Menschenart bezeichnete. »God damn those bloody impostors!« wiederholte er und spuckte aus.

Ich habe heftig gegen Pat gestritten in Ascot. Den Cant, die Scheinheiligkeit, Härte, Habsucht zugegeben, aber ihm Namen zugeworfen, eindrucksvolle Figuren, Essex, Drake, Cromwell, Clive, Warren Hastings, die beiden Pitt, alles große Gentlemen im Guten wie im Bösen; Macaulay mußte herhalten. Mich wenigstens überzeugte ich. Pat blieb bei seinem Wutschrei: »Sie werden mir die Seele aus dem Leibe peitschen.«

Einen Eideshelfer hat er jetzt in Winston Churchill erhalten, der, mit kaum geringerer Einseitigkeit als er, in seinen Jugenderinnerungen (›My Early Life‹) den Stab über Ascot bricht; ja, Mr. Kynnersley sadistischer Gelüste verdächtigt wegen des Übermaßes an blutigen Züchtigungen, die er eigenhändig verabfolgte. Empörend waren die Peitschungen kleiner, oft zarter Knaben; aber sonderbarerweise haben die meisten Jungen sie nicht so empfunden, und Mr. Kynnersley wandte nur das Rezept an, nach dem seit Jahrhunderten halb barbarische junge Engländer zu Gentlemen gestutzt werden. Er war rückständig – aus einer Zeit, wo Engländer wirklich noch ungebrochene Barbaren waren –, aber pervers? Wer könnte selbst durch die subtilsten Methoden das ergründen? Auf das Resultat kommt es an: ob die Jungen bloß eingestampft oder innerhalb der erzwungenen Gleichförmigkeit auf Wege zur Entwicklung im Sinne ihrer eigenen Anlagen geleitet wurden? Die Antwort scheinen mir Männer so verschiedener Richtung wie Winston Churchill selbst, Roger Fry, Basil Blackwood, Claud Schuster zu geben; bei der sehr beschränkten Anzahl der Schüler, die nie vierzig überstieg, und der Kürze seiner Wirksamkeit (er starb mit achtunddreißig Jahren) ein Beweis für seine Tüchtigkeit als Erzieher und Erwecker. Er packte uns durch unsere Phantasie, auf der er wie ein Künstler auf einer Klaviatur spielte, auf der des Einzelnen, Ausgesuchten, den er bevorzugte, und nicht weniger auf der einer Gruppe, wie der der Ältesten, Dreizehn- und Vierzehnjährigen, der obersten Schulklasse, der »First Form«, die er wie ein Rattenfänger hinter sich herzog. Sein Geheimnis war, daß er sich uns nicht als steifleinene Idealfigur, als Büste stellte, sondern als Mensch mit Fehlern und Vorzügen. Für mich muß ich bekennen, daß Mr. Kynnersley der einzige unter meinen Erziehern war, der durch seine Persönlichkeit mich wirklich geformt hat. Trotz seiner Prügelmethoden, die er übernommen hatte, war er in mancher Beziehung ein Vorläufer von Schulreformern wie Wyneken und Geheeb, ein Abenteurer auf dem Gebiet der Formung junger neuzeitlicher Menschen, geleitet und getrieben vom Drang nach Einfühlung in die Seele einzelner Jungen, der allerdings bei ihm wie bei vielen großen Erziehern seit Plato erotischen Ursprungs gewesen sein mag.

Pats Worte, die ich zu widerlegen glaubte, gingen ziemlich spurlos an mir vorüber; aber Eindruck auf mich machte sein Benehmen. Ich weiß nicht, wie ich das Mißtrauen gegen die Zukunft Englands, das er in mir wachrief, formuliert hätte. Wahrscheinlich ist es mir nur wie ein leichter Schatten auf dem glänzenden Bild bewußt geworden.

Um deutlich zu sein, muß ich es so fassen, wie es mir rückschauend heute erscheint: als die Ansicht, daß eine Weltherrschaft, die abhängig war von der fortlaufenden und ausreichenden Erzeugung eines künstlichen und höchst komplizierten Menschentyps, auf unsicheren Fundamenten ruhte. Andere große Völker, wie die Spanier und Franzosen, hatten ihre Herrschaft auf das Militär gestellt; die Engländer, mit einem nicht geringeren Willen zu Macht und Reichtum, doch im wesentlichen auf moralische Eigenschaften, nämlich die guten und schlechten, die edlen und weniger edlen des »Gentleman«. Der Gentleman war aber, wie ich sehen mußte, kein Naturgewächs, sondern das Ergebnis eines äußerst komplizierten und kunstvollen Fabrikationsprozesses. Auf den »Cortegiano« des alten Italieners Castiglione und die Römer des Plutarch als Typ zurückgehend, sehr tief in klassischer Bildung verwurzelt, durch die englischen Reformatoren und Humanisten etwas vergröbert und dem englischen Volkscharakter angepaßt, später mit einem puritanisch selbstgerechten, sturmfesten Gewissen ausgestattet, war die Marke zwar artbeständig geworden, mußte aber doch in jedem Einzelexemplar immer wieder neu aus dem Rohstoff herausgestanzt werden. Ich befand mich selber noch als Material in der Fabrik, erlebte die Herstellung von Gentlemen am laufenden Band an anderen und mir selbst. Das fertige Produkt war, wenn es glückte, Qualitätsware, das Beste vom Besten, wie die in englischen Gestüten gezüchteten und trainierten Vollblüter oder wie die Woll- und Baumwollstoffe von Lancashire. Aber Pats Revolte zeigte, daß die Fabrikation auch mißglücken konnte. Er war ein äußerster, aber kein vereinzelter Fall; das Material setzte der Bearbeitung verschieden starken, aber häufig doch beträchtlichen Widerstand entgegen. Wenn einmal eine Rohstoffschicht an die Reihe kam, von der ein großer Teil, weil zu hart oder zu weich, zu intellektuell oder zu stupide, nicht einschlug, dann konnte die Produktion hinter dem dringenden Bedarf des Weltreichs zurückbleiben. Was dann? Das Emporkommen des unteren Mittelstandes – nicht des Arbeiters, der politisch in England noch nichts bedeutete –, aber das Vordringen des Shopkeepers, des Budikers, des engen, gedrückten,

horizontlosen Spießers, der uns ungeeignet als Material für Gentlemen erschien, empfand ich als Bedrohung von Englands Weltstellung.
Pat war, obwohl er selbst nicht aus diesen Kreisen stammte, ein Beispiel, an dem man sah, was aus ungeeignetem Material werden konnte. Seine Erscheinung erschütterte eine kurze Zeit meinen Glauben an den unabsehbaren Bestand der englischen Macht. Doch bald erkannte ich, daß trotz der Gefahr, daß das Material versagen oder die Erzieher ihre Kunstfertigkeit verlieren könnten, das festeste Fundament für ein Reich, ja, das einzige, das Dauer verbürgt, nicht materielle Macht, sondern der Mensch ist, der Mensch, den es für seine Zwecke geformt und gehärtet hat und der es wiederum von sich aus formt und durch seinen Charakter härtet. Daß aber auch Elemente wie Pat, die sich nicht beugen oder anpassen lassen, zur Erneuerung und Gesundheit eines Volkes nötig sind. Denn England wäre ohne beide Arten, ohne Gentlemen und Rebellen, nie England und nie Weltreich geworden.

2

In ihrer Nummer vom 29. Juli 1882 meldete die ›St. George's Gazette‹: »Graf H. Kessler siedelt zum nächsten Semester auf das Gymnasium in Baden-Baden über, um sich für den deutschen diplomatischen Dienst vorzubereiten.« In Wirklichkeit kam ich zu Michaelis 1882 nach Hamburg aufs Johanneum.
Mein Vater brachte mich hin. Unterwegs machten wir in Bremen halt, wo uns Herr Lorenz, ein Freund meines Vaters und stadtberühmtes Original, den Roland und die schöne alte Stadt zeigte. Herr Lorenz glich niemandem unter meinen bisherigen Bekannten. Er roch nach Bürgerlichkeit und altem Burgunder. Seine Nase, ein fleischiger, nicht unedler Vorsprung, leuchtete so rot, daß sie sein übriges Bild überstrahlte und nur sie mir deutlich vor Augen geblieben ist, während alles andere, ihre vermutlichen Anhängsel, ihr Bauch, ihr festzugeknöpfter Gehrock, ihre kurzen Röllchen, die immerfort nach vorn fielen und ärgerlich zurückgeschleudert wurden, schatten-

haft, wie Nachtvögel um einen Leuchtturm, um diese Nase herumschweben. Herr Lorenz war meine erste Begegnung mit dem Typ des deutschen Bildungsphilisters; er stand wie eine Portalfigur vor der Welt, in die ich eingeführt werden sollte. Im Nebenamt war er Dichter und beanspruchte, daß man ihn als solchen ehre. »Ehret eure deutschen Meister«, zitierte er aus den ›Meistersingern‹. Überhaupt schwärmte er für Wagner und alles Heldische, zum Beispiel Bismarck und »unsern Heldenkaiser«, die er offenbar nicht kannte, aber wie Öldrucke in der guten Stube seiner Seele aufgehängt hatte. Vom Kaiser, diesem liebenswürdigen, heiteren, echt menschlichen Grandseigneur, meinte er, er sollte allen ein Beispiel sein wegen seiner Strammheit. Er sah in ihm nur einen idealen alten Unteroffizier. Von Bismarck, er sei nach Siebzig zu weich geworden; er hätte es Europa »zeigen sollen«. Ich staunte. Vor dem ›Roland‹ hielt er uns einen Vortrag über seine »Weltanschauung«, ein Wort, das ich zum erstenmal hörte. Am meisten schwoll ihm der Busen im Stolz auf seine Bildung (»Büldung«, sprach er), die er durch Zitate aus seinen Dichtungen belegte. Er deklamierte diese in einem tiefen Baß, der übrigens wohllautend, nur leicht mit Alkohol belegt war. Wenn ihm auf der Straße eine Stelle von besonderer Erhabenheit aus seinen Dichtungen aufstieß, blieb er auch mitten auf dem Fahrdamm stehen, packte mich an der Schulter und schrie mich mit hervorquellenden Augen an: »Das mußt du dir merken, mein Junge, so etwas steht nicht in eurem Goethe!« Wir aßen im Ratskeller, wohin mein Vater noch einige Bekannte bestellt hatte. Leider waren solche darunter, die Herrn Lorenz nach seiner Ansicht nicht genügend als Dichter anerkannten, weshalb er Wert darauf legte, die Gelegenheit nicht vorbeizulassen, sie zu bekehren. Er begann daher schon zu den Austern aus seinen Werken vorzutragen, eine Stelle, die auf Austern Bezug hatte; und als das Gespräch trotzdem weiterging, bat er barsch um »Ruhe!« Umsonst! Und so stand er auf, winkte mit einer theatralischen Gebärde den Kellnern, die gerade das Zwischengericht hereintrugen, ab, verbat sich diese Respektlosigkeit und schrie, als noch immer keine Ruhe eintrat: »Wenn ihr schon einen deutschen Dichter nicht anhören wollt, so hört wenigstens einen Römer!« und schickte sich an, Horazens Ode an Mäzen vorzutragen. Einige Herren riefen: »Setzen Sie sich, Lorenz, wir sind hier nicht auf der Schule, Schluß, Schluß!« Da griff er nach hinten, faßte einen leerstehenden Stuhl, schwang ihn hoch und brüllte: »Wenn ihr die Dichterfürsten nicht in Güte anhören wollt, so werde ich euch Kultur mit Gewalt beibringen. Jeder, der jetzt noch ein Wort sagt, dem schlage ich den Schädel ein!« Worauf er, den Stuhl hochreckend, meinem Vater zugewandt, loslegte: »Maecenas atavis edite regibus...« Mein Vater, der viel Humor und gute Nerven hatte, versuchte, halb verstimmt und halb lachend (»Aber, aber, Lorenz!«) der absurden Huldigung ein Ende zu machen; die andern schwiegen jetzt, teils weil Lorenz für »etwas überspannt« galt und bereits einmal einen Gegner mit einem Stuhlbein überzeugt hatte, teils weil er als halber Narr und lustige Figur ganz beliebt war. Man hörte ihn daher bis zu Ende an, und auch noch eine Übersetzung der Ode und dazu einige ironische Bemerkungen über Bremer Stadtmäzene. Nur hatte die Sache für mich und meinen Vater ein bitteres Nachspiel; unser Zug nach Hamburg ging, und so mußten wir wegen Herrn Lorenz, ohne gegessen zu haben, hungrig weiterreisen.

Am 17. September spät trafen wir in Hamburg ein. Am nächsten Morgen lag die Alster spiegelnd und glitzernd in der Frühsonne vor den Fenstern des ›Hotel de l'Europe‹. Hamburg, wo ich seit meinem zweiten Lebensjahr nicht mehr gewesen war, war mir völlig fremd. Es bedeutete für mich nichts als ein Wort, mit dem sich nur einige unzusammenhängende Vorstellungen verbanden, wie: daß es die Heimat meines Vaters war, daß auch unsere Marie, die ich innig liebte, aus der Nähe stammte, daß dort ein eigenartiges, vom korrekten abweichendes Deutsch gesprochen wurde und daß Menschen und Dinge in Hamburg alle blitzblank, gediegen und ohne Geschmack seien, weshalb Hamburgerinnen, wenn sie nach Paris kamen, meist etwas steif und gestriegelt aussahen. Und nun lagen lachend in der Morgensonne Binnen- und Außenalster da, von bunten Gärten und Baumgruppen umsäumt und von vielen weißen Segeln und kleinen Dampfern belebt; und alles war zwar blitzblank, aber auch schön und anheimelnd und in keiner Hinsicht provinziell oder komisch. Und als wir ausgingen, stand plötzlich der Petriturm vor uns mit seinem himmelstürmenden spitzen grünen Kupferdach, der eindrucksvollste Turm der Welt, und die Sprache der Menschen auf der Straße war die unserer Marie und mir deshalb sofort vertraut und sympathisch, so daß ich mir das mühsam eingeübte »scht« gleich wieder abgewöhnte. Ich verliebte mich in Hamburg auf den ersten Blick und damit in Deutschland. Ich habe mich nur einmal wieder so in eine Stadt verliebt, in Berlin nach dem Kriege, als ich es in seiner tiefsten Not um Brot und Licht ringen sah. Ich ahnte an diesem schönen Septembermorgen nicht, daß noch ein schwerer Kampf bevorstand zwischen dieser neuen Liebe und der mitgebrachten Anhänglichkeit an England. Vorläufig hing mir der Himmel dieser lichten und weiten Stadt voller Zukunft und Glück.

Im Laufe des Tages lernte ich eine große Zahl von Verwandten kennen, darunter junge Vettern, die lustig schienen, und hübsche, elegante und fröhliche Kusinen. Die beiden Schwestern meines Vaters, zwei reine und zarte Menschen, hatten Hamburger Kaufleute geheiratet. Die eine, meine Tante Lulu Meyer, lebte in wenig glücklicher Ehe mit einem um zwanzig Jahre älteren Mann, der sein Vermögen in Mexiko gemacht und später in Hamburg halb verspekuliert hatte. Sie bewahrte mit fünfzig Jahren Reste einer durch Enttäuschungen und Trauer rührend gewordenen Schönheit. Ihr dunkelblondes Haar trug sie nach der Mode der sechziger Jahre in großen Wellen, die halb die Ohren bedeckten; nachdem sie ihren Wagen hatte aufgeben müssen, fuhr sie in Abendtoilette auf der Pferdebahn und hat mich jahrelang von ihrem knappen Taschengeld mindestens einmal die Woche in eine Konditorei oder in die Oper geladen. Denn sie vergötterte meinen Vater, der um einige Jahre jünger war, und hatte einen heißgeliebten einzigen Sohn im Knabenalter verloren, den ich ihr in einer mystischen Weise ersetzte. Die andere, meine Tante Guste Kempff, war mit dem Begründer und Leiter einer der damals zahlreich aus dem Boden schießenden chemischen Unternehmungen verheiratet, der den neuen Typ des Unternehmers, der zugleich Forscher und Kaufmann war, darstellte, wie ihn später Emil Rathenau und Robert Bosch in größtem Ausmaß zur Blüte brachten. Sie sah in ihrem Hause, da sie sehr musikalisch war, die besten Musiker und Künstler, wie Hans von

Bülow, Rosa Sucher, Gura, und hat mich die deutsche Musik kennen und lieben gelehrt. Ihr Abgott war Brahms, den sie neben Beethoven stellte. Die Familie schien sich mit Vettern und Kusinen, Schwägern und Schwägerinnen uferlos auszudehnen. In ihr gab es Reiche und Arme, Glänzende und Bescheidene, Adlige und Bürgerliche, diese als Hamburger auf die Adligen etwas herabsehend. Von den Kusinen waren die hübschesten die Busses, die lustigsten die Haspergs. Durch die Haspergs waren wir entfernt vervettert oder verschwägert mit den Jenisch, was ich bald unangenehm zu verspüren bekam, weil die Tante des späteren Reichskanzlers Bülow, dessen Mutter eine Jenisch war, als »Affenjenisch« eine stadtbekannte Figur, ja, es ließ sich nicht verbergen, eine Art von Ungeheuer war. Die kleine schwächliche Person hatte einen mächtigen Kopf, der wie der eines Gorillas gebildet war; ein erschreckend gewaltiges Kinn stieß unter einem noch furchtbareren Mund vor, hinter dem die platte Nase und die kleine, flüchtige Stirn wie hinter einem bösartigen roten Gewächs verschwanden. Verschleiert huschte das arme ängstliche Geschöpf durch die Straßen; aber das ungeschlachte Kinn drängte sich durch jeden Schleier durch. Mit »Tante Affenjenisch« wurde ich trotz Leugnens jeder näheren Verwandtschaft und heftiger Proteste gegen die rohe Verspottung einer Unglücklichen auf der Schule nach dummer Jungen Art geneckt; und hieran knüpfte sich meine erste Erfahrung von dem Unterschied zwischen englischem und deutschem Schülerkomment. Einen großen, besonders frechen Burschen forderte ich zum Boxkampf. Da ich in Ascot im Boxen ausgebildet war, hatte ich ihn bald mit einem Kinnhaken knock out. Als er sich mühsam und halb betäubt wieder aufrichtete, ging ich auf ihn zu und wollte ihm die Hand reichen; er aber drehte mir den Rücken, nicht ohne vorher ausgespuckt zu haben, und die anderen Jungen lachten mich wegen meiner schlecht angebrachten Ritterlichkeit aus. Worauf ich weniger gentlemanlike, aber besser hamburgisch den noch immer unsicher torkelnden Flegel an den Schultern packte, umdrehte, mit einer Ohrfeige und einem zweiten Kinnhaken fertigmachte und siegreich das Feld verließ. Von Affenjenisch habe ich auf der Schule nichts mehr gehört.

Beim Pastor Blümer vom Hamburger Waisenhaus kam ich in eine

für den gebildeten deutschen Mittelstand typische Familie in Pension. Die Pastorin war im Gegensatz zu der damenhaft auftretenden und gesellschaftlich regen Mrs. Kynnersley kaum außerhalb von Küche und Nähstube zu merken. Sie hatte müdes, glanzloses Haar, das sie in einem Zopf hochgesteckt trug, und Hände, die von harter Arbeit zerschlissen waren. Sie war fleißig und geduldig, aber als Frau reizlos und wurde von der übrigen Familie kaum beachtet. Sie hatte fünf Kinder, drei Jungen und zwei Mädchen, die beiden älteren Knaben etwa in meinem Alter, die Mädchen etwas jünger. Ich lebte jahrelang mit diesen jungen Menschen wie mit Brüdern und Schwestern ziemlich einträchtig, aber ohne näheren Kontakt, außer mit dem ältesten, Robert, der zart und schlank war und mit sechzehn Jahren auf einer Segelreise nach den Philippinen an der Schwindsucht starb.
Der Pastor selbst flößte schon durch seinen vierschrötigen Körperbau und seine tiefe pastorale Stimme Respekt ein. Er war in der Tat ein vorzüglicher Mann, der nur nichts von einem Erzieher hatte. Seine Tätigkeit erschöpfte sich in Verboten. Er verbot und verbot immer wieder und hielt bei Gelegenheit Strafpredigten, die aber wirkungslos blieben, weil ihm der Zugang zum jugendlichen Herzen fehlte. Er hatte offenbar keine Phantasie und behandelte daher Knaben und Erwachsene gleich, so wie er es im theologischen Seminar gelernt hatte, nach bestimmten Schablonen. Am ersten Morgen lud er mich in sein Studierzimmer, duzte mich und hielt mir einen Vortrag über meine Pflichten als Schüler und Haussohn. Eine Wand richtete sich zwischen uns auf; ich fühlte zum erstenmal, daß ich jung und er alt war, und das Duzen, das ich aus England nicht gewohnt war, erschien mir von ihm zu mir wie eine sinnlose Kränkung. Dieses Gefühl, daß er in einem mittleren, gesetzten und fremden Alter stehe, bin ich nie wieder losgeworden. Es schien unvorstellbar, daß er, wie Mr. Kynnersley, laufen, mit uns spielen, als Kamerad verkehren könnte. Ich habe ihn, glaube ich, nie anders als im Talar oder schwarzen Rock gesehen, außer wenn er im weißen Frisiermantel sich beim Friseur in seinem kurzen, roten graumelierten Seemannsbart die Lippe ausrasieren ließ. Dabei war er mir gegenüber, wie ich bald bemerkte, unsicher; ich muß ihm viel Kopfzerbrechen bereitet haben,

schon weil er Lutheraner und ich reformiert war. Denn er war streng orthodox, bekam einen roten Kopf, wenn er von den »schwarzen Schafen«, den liberalen Pastoren, sprach, und trug sonntags in der weißgetünchten Waisenhauskapelle ein evangelisches Christentum vor, das nur noch eine Mumie war und bald für mich einen Anstaltsgeruch nach Karbol und grüner Seife annahm. Im übrigen überließ er uns, wenn wir nur die Hausordnung nicht störten, uns selbst; so daß wir sozusagen »wild« aufwuchsen und Dinge hinter seinem Rücken vor sich gingen, über die ihm die Haare zu Berge gestanden wären. Seine stärkste Belastung als Erzieher, soweit er mich erziehen sollte, war, daß ich um nichts in der Welt so wie er werden wollte.

Sehr sonderbar war dic Rolle der »Bildung« im Blümerschen Haus. Wenn von jemand gesagt wurde, er sei »ungebildet«, so war das so, wie wenn es in England hieß, jemand sei »kein Gentleman«, es gab nichts Geringschätzigeres. Der Kult der Bildung hatte etwas Mystisches! Auch insofern, als sein eigentlicher Gegenstand nicht zu fassen war und kaum je aus einem allgemeinen Nebel hervortrat. Wir wußten nur, daß das Ziel unserer Schulung war, uns zu »gebildeten Menschen« zu machen, und die Pflicht uns daher auferlegt war, mit rastlosem Fleiß uns Tag und Nacht zu bilden. Was aber der Inhalt oder gar der Zweck dieser so heftig umworbenen »Bildung«, dieses verschleierten Götterbildes, war, blieb unklar. Zum Beispiel erinnere ich mich eines Streites, der mich betraf, ob Hebräisch für den wirklich gebildeten Menschen unentbehrlich sei? Geschmack, das heißt ein durchgebildetes Gefühl für Formen und Farben, gehörte bestimmt nicht zur »Bildung«. Das Blümersche Haus, das ein Spiegelbild der Kultur des Hamburger gebildeten Mittelstandes war, nahm auf das Auge kaum die primitivsten Rücksichten. Wohnungseinrichtungen waren zu jener Zeit mit wenigen Ausnahmen überall muffig und schwer. Im Herzen trug ich das Haus meiner Großmutter in London; sie hatte alte, schöne, einfache Sheraton- und Adam-Möbel, unter anderem eine Salongarnitur aus Rosenholz, die Angelica Kauffmann, Goethes Freundin, mit Amoretten, himmelblauen »Liebesschleifen« und bunten Frühlingsblumen geschmückt hatte; dazu helle, weiche Stoffe, die zart auf das Rosenholz und Angelicas Phantasien abgestimmt waren. Bei Blümers war die gute Stube schwarz, und der Möbelbezug, da die Plüschzeit erst noch bevorstand, Rips, ein harter Wollstoff, der kaffeebraun gefärbt war. Die Tapeten, auf denen über dem Familiensofa Photographien von Verwandten schwarzgerahmt und die Sixtinische Madonna in Stahlstich hingen, waren ebenfalls kaffeebraun; und selbst die Spitzenvorhänge wurden nach jeder großen Wäsche mit Kaffee leicht getönt.

Und so wenig wie die Verfeinerung der Sinne war die Durchbildung des Körpers ein Teil der »allgemeinen Bildung«. Der Sport, selbst der Wassersport auf der Alster, Segeln, Schwimmen, Schlittschuhlaufen, steckte in den Kinderschuhen und wurde von den erwachsenen Gebildeten als Spielerei und Zeitverlust abgetan. Nur das Turnen genoß wegen Turnvater Jahn ein offizielles Ansehen, so daß es sogar in den Schulkursus aufgenommen war, allerdings wie ein armer Vetter bei reichen Verwandten. Wir turnten im Straßenanzug mit Kragen, und der Turnlehrer war in unsern Augen ein sehr unbedeutender Pauker.

Bildung war aber auch nicht Charakterbildung oder gar wie in England die innere und äußere Formung eines Menschen im Hinblick auf einen Zweck, das heißt zum selbständigen Träger politischer und nationaler Ziele. Die deutsche »Bildung« war im Prinzip »allgemein« und sollte auf alles vorbereiten; der deutsche Gebildete glich einem Gegenstand, der tausend verschiedenen und auch entgegengesetzten Zwecken dienen kann; ihm fehlte die harte und schöne Linie des einem Zweck vollendet angepaßten Organs.

Und trotzdem war Bildung nicht mehr wie zur Zeit Herders und Goethes die Erziehung zu einer allgemeinen Aufgeschlossenheit der Seele sowohl nach ihrer Geistes- wie auch nach ihrer Gefühlsseite, eine bewußt äußere Zwecke außer acht lassende innere Verklärung und Vervollkommnung des Menschen. Zwecke, sogar materielle, hatten sich eingeschlichen, ohne mit dem älteren humanistischen Ideal zu verschmelzen; im Gegensatz zu England, wo der Wille zur politischen und kommerziellen Macht mit antiker Humanität und der weltmännischen Sicherheit des Renaissancemenschen eine Legierung von unerhörter Härte, Zähigkeit und Glätte eingegangen war. Bei uns gab es kein allgemein gültiges Vorbild wie den englischen Gentleman, sondern jeder mußte, so gut er konnte, in sich die Elemente des neudeutschen Menschen zusammenschmieden. Den meisten mißlang das; sie blieben mit ihren Widersprüchen eine formlose Masse, über der die wenigen, die sich zu einer Persönlichkeit durchrangen, ohne innere Verbundenheit schwebten. Daher der erstaunliche Haß oder schlimmer noch die Gleichgültigkeit von großen deutschen Geistesaristokraten, wie Schopenhauer und Nietzsche, gegen die Menge. Deutschland besaß in den siebziger und achtziger Jahren eine Geistesaristokratie, wie England eine politische; nur daß die englische Aristokratie sich das Volk hörig gemacht hatte, während die deutsche sogar dem gebildeten Mittelstand fremd gegenüberstand. Denn gerade diesen hatten die neuen materiellen Ziele verwirrt und unsicher gemacht; wozu noch Umstände hinzukamen, über die noch zu reden sein wird, die ihm von der Politik her die Knochen weich machten.

In dieser Hinsicht war Pastor Blümer typisch. Er ging jeder Auseinandersetzung mit Gesichtspunkten, die ihm nicht schon auf dem Seminar beigebracht worden waren, aus dem Wege; er tat das mit Ruhe, salbungsvoll, konsequent, unterirdisch maulwurfartig sich von Problemen forttastend, mit einem Fingerspitzengefühl für jede auch nur entfernte geistige Gefahr. So hatte er sich überzeugt, daß die deutsche Literatur seit Goethe nichts von Wert hervorgebracht habe, und fühlte sich schon Goethe gegenüber unsicher. Als ich, ohne ihn zu fragen, von meinem Taschengeld Goethes Werke kaufte, wurde ich getadelt, weil allerhand dort stehe, was für einen jungen Menschen nichts tauge. Goethe in fünfzehn oder zwanzig Bänden kam beim Pastor vorläufig in Verwahrung. Sein Lieblingsbuch, das auf dem Schreibtisch neben Luthers Tischgesprächen lag, waren die ›Palmblätter‹, eine Auswahl geistlicher Gedichte vom württembergischen Generalsuperintendenten Gerok. Wie das Blümersche Christentum mit Karbolgeruch, so sind diese beiden Werke für mich seitdem mit kaltem Tabaksqualm behaftet, weil der Pastor, wenn er mit mir sprach, unermüdlich an einer glimmenden Zigarre sog und die Linke auf diese beiden Bücher stützte, die ihm das Gefühl einer inneren Sicherheit gaben. Bei der Auseinandersetzung über Goethe führte er aus: Wenn ich mich schöngeistig bilden und auf den deutschen Aufsatz vorbereiten wolle, so empfehle er mir, statt Goethe, *diese* beiden Werke, dazu Schillers ›Abfall der Niederlande‹ und als Lyrik, für eventuelle Zitate, Theodor Körner. Die Tagesliteratur verfolgte er ohne größeres Risiko in der Familienzeitschrift ›Daheim‹. Ich kann mich nicht entsinnen, daß ich je von ihm die Namen von Novalis, Brentano, Hölderlin oder die von Stifter, Hebbel, Büchner, Gottfried Keller gehört hätte. Vielleicht war das gut; denn ich durfte so die wunderbare Blüte deutscher Dichtkunst, die das neunzehnte Jahrhundert verklärte, wie einen geheimen Zaubergarten, mit tiefem Entzücken allein entdecken.

Nämlich langsam drang doch etwas von dem freien, großen Menschentum Goethes und der deutschen Romantik durch die bürgerliche und pastorale Vernebelung durch. Und noch in dieser Unvollständigkeit ergriff es und berauschte mich. Ich verdanke ihm, daß in dem schweren Kampfe, der zwischen meiner englischen Prägung und meinem deutschen Blut jetzt entbrannte, das Deutschtum siegte. Jedes deutsche Wort wurde mir in seiner Schönheit und Innigkeit, seinem Klang und Duft heilig. Mein Verhältnis zur deutschen Sprache nahm in dieser Heimlichkeit die Tiefe eines das Innerste aufwühlenden Liebesabenteuers an. Ich versuchte Verse zu machen, in denen die Wörter wie Edelsteine glänzen und aneinander, wie in einem Schmuck, sich entzünden sollten. Die Gesänge der Engel, die Fausts Unsterbliches entführen, und gewisse Gedichte von Goethe und Hölderlin sprach ich mir, sie mit den Lippen und dem Ohr abtastend, von ihrer Farbe und Musik überwältigt, immer wieder vor. Vielleicht lag es an den Jahren in der Fremde, daß die deutsche Sprache für mich lange etwas von einem vor plumpen Zugriffen zu hütenden Schatz behielt.

Jener Kampf wurde eigentlich erst durch die Schule entfesselt, weil ich hier bei den Lehrern einen Geist kennenlernte, der vom englischen nicht bloß verschieden, sondern ihm in vielem und wesentlichem diamentral entgegengesetzt war und mich zum Rebellieren reizte. Der erste Punkt war die Einstellung zur Arbeit. Das Johanneum, die alte Gelehrtenschule, vom Reformator Johannes Bugenhagen gegründet, war eine der berühmtesten und stolzesten in Deutschland. Der Lehrstoff, Griechisch, Latein, Deutsch, Mathematik und Geschichte, wurde zwar trocken, aber gründlich durchgenommen. Die Anforderungen an die Schüler waren außerordentlich. Wir blickten auf das andere Hamburger Gymnasium und die der Nachbarstädte als auf etwas windige und zweitklassige Anstalten herab. Wenn einer auf dem Johanneum nicht mitkam, verschwand er dorthin und galt, wie es hieß, in Altona oder Lüneburg immer noch als ein ganz guter Schüler. Eigentlich wurden von uns nur Schulpforta und Meißen als ebenso gelehrt und gründlich anerkannt. Ich verdanke dem Johanneum eine sichere Grundierung auf allen Gebieten, die sein Lehrplan umfaßte; und das ist, wie ich oft erkennen mußte, recht viel. Ich kann auch nicht sagen, daß mich dieser gelehrte Unterricht abgestoßen hätte; im Gegenteil, die Vertiefung meiner Kenntnisse in Griechisch und Latein machte mir Freude; was allerdings seinen Grund darin hatte, daß ich beide, wenn auch mit sehr oberflächlicher Kenntnis der Grammatik, doch fließend, wie lebende Sprachen las und das Eindringen in ihre grammatische Struktur das Lesen erleichterte, während meine Mitschüler meistens in der Grammatik steckenblieben und nie durch sie zum Genuß des Lesens durchdrangen. Sie waren in der Lage von Kindern, denen die Kindergärtnerin in der Fibel nur die Buchstaben, aber nicht die Wörter zeigen würde; den Lehrern genügte es, wenn sie den Schülern in Latein und Griechisch sozusagen das Buchstabieren beibrachten, der Geist stand nicht bei ihnen im Programm, während in England vom Geist ausgegangen wurde, mochte die Grammatik darüber auch ein wenig zu kurz kommen. Und hieran entzündete sich der Konflikt. Denn diese Methode verriet ein Geheimnis; wir sollten eigentlich gar nicht Griechisch oder Latein lernen, sondern Arbeiten. Arbeiten um seiner selbst willen; man wollte uns abrichten zu Arbeitstieren. Vom Ideal des humanen, die ganze Menschheit und ihre Kultur in Kopf und Herz tragenden Menschen, das die Goethezeit entflammt hatte, war nur der ungeheure Fleiß übriggeblieben, der nötig war, um den unermeßlichen Stoff aufzunehmen. Und dieser Fleiß hatte sich selbständig gemacht, wie eine Art von satanischer Majestät den Thron des alten humanen Ideals usurpiert, um den Herren der neuen Zeit die für die Mechanisierung der Wirtschaft benötigten unermüdlichen und selbstzufriedenen Sklaven zu liefern. »Deutsch sein heißt eine Sache um ihrer selbst willen tun«, war das Schlagwort. Ich aber wollte nicht in diesem Sinne deutsch sein. Ich wollte wissen, wozu der Schweiß? Und leistete erbittert und verbissen passiven Widerstand, innerlich und, soweit das anging, auch äußerlich gegen jede Arbeit, die nur meinen Fleiß erproben und üben sollte. Ich wurde ein Rebell mit dem Bewußtsein, ein selbstverständliches Menschenrecht zu verteidigen. Ich haßte und hinterging mit gutem Gewissen die Lehrer, die uns zum Büffeln um des Büffelns willen zwingen wollten.

Zur Vergiftung des Konfliktes trug der Ton bei, den gewisse Lehrer anschlugen. Ihr Verhältnis zu den Schülern war eines wie zwischen Unteroffizieren und einer immer zum Meutern bereiten Mannschaft. Mit dem einen, ich will ihn X. nennen, der uns in einem Hauptfach der Tertia und Untersekunda unterrichtete, lebten wir in offenem Krieg. Er gehörte zur jüngeren Generation, war Reserveleutnant und benutzte jede passende Gelegenheit, um in Uniform in der Klasse aufzutreten. Er schnarrte wie auf einem Kasernenhof, was nicht nur mir, sondern auch meinen Hamburger Mitschülern noch neu war. In diesem Ton kam er uns moralisch, ermahnte uns zu einem »schneidigen und ernsten Lebenswandel«, damit wir tadellos *dienen* könnten.

Dabei blieb es uns bald nicht verborgen, daß er ein ständiger Besucher gewisser Hamburger Bordelle war. Denn es gehörte zu den Eigentümlichkeiten der Stadt Hamburg, daß schon die Schuljungen mit diesen Instituten, wenigstens von außen, in einer fortlaufenden Berührung blieben. Mich und meine Kameraden, die in St. Georg oder auf der Uhlenhorst wohnten, führte unser Weg täglich zweimal durch eine Bordellgasse, aus deren mit einer roten Laterne versehenen Häusern hübsche geschminkte Mädchen winkten. Ein paarmal hatte dieser oder jener X. in ein solches Haus verschwinden sehen. Seine widerlich abgeknabberten Nägel, die durch weiße zerfledderte

Häutchen wie die eines Aussätzigen verunziert waren, brachten wir in irgendeinen Zusammenhang mit diesen Bordellbesuchen. Einmal, nach einer Kaiser-Geburtstagsfeier, wo er mit aufgesetztem Schnurrbart wieder Moral geschmettert hatte, sammelten wir Geld und statteten einen Mitschüler mit dem Nötigen aus, damit er X. im Bordell überrasche. Unser Beauftragter war ein stämmiger hübscher Bursche mit einem dichten dunklen Haarschopf, der, weil er zur See wollte und ein Boot hatte, bei uns der »Maat« hieß. Er hielt sich auf der Straße, die wir alle gut kannten, im Festtrubel verborgen, bis X., jetzt in Zivil, in ein Haus schlüpfte. Eine Viertelstunde später trat der »Maat« als fünfzehnjähriger Don Juan in den Salon, wo X. in den Armen eines nur mit einem Hemd bekleideten jungen Wesens lag. Dem sprachlosen X. sagte der »Maat«, wie er der Klasse berichtete, bloß: »Aber bitte, Herr Doktor, lassen Sie sich nicht stören, ich wollte mir auch nur ein Mädchen suchen«, und verschwand sofort mit einer andern jungen Dame in die obere Etage.

Tragischer endete ein Konflikt für einen anderen Schüler. Dieser hieß Rodewald, war ein stiller, fleißiger Junge, aber für Mathematik unbegabt. Der Mathematiklehrer K., ein schwerer großer Mann mit einem schwarzen Vollbart, einer hämischen hohen Fistelstimme und viereckigen, platten Fingern und Zähnen, verfolgte Rodewald, ohne Ruhe zu geben, mit seinem Spott; jeden Tag machte er ihn vor der Klasse lächerlich. Ich verkehrte gern im Rodewaldschen Haus, weil die Mutter ihren Sohn vergötterte und auch sonst einfach und lieb war. Sie fragte mich wiederholt, ob ihrem Jungen, der sich K.s Verfolgung sehr zu Herzen nehme und von Tag zu Tag deprimierter werde, nicht zu helfen sei. Ich riet zum Übergang auf ein anderes Gymnasium. Da geschah aber schon das Unglück. K. hielt Rodewald bei einer Schlägerei mit einem andern Jungen auf der Straße an und sagte ihm, jetzt werde er ihn dem Direktor melden und, da er ohnehin zu dumm sei, um zu studieren, veranlassen, daß er aus dem Gymnasium ausgeschlossen werde. Am nächsten Tag war der junge Mensch verschwunden; und vierundzwanzig Stunden später zog man ihn mit einer Kugel im Kopf aus der Elbe. Nie werde ich das Nachfolgende vergessen. Ich wurde in das Rodewaldsche Haus zitiert, ausgefragt und schließlich an den offenen Sarg geführt, in dem mein Mitschüler sehr bleich und wächsern, aber übernatürlich schön lag. Man hatte, um die Wunde zu verbergen, den Kopf ganz in Rosen gebettet, so daß das zarte, feine, kindliche Gesicht nur wie eine Maske heraussah, ein Gesicht des Todes, dessen Ebenbild ich später in dem der »jungen Selbstmörderin aus der Morgue« wiedererkannte. Wir schwuren, und die ganze Klasse hielt den Schwur, dem Lehrer K. einen unauslöschlichen Haß. Wir nannten ihn unter uns nur den »Mörder«. Nie wieder sah er ein freundliches Gesicht bei uns. Er aber wurde von Tag zu Tag scheuer.

Um gerecht zu sein, muß ich schon hier eine dritte Figur anführen, obwohl sie erst mehrere Jahre später in meinen Gesichtskreis trat: den Professor Bintz, der in Unter- und Oberprima mein Klassenlehrer wurde. Dieser war im Gegensatz zu den andern Lehrern ein wirklicher Erzieher, der einzige, der außer Kynnersley Einfluß auf mich gehabt hat. Auch er war Hauptmann, Reserveoffizier, wenn ich mich nicht irre eines Potsdamer Garderegiments, und wegen seiner Strenge gefürchtet, ein kleiner kugelrunder Mann; man nannte ihn »Napoleon«: rundes Gesicht, gerundeter Bauch, Beinchen wie Röhren, Schaftstiefel, mit denen er militärisch auftrat, ein Mann der Pflicht, die er auch für sich ernst nahm, und bekannt wegen seiner unbestechlichen Gerechtigkeit. Am Tage nach unserem Antritt in Unterprima hieß er mich in seine Wohnung kommen, stellte sich vor mich hin und sprach mich an: »Ich weiß, Sie sind der Begabteste in der Klasse, aber widerspenstig. Sie könnten *Primus* sein, aber Sie wollen sich keine Mühe geben. Das ist unanständig. Sie geben Ihren Mitschülern, die auf ihre Kenntnisse später für ihren Lebensunterhalt angewiesen sein werden, ein schlechtes Beispiel. Ich werde das nicht dulden. Wir sind hier keine Gentlemen, sondern Deutsche, die arbeiten müssen, weil wir arm sind. Sie sind gesellschaftlich bevorzugt. Ihre Eltern stehen unserem Allerhöchsten Herren nahe. Um so mehr haben Sie die Pflicht, hier für einen guten Geist zu sorgen. Ich werde gegen Sie strenger sein als gegen die anderen. Wenn Sie den Anforderungen genügen, die ich nach Ihrer Begabung an Sie stellen muß, bin ich Ihr Freund, wenn nicht, tragen Sie die Folgen. Sie können jetzt gehen. Morgen in der Klasse werde ich Sie prüfen.« Am nächsten Tag brachte er einen nicht im Schulprogramm stehenden griechischen Schriftsteller, den Satiriker Lukian, mit in die Klasse und hieß mich aus dem Stegreif den ›Zeus Tragodos‹ übersetzen. Die Klasse, die durch den Ruf von Bintzens Strenge ziemlich bedrückt war, kicherte zuerst über die tollen Einfälle Lukians etwas ängstlich, brach dann aber, als der goldelfenbeinerne Zeuskoloß des Phidias sich in die Götterversammlung eindrängt, den Vorsitz an sich reißt, aber infolge seines Gewichtes durch den Olymp durchbricht, in schallendes Gelächter aus. Bintz hatte sich die Jungen und mich erobert. Sofort legte er aber die Kandare wieder an und diktierte in der nächsten Stunde ein ausgesucht schwieriges Extemporale, in dem wir alle eine Rekordzahl von Fehlern machen mußten und infolgedessen zu einer scharfen Rüge Anlaß gaben.

Aber ich greife hier, wie schon gesagt, vier Jahre vor, von denen die beiden ersten, mein fünfzehntes und sechzehntes, äußerlich zu den flachsten meines Lebens gehören, innerlich ein fortgesetztes Ringen unruhiger, unverträglicher Kräfte waren. Durch die plötzliche Verpflanzung aus der englischen in die deutsche Erde wurde ein für Geist und Seele lebensgefährliches Experiment mit mir angestellt, und fast wäre ich daran zugrunde gegangen. Instinktiv flüchtete ich aus der gefährlichen Tiefe an die Oberfläche. Ich wurde ein abscheulicher kleiner Snob und Gernegroß, eitel, vergnügungssüchtig und selbstgefällig. Ich ließ mich in kleinbürgerlichen Kreisen als Graf feiern, folgte aufmerksam in meiner Kleidung der Mode und tanzte viel. Außerdem nahm mich Oskar Fetrás, ein damals sehr beliebter Schlagerkomponist, unter seine Fittiche; wo ein Ball war, schleppte er mich mit. In meinem ersten Frack, ganz »junger Herr«, versuchte ich zu flirten, wobei mir ältere Damen freundlich entgegenkamen. Der Höhepunkt dieser leeren Ausgelassenheit war ein Kostümball, auf dem ich, sechzehnjährig, als französicher Marquis in lachsfarbenem Atlas mit blauem Ordensband und gepuderter Perücke erschien und stürmisch als »Casanova« begrüßt wurde, ein Name, der mir dann einige Zeit blieb. Ein exotischer Maler, der ein schlechtes Porträt von meiner Mutter gemalt hatte, bat mich, ihm für ein Bild ›Venus und

Adonis‹ Modell zu stehen; und es zeugt für meine Naivität und Eitelkeit, daß ich ihm wenigstens einmal den Gefallen tat.

In dieser Zeit las ich ungeheuer viel; das erhöhte mein Selbstgefühl und rettete mich vor mir selbst. Da die deutsche Literatur mir sozusagen verheimlicht wurde, las ich hauptsächlich Griechisch und Englisch. In der Liste, die ich über meine Lektüre führte, finde ich fast die gesamte englische Literatur und von der griechischen, außer den Schulautoren Homer, Herodot, Lysias, Sophokles (diese las ich außerdem privatim ganz), vor allem Thukydides, die griechischen Lyriker, Äschylus, Aristophanes und Plato, der mich, wenn auch nur halb verstanden, entzückte. Der Ilissos und seine Ufer, die Haine, in denen Jünglinge mit Weisen über letzte Dinge sprachen, das Perikleische Athen wurden zu Teilen meiner geistigen Landschaft, in der ich mir neben Deutschland und England eine dritte Heimat gründete.

Zur Erhöhung meiner Zerfahrenheit knüpfte ich noch eine sinnlose Verbindung mit einer kleinen Nachbarin an. Sie war blond und die Tochter einer holländischen Witwe, die uns gegenüber wohnte. Der Vater war in Niederländisch-Indien wohlhabend geworden und gestorben. Die Mutter hatte seine Asche in einer Urne mitgebracht und diese, in Erwartung einer endgültigen Beisetzung auf einem holländischen Friedhof, bei sich in der guten Stube auf das Vertiko gestellt, was dem Raum etwas spießig Gespenstisches gab; namentlich da die Witwe von der Urne wie von einer Person als von »Freederik« sprach. Die Beziehung zu Mariechen fing damit an, daß sie mich in ihr Haus führte, um mir ihren Vater, das heißt die Urne zu zeigen. Dabei lernte ich die Witwe kennen, die mich zum Abendbrot dabehielt und dann häufig einlud, wobei nach Tisch meistens Pfänderspiele gespielt wurden und ich gelegentlich von Mariechen einen Kuß gewann. Sie hatte eine frische Haut, schöne, klare blaue Augen und etwas Überseeisch-Ausländisches in der Aufmachung: schottisch karierte Kleidchen, gestärkte Unterröcke, dazu weiße Strümpfe und kleine schwarze Lackschuhe. Außerdem sang sie holländische Liedchen, deren Sprache mir in ihrem Munde unwiderstehlich drollig vorkam; wenn ich mir das Lachen nicht verbeißen konnte, fing sie an zu weinen. Da die meisten meiner Kameraden »Poussagen« hatten, beschloß ich, Mariechen zu poussieren. Ich lud sie zum Schlittschuhlaufen ein und verschaffte ihr gelegentlich Einladungen, um mit ihr zu tanzen. An schönen Sommerabenden gingen wir nach dem Abendbrot in den Anlagen an der Alster spazieren, wo wir andere Pärchen trafen und begrüßten. Sie galt für das hübscheste Mädchen auf der Uhlenhorst, was mir schmeichelte; und ihr gefielen meine gesellschaftlichen Erfolge. Eigentlich empfanden wir nichts für einander, sondern beschenkten uns nur gegenseitig mit dem Gefühl, daß wir zusammen wie ein Doppelgestirn vor der Jugend der Uhlenhorst glänzten. Ihr flüchtiger Reiz bestand in einem Hauch von Exotik, den sie um sich verbreitete. Sie legte an alles den Maßstab von Niederländisch-Indien. Sie sagte, wenn wir am Wasser gingen: »In Palembang störten die Affen in unserm Garten durch ihr Schnattern den Mondschein weniger als hier das Heulen der Sirenen.« Oder: »Hier legen sich die Gärten schlafen. Bei uns leuchteten die Blumen in der Nacht und dufteten bei Vollmond stärker als am Mittag.« Oder: »Eure Sterne sind ja keine Sterne; bei uns waren sie so groß wie Leuchtkäfer.« Sie mischte in die Hamburger Ehrsamkeit einen Tropfen von tropischem Kitsch; weiter kam man in ihrem Seelchen nicht.

Viel tiefer und fruchtbarer waren meine Freundschaften, an denen ich aus dieser seichten Oberfläche wieder in mich selber hineinfand. Da war zuerst meine Kusine Nenne Hasperg, ein schönes, hochbegabtes Mädchen, das ebensogut ritt wie plauderte, eine schlanke, blonde Erscheinung. Sie war zwei bis drei Jahre älter als ich und zog mich grausam mit meiner Flatterhaftigkeit auf; sie nannte mich nie anders als den »Veilchenfresser«. Ich empfand für sie, trotz ihrer scharfen Zunge, eine große Bewunderung. Sie dichtete, und ich probte mit ihr eine Liebhaberrolle in einer ihrer Komödien. Ich meinerseits las ihr meine Gedichte und Teile aus meinen Dramen vor, die sie ganz klug kritisierte. Sie hatte mich bereits so weit, daß ich anfing, mich meiner Flachheit zu schämen; da starb sie plötzlich, achtzehnjährig, am Typhus.

Meine Schulfreunde zerfielen in zwei Arten: die, die sich hauptsächlich amüsieren wollten, von denen mir am nächsten der »Maat«

stand, und die, die sich ernsthaft mit geistigen Dingen beschäftigten. Bis zu meinem sechzehnten oder siebzehnten Jahr habe ich fast ausschließlich solche der ersten Art gehabt. Der »Maat« nahm unter ihnen insofern eine Sonderstellung ein, als er zwar äußerst leichtsinnig und verwegen war, immer eine oder mehrere Freundinnen hatte, aber doch als künftiger Matrose, der er werden wollte, sein Boot und die See mehr liebte als die Frauen – und durch die Lebhaftigkeit seiner Phantasie von fernen Meeren und Ländern im Gespräch ganze Landschaften und Seestücke aufbaute. Ich glaube, er war es hauptsächlich, der in mir die Lust zur Ferne weckte. Als ich später Conrad las, mußte ich oft an die Schilderungen des »Maats« denken. Wir unternahmen lange Segelpartien in seinem Boot oder schwammen zusammen in der Alster. Einmal zu Anfang der Sommerferien segelten wir die Elbe hinunter bis in die Nordsee und lagen die Nächte im Freien. Der Himmel war in diesen Jahren bis lange nach Sonnenuntergang rot vom Widerschein des Staubes, den der Vulkan Krakatoa bei seiner Explosion in die Luft geschleudert hatte. Es herrschte eine lang hinausgezogene Weltuntergangsdämmerung. Wir lagen und warteten auf die Sterne in einer Stimmung, in der alles möglich und erlaubt schien. Er wollte mich verführen, mit ihm nach England zu segeln; dort könnten wir uns anheuern lassen und die weite Welt sehen. Es war die Zeit meines heftigsten Widerstandes gegen die Abrichtung zum Arbeitstier. Er schilderte mir sein liederliches Leben, das ihn mit Abscheu füllte und dem er enfliehen möchte. Ich fühlte, daß mein Leben weniger liederlich, aber noch flacher sei. Während der Kahn sich im leisen Anprall der Flut wiegte und das Wasser an die Bordwand schlug, tauschten wir Geheimnisse. Ich hatte in England gute Kameraden, aber nie einen Freund gehabt; vielleicht lag das am Zufall, aber vielleicht auch an der Verschlossenheit englischer Jungen. Ich hatte das schon häufiger empfunden, daß meine kleinen deutschen Kameraden offener, naiver, natürlicher waren als die Jungen in Ascot. Jetzt lernte ich zum erstenmal Freundschaft als etwas von Kameradschaft Verschiedenes kennen. Er streckte mir die Hand hin: »Komm, Harry, komm mit; zusammen werden wir die Welt erobern. Und sauber, sauber wollen wir sein, all die Schmutzereien hinter uns zurücklassen, sauber wie unsere jungen, reinen Körper. Los, wir wollen im Meer unser altes Leben abwaschen und einen Bund schließen.« Im selben Augenblick stand er schon nackt auf dem Bootsrand und tauchte mit einem Kopfsprung unter, ich hinterher. Im Wasser, das uns sanft schaukelte, griffen wir unsere Hände und schwuren Freundschaft. Dann lagen wir die Nacht zu beiden Seiten des gerefften Segels und besprachen phantastische Zukunftpläne. In der nächsten und übernächsten Nacht wiederholten sich die romantischen Schwimmpartien und überschwenglichen Gespräche. Am dritten Tag wollten wir bei günstigem Wind fort nach England; da setzte Sturm ein, das Segel riß, und vernichtet fuhren wir zurück nach Hamburg. Aber immerhin bedeutete diese Tour einen Abschnitt in meinem Leben. Von da an trat die seichte Geselligkeit allmählich in den Hintergrund. Ich hatte ein neues Gefühl, ein wie mir schien spezifisch deutsches, die Freundschaft, kennengelernt.

Unter meinen Mitschülern waren die beiden Melchiors, Georg und sein jüngerer Bruder Karl. Georg Melchior war fast in allem das Gegenteil des »Maats«: hoch aufgeschossen, von etwas eckigen Bewegungen und gelblicher Haut, eher häßlich, aber gewissenhaft, besonnen, im Urteilen vorsichtig und von vorbildlicher Gerechtigkeit, dabei beschwingt von starkem Idealismus, der aber durch einen ungewöhnlich klaren Kopf gezügelt wurde. Ich glaube, wir kamen uns zum ersten Male näher, als ich meine Teilnahme an irgendeinem unbedachten Unternehmen damit entschuldigte, daß ich schwer nein sagen könne. Melchior erwiderte sehr ernst: »Man muß im Leben nein sagen können; wo kommt man sonst hin!« Ich weiß nicht, warum diese Selbstverständlichkeit in seinem Munde einen starken Eindruck auf mich machte, vielleicht weil ich plötzlich einen Vergleich anstellte und in mich selbst hineinsah – – Ich fühlte, daß es gut wäre, ihn zum Freund zu haben. Bald merkte ich, daß er ungewöhnlich belesen war, vor allem in der älteren deutschen Literatur, die ich kaum kannte. Das führte zu längeren Gesprächen; und über die Literatur kamen wir zu höchst persönlichen Fragen der Lebenshaltung und Weltanschauung. Er hatte vor, Rechtsanwalt zu werden, und hielt es für notwendig, seiner späteren Berufstätigkeit eine möglichst breite menschliche Unterlage in umfassenden allgemeinen Kenntnissen und vor allem in einer vertieften Kultur des Herzens und des Geistes zu schaffen. So ergab sich in ihm ein vollkommen organischer innerer Aufbau, bei dem alles seinen Platz bekam, und Inneres und Äußeres, Tiefes und Oberflächliches unter sich vernünftig und harmonisch geordnet wurden. Dem Chaos gegenüber, das ich war, stellte er ein reibungslos funktionierendes System dar. Er gab mir, was mir fehlte, einen Halt, an dem die wild in mir durcheinanderwuchernden Triebe sich sammeln und beruhigen konnten. Wir wurden Freunde, ohne daß ich den »Maat« fallen ließ, der mir in einer andern Weise unentbehrlich war, indem ich durch ihn und seine primitive Art mit der irdischeren und dunkleren Seite der Natur in Berührung blieb. Mit ihm machte ich noch einmal eine Tour auf der Niederelbe. Er nahm diesmal eine Freundin mit, ein ziemlich kesses Hamburger Hafenmädchen. Sie schlief in der winzigen Kajüte, wir auf dem Bootsdeck. Nachts badeten wir wieder wie im Vorjahre und erneuerten unsere Schwüre. Etwas Kosmisches spielte in unsere Freundschaft herein, die Sterne, Ebbe und Flut, das Meer – – – und wie ein heller Diskant zu dieser Sphärenmusik das Jauchzen unserer jungen Körper.

Unser kleiner Kreis kristallisierte sich schließlich in einem seit 1817 am Johanneum bestehenden Schülerverein, der alle acht bis vierzehn Tage im Hause des einen oder anderen Schülers zu Vortrags- und Diskussionsabenden zusammenkam. Die Jungen brachten von zu Hause ihre eigene geistige Atmosphäre mit, die sich von der, die dank den Lehrern im Johanneum herrschte, nicht unwesentlich unterschied. In diesem Hamburg der achtziger Jahre waren die führenden Männer noch Weltbürger. Bis zum Zollanschluß 1884 gehörte die große Hafenstadt nur politisch, nicht wirtschaftlich zum Deutschen Reich. Praktisch, und sogar in vielen Dingen gefühlsmäßig, waren die Beziehungen zu England, Nord- und Südamerika enger als zu Preußen. Die großen Handelshäuser und Familien hatten ihre Vertretungen und Verwandten in London, New York, Buenos Aires, selten in Berlin. Die nächste preußische Stadt, Altona, galt fast als Ausland; sie war bis 1884 durch eine Zollgrenze von Hamburg getrennt. Diese Anlehnung an die weite Welt, dieser erst vor kurzem beseitigte wirtschaftliche Abschluß vom Reich wirkten sich unvermeidlich in den Anschauungen und Gewohnheiten aus. Ehen mit Binnenländern wurden in alteingesessenen Hamburger Familien fast wie Mesalliancen angesehen. Die Grundstimmung war bei allem Stolz auf das neugegründete Deutsche Reich kosmopolitisch. Und diese Stimmung herrschte auch in unserem Verein. Dazu kamen die Traditionen der Goethezeit, in der er gegründet war. Mehr als die Schule war er eine wirkliche Bildungsanstalt im Sinne Goethes, Herders und Fichtes.

Ich las damals zum erstenmal den ›Wilhelm Meister‹, auf den ich durch Georg Melchior hingewiesen wurde. Während ich Schiller infolge des Mißbrauchs, der mit ihm auf der Schule getrieben wurde, verabscheute, den ›Werther‹ sentimental und unbefriedigend fand, bekam ich beim ›Meister‹ eine erste Ahnung von der Größe der klassischen Zeit Deutschlands. Sie ging mir wie eine neue, noch unbekannte Welt neben der griechischen und englischen auf. Der ›Meister‹ bildete einen nie zu erschöpfenden Gesprächsstoff in unserem Kreise. Hier war aus der geistigen Atmosphäre einer anderen großen deutschen Handelsstadt eine Weltanschauung gewachsen, die die Menschheit in allen ihren Höhen und Tiefen einbezog. Ein Goetherausch erfaßte uns. Ich verschlang den ›Faust‹, ›Dichtung und Wahrheit‹, die Dramen, die Gedichte, unersättlich, um die hohe, uns so nahe und doch so unnahbare Erscheinung zu greifen. Jetzt war die Lektüre keine Sache der Selbstgefälligkeit, der Ablenkung von mir selbst, sondern der Einkehr. Goethes Figuren, Marianne, Gretchen, die Bajadere, Prometheus, lebten in mir wie leuchtende Phantome, so daß hinter ihnen zeitweise selbst Plato und Shakespeare verblaßten. Ich wagte jetzt, in mich hineinzusehen und Hoffnung auf Heilung meiner inneren Zerrissenheit zu fassen.

Ich habe schon gesagt, daß die Abart des evangelischen Christentums, die Pastor Blümer uns sonntags in seinen Predigten reichte, mich völlig kalt ließ. Etwas stärker, wenn auch nur oberflächlich, berührten mich die Unterweisungen des Pastors der Reformierten

Gemeinde, Spörri, dem ich zur Konfirmation anvertraut wurde; dieses allerdings gegen den ausdrücklichen Protest, den Pastor Blümer bei meinem Vater schriftlich einlegte, weil Spörri einer weniger orthodoxen Auffassung des Christentums als er selbst zuneigte. Meine einzige wirkliche religiöse Erfahrung in diesen Jahren waren die herrlichen protestantischen Choräle. Wenn die Waisenhausknaben mit ihren Kinderstimmen »O Haupt voll Blut und Wunden« anstimmten und die Gemeinde in ergriffener Innigkeit einfiel, dann schien, was ich bisher vom Christentum gehört und gesehen hatte, mit Einschluß der englischen Staatskirche flach und ohne tiefere Bedeutung. Hier erst erlebte ich *Religion,* Verbundenheit mit andren in einer die Untergründe der Seele aufwühlenden Gottesnähe; und ebenfalls Blutsnähe mit Menschen, die mir sonst, am Alltag, oft so gleichgültig und fremd schienen. In der Zeit meiner seichtesten Selbstgefälligkeit, zu Ostern 1883 oder 1884, bekam ich den erschütterndsten Eindruck dieser Art, als ich zum erstenmal die Matthäuspassion hörte; tränenüberströmt, wie wenn alles in mir aufgebrochen und Schmerz geworden wäre, was in den Tiefen meines Blutes vor mir selbst verborgen schlummerte, eilte ich nach Hause, um mich zu verstecken.

Das war Jahre her. Aber jetzt, wo ich innerlich ruhiger und klarer war, wurden die Erlebnisse, die in die Tiefe gedrungen waren – jenes mit Johann Sebastian Bach, das mit Goethe, das der Freundschaft –, zu Quellen eines deutschen Fühlens, das alle widerstrebenden Antriebe überflutete. Das war nicht ein Rausch patriotischer Feiertagsstimmung, nicht einmal das verführerische Begleitgefühl einer historischen und politischen Schulung, sondern kam aus einer tieferen Schicht, aus einem letzten Untergrund der Verbundenheit in Blut und Kultur, demgegenüber selbst der deutsche Bildungsphilister und Spießer oder der Schulmeister mit dem preußischen Kasernenhofton nur wie Eintagsfliegen wirkten, die jenem innersten Kern nichts anhaben konnten.

Dazu kam, daß ich um jene Zeit eine Schicht des deutschen Volkes kennenlernte, die mir bis dahin fremd gewesen war und von der meine bürgerliche Umgebung fast nur geringschätzig oder feindselig sprach: den deutschen Arbeiter. Nämlich im Herbst 1886 brach im alten Stadtteil zwischen Johanneum und Holstentor die Pest aus. Hier, wo jetzt das Chile-Haus und andere moderne Bürohäuser stehen, in den Höfen und Gängen zu beiden Seiten der Steinstraße, waren die Wohnungs- und Gesundheitsverhältnisse unmenschlich. Dieses Viertel saß im Weichbild der reichen, üppig lebenden Handelsstadt wie ein Schandfleck. Und gerade damals, aus Anlaß der Seuche, habe ich, zunächst wohl nur aus Neugier, Beobachtungen angestellt und Notizen gemacht. Selbst in London, wo ich Elend und Schmutz kennengelernt hatte, war mir nichts Ähnliches zu Gesicht gekommen. Die Häuser, hohe, schmale, dicht aneinander gerückte Ziegelbauten, stammten zum Teil noch aus dem fünfzehnten und sechzehnten Jahrhundert. Steile Stiegen, auf denen Ratten hin und her huschten, führten in lichtlose Zimmer, die trotz der Sauberkeit der Bewohner nach Feuchtigkeit und Muff rochen. Wasserleitung und Kanalisation fehlten. Ich schlich mich durch die Polizeiabsperrung in einzelne Wohnungen. Die eine, in der ein junger Mann mit Frau und mehreren Kindern lebte, eine einzige dunkle Kammer, hat sich tief in meine Erinnerung eingegraben. Die Tapete war defekt, aber offenbar sorgfältig ausgebessert; doch die Feuchtigkeit drang in dunklen Flecken durch. Der Fußboden war gescheuert, doch das Holz löste sich in Späne auf. Zwei Betten, sauber bezogen, standen nebeneinander, das eine für die Eltern, das andere für die Kinder. Die Frau, eine kräftige, noch junge Person, meinte: »Machen Sie, daß Sie fortkommen, junger Herr; hier bei uns ist die Seuche... nee, nee, haben Sie keine Sorge, sonst geht es uns ganz gut, wenn nicht das Wasser und die Wanzen wären. Aber unten in den Kellern, die armen Leute, die kommen um vor den Ratten.« Ich wollte ihr ein paar Mark schenken; sie lehnte heftig und empört ab. »Wir sind keine Bettler, mein Mann hat Arbeit, machen Sie, daß Sie fortkommen!« In diesem Augenblick kam der Mann nach Hause; blaß, abgearbeitet, aber sauber. »Was ist hier los? Junger Mann, was wollen Sie bei uns?« Die Frau erklärte. Worauf der Mann mit großer Ruhe sprach: »Wir nehmen keine Almosen. Sie sind noch zu jung, um das zu wissen. August Bebel wird dafür sorgen, daß die Schweineställe aufhören. Nun bitte, verlassen

Sie unsere Wohnung!« Vor dem Ernst und der Sicherheit dieses Mannes erschien mir meine Neugierde, erschienen mir selbst unsere schöngeistigen Gespräche verächtlich und sogar Bach und Goethe einen Augenblick als belanglos.

Diese Einsicht in die unüberbrückbare Kluft, die sich zwischen Arm und Reich auftat, sobald sie sich einander nähern wollten, wurde kurz darauf durch ein Herzenserlebnis noch vertieft. Auch dieses eine indirekte Folge des Pestausbruchs. Denn der Pastor war, als er von meinen Besuchen im Gängeviertel hörte, wohl mit Recht sehr ärgerlich; er hielt mir eine Strafpredigt, daß ich dort nichts zu suchen habe, und meine Unvorsichtigkeit ihm Haus und Familie gefährde. Ich wurde desinfiziert und vorzeitig in die Ferien nach Paris abgeschoben.

Dort genoß ich bei diesem Aufenthalt eine Art von Studentenfreiheit; ich kam in ein kleines Hotel neben unserem Hause in Quarantäne. Zum erstenmal konnte ich unbehindert und ungefragt ein- und ausgehen. Mit einem plötzlich erwachten Heißhunger besuchte ich die Museen, blieb ganze Tage im Louvre, wanderte in den alten Stadtteilen von Kirche zu Kirche, versenkte mich in die frühgotischen Portalfiguren von Notre-Dame, die mir in ihrer herben Grazie und Erhabenheit ein Gefühl überirdischer innerer Sicherheit gaben. Manchmal bummelte ich auch bloß in den alten Gassen links der Seine oder vor den Buchauslagen an den Seinekais oder gegen Abend in den Arbeiter- und Zuhältervierteln hinter der Bastille.

Eines Tages hatte ich lange vor dem Hauptportal von Notre-Dame gestanden und mich in die Betrachtung des Johannes, des Jüngers mit dem Kelch, verloren; es begann zu dunkeln, ich war im Fortgehen, da kam vom Platz ein junges Mädchen, dessen Gesicht mir im Vorbeigehen durch die Ähnlichkeit mit dem Johannes auffiel. Sie war in Trauer einfach, aber elegant gekleidet, mit einer Beimischung von Phantasie, die mit der Mode zu spielen schien. Sie war kaum vorbei, da hörte ich hinter mir eine grobe angetrunkene Männerstimme und sah, als ich mich umdrehte, daß jemand sie in einer widerlichen Weise anschrie und bedrängte. Er hatte ihr den Weg versperrt, sie lehnte erschrocken und sehr blaß am Domgitter. Ich eilte zurück, und als der Mann merkte, daß sie Unterstützung bekam, entfernte er sich schimpfend, blieb aber auf der andern Straßenseite stehen. Ich bot ihr an, sie unter diesen Umständen, und da es jetzt schon dunkel war, bis an ihr Haus zu fahren. Sie sagte, eine Droschke sei ganz überflüssig, sie wohne in der Nähe, sie käme ebenso schnell zu Fuß hin. Im Gehen wurde mir ihre Ähnlichkeit mit dem Jünger mit dem Kelch immer fühlbarer: dasselbe liebliche herbe Oval des Gesichts, der gleiche kleine feste Mund, die breite reine Stirn, die die Augen zu beschatten schien. Etwas Strenges und doch noch Kindliches im Ausdruck des Gesichts. Ich konnte nicht erkennen, ob die Augen tiefblau oder grau waren. Vor dem Hause meinte sie, ob ich nicht einen Augenblick hinaufkommen wolle, damit ihre Mutter mir danken könne. Wir stiegen über eine Arme-Leute-Treppe in den vierten Stock und klingelten. Die Mutter öffnete und schrie sie gleich an: Was das für Geschichten seien! Kaum sei ihr Vater tot, da bringe sie schon einen jungen Mann mit nach Hause! Sie werde in der Gosse enden. »Eine schlechte, eine *schlechte* Tochter! Du, du, ich müßte dich ohrfeigen!« Sie hob die Hand, schlug aber nicht zu. Das Mädchen rührte sich nicht, heftete auf ihre Mutter nur einen kalten strengen Blick. Plötzlich fing die alte Frau an, laut zu heulen. »Sie wissen gar nicht, Monsieur, was ich von dieser schlechten Tochter zu leiden habe. Mein Mann hat in den letzten Jahren nur noch sie geliebt; mich hat er ganz vernachlässigt. Er hat sich nur von ihr pflegen lassen. Ich konnte vor der Tür stehn und am Schlüsselloch horchen, wie er vor Schmerzen stöhnte; sie aber saß am Bett und streichelte ihm Stirn und Hände. Ich habe meinen Mann geliebt, Monsieur, nur ihn; und kaum ist er drei Wochen tot, sucht sie sich eine andere Liebe.« Sie brach weinend auf einem Stuhl zusammen. Das Mädchen beugte sich über sie und küßte sie auf die Stirn; dann sagte sie: »Sie sehen, ich muß meine Mutter erst vorbereiten. Kommen Sie morgen wieder.«

Ich war verwirrt und ergriffen. Die armselige Wohnung, des Mädchens einfache, aber phantasievolle Eleganz, ihr reines süßes Gesicht, der Blick in eine Familientragödie erschütterten mich. Am nächsten Tag kam ich wieder. Ein Bruder war zugegen. Ein junger, etwa zwanzigjähriger Mensch, der wie ein Arbeiter aussah. Die Mutter kam mir mit einem gezwungenen damenhaften Lächeln entgegen und ging in eine Stube voraus, die sozusagen ein Salon war. »Meine Tochter hat mir erzählt, wie Sie sie gerettet haben. Erlauben Sie mir, daß ich Ihnen meinen Dank abstatte, indem ich Ihnen einen Kuß auf die Stirn drücke. Ja, ja, als ich jung war, hätte mancher für einen solchen Kuß ein Vermögen geopfert! Aber jetzt bin ich alt, und meine Kinder verachten mich. Wenn Sie wissen wollen, wie schön ich war, fragen Sie den Herzog von Gramont-Caderousse... Ja, der eleganteste Kavalier des Zweiten Kaiserreichs hat vor mir auf den Knien gelegen; ja, Monsieur, auf den Knien! ... Aber dann kam mein armer Mann, ein kleiner Dragonerrittmeister, ein hübscher Mann, ein anständiger Mann. Wir haben zusammen, bis meine Kinder groß wurden, die glücklichste Ehe geführt. Wir verkehrten in den Tuilerien. Einmal sind wir sogar fast nach Compiègne eingeladen worden, nur die bösartige Intrige einer eifersüchtigen Gräfin hat die Einladung hintertrieben, weil der Kaiser mir einen Blick zugeworfen hatte. Und dann kamen der Krieg und die Republik, die verbrecherische Republik; mein Mann wurde Invalide, und Sie sehen, wo wir jetzt angelangt sind! Aber wir sind noch immer eine anständige Familie.« Sie begann zu schluchzen. Ich stellte mich vor. Worauf sie: »Ich freue mich, daß Sie zur selben Welt gehören wie wir. So kann ich meiner Tochter gestatten, Sie zu sehen. Sie sind noch sehr jung, ... ich will nichts versprechen... aber vielleicht ließe sich später etwas arrangieren. Doch machen Sie sich nicht allzu große Hoffnungen! Ich erlaube Ihnen nur, uns zu besuchen. Meine Tochter Lisette arbeitet – überdies mehr zum Vergnügen, weil sie sich langweilt –, sie ist daher oft nicht zu Hause. Aber mich werden Sie immer treffen.« Auf dem Kamin stand eine Gipsbüste von Napoleon III., und an der Wand hingen, außer zahlreichen Bildern der Mutter, rechts und links von einer Lithographie der Kaiserin Eugenie zwei ovale Photographien, von denen die eine Grammont-Caderousse, die andere ihren Mann darstellte. Dieser war ein schöner ernster Offizier mit einer unaussprechlichen Melancholie in den Augen. Nachdem sie mir die Büste und die Bilder erklärt hatte, meinte sie unvermittelt: »So, jetzt kann

ich gehen und meine Besorgungen machen, Léon – eigentlich heißt er Napoléon, aber in dieser schmutzigen Republik muß man vorsichtig sein... wird hierbleiben und aufpassen.«
Lisette hatte die ganze Zeit geschwiegen und über eine Handarbeit geneigt gesessen. Napoléon blätterte in einer illustrierten Zeitschrift. Als die alte Frau fort war, sagte Lisette: »Bitte, Monsieur, gehen Sie jetzt. Sie haben meine Mutter kennengelernt und ihren Dank empfangen; ich denke, daß wir quitt sind.« Léon äußerte, indem er gähnte: »Auch ich meine, unsere Beziehungen könnten hier enden. Sie gehören zur Welt meiner Mutter, wir zu einer andern. Ich bin Arbeiter, meine Schwester Mannequin bei Worth; ich nehme an, daß Sie keinen Wert auf weitere Bekanntschaft legen. Es ist besser, daß wir korrekt auseinandergehen.« Ich war so verlegen, daß ich wortlos gegangen wäre, wenn nicht das reine und süße Gesicht Lisettes gewesen wäre. So bat ich um die Erlaubnis, sie in den nächsten Tagen nach Feierabend abholen zu dürfen. Sie lachte nervös auf: »Sie sind noch sehr jung! Man wird Sie für meinen Liebhaber halten. Aber mir ist das egal. Ja, kommen Sie!«
Sie kam mit drei anderen hübschen schlanken Mädchen aus dem Hause und gleich auf mich zu, ohne sich von den anderen zu verabschieden. Im Gehen bemerkte ich zwei kleine Linien rechts und links von ihrem Munde, die ich früher übersehen hatte. Um 8 Uhr mußte sie zu Hause sein. Wir hatten eine Stunde Zeit. Wir setzten uns in ein Café gegenüber von der Comédie Française. Sie sagte: »Ich habe Sie noch einmal sehen wollen, weil Sie einen unrichtigen Eindruck von meiner Mutter bekommen haben. Sie ist sehr schön gewesen, aber unglücklich. Mein armer Vater konnte nichts dafür, er war zu gut, um eine glänzende Karriere machen zu können. Wir Kinder sind härter und werden schon durchkommen. Die Welt ist nicht schlecht, aber für Menschen, die gut und weich sind, zu zäh, sie können nicht hineinbeißen.« Ich versuchte, ihr ihre Verlegenheit auszureden. Sie errötete leicht. »Sie glauben, daß ich mich meiner Mutter vor Ihnen schäme. Sie irren, dazu schätze ich die Meinung der Welt zu gering. Aber Sie haben mir geholfen, und ich möchte nicht, daß Ihnen Ihre anständige Handlung durch eine ungerechtfertigte Geringschätzung

meiner Mutter entwertet würde. Ich bin auch noch sehr jung, doch etwas älter als Sie und habe gelernt, wie anders Handlungen aussehen, wenn man den, für den man sie getan hat, nicht mehr achtet.«
Ich hatte ein Gefühl, als ob sie sich vor mir entkleidete. Sie war nicht mehr bloß schön, sie rührte mich; ich litt für sie. Ich lachte und schlug vor, unsere Geburtsdaten zu vergleichen, wobei sich herausstellte, daß sie in der Tat anderthalb Jahre älter war als ich, nämlich fast zwanzig. Ich sagte, sie sei aber trotzdem unerfahrener, weil sie fürchte, daß mir irgend etwas unsere Beziehung entwerten könnte. Ihre Mutter stünde gar nicht in Frage; nur auf sie, Lisette, komme es mir an: Ob wir Freunde seien? Sie solle ja oder nein sagen. Sie antwortete: »Man müßte übereinkommen, was wir darunter verstehen. Daß unsere Beziehung nur flüchtig sein kann, wissen Sie so gut wie ich. Aber damit würde ich mich abfinden; nur will ich nicht, daß sie durch eine Lüge, als ob sie zu etwas Bleibendem führen könnte, ins Ordinäre erniedrigt würde. Übrigens ist, was nachher kommt, immer häßlich!« Was später sein werde, sagte ich, werde sich finden. Nur auf das Jetzt komme es mir an. Ich liebte sie; ob sie mich lieben könnte? Sie sagte, sie wolle mir die Antwort das nächstemal, übermorgen, geben und es so einrichten, daß wir dann länger miteinander reden könnten. Sie stand auf und verbat sich meine Begleitung.
Am übernächsten Tag holte ich sie wieder in der Rue de la Paix ab. Sie hatte zu ihrer Mutter gesagt, daß sie zu einer Freundin zu Besuch gehe und vielleicht erst sehr spät nach Hause käme. Wir gingen in ein kleines Restaurant am Marché St. Honoré. Sie hatte noch nie Champagner getrunken und nippte daran wie an etwas Exotischem und Kostbarem; sie hat den ganzen Abend mit ihren Schlückchen nicht mehr als ein Glas geleert. Sie wiederholte, daß eine dauernde Verbindung zwischen uns unmöglich sei, schon weil sie nie aus Paris fortgehen und ihre Mutter verlassen würde. Aber wir könnten alles ausschöpfen, was wir uns zu geben hätten, und nachher, in einer Erinnerung daran, die nichts Späteres getrübt habe, Kraft zum Weiterleben finden. Ich hätte neulich eine Frage an sie gestellt; sie antworte mit Ja! – – Ich war außer mir vor Glück und küßte ihre Hände. Dann lachten wir über ihren Appetit. Sie schien jedes Gericht wie ein

einmaliges Kunstwerk zu genießen. Sie erzählte komische Geschichten von Mannequins, ich Boccacciohaftes vom »Maat«. Wir lachten ununterbrochen. Dann fragte ich, wohin wir nachher gingen? Sie antwortete sehr ernst, das solle ich bestimmen. Der Klang ihrer Stimme, der sonst weich und tief war, wurde in diesem Augenblick kalt und fast rauh. Ich führte sie in ein kleines Hotel, wo wir uns unter irgendeinem Namen einschrieben.

Wir waren beide ganz unerfahren. Ich küßte sie; ihr Atem kam mir vor wie ein Hauch frischer Veilchen. Wir lagen die Nacht wie die Kinder nebeneinander. Erst in der Dämmerung, als der Tag eindrang, umarmten wir uns unter wirren Abschiedsworten, weil wir auf Stunden auseinander mußten. Ich mietete für uns ein Zimmer. Sie hatte ihrer Mutter eine Geschäftsreise vorgetäuscht, im Geschäft eine leichte Erkrankung. Am Tage begleitete sie mich in Museen oder auf Spaziergängen; nachts waren wir immer zusammen. Wenn sich unsere Hände berührten, fühlte ich, wie Funken hin und her sprühten. Ihre Haut schien in der Nacht Licht auszustrahlen. Sie sagte: »Wir können uns nie zu sehr lieben, weil es kurz sein wird. Wir müssen den Schmerz der Trennung in unsere Umarmungen hereinnehmen, damit er uns vertraut wird.«

Wir lasen zusammen ›Bérénice‹ und ›Phèdre‹, deren hemmungslose, von einer nahen Katastrophe überschattete Leidenschaft uns der unseren ähnlich schien. Dann lachten wir wieder stundenlang über Erzählungen aus dem Kloster, in dem sie erzogen war. Sie hatte eine scharfe Beobachtungsgabe und einen Sinn für Komik, der nicht ohne Bosheit war; vor allem viel gesunden Menschenverstand, der sich wunderbar mit ihrer Romantik vertrug. Sie schien und war auch wirklich mir gegenüber ganz offen; diese Offenheit war vielleicht überhaupt ihr größter Charme. Und doch blieb irgend etwas in ihr für mich unenträtselbar.

Sie legte an alles den Maßstab unserer Liebe. Einmal, nur einmal, gingen wir in den Moulin Rouge, der damals gerade anfing, eine Attraktion zu werden. Wir sahen die meisten der Tänzerinnen und Tänzer, die Toulouse-Lautrec unsterblich gemacht hat; Nini-patte-en-l'air, Grille d'Egout, die unverschämte, schlagfertige Goulue, die reizende Jane Avril, Valentin le Désossé, der den Cancan wie ein Schlangenmensch tanzte: Wirbel über Wirbel weißer Spitzenunterröcke und schwarzer Strümpfe, zwischen denen, unter denen Valentin im Frack mit rotem Halstuch hin und her schoß. Lisette blieb eiskalt. Ich fragte, was sie bedrücke? Sie sagte: »Diese Unglücklichen kennen die Liebe nicht.« Und als ich lachte, fügte sie hinzu: »Du hast sie im Augenblick auch vergessen, sonst könntest du über ihre Karikatur nicht lachen.«

In der ersten Januarhälfte mußte ich nach Hamburg zurück. In der letzten Nacht sagte sie: »Unsere Trennung jetzt muß endgültig sein. Sonst kommt das Häßliche. Wir sehen uns heute zum letztenmal; wir werden uns auch nicht schreiben. Wozu? Was könnten wir uns sagen, was unsere Küsse nicht viel besser und reiner schon tausendmal gesagt haben? Ich werde wahrscheinlich heiraten; meine Mutter wird es wünschen. Aber nie werde ich wieder lieben.« Alles Bitten und Flehen nützte nichts. Sie hat mich auch später nie wieder empfangen oder gesprochen. Einmal sah ich sie auf der Straße. Sie legte nur den Finger auf den Mund und ging vorbei. Ich hörte, daß ihre Mutter sie mit einem reichen Geschäftsmann verheiratet habe; dann mehrere Jahre nichts. Aber eines Tages bekam ich von ihr einen Brief:

»Lieber, Lieber, ich muß sterben. Ich habe das Glück gekannt. Vielleicht auf Wiedersehen, irgendwo, Lisette.« *

Sie war im Kindbett gestorben.

Die Pest war in Hamburg erloschen, aber die Zustände, die ihr den Weg bereitet hatten, blieben; die Pestgassen wurden erst nach der Cholera 1892 abgerissen. Ich strich von neuem durch die Elendsviertel. Der Maat nahm mich mit nach St. Pauli. Wir saßen in diesem Niemandsland zwischen Hamburg und Preußen mit Matrosen, Schiffsjungen, Dirnen und Werftarbeitern, mit Chinesen, Indern, Mulatten zusammen. Alle Rassen und Farben mischten sich. Die Dirnen interessierten mich nicht, um so mehr die Arbeiter, sie schie-

* »Cher, cher, je vais mourir. J'ai connu le bonheur. Peut-être à revoir quelquepart, Lisette.«

nen so verschieden von den französischen, mit denen mich Lisettes Bruder zusammengebracht hatte. Diese, meistens Arbeiter der im Stadtviertel St. Antoine heimischen Möbelindustrie, waren in ihrer Mehrzahl Anarchisten. Sie trafen sich in einem kleinen Café hinter der Bastille, in der verrufenen Gegend der Rue de Lappe, von wo am 14. Juli 1789 schon die erste große welterschütternde Revolution ausgegangen war; worauf sie für ihren Stadtteil nicht wenig stolz waren. Ihr Vorsitzender war ein alter Holzarbeiter, der Anarchist und Anhänger von Blanqui war und wütend wurde, wenn der Name Marx fiel. Man nannte ihn »le père Bubuche«. Er hatte 1851, so behauptete er, beim Staatsstreich Napoleons Schulter an Schulter mit dem Abgeordneten Baudin auf der Barrikade gestanden, als diesen die tödliche Kugel traf, und gehört, wie der Sterbende, auf seine Abgeordnetendiäten anspielend, ausrief: »Seht, Genossen, so stirbt man für fünfundzwanzig Franken!« »Es war so schön wie Plutarch!« setzte Bubuche hinzu. Damals als junger Arbeiter auf der Barrikade, eine Trikolore schwingend, muß er ausgesehen haben wie Victor Hugos unsterblicher Pariser Straßenjunge Gavroche oder wie der stürmende Jüngling mit der Fahne auf dem ›1848‹ von Delacroix.* Jetzt glich sein Äußeres dem von Manets ›Père la Thuille‹, dasselbe Sammetkäppchen, der Vollbart, die kurze Pfeife, an der er paffte, wenn er nicht gerade redete. Seine Sprache war saftig und stark pariserisch gewürzt, eine Art von Apachen-Rotwälsch, obwohl er auch ein reines Französisch beherrschte und Tiraden von Victor Hugo deklamierte. Er redete glänzend und so wirkungsvoll, daß er nicht nur seine Zuhörer, sondern auch jedesmal sich selbst zu Tränen rührte. Nicht zu widerlegende Gemeinplätze, blendende Vergleiche, erschütternde Herzenstöne brachen aus seinem Munde wie aus einem Vulkan hervor. Sein Leitsatz war: der Mensch sei gut, nur der Zwang mache ihn schlecht. Daher: Weder Gott noch Herr, Abschaffung des Staates, der Religion, der Ehe, des Finanzkapitals, freie Liebe, Verteilung von Arbeit und Arbeitsertrag nach Billigkeit auf Grund allge-

* [Gemeint das 1830 entstandene Gemälde ›Die Freiheit führt das Volk an‹. Louvre/Paris]

meiner Brüderlichkeit. Er sah die ganze Welt wie ein großes Paris; denn er kannte außer seinem Stadtviertel und seiner Werkstatt aus eigener Anschauung nichts und stellte sich alle Menschen außerhalb von Paris wie bloß ein wenig zurückgebliebene Pariser vor. Um seine Ziele zu verwirklichen, glaubte er ausschließlich an die »action individuelle«, den freiwilligen Terrorakt des Einzelnen, und bezeichnete den organisierten Klassenkampf, wie ihn die Sozialisten predigten, als großen Schwindel, hinter dem die Bourgeoisie stecke, die auf diesem Umwege der revolutionären Arbeiterschaft wieder Zügel anlegen wolle. Die anderen Mitglieder des Zirkels waren jung. Die meisten kamen vom Militär, schimpften auf die Armee, haßten die Disziplin. Die Auflehnung gegen jeden Zwang, die sie mit Bubuche verband, steckte ihnen im Blute; doch waren sie ebenso wie er bereit, für ihre Ideen ihr Leben einzusetzen.

Wie anders die Hamburger Arbeiter! Sie hatten wenig Interesse für Ideen, um so mehr für Organisation. Sie setzten ihre Hoffnungen nicht auf Einzelne, sondern auf organisierte Massen. Der Glaube, ja die Freude an der Disziplin steckte ihnen, wie den Franzosen das Gegenteil, im Blut. Die Welt, die verschiedenen Länder, Menschenarten, Klassen sahen sie nicht idealisiert, sondern wie sie sind. Viele waren zur See gefahren. Krischan, ein alter Werftarbeiter, der gelegentlich Maats Boot reparierte und, wenn dieses auf der Alster war, uns in seinem eigenen Boot auf der Elbe fuhr, hatte mindestens ein dutzendmal Kap Hoorn umsegelt. Seine Erlebnisse und gesammelten Erfahrungen konnte er stundenlang in Hamburger Platt vortragen. Was für Bubuche sein Stadtviertel, war für ihn das Meer mit seinen Welthäfen. Ein düsterer Schatten lag in seiner Phantasie auf Peru. Er hatte dort in Arequipa »aus Versehen«, das heißt aus Betrunkenheit, in einem Spielsaal seine Braut gesetzt und verloren, an einen Peruaner, »en lütten zworzen Kerl«, und haßte seitdem die Peruaner. »Die Canaillen, die moedt man jo ooll wie die Krammetsvögel oopspeeten« (die müßte man ja alle wie die Krammetsvögel aufspießen). Trotzdem war er Sozialdemokrat und als solcher für den Zusammenschluß der Proletarier aller Länder; worauf wir ihn hinwiesen, wenn er auf die Peruaner schimpfte. Er erwiderte, das Kroppzeug dort, »sin ooll Schimpansen«, die Brüderlichkeit gelte man bloß unter Menschen, und schließlich seien deutsche Arbeiter und Hamburger Mädchen doch »ganz was anderes«. Er hatte daher nach Verlust der überseeischen Braut eine »brave Deern« aus Vierlanden geheiratet und sieben Kinder mit ihr gezeugt, darunter vier stramme Jungen, Arbeiter, die bereits, worauf er besonders stolz war, organisiert waren. »Ordnung moedt jo sin.« Dabei war er im Herzen weich und spielte abends auf dem Wasser, wenn der Mond schien, Ziehharmonika. Seine Söhne und überhaupt die jungen Arbeiter waren fast alle mehr oder weniger von dieser Gemütsart und nach diesem Muster geschnitten; etwas weich, ohne starken Drang, selbst zu handeln oder sich hervorzutun, aber infolge des Sozialistengesetzes und der Polizeischikanen geschlossen hinter ihren Führern gegen das herrschende System in Front.

Das System war Bismarck. Im Mittelpunkt nicht nur Deutschlands, sondern auch Europas stand, wie ein Koloß, Er. Ich sah ihn in diesen Jahren ein paarmal in Friedrichsruh. Das Haus war – wie einem Brief der Gräfin Marie an meine Mutter zu entnehmen ist – von ihr und der Fürstin nach ihrem Geschmack eingerichtet: gemütlich, aber einfach, nach der Art eines märkischen Landhauses –, ohne Luxus oder Anspruch auf künstlerische Schönheit. Das einzige, das ungewöhnlich war und auffiel, war die Tiefe und Breite der Sessel, Sofas, Betten, die wie für die Bequemlichkeit eines Riesen berechnet waren. Die Bismarcks führten hier das Leben gutsituierter Junker. Der Fürst lebte nicht anders wie vor fünfzig Jahren als Deichhauptmann in Schönhausen; war ganz die Verwaltung selber führender Gutsherr, ging – immer von zwei großen schwarzen Doggen, den sogenannten »Reichshunden«, begleitet – auf die Felder und in seinen Forst, sprach mit den Gutsarbeitern, Förstern, Pächtern, erörterte mit ihnen Landarbeiten, Ernteaussichten, Baumschlag, Preise. Hier holte er sich seine Maßstäbe; hier lag der Schlüssel zu seiner Weltanschauung. Wenn man diese Umwelt kannte, in der er so tief verwurzelt war, erschien später seine ironische Ablehnung des Titels *»Herzog«* von Lauenburg selbstverständlich; er ließ sich nicht verpflanzen, er war ein großer Junker, kein Standesherr, gerade umgekehrt wie Wilhelm II., der nichts vom Junker, aber vom deutschen Standesherrn viel hatte. Da ich in der Familie von Bismarcks Oberförster Lange verkehrte, dessen Sohn mein Mitschüler war, bekam ich fortlaufend Äußerungen von ihm und kleine Vorgänge um ihn zu hören; ich lebte sozusagen in der Bismarckschen Hausatmosphäre. In ihr spielte die Genauigkeit des Fürsten in allem Rechnerischen eine Hauptrolle, und von Zeit zu Zeit ein Konflikt mit dem Fiskus wegen meistens unbedeutender Beträge.

Einmal sah ich ihn bei einer historischen Gelegenheit, beim Besuch des Prinzen Wilhelm, des künftigen Thronfolgers, im September 1887 in Friedrichsruh. Ich hatte durch Lange mit Genehmigung des Fürsten Zutritt zum abgesperrten Bahnhof bekommen und konnte dem Empfang des Prinzen durch den Fürsten aus nächster Nähe beiwohnen. Der Prinz sprang übersprudelnd lebhaft, siegesgewiß und jugendlich aus dem Zuge, während der Fürst sich etwas mühsam mit steifem Kreuz vor ihm verneigte; dabei sah man seinen Kopf von der Seite, ein Profil wie mit der Axt gehauen, Stirn und Nase schwer und geradlinig wie bei einem antiken Helm, darunter, halb verdeckt durch den buschigen weißen Schnurrbart, ein feiner zarter Mund, der zum übrigen in einem Gegensatz stand wie die Seele zu einer Maske. Es folgte der Prolog oder schon die erste Szene des Dramas, das die nächsten Jahre abrollte: der bewegliche, zum Sturmangriff auf den berühmten alten Mann ansetzende junge Prinz, und jener vorsichtig und langsam ausweichend mit seinen altmodischen höfischen Manieren, hinter denen so viel Dynamit steckte.

Dieses doppelte Gesicht gab nicht bloß seiner Erscheinung, sondern auch seiner Politik – so gegen Österreich, gegen Napoleon, gegen Rom, gegen Harry Arnim – ihren besonderen Charakter: den Wechsel, das überraschende Hin und Her zwischen steinerner Härte, die bis zur berechneten Brutalität ging, und bestrickender Werbung, bis zur raffiniertesten Schmeichelei und zu verstecktesten Wegen der Einflüsterung. Es war, als ob der derbe und nach Bedarf grobe märkische Bauer und der feine listenreiche Günstling absolutistischer Höfe ihm ihre Waffen zu gleich meisterhafter Handhabung vermacht hätten. Er war selber weder Bauer noch Höfling, sondern im Innersten ein aufrechter Landedelmann von unantastbarer Gesinnung und tadelloser Kinderstube. Um so verblüffender und verheerender wirkten in seinen Händen jene Waffen. Und noch mehr seine Virtuosität, mit der er sie im Augenblick, wo es am wenigstens erwartet wurde, vertauschte.

Allerdings wäre diese Virtuosität wirkungslos und auf die Dauer ihm, wie später seinen Epigonen, gefährlich geworden, wenn dahinter nicht eine echte staatsmännische Begabung wirksam gewesen wäre, der sie bloß als Instrument diente –, eine Legierung von Temperament, Phantasie und gesundem Menschenverstand von solcher Festigkeit, daß nur selten *eines* allein dieser Elemente seine Pläne und Entschlüsse bestimmte. In der Verbindung dieser seltenen Gabe, die den großen Politiker macht und sozusagen das Muttergestein politischer Weisheit ist, mit jener Virtuosität, dank der er gleich meisterhaft auf beiden Klaviaturen, der der Umgarnung und der der Gewalt, spielte, bestand sein Geheimnis und Genie.

Eine so einzigartige Kombination konnte keine Schule machen, nicht Tradition und Schema werden wie die Politik der Königin Elisabeth oder Richelieus. Keineswegs, weil sie unmoralischer war als die politischen Systeme Englands oder Frankreichs, die auch nicht bloß mit reinen Händen arbeiteten, sondern weil sie zu eng an die komplizierte und einmalige Persönlichkeit Bismarcks gebunden war. Seine Staatsführung mußte sogar *falsche* Schule machen: seine Virtuosität im Wechsel zwischen Gewalt und Werbung schien so leicht nachzumachen, seine Weisheit aber lernte sich so schwer! Und zwischen beiden die Verbindung hätte nur ein Mann von seinem Format fortsetzen können. Seinen Nachfolgern ging es daher wie Goethes Zauberlehrling; sie hatten den Besen des alten Hexenmeisters, aber nicht seinen Zauberspruch:

»Hat der alte Hexenmeister
Sich doch einmal wegbegeben!
Und nun sollen seine Geister
Auch nach meinem Willen leben.

Seine Wort' und Werke
Merkt' ich und den Brauch,
Und mit Geistesstärke
Tu' ich Wunder auch.«

Auch für keinen unter uns Jungen war es zweifelhaft, daß nur Bismarck unser Lehrmeister in der Politik sein könne. Neben ihm war niemand – weder unter seinen Mitarbeitern noch unter seinen Gegnern – von ähnlichem Format und menschlichem Zauber. Daher wuchs unsere ganze Generation, mindestens die bürgerlicher junger Deutscher, ohne wirkliche politische Schulung auf; wir starrten nur auf Bismarck, dessen Kunst, und erst recht dessen Persönlichkeit, in unerreichbarer Höhe über uns schwebte.
Allerdings war diese restlose Zustimmung bei mir eingeschränkt auf seine Außenpolitik, während sich in mir gegen seine Innenpolitik eine Wendung vollzog, durch die ich in immer schärferen Gegensatz zu ihr kam. Ich erkannte noch nicht, vielleicht erkannten damals erst wenige, daß Innen- und Außenpolitik organisch zusammenhängen und nicht zu trennen sind. Ich versuchte in den Jahren 1886 bis 1888 mehrfach, mir über meine Zweifel in schriftlichen Aufzeichnungen Rechenschaft abzulegen. Vieles ist darin noch verschwommen und unreif; aber einige Punkte heben sich fest heraus. Der eine ist mein Widerwille gegen seine Polenpolitik. Ich empfand den Zwang, der gegen die Polen ausgeübt wurde, ihre Muttersprache aufzugeben, nicht bloß als Unrecht, sondern auch als von vornherein zum Mißerfolg verurteilt. Dieses folgerte ich nicht allein aus seinen enttäuschenden Ergebnissen, sondern auch aus den Schicksalen der englischen Zwangspolitik in Irland, mit denen ich infolge meiner Verwandtschaft mit beiden Seiten dort intim vertraut war. Was England in dreihundert Jahren trotz Essex und Cromwell und Wilhelm von Oranien nicht erreicht hatte, konnte Preußen unter noch ungünstigeren Bedingungen in Posen nie durchsetzen. Allerdings stellte ich nicht in Rechnung, daß die Unterdrückung der Polen für Bismarck ein Mittel seiner Außenpolitik war, in erster Linie ein Pfand, das er Rußland gab!

Noch weniger der politischen Vernunft und der Staatsräson angepaßt schien mir das Sozialistengesetz. Meine Unterhaltungen mit Arbeitern zeigten mir, daß es den Riß zwischen ihnen und dem Neuen Reich Tag für Tag vertiefte, sie erbitterte, ihre umstürzlerische Gesinnung förderte, ohne ihnen einen Weg zurück in den Bismarckschen Staat aufzuzeigen. Dabei waren sie, wie ich in St. Pauli und auf den Segelfahrten mit Krischan und seinen Söhnen erkennen mußte, nicht weniger erdverbunden, heimatliebend, echt deutsch als die konservative oder liberale Bourgeoisie. Die Stimmung wurde daher in diesen letzten Jahren des Bismarckschen Regimes in der Arbeiterschaft immer revolutionärer. Im März 1886 notierte ich: »Es besteht eine fair chance, daß es in kurzem zu einer sozialen Revolution kommt. Wenn nicht bald etwas für die Arbeiter geschieht, werden wir eines Morgens unter den Trümmern der heutigen sozialen Ordnung aufwachen.« Ich vergaß nicht, daß in Wirklichkeit »etwas«, ja sogar recht viel geschah: die Legung der Fundamente einer Sozialgesetzgebung, die neben der Reichsgründung Bismarcks größtes bleibendes Verdienst ist. Aber nirgends wirkte sich das Hin und Her zwischen Zuckerbrot und Peitsche unglücklicher aus als gerade hier. Die Polizeischikanen, Entlassungen, Ausweisungen und sonstigen Verfolgungen auf Grund des Sozialistengesetzes, die die Arbeiter in der Gegenwart am eigenen Leibe erlebten, verdeckten ihnen die für eine ferne Zukunft versprochenen, erst im Schattenriß sichtbaren Vorteile des geplanten sozialen Neubaues. Politisch blieb daher Bismarcks Sozialgesetzgebung fast wirkungslos.

Ich hatte als achtzehnjähriger Primaner keine Politik zu machen und war mir dessen in aller Bescheidenheit bewußt. Aber ich konnte nicht umhin, zu sehen, was war. So geriet ich immer tiefer in einen schmerzlichen inneren Konflikt. Nach der einen Seite zog mich unwiderstehlich Bismarck als Mensch: sein Format, seine Sprache, das Deutsch seiner Briefe, seiner Reden, seine Rembrandtsche Erscheinung. Das alles wirkte auf mich wie Musik! Und doch fühlte ich, ohne daß ich mich dem Zauber entziehen konnte, immer deutlicher, daß der glänzend orchestrierten und gespielten Komposition etwas fehlte: ein durchgehendes Motiv, das ihren Variationen einen über den Tag hinausweisenden Sinn gegeben hätte. Ein großes Ziel positiver Art tauchte nach der Reichsgründung nirgends auf; alles war nur noch negativ, selbst die soziale Gesetzgebung nach Bismarcks Auffassung hauptsächlich eine Abwehr.

Aber gab es denn in der Politik feste Ziele, oder wie beim Kartenspiel nur geschickt ausgenutzte Gelegenheiten und danach wechselnden Gewinn und Verlust? Bestand nicht die Überlegenheit des »Realpolitikers« vielleicht gerade in seinem Verzicht auf feste Ziele? Ich gestehe, daß ich eine Zeitlang versuchte, eine zynische Verachtung für »doktrinäre Politik« aufzubringen, und mir sehr überlegen und bismärckisch dabei vorkam; bis ich eines Tages merkte, daß ich jedes Interesse an Politik verlor und, wenn sie nur ein Glücksspiel sein sollte, besser täte, nicht Diplomat zu werden, sondern einen weniger unsoliden Beruf zu ergreifen. Ich bemerke das, weil ich glaube, daß viele, die bei Bismarck anfingen und seine »Realpolitik« so wie ich damals auffaßten, eben deshalb »unpolitisch« wurden und sich ganz dem Gelderwerb oder irgendeinem Spezialistentum hingaben. Ich brauchte notwendig eine Antwort auf die Frage nach Sinn und Zweck der Politik. Ich stürzte mich auf politische und historische Literatur, Mommsen und Gibbon, Treitschke und Taine, Montesquieu, Rousseau, Ranke. Es erscheint mir heute bezeichnend, daß auf dieser Liste Karl Marx und Ferdinand Lassalle fehlten; in meiner bürgerlichen Welt galten sie als Hetzer, und ihre Schlagworte, die die Arbeiter zitierten, bestärkten mich in meiner Meinung, daß sie nicht des Studiums wert seien. So kam es, daß ich die sozialistische Gesellschaftsordnung als Ziel und den Klassenkampf als Methode nicht einmal in Erwägung zog. Schließlich fand ich die Antwort, die ich suchte, bei den Griechen. Die Spannung dieser Jahre des Bismarckschen Alterns und Niederganges machte auch die alte Geschichte aktuell und durchsichtig. So erschienen mir vor allem Thukydides und Platon in einem neuen Lichte. Für sie war Politik kein leeres Spiel, sondern die Kunst, für einen Menschen bestimmter Art und Kultur, für den »Griechen«, den Boden zu schaffen und zu sichern. Der griechische Mensch, der »schöne und edle«, als Fundament der »Polis«, des griechischen Staates, und umgekehrt dieser Staat als Boden, Lebensraum, Zuchtanstalt und Sicherung für diesen Menschen, das waren die Vorstellungen, die wenigstens die Theorie, aber auch in weitem Umfang die Praxis der griechischen Staatsführung beherrschten und ihr, jenseits aller Tagesfragen und wilden Machtkämpfe, einen festen Kern und ein unverrückbares Ziel gaben. Das war das Neue, das die Politik der griechischen Staaten vor aller früheren auszeichnete, daß sie ihre Macht für einen bloßen Menschen – den Achäer, Ionier, Lakedämonier, Athener – einsetzte, statt für einen Herrscher oder Gott; und das Entscheidende, durch das sich Griechenland endgültig aus Asien löste, daß sie dieses Ziel, den »Griechen«, zu einem Idealtyp fortbildeten, der im Rahmen der heimischen Sitte und Sittlichkeit Göttern und Tyrannen trotzen durfte. Jeder große griechische Politiker oder Denker von Lykurg und Solon bis Perikles und Platon hätte zum griechischen Gott sprechen können wie Goethes Prometheus:

> »Hier sitz' ich, forme Menschen
> Nach meinem Bilde,
> Ein Geschlecht, das mir gleich sei:
> Zu leiden, zu weinen,
> Zu genießen und zu freuen sich –
> Und dein nicht zu achten,
> Wie ich!«

Mit diesem Ideal des an Seele und Körper aufrechten und freien Griechen kontrastierte als eine allen guten griechischen Geistern verhaßte Mißgeburt sein Gegenteil: der Sklave, der Geduckte und Verprügelte, der Verbogene und Häßliche, der asiatische »Barbar«, den nicht sein Mangel an Kultur schändete (seine Kultur als eine der griechischen zum Teil sogar überlegene schätzte der Grieche), sondern seine Unterwürfigkeit, sein Schweifwedeln, das »Hündische« seiner Seele.
Dieser Gegensatz des Freien zum Barbaren und die Sicherung eines Lebensraumes für den Freien bestimmten alle entscheidenden Ereignisse der griechischen Geschichte: die Tyrannenmorde, die Freiheitskriege, Marathon, die Thermopylen, Salamis, den Aufstieg der griechischen Demokratie, die Geburt Europas als Gegenwelt zu Asien.
Und die gleiche Rolle spielten der Civis Romanus und seine Erhaltung

als freier, republikanischer Bürger in der römischen Politik und Geschichte, angefangen von der Vertreibung der etruskischen Tyrannen über die Kämpfe der Plebejer gegen die Patrizier um Gleichberechtigung bis zur Ermordung Cäsars und bis zur ›Germania‹ des Tacitus, der den zu Untertanen herabgesunkenen Römern der Kaiserzeit die stolzen und freien Germanen vorhielt. – Schließlich, je mehr man sich mit diesen bestimmenden Ideen der griechischen und römischen Politik vertraut machte, um so deutlicher zeigte sich ihre Ähnlichkeit mit denen, die die englische Geschichte gestaltet hatten, von der Magna Charta über die Auflehnung gegen das Papsttum und die Vernichtung der spanischen Armada, über Cromwell und die Habeaskorpusakte, die die Freiheit des Bürgers gegen Übergriffe des Staates sicherte, bis zu den großen Verfasssungskämpfen des achtzehnten und neunzehnten Jahrhunderts. Nebenbei zeigte sich, was die große, zielbewußte Politik Englands der klassischen Tradition und der humanistischen Bildung ihrer Leiter und Organe verdankte; nur daß an die Stelle des »schönen und edlen« Hellenen und des stolzen Römers der englische Gentleman, der ihnen an Gestalt und Ideen so nah verwandte, getreten war.

Theoretisch widersprach nichts in dieser großen Politik der griechischen Staaten, Roms und Englands den Grundsätzen des modernen Nationalismus, den Bismarck am glänzendsten und erfolgreichsten vertrat. Wie kam es dann, daß die Wirklichkeit seiner Politik in wesentlichen Punkten so ganz anders aussah?

Denn nicht bloß Polen und Sozialisten wurden verfolgt. Einer unserer Nachbarn und Bekannten war ein Professor Geffcken, ein früherer hanseatischer Diplomat, der Gesandter in London gewesen und dort mit Kaiser und Kaiserin Friedrich in Beziehungen getreten war und darüber hinaus noch zu seinem Unglück liberale Anschauungen eingesogen hatte. Bald nach dem Tode des Kaisers Friedrich erschienen in der »Deutschen Rundschau« Auszüge aus dessen Tagebuch; der Herausgeber war nicht genannt. Bismarck ließ Nachforschungen anstellen, die Geffcken als Urheber ermittelten. Es kam ein Haftbefehl, Geffcken floh, und obwohl festgestellt wurde, daß der Kaiser Friedrich ihm die Veröffentlichung aufgetragen hatte, wurde ein

Strafverfahren gegen ihn eingeleitet. Wir erlebten das als Nachbarn aus nächster Nähe. Auch sonst wurde alles, was liberaler Anschauungen verdächtig war oder jüngst mit dem Hofe des Kaisers Friedrich in Verbindung gestanden hatte, kaum weniger rücksichtslos verfolgt als die Sozialdemokratie. Nur die Druckmittel waren andere, aber darum nicht weniger wirksam; denn das Resultat, die Erschwerung oder Vernichtung der materiellen Existenz, war das gleiche. Die Opfer wurden, wenn sie Beamte oder Offiziere waren, nicht befördert oder verabschiedet. Ihre Söhne hatten es schwer, in einem guten Regiment oder Korps anzukommen. Ihre Töchter fanden keine Tänzer und keinen Mann. Denn zu den staatlichen Druckmitteln kam die gesellschaftliche Feme. Mir sagte eine ältere Hamburger Kaufmannsfrau, vor der ich die Kaiserin Friedrich – »Frau Lehmann« nannte sie sie – gegen ungeheuerliche Verleumdungen in Schutz nahm, spitz: »So, so, dann sstehen Sie auf seiten der Landesverräter!« und unterließ es, mir zu ihrem nächsten Gartenfest eine Einladung zu schicken. Ihre Tochter meinte bei der nächsten Gelegenheit: »Verzeihen Sie! Aber Mama ist wie toll!« Daß Bismarck einen Gewaltstreich plante und bereit war, den Bau, den er errichtet hatte, wie der blinde Riese Simson die Säulen des Philistertempels, umzureißen, das Reich wenigstens vorübergehend wieder aufzulösen, wußte damals niemand; aber seit den Septennatswahlen im Frühjahr 1887, die die politischen Gegensätze auf die Spitze trieben, und namentlich seit der Krankheit und dem Tod des Kaisers Friedrich war das deutsche Volk in zwei Hälften gespalten, zwischen denen ein latenter Bürgerkrieg wütete, dem die Brandmarkung der Opposition als »Reichsfeinde« die Note gab und in dem die Regierung und die zu Bismarck haltende Mehrheit mit Erfolg bemüht waren, denen, die anders dachten, das Rückgrat zu brechen.

Den Bruderkampf empfand unser jugendlicher Idealismus als tragisch, aber bei der Natur Bismarcks und der des deutschen Volkes wie ein Schicksal, dem wahrscheinlich nicht zu entrinnen gewesen wäre, – als den schweren Preis der Bismarckschen Reichsgründung. Weniger gefaßt ertrugen wir das allmähliche Verschwinden aufrechter Charaktere. Immer wiederkehrende tägliche Erfahrungen zeigten uns, daß nicht nur in der Politik, sondern überall charakterfeste Menschen in denjenigen Teilen des deutschen Volkes, welche unter Bismarck aufgewachsen waren, seltener waren als in der älteren Generation, die sich in der vorbismarckschen Zeit, den vierziger oder fünfziger Jahren, entwickelt hatte. Unter uns Schülern war das ein laufendes Gesprächsthema. Wir nannten gewisse Eltern und Lehrer nach einem damals für bestochene Journalisten geltenden Ausdruck »Reptilien«. Eine seltsame Molluskenhaftigkeit, eine schleimige und rückgratlose Art, breitete sich wie eine ansteckende Krankheit bis weit in die Reihen der Opposition aus. Alle hatten eine »Weltanschauung«, nur wenige Charakter. Was in unserem Schülerverein zu einer hitzigen Kontroverse führte: ob der Deutsche als ein nimmersatter Wahrheitssucher, als ewiger Wolkenwandler und Metaphysiker, als faustisches, von allen anderen Menschen unterschiedenes Wesen Charakter durch Weltanschauung ersetzen könne? Wogegen ich radikal für die entgegengesetzte Behauptung eintrat, daß Charakter und Weltanschauung eins seien, nur verschiedene Erscheinungsformen einer und derselben Anlage, und ein charakterloser Mensch deshalb eine Weltanschauung überhaupt nicht haben könne.

Doch wie kam es, daß in Deutschland, der Heimat Schillers, Kants, Fichtes, Charakterlosigkeit gezüchtet wurde? Woran lag es, daß das Ziel des deutschen Idealismus – der im Rahmen seiner heimischen Sitte und Sittlichkeit freie und aufrechte Mensch –, das Ziel, um das die deutsche Jugend gegen Napoleon in den Kampf gezogen war, vergessen, wie verschüttet und vergraben schien? Gewiß: die deutschen Klassiker hatten es nicht als Ausdruck der natürlichen Tendenz des deutschen Volkes ihrer Zeit aufgestellt, sondern im Gegensatz zu dieser Tendenz als Gegengift gegen die Bedientenhaftigkeit, zu der den Deutschen seine Fürsten erzogen hatten. Aber dann hatte sich dieses Ideal doch durchgesetzt und das ganze deutsche Volk hinter sich hergezogen in den Befreiungskrieg und den Kampf für die deutsche Einheit. Was oder wer hatte diesen Prozeß des Wachstums eines freien Deutschen unterbrochen und zum großen Teil wieder rückgängig gemacht? Ich fand keine andere Antwort als: Bismarck.

Vor Jahren hatte jemand zu meinem Vater in meiner Gegenwart gesagt: Bismarck verbinde die Hellhörigkeit eines Hasen mit der Pranke eines Löwen. In der Nacht darauf sah ich im Traume ein unheimliches ungeheures apokalyptisches Wesen, das halb Hase, halb Löwe war. Es hatte einen gewaltigen Löwenkopf, mit wie Antennen beweglichen Hasenohren, und hinten Hasenläufe, aber vorne riesige Krallen wie Schwerter. Es bewegte sich manchmal schwer und bedächtig wie ein mächtiges Raubtier, manchmal aber auf seinen Hinterläufen mit der Schnelligkeit des Windes. Die Verbindung äußerster Hellhörigkeit, stets wachen und sprungbereiten Mißtrauens mit dämonischem Machtwillen trieb Bismarck, jede Gegnerschaft bis in die Herzen und Gewissen zu verfolgen. Und die Wucht dieser Verfolgung wuchs noch durch sein Bedürfnis, zu hassen. Denn der Haß war für ihn ein Genuß. »Ich habe die ganze Nacht gehaßt«, sagte er tief befriedigt. Jeder, der nicht auf seiner Seite stand, mußte anrüchig, ein Verbrecher und Verräter sein, um seinen Haß zu rechtfertigen. Das Gefährlichste war, daß infolge der Suggestionskraft seiner Person Hunderttausende von kleinen Bismarcks herumliefen, die bemüht waren, zu hassen wie er, und jeden politisch beschnüffelten, ob er sich als Objekt für diese ihre Leidenschaft eigne. So entstand eine allgegenwärtige Inquisition und schuf über Deutschland ein für selbständige politische Charaktere tödliches Klima, für das Bismarck selbst bemüht gewesen ist, ein schlüssiges Zeugnis beizubringen. Denn im dritten Band seiner ›Gedanken und Erinnerungen‹ legt er dar, daß er nach achtundzwanzigjähriger Tätigkeit an der Spitze des Staates in seiner Umgebung nur Kreaturen hatte, die ihn verrieten, sobald sie seinen Sturz vorausahnten. Aus den Männern, die jahrzehntelang seiner unmittelbaren Einwirkung ausgesetzt gewesen waren, hatten sich lauter Judasse entwickelt! Eine seltsame Selbstbezichtigung! Und noch seltsamer, daß Bismarck nicht empfand, wie der Vorwurf auf ihn selbst zurückfiel. Denn er mußte wissen, daß er auch andere Charaktere hätte finden oder bilden und das deutsche Volk in eine andere Bahn hätte lenken können; das bewies die Umgebung Wilhelms des Ersten, Männer von der alten Art wie Lehndorff und Albedyll, bei denen Vornehmheit und Charakter sich von selbst verstanden. In der Atmosphäre, die von Bismarcks Person bis ins letzte deutsche Dorf ausstrahlte, konnte ein politisch sicherer und fester »Deutscher« nicht wachsen; im Gegenteil, die Ansätze dazu verkümmerten, die nach den Freiheitskriegen in Gestalten wie Stein, Gneisenau, Scharnhorst, Boyen, Clausewitz sichtbar wurden und schließlich in Bismarck selbst ihre letzte und kräftigste Blüte trieben. So kam es, und das ist die Tragik dieses großen Mannes, daß er das Reich nicht auf das feste Fundament starker Charaktere gründete, sondern, wie sich bald herausstellte, auf den losen Sand politischer Gesinnungslosigkeit.

Meine Einstellung zu ihm hat immer zwischen Bewunderung und Ablehnung geschwankt; ich bin mit seinem Bild nie fertig geworden. Er war und blieb für mich eine problematische Erscheinung, bei der gegen eine große, geniale Leistung, die Einigung Deutschlands, eine folgenschwere Schuld, die Verkleinerung des deutschen Menschen, stand.

Am 9. März 1888 starb der alte Kaiser. Sein Tod wirkte auf Hunderttausende wie ein Trauerfall in der eigenen Familie. Von der Unbeliebtheit des Regimes war er nie betroffen worden. Ich mußte in unserm Schülerverein die Gedächtnisrede halten, aus der einiges trotz seiner etwas gestelzten und primanerhaften Form hier als Abschluß der Hamburger Jahre stehen mag:

»Er war«, sagte ich, »ein Mann, grad und schlicht, der, auf fünfzigjährige harte Arbeit gestützt, sein Land einigte, weil er dies zu tun für seine Pflicht hielt, ein Mann anspruchslos und leutselig, treu und arbeitsam, für sich sparsam, freigebig gegen andere, würdevoll ohne Anmaßung, religiös ohne Bigotterie, König und doch Mensch. In seiner Kindheit der Liebling einer schönen und tränenreichen Mutter, in seiner Jugend der Geliebte einer ihm versagten Braut, in seinem Alter der Träger der Krone Karls des Großen und Friedrich Barbarossas, umgibt ihn ein Hauch jener volkstümlichen Poesie, die der Glorienschein echter Größe ist... Friedrich Wilhelm IV. war ein Genie, das von der Last seiner Talente zu Boden gedrückt wurde, Kaiser Wilhelm hatte weniger Genie, aber mehr Menschenkenntnis, weniger Talente, aber mehr Urteilskraft. Staatsmann in erster Linie, nicht

Soldat ist er gewesen; auf Menschenkenntnis noch mehr als auf glänzende Waffentaten hat er sein Werk gegründet; immer hat er im rechten Augenblick den rechten Mann erkannt, und persönliche Rücksichten haben ihn nie gehindert, diesen Mann zu verwerten. Den Neid, der aus der Ohnmacht persönlichen Ehrgeizes entsteht, hat er nicht gekannt, weil er ehrgeizig war nicht für sich, sondern für sein Volk. Er wollte herrschen, er verlangte nicht allein zu herrschen; gleich wie er sein Volk zum ersten, aber nicht zum einzigen Europas machen wollte. Er gründete Deutschlands Einheit nicht auf den Chauvinismus, der die Selbstsucht der Nationen, sondern auf den Patriotismus, der die Aufopferung des Einzelnen ist...«

3

Im Herbst bezog ich die Universität Bonn. Vorher hatte ich in Norderney Ferien verlebt, die mich zur Wahl gerade dieser Universität bestimmten. Am zweiten oder dritten Tag kam auf der Strandpromenade ein junger Mensch in meinem Alter auf mich zu, stellte sich als Graf Schweinitz vor und sagte, er sei mit einem Kreis von Bekannten in Norderney, sie würden sich freuen, wenn ich mich ihnen anschlösse. Da er angenehm und taktvoll war, nahm ich seine Einladung an. Er holte mich am Abend ab und stellte mich im Konversationshaus seinen Freunden vor. Unter diesen stand für ihn offenbar an erster Stelle der Graf Werthern-Beichlingen, der preußische Gesandte in München, ein schöner alter weißhaariger Mann, das Urbild eines germanischen Recken. Beide waren mir aufgefallen. Man sah sie überall zusammen. Ich hielt sie für Vater und Sohn, so daß ich überrascht war, als Schweinitz sagte, sie seien überhaupt nicht verwandt. Sie hielten von den anderen einen gewissen Abstand und schienen zusammen ein Geheimnis zu hüten. Sie zogen mich an durch etwas Rätselhaftes in ihrer Art, miteinander zu verkehren.

Schweinitz war so groß wie ich, blond, schlank, etwas zart, und doch robuster, als er aussah, weil sein slawisch anmutender Charme seine Zähigkeit verschleierte. Seine Umgangsformen waren einschmeichelnder, weltmännischer, sicherer als die meiner Hamburger Freunde; dabei sein Gesichtskreis und seine Vorstellungswelt enger, sein Verständnis auf Menschen seiner Kaste beschränkt. Wenn ich von Arbeitern oder Kaufleuten sprach, schwieg er höflich. Von Herzen ließ er nur Grafen, Prinzen und Könige und allenfalls in einem gewissen Abstand kleine Adlige und Bauern gelten. Alles übrige, die große Masse der Menschheit, war ihm gleichgültig. Keine Anschauung konnte ihm ferner liegen als die klassisch-römische: »Nichts Menschliches ist mir fremd.« Er war, wie ich zu merken glaubte, musikalisch, obgleich ich keine Gelegenheit hatte, das zu ergründen; vielleicht haben auch nur seine feinen schmalen ausdrucksvollen Hände mir die Vorstellung eingegeben, daß er gut Klavier oder Violine spielen müsse. Jedenfalls war er sehr kultiviert, kannte Goethe überraschend genau, liebte die Romantiker und Richard Wagner und konnte bezaubernd erzählen und Frauen den Hof machen. Am schönsten war die mystische Treue, die er dem alten Grafen darbrachte, und dazu die Qualität seiner Freundschaft, die immer einen Abstand hielt, voller Takt war und doch den Eindruck grenzenloser Ergebenheit machte. Erfrischend wirkte seine innere Sauberkeit: man konnte ihm allerhand phantastische Beweggründe, aber keine niedrigen zutrauen. – Er war nicht nur von meinen Hamburger Freunden, sondern auch von den jungen Engländern, mit denen ich in Ascot erzogen worden war, ganz verschieden. Statt der Festigkeit, ja Trockenheit des Umrisses, die diese letzteren auszeichnete, Geschmeidigkeit und Hingabe. Trotz natürlicher Zähigkeit fehlte der von englischen Erziehern gestählte harte Wille; ebenfalls, trotz klassizistischer deutscher Kultur, die solide humanistische Grundlage, auf die der junge englische Gentleman, fast ohne es zu merken, gestellt wurde.

Abends, wenn der Sonnenuntergang in das Meerleuchten überging, waren wir beiden Jungen meistens mit dem alten Grafen am Strand. Das Naturschauspiel war in diesem Jahr, wie die alten Norderneyer versicherten, schöner als je zuvor. Wir standen vor den miteinander kämpfenden, auf den Wellen heranstürmenden Farben und Lichtern wie vor einem Drama. Aus meinen Begleitern brach eine Art von wilder Naturpoesie hervor; sie phantasierten miteinander wie auf zwei Klavieren. Mich überfiel ein Gefühl, als ob ich in die Natur wie in einen Abgrund hineinstürzen und mich auflösen könnte.

Schweinitz und ich fanden und verstanden uns, trotz nicht geringer geistiger Gegensätze, zunächst vielleicht in Äußerlichkeiten, aber irgendwo auch in unseren tieferen Instinkten. So kam es, daß er mir eines Tages das Geheimnis anvertraute, das ihn mit dem alten Grafen verband. Als der König Ludwig von Bayern ein paar Jahre vorher im Starnberger See sich ertränkt hatte, war Schweinitz noch Schüler auf einer Ritterakademie in Preußen. Die Nachricht vom tragischen Ende des Königs, den in seiner Knabenphantasie ein Glorienschein von Romantik umgab, regte ihn so auf, daß er heimlich aus der Schule nach München durchbrannte, um den Toten zu sehen. Mittellos kam er in München an, ging vom Bahnhof geradewegs zu dem ihm ganz unbekannten preußischen Gesandten Werthern, ließ sich bei ihm melden und bat ihn, ihn zum König zu führen. Werthern sagte selbstverständlich zuerst nein, wurde dann aber von der Inbrunst und Verzweiflung des Jungen besiegt, steckte ihn in eine Livree und nahm ihn zur Aufbahrung als seinen Pagen mit. Daraus entstand zwischen ihnen eine romantische Bindung. Ich mußte mein Wort geben, sie niemandem, solange der alte Graf lebte, zu verraten, weil sie nur in der tiefsten Verschwiegenheit ihre mystische Wirkung tue. Ich dachte an den Maat und unsere geheimen Schwüre. Romantisches Deutschland! Ich selbst gehörte dazu.

Auch der alte Graf war eine durchaus romantische Erscheinung. Er hatte noch die Statur der vorbismarckischen Zeit. Mit seinem langen weißen Bart, in einen alten faltenreichen Lodenmantel eingehüllt, erinnerte er an den »Harfner« in ›Wilhelm Meister‹. Seine Mutter war in Weimar im Goethekreis groß geworden. Als er fünf oder sechs Jahre alt war, hatte sie ihn, so erzählte er, an einem Maimorgen in die Schloßkapelle in Beichlingen geführt und am Altar auf einen Strahl der aufgehenden Sonne schwören lassen, daß er immer dem Licht, der Wahrheit und der Schönheit dienen werde. Als er starb, fand man eine Anordnung, daß er in seinem Walde unter einer alten Eiche mit seinem Lieblingspferd beigesetzt werden wollte.

Noch romantischer war eine andere Figur, der junge Arnim, der Sohn des Grafen Harry Arnim, desjenigen Grafen Arnim, welcher zu Anfang der sechziger Jahre Rivale Bismarcks, von diesem als Botschafter nach Rom und Paris abgeschoben wurde, dann unter sensationellen Umständen plötzlich stürzte und wegen angeblich landesverräterischer Umtriebe zugunsten einer Restauration des Königtums in Frankreich mehrere Jahre Zuchthaus bekam. Der junge Arnim war wie eine Wirklichkeit gewordene Gestalt aus ›Hoffmanns Erzählungen‹. Dunkel wie ein Italiener, groß, flink, geschmeidig, mit unsicher flackernden Augen in einem fliegenden Radmantel forteilend, schien er immer vor Bismarcks Sbirren auf der Flucht. Unstät verschwand er manchmal ganze Tage; dann war er plötzlich wieder da, das Urbild eines Friedlosen. Wenn er mit uns am Tisch saß, war er wortkarg, bitter, nicht ohne Witz; doch erwähnte er nie seinen Vater oder dessen großen Gegner. Wir mochten ihn und fühlten uns gleichzeitig durch ihn beunruhigt. Der Schatten Bismarcks schien ihn zu verfolgen. Er trug bei uns den Spitznamen »Der Fliegende Holländer«.

Als Mittelpunkt unseres Kreises gab sich der Regierungspräsident von Vincke; weshalb unser Tisch, an dem wir uns Mittags und Abends zusammenfanden, der »Vincketisch« hieß. Er stand in einem mehr oder weniger scharfen Gegensatz zu den welfischen Kurgästen, die sich um die gräfliche Familie Knyphausen scharten und auf ihren Sandburgen die Welfenflagge hißten; was übrigens einzelne von uns, unter anderen mich, nicht hinderte, zu den Knyphausens, die gut deutsch, nur nicht preußisch waren, gesellschaftliche Beziehungen zu unterhalten. Die weibliche Herrschaft in unserem Kreis führte die Frau von Niesewand, die Frau des Landrats von Mülheim bei Köln, die ihre Tochter und eine Nichte, ein Fräulein von Lavalette Saint Georges aus Bonn, bemutterte. Die beiden Mädchen waren jung, hübsch und rheinländisch pikant, so daß wir uns bald befreundeten. Diese Freundschaft gab den Ausschlag für meine Universitätswahl. Ich hatte an Heidelberg oder Berlin gedacht. Auf Drängen von Niesewands entschied ich mich für Bonn.

An einem kühlen, aber sonnigen ersten November traf ich in Bonn ein. Das Rheinland war der Teil Deutschlands, den ich außer Hamburg am besten kannte. Von Kindheit an war ich fast in jedem Jahr dort gewesen. Land und Volk waren mir vertraut. Auch der Dialekt war mir fast so geläufig wie Plattdeutsch. Einst hatten meine Eltern sogar den Plan erwogen, in der Nähe von Bonn sich anzukaufen. Darauf bezieht sich ein Brief des Grafen Paul Metternich, der damals noch Husarenleutnant in Bonn war, an meine Mutter:

»Verehrteste gnädige Frau!
Erstaunen Sie nicht zu sehr darüber, daß Sie einen langen Brief von unbekannter Handschrift aus Deutschland erhalten, und verzeihen Sie, wenn ich gleich mit einer großen Bitte heranrücke. Ich hoffe wirklich, daß Sie mir nicht böse sein werden über den Inhalt, et je craindrais trop de vous déranger s'il ne s'agissait pas des intérêts d'autrui. Erinnern Sie sich noch des Abends, als Sie mir das Geheimnis verrieten, Ihre schönen, aber widerspenstigen Haare an der Stirn festzuhalten. Wahrscheinlich nicht, aber ich habe darin ein besonderes Gedächtnis. Da es nun hier in Bonn Damen mit ebenso eigensinnigem, wenn auch nicht so schönem Haar wie die Ihren gibt, und ich gesagt habe, daß man in Paris unsichtbare Netze dafür hat, so hat man mich um die Adresse gefragt, und ich habe versprochen, mir die Mühe zu geben, in Erfahrung zu bringen, wo man sie bekäme. Meine Bitte geht nun dahin, Gnädige Frau, daß Sie die Güte hätten, mir die Adresse dieses Haarnetzkünstlers mitteilen zu wollen. Jetzt, da ich mit meiner Bitte zu Ende bin, erlauben Sie mir noch eine Bemerkung, die ich nicht unterdrücken kann. Als ich das letztemal die Ehre hatte, bei ihnen zu dinieren, fragten Sie mich, ob Bonn ein angenehmer Aufenthalt sei. Ich erwiderte so leichthin, teils aus Gewohnheit, alles schlecht zu machen, teils weil ich mir Ihre Frage nicht recht überlegte, daß Bonn eine entsetzliche Stadt sei. Dies ist nun durchaus nicht der Fall. Im Gegenteil ist Bonn und Umgegend, besonders Bad Godesberg, für den Fremden, welcher ungestört und ruhig die heißen Sommermonate in einer schönen und gesunden Gegend zubringen will, ein Ort, wie man ihn besser nicht wählen könnte. Ich erin-

nere mich, daß Sie davon sprachen, diesen Sommer nach Deutschland gehen zu wollen, und da mir einfällt, Sie hätten die Frage vielleicht zu dem Zwecke gestellt, um zu wissen, ob man hier einen Teil der Sommersaison angenehm verbringen könnte, versuche ich, meine leichtsinnige Äußerung von damals zu redressieren. Sollten Sie wirklich Ihr Augenmerk auf Bonn richten, so würde es mir natürlich eine große Freude sein, Ihnen jede nähere Auskunft mitzuteilen, was ich auch ziemlich könnte, da ich sehr gut die Gegend kenne. Wenn Sie daran denken, hier Ihren Aufenthalt zu nehmen, so würde mich das, wie Sie sich denken können, auch aus egoistischen Gründen sehr freuen, da ich dann hoffen könnte, Ihnen mitunter meine Aufwartung machen zu dürfen und Ihnen als Cicerone die wirklich charmante Gegend zu zeigen. Auch würde ich Harry von großem Nutzen sein, da ich trotz meines ernsten Charakters mitunter sehr kindisch sein kann.
Zum Schluß bitte ich Sie nochmals um Verzeihung für die Bitte, womit ich Sie am Anfang meines Briefes belästigt habe, und lege mich der schönsten aller Frauen zu Füßen, als Ihr Ihnen ergebenster

Graf Paul Metternich

Bonn, den 11.7.1878, Franziskanerstr. 9«

Leider hat sich der Plan meiner Eltern, die Sommermonate auf dem Lande bei Bonn zu verbringen, nicht verwirklicht, so daß ich nicht den Vorzug genoß, den Grafen Metternich, der später in London als Botschafter mein freundschaftlicher Gönner wurde, bereits als Spielgefährten gehabt zu haben.
Gleich am ersten Tag fuhr ich zu Niesewands nach Mülheim. Ich fand ein hübsches Haus mit alten Möbeln und einer Bildergalerie, in der Ruysdael, Cuyp, Ostade, Rubens vertreten waren; vor allem aber die freundschaftlichste Aufnahme. Von da an war ich während meiner Bonner Semester fast in jeder Woche bei Niesewands zu Gast. Fräulein von Niesewand, die lebhaft und hübsch war, wurde auf den vielen Gesellschaften und Bällen des Winters in Bonn, Köln und auf dem Lande meine fast ständige Kotillon- oder Tischdame. Wir tanz-

ten und plauderten miteinander gleich gern. Wenn nicht Lisette gewesen wäre, die noch lebte, von der ich nichts hörte, an der ich aber mit allen Fasern meines Wesens hing, hätte ich die Sache weiterverfolgt; so blieb es bei einer flüchtigen Studentenliebe, von der ihr Gegenstand, da er viele Verehrer hatte, soviel ich weiß, nichts merkte.

In Bonn fand ich eine Anzahl von Mitschülern wieder: Georg Melchior, Hertz, einen Neffen des großen Physikers, der in Bonn Professor war, Sieveking, Warburg, Ruben, die eine Art von landsmännischer Vereinigung gebildet hatten, in der ich gern und viel verkehrte; namentlich mit Melchior knüpften sich die Bande enger und ebenso mit Hertz, der mich zu seinem Onkel brachte. Dieser litt schon an der bösartigen Kiefervereiterung, an der er jung sterben sollte. Aber noch hielt er, von Krankheit häufig behindert, Vorlesungen. Gerade vor einem Jahr hatte er die Gleichheit von Licht, Elektrizität und Magnetismus experimentell nachgewiesen. Damals ahnte niemand, daß er dadurch Möglichkeiten vorbereitete, die, wie das Radio, Kultur und Politik tiefer beeinflussen würden als irgendeine Erfindung seit der des Buchdrucks. Er experimentierte mit primitiven Apparaten in seinem dürftig ausgestatteten Laboratorium flink und gewandt, um vor uns sein berühmtes Experiment zu wiederholen, ein rothaariger junger Mensch, von dem ich vor allem den Eindruck eines etwas unheimlichen, sehr bescheidenen, aber sehr sicheren Zauberers hatte.

Das war überhaupt das Neue, das Wertvollste an der Universität, daß wir mit freien, bahnbrechenden Geistern als junge Menschen in aller Ehrfurcht, aber sozusagen auf gleichem Fuß verkehren konnten. Freiheit und Gleichheit im Streben nach Wahrheit vereinigte die Besten unter den Studenten und Dozenten zu einer Gemeinschaft. Das unterschied die Universität von der Schule.

Mit drei Bonner Professoren bin ich in diesem Geiste in nähere Beziehungen getreten: mit dem großen Altphilologen Usener, dem Archäologen Kekulé und dem Nationalökonomen Nasse. Bei Usener wurden die Griechen, deren Licht in Hamburg nur bei mir im stillen Kämmerlein gebrannt hatte, während die Schule sie unter einem Berg von staubiger Philologie begrub, wieder springlebendig und zeitgemäß. Er war übrigens nicht nur geistreich und ohne Pedanterie, sondern auch als Erscheinung fesselnd, ein schöner griechischer Philosophenkopf, aus dem gelegentlich Bosheiten wie Stichflammen hervorzüngelten. Kékulé, der damals Ordinarius für Archäologie war und später Direktor des Berliner Alten Museums wurde, hatte die Gabe, ein sicheres Stilgefühl zu wecken und dieses sogar an Gipsabgüssen auszubilden; er las über Olympia und den Parthenon. Nasse, bei dem ich im Seminar arbeitete, beauftragte mich wegen meines Interesses für Arbeiter mit einer Untersuchung über die Invalidenversicherung. Ich mußte in Fabriken gehen, Lohnbücher prüfen, Statistiken aufstellen. Er führte mich von einer sentimentalen zu einer realistischen Betrachtung der sozialen Frage, besprach mit mir meine Folgerungen, gab mir wie einem jüngeren Kollegen Fingerzeige, kritisierte ohne Überheblichkeit. Im Frühjahr hielt ich in seinem Seminar einen Vortrag über diese damals politisch im Vordergrund stehende Frage der Invalidenversicherung. Wir freundeten uns fast an, wozu seine Frau, die auffallend schön und gesellschaftlich gewandt war, nicht wenig beitrug. Das gleiche galt von Frau von Kékulé, einer berühmten Schönheit von fast rein griechischem Gesichtsschnitt und durch und durch große Dame. Sie war eng befreundet mit Cosima Wagner und machte mir durch ihre Schilderungen, noch ehe ich in Bayreuth war, Wahnfried vertraut.

Es ist mir heute merkwürdig, daß ich neben dieser überhitzten geistigen Entwicklung (nebenbei studierte ich – sogar ziemlich fleißig – Jura) ein oberflächliches, aber intensives gesellschaftliches Leben führte. Nachts kam ich selten vor zwei oder drei nach Hause; morgens war ich regelmäßig im Kolleg. Das bekam mir glänzend; ich kann mich nur auf wenige müde oder kranke Tage besinnen.

Kurz nach meiner Ankunft war ich von den Bonner ›Preußen‹ gekeilt, das heißt eingeladen worden, in ihr Korps einzutreten. Es war das Korps, dem der junge Kaiser als »Alter Herr« angehörte und dem durch die große Zahl seiner führenden Mitglieder in hohen und höchsten Stellen der Regierung, Verwaltung und Diplomatie ein unsichtbarer, aber maßgeblicher Einfluß im öffentlichen Leben zukam. Es war, wenn man die Definition Ferdinand Lassalles gelten läßt, daß die Verfassung eines Volkes nicht seine geschriebenen Gesetze, sondern die sich in ihm auswirkenden Machtverhältnisse sind, ein Stück der deutschen oder wenigstens preußischen Verfassung. Ich mußte antworten, daß mein Vater mir verboten habe, in ein Korps einzutreten und nur unter dieser Bedingung gestatte, daß ich in Bonn studiere. Trotzdem luden sie mich ein, ihren Kneipen gelegentlich als Gast beizuwohnen.

Zum ersten offiziellen Kneipabend fuhr mich der Fuchsmajor von der Lancken in seinem Dogcart, den zwei hintereinander à la Daumont angeschirrte Trakehner zogen. Mit der etwas eckigen feierlichen Höflichkeit, die unter Couleurstudenten üblich war, stellten sich mir im Korpshaus die versammelten Korpsbrüder vor, der eine immer hinter dem anderen herantretend: Graf Pückler, Freiherr von Tschammer, Graf Schwerin, Graf Magnis, von Schickfuß, von Renthe-Finck, Kurt von Mutzenbecher, Freiherr von Schröder, im ganzen etwa zehn bis zwölf; alles ganz junge Leute, zum Teil Einjährige in der blaugoldenen Bonner Husarenuniform. Die in Zivil trugen weiße Stürmer, das schwarzweiße Korpsband und meistens eine lange fadendünne Goldkette, die, neben ihrem Korpsband um den Hals gelegt, schräg über die Brust herunterhing. Diese grazilen Ketten machten einen etwas femininen Eindruck, namentlich da einige dazu noch goldene Armbänder trugen. Das Korpshaus war neu gebaut, aber altmodisch im Stil der achtziger Jahre eingerichtet. Im ersten Stock lag die Kneipe, ein langer Saal, in dessen Mitte zwei Tische in T-Form aneinandergerückt standen. An den Wänden hingen Ölporträts des jungen Kaisers und anderer Hohenzollern, die im Korps aktiv gewesen waren: Kaiser Friedrich, der rote Prinz Friedrich Karl, Prinz Friedrich Leopold, und so weiter. Auf einem Eichenbuffet stand eine Bronzebüste Wilhelms I., ein Geschenk des jungen Kaisers. Die Verglasung des einzigen, sehr großen und breiten Fensters bestand aus lauter kleinen Butzenscheiben, auf die die Wappen der Mitglieder gemalt waren. Bürgerliche wurden nur ausnahmsweise aufgenommen.

Pünktlich um achteinhalb begann die »offizielle Kneipe«. »Erster«, das heißt Vorsitzender, war der Graf Pückler. Über die »Füchse«, das heißt die neueingetretenen Mitglieder, die noch nicht ihre drei Bestimmungsmensuren gefochten hatten, herrschte als absoluter Monarch der Fuchsmajor Lancken. Ich wurde gebeten, neben ihm bei den Füchsen Platz zu nehmen. Dann eröffnete Pückler die Kneipe mit einer kurzen Begrüßung und einem von ihm kommandierten, von seinen Korpsbrüdern auf das genaueste nachgeriebenen »Salamander«. Nur ich »klappte nach«. Worauf Lancken mich mit ausgesucht höflichen Worten und einem freundlichen Lächeln »in die Kanne steigen« hieß. Das heißt, ich mußte in einem Zuge einen Ganzen leeren. Ich revanchierte mich, indem ich ihm einen »Bierjungen« anbot. Das heißt, wir mußten wiederum einen Ganzen um die Wette austrinken. Das ging ein paarmal so hin und her, bis ich mir vornahm, Schluß zu machen, indem ich Lancken unter den Tisch trank. Ich bot ihm einen siebenfachen Bierjungen an, das heißt, sieben halbe Liter im Wettkampf miteinander auszutrinken. Eine feierliche Stille trat ein. Staunen ringsum. Die vierzehn Halben wurden angefahren. Pückler übernahm das Kommando. Lancken unterlag um eine Nasenlänge. Von da an wurde ich mit einer gewissen Ehrfurcht angesehen. Aber leider bestand Lancken zum Schluß darauf, mich in seinem Dogcart nach Hause zu fahren. Die Pferde gingen durch, der Wagen überschlug sich, und wir endeten beide in einem Straßengraben; ob bloß, weil Lancken betrunken war – oder weil er überdies in seiner Betrunkenheit aus Übermut und Rache für seine Bierniederlage einen Doppelselbstmord plante, blieb ungeklärt.

Diese etwas rauhen Trinksitten waren aber, wenigstens bei den Bonner ›Preußen‹, durchaus nicht die Hauptsache; wesentlich war die Erziehung der Jüngeren durch die Älteren zu einem Geist der Disziplin und Kameradschaft und die Anpassung an einen überlieferten, idealen »Bonner-Preußen-Typ«. Man erkannte einen ›Preußen‹ auf den ersten Blick. Die meisten gehörten von Haus aus zu der Art von jungen Deutschen wie Schweinitz. Nur waren sie infolge der Korpserziehung noch geschliffener, oft bis zur Glätte poliert, mit etwas härteren Umrissen, doch ebenso geschmeidig. Einige, wie der spätere Staatssekretär von Maltzan, waren nicht nur höflich, sondern schon fast devot, so daß man sie leicht für falsch halten konnte. Die Mehrzahl waren Söhne des norddeutschen oder schlesischen Landadels, die, von Kind auf zum Staatsdienst als Offiziere, Beamte, Diplomaten erzogen, doch nicht daran dachten, jemals ihre Verbindung mit dem Lande aufzugeben, und daher einen gewissen Abstand von der Bürokratie, in die sie eintreten sollten, zur Schau trugen. Bei einigen schlug diese Distanzierung um in leise Zweifel an dem Nutzen und die Unentbehrlichkeit der ihnen zugedachten Rolle. Manche waren mit großen Familien in Österreich, Rußland, England verwandt. Alle waren materiell unabhängig. Durch sie drang ein kleines Maß von Selbstkritik und europäischer Luft in die höheren Regionen der preußischen und deutschen Bürokratie. Ihren Vorsprung in der Verwaltung verdankten sie nicht nur ihren »Beziehungen« – obwohl diese unbestreitbar viel zu ihm beitrugen –, sondern mindestens ebensosehr ihren Umgangsformen, die ihnen in einer überwiegend kleinbürgerlichen und plebejischen Beamtenschaft als Waffe diente, mit der sie bürgerliche Konkurrenten schlugen.

Ich traf den einen oder anderen von den ›Preußen‹ fast täglich bei befreundeten Familien; ihre Kneipe besuchte ich selten. Denn bald nach meinem ersten Abend bei ihnen entstand eine Tischgesellschaft von jungen, hauptsächlich rheinischen Adligen, Fürstenberg, Landsberg-Vehlen, Arco-Valley, Westphalen, Ascheberg, Geyr, Brackel, Eltz, Loe, Kempis, Groote, zwei Kesselers, Schmising-Kerssenbrock. Diesen schloß ich mich, unbeschadet meiner freundschaftlichen Beziehungen zu dem Hamburger Kreis und den Preußen, dauernd an. Bestimmend war, daß ich bei den ›Preußen‹ nicht eintreten durfte und die Hamburger ihr Interesse zu eng bloß auf Hamburg beschränkten. Die Mitglieder des »Rheinischen« Kreises waren trotz ihres Grundstocks doch mehr auf das ganze Reich eingestellt. Sie waren formloser als die Preußen, krautjunkerlicher und, trotzdem einige Söhne von Standesherren oder selber Standesherren waren, ihren Kartoffel- und Weinbauern näher als die jungen Norddeutschen und Schlesier bei den ›Preußen‹. Ihre Vorzüge waren eine große Gutmütigkeit, ein ihrem Katholizismus entsprechender kosmopolitischer Ausblick und bei den besten die aus ihrer Religion fließende echte Humanität. Der Durchschnitt erschien mir, wenn auch geistig beschränkter, so doch menschlich tiefer als die ›Preußen‹. In den großen und kleinen Unterschieden zwischen diesen und jenen wurde der Gegensatz zwischen dem katholischen und dem protestantischen Deutschland auf das deutlichste fühlbar. Und je mehr mich Herz und Kopf zum protestantischen Volksteil hinzogen, um so mehr fesselte es mich, den katholischen, der mir bis dahin trotz häufiger Besuche im Rheinland ferner stand, aus nächster Nähe kennenzulernen.

Durch Niesewands und meine studentischen Kameraden kam ich bald mit zahlreichen Familien in Bonn, Köln und auf dem Lande in Beziehung. Die rheinische Gesellschaft sah damals seltsam aus. Durch die Wahlen zum Reichstag im Winter 1887, die sogenannten Septennatswahlen, war sie in zwei miteinander verfeindete Cliquen gespalten worden. Die einen waren vom Zentrum fort zur Konservativen Partei übergegangen und hatten bismärckisch gewählt. Die andern blieben beim Zentrum in der Opposition. Der Wahlkampf wurde von beiden Seiten mit rücksichtsloser Erbitterung geführt. Eine Ohrfeigenaffäre zwischen zwei prominenten rheinischen Herren auf dem Bahnhof in Brühl bei Bonn goß Öl ins Feuer. Der daran beteiligte Konservative forderte den Zentrumsmann. Dieser weigerte sich aus Gewissensgründen, weil das Duell für Katholiken eine Sünde sei, die Forderungen anzunehmen; worauf der kommandierende General in Koblenz, von Loe, der selbst ein katholischer Rheinländer war, den Offizieren seines Armeekorps untersagte, in den Zentrumsfamilien zu verkehren. Infolgedessen wütete im Winter 1888/89 am Rhein ein gesellschaftlicher Bürgerkrieg. Die Kampffront verlief mitten durch Familien; Verwandte grüßten einander nicht, ein bekannter Adliger gab bei seiner Schwester p. p. c. Karten ab. Bei den Adelsbällen im Hotel Disch in Köln, die von der katholischen Clique beherrscht wurden, zeigte sich in diesem Jahr keine Uniform. Als Protestant konnte ich neutral bleiben und hinter beiden Fronten tanzen. Jede Seite sah es sogar gern, daß ich auch bei der anderen verkehrte. Der Vetter A. fragte mich, wie es bei den

Vettern B., die er nicht mehr grüße, aussehe. Insgeheim trug ich Botschaften hin und her. Es war manchmal fast so aufregend und romantisch wie in einem wirklichen Kriege.
Dabei strengte sich jeder Teil an, den anderen gesellschaftlich zu überstrahlen, so daß der Winter besonders glänzend wurde. Sein Höhepunkt war die Hochzeit der Komtesse Paula Fürstenberg, einer Tochter des Grafen Fürstenberg auf Stammheim, der zur Konservativen Partei gehörte, mit dem schlesischen Grafen Karl Schaffgotsch, der Bonner Husar und ›Preuße‹ gewesen war. Zahlreiche westfälische, schlesische und österreichische Verwandte waren dazu hergereist, die Herzogin von Rohan, eine schöne Gräfin Westphalen, Croys, Auerspergs, Schaumburg-Lippes. Auf dem Ball, der demonstrativ im Hauptquartier der Katholiken, im Hotel Disch, stattfand, erschienen die Bonner Husaren, die ›Preußen‹, die Koblenzer Offiziere vollzählig. Unwahrscheinliche Massen von altem und altmodischem Familienschmuck rückten auf hochgetürmten Frisuren und üppigen Busen in der konservativen Kampffront vor. Das Fest wurde zu einer Art Marneschlacht für den Zentrumsadel. Mir ist der Abend unvergeßlich wegen einer Lektion, die mir die Gräfin Katharina Westphalen erteilte. Sie war eine geborene Bürgerliche und hatte zu Anfang ihrer Ehe gesellschaftlich einen schweren Stand gehabt. Da sie aber schön und gewandt war, hatte sie sich durchgesetzt. Auf einem Sofa zwischen ihren Freundinnen, der Herzogin von Rohan und der Fürstin Auersperg, sitzend, von beiden, die ziemlich korpulent waren, halb verdeckt, bemerkte sie, wie ich zuerst die Herzogin rechts, dann die Fürstin links begrüßte, während sie aus Zerstreutheit von mir übersehen wurde. Worauf sie mit der süßesten Stimme, aber sehr laut sagte: »Mich will anscheinend der kleine Graf nicht kennen!« Und dann lächelnd und mit dem Fächer auf meine Schulter tippend: »Morgen frühstücken Sie bei mir, – zur Strafe!« Zwei Tage später war noch eine Art von Nachfeier mit sämtlichen Hochzeitsgästen auf einem Ball, den ebenfalls zwei »alte Herren« von den Bonner ›Preußen‹ gaben: ein Graf Schulenburg und der Baron Romberg, der später als Gesandter in Bern mein Chef wurde.

Es wäre ein restlos glückliches Jahr gewesen, wenn nicht am Ende des ersten Semesters ein kleiner Mißton sich eingeschlichen hätte.
Am Tage des Semesterschlusses ließen sich mit ungewohnter Feierlichkeit Lancken und Magnis bei mir ansagen. Da wir uns fast täglich sahen, nahm ich an, sie wollten sich nur verabschieden. Zuerst erschien vor meiner Bude Magnis zu Pferd in Uniform mit seinem Burschen, der die Pferde hielt, während er selbst steif und förmlich bei mir eintrat und, ohne sich zu setzen, mit den Hacken klappend mir eröffnete: Die ›Preußen‹ hätten im vergangenen Semester mit Mißvergnügen beobachten müssen, daß ich, obgleich nicht zu ihrem Korps gehörig, eine gesellschaftliche Rolle in Bonn und Umgegend gespielt hätte. Das sei für sie untragbar; und daher sei er, bei aller Freundschaft, genötigt, mir von Lancken eine Forderung zu überbringen. Übrigens sei das nur eine Formsache und solle, wenn ich damit einverstanden sei, an unseren freundschaftlichen Beziehungen nichts ändern. Auch müsse er hinzufügen, daß er ohne offiziellen Auftrag des Korps und nur für Lancken persönlich spreche. – Inzwischen war zu meiner Überraschung und gegen jeden Brauch dieser selbst eingetreten und stand stumm und verlegen hinter Magnis. Ich mußte trotz aller Feierlichkeit lachen, bat sie, sich zu setzen, was sie ablehnten; dann erwiderte ich: Gut, wie es mit den freundschaftlichen Beziehungen werden würde, müsse sich zeigen, aber ich hätte eine Ferienreise nach Italien vor, mein Zug gehe in wenigen Minuten; nach meiner Rückkehr würde ich bei einem anderen Korps Waffen belegen, mich einpauken und nach sechs Wochen Lancken zur Verfügung stehen. Beide klappten noch einmal mit den Hacken, machten links um und verschwanden.
Lancken, der später und bis zu seinem Tode einer meiner besten und treuesten Freunde wurde, war ein typischer Junker und Draufgänger, furchtlos bis zur Verwegenheit, menschlich anständig, der Kaste und dem Freundeskreise, dem er angehörte, bis in den Tod ergeben. Er sah aus wie ein junger Wikinger, rotblond, groß, knochig, ungelenk, mit breiten Backenknochen, aber einem sonst schmalen, aristokratischen Gesicht; nicht schön, aber auffallend durch die eckige Kraft seiner Züge. Ohne jede geistige Kultur und dessen sich bewußt, hatte

er eine Art von Ehrfurcht vor geistig Überlegenen, vor einem möglichen Führer, und war dann, wenn er einen gefunden zu haben glaubte, von einer Hundetreue. Er hatte Grundbesitz auf Rügen, warf das Geld zum Fenster hinaus, bewirtete seine Gäste bei sich am Strande in einem Zelt aus hellblauer Seide, verspielte Unsummen, nahm sich Mädchen von der Straße und bezahlte sie königlich und war überhaupt, wenn ihn niemand bändigte, hemmungslos. Er fuhr und ritt gern undressierte Pferde, jagte sie in Karriere durch die Straßen. Als Einjähriger bei den Husaren konnte er nicht avancieren, weil er einmal auf einem Pferde, das er nicht mehr halten konnte, einen Leichenzug gesprengt hatte. Wegen dieses Mißgeschickes dauerte es Jahre, bis er die Knöpfe bekam und schließlich Offizier wurde. Später hat er in Berlin, aus der Friedrichstraße in die Linden einbiegend, den Kaiser fast über den Haufen gefahren. Der Kaiser ließ den unvorsichtigen Fahrer anhalten, zur Feststellung seiner Person heranholen und erkannte in ihm zu seiner großen Belustigung seinen Korpsbruder Lancken. Schließlich ist er seiner Freude an schwer zu reitenden Pferden zum Opfer gefallen. Bei einer Felddienstübung überschlug sich ein junges Tier mit ihm. Er blieb darunter liegen, ließ sich wieder in den Sattel heben, ritt nach Hause, legte sich zu Bett, weil er in der Seite Schmerzen fühlte, und während zwei oder drei Freunde bei ihm saßen, fiel plötzlich sein Kopf auf die Brust, er war tot.

Aus einem ähnlichen, nicht ganz so tragischen Anlaß wurde aus unserem Duell nichts. Auf dem Exerzierplatz bei Bonn ging sein Pferd mit ihm durch, streifte in Karriere einen Baum, der seinen rechten Arm zerschmetterte. Das war im Frühsommer. Er ließ mich zuerst um eine Frist bitten, bis sein Arm geheilt sei; dann wurde die Sache unter dem Druck von anderen ›Preußen‹ und »alten Herren«, die sie von Anfang mißbilligt hatten, beigelegt. Lancken selbst sagte mir, sie sei eine Kinderei gewesen; wenn es mir recht sei, wollten wir nicht mehr davon reden.

Infolge der Forderung von Lancken traf ich aber seltsamerweise zum erstenmal meinen späteren Freund Eberhard Bodenhausen. Ich hatte, um mich einzupauken, Waffen bei den ›Hanseaten‹ belegt und fuhr mit ihnen zu den Mensuren, die frühmorgens im Kottenforst stattfanden. Bei einem Waffengang zwischen einem der Ihren und einem andren Studenten wirkte Bodenhausen als Unparteiischer. Wenn ich nicht irre, war er bei den Preußen »Erster« gewesen, studierte aber jetzt auswärts zum Examen. Er fiel mir durch eine kalte, aber fast ideale Schönheit auf. Groß, blond, mit einem schlanken, flinken, vollendet proportionierten Körper, mit Gesichtszügen, die eher englisch oder griechisch als deutsch waren, schien er wie ein zum Leben erwecktes, von einem inneren Feuer bewegtes griechisches Bildwerk. Das einzige, was plump an ihm war, waren seine Hände, die schwer und groß waren; er selbst sagte, wenn von Händen die Rede war, lachend: »Ich mit meinen Lustmörderhänden!« Unter seinen Korpsbrüdern bewegte er sich wie ein König. Die Art, wie er als Unparteiischer mit seinem Schläger dazwischenfuhr, um den Kampf, wenn er unfair zu werden drohte, aufzuhalten, war so souverän und hatte zugleich eine solche fast tänzerische Grazie, daß die Mensur zu einem ästhetischen Schauspiel wurde. Der Paukkomment verbot, daß wir miteinander sprachen; aber ich erinnere mich, daß die ›Preußen‹ Bodenhausen dauernd im Munde führten als einen aufgehenden Stern, als Vorbild, eine Art von Wunder. Namentlich Lancken, der fast in allem sein Gegenteil war, sprach von ihm mit einer kindlichen Begeisterung und Anhänglichkeit. Er hatte, so schien es, irgend etwas Neues in den alten ›Preußen‹-Geist hineingetragen, das die meisten jüngeren ›Preußen‹ wenigstens zur Schau trugen und durch das sie sich von den Mitgliedern der andern schlagenden Verbindungen distanzierten.

In Stammheim bei Fürstenbergs, auf der Schweppenburg bei Geyrs, in Wahn bei Eltzens, in Langenberg bei Loes, auf dem Ahrenfels bei Westerholts, in Morsbroich bei Diergardts, bei Kerssenbrocks in Kükelink und auf manchen anderen Landsitzen habe ich während meiner Bonner Semester ohne Unterschied der Partei glückliche Stunden verbracht. Soweit meine damaligen Gastgeber noch am Leben sind, möchte ich ihnen hier noch einmal danken. Unter ihnen war einer, dessen Bild mir stets gegenwärtig geblieben ist: der alte Freiherr von Loe auf Langenberg; sein Sohn Clemens gehörte zu unserer

Tischrunde. Der Vater war als Gegner der Bismarckschen Kulturkampfpolitik bekannt und daher als »Reichsfeind« verfemt. Er lebte anscheinend ziemlich einsam, aber stolz und ungebeugt, auf seinem Schloß. Viele von seinen alten Freunden hatten sich von ihm losgesagt. Er blieb, was er immer gewesen, der Freiherr von Loe, ein frommer und vornehmer Katholik. Er hatte schneeweißes Haar, war groß und ging vom Alter leicht gebückt. Sein Gesicht strahlte Güte aus. Gegen junge Leute war er von einer entzückenden spielerischen Liebenswürdigkeit.

Ich kochte vor Jugend über, tanzte, studierte, schrieb Gedichte, die ich wieder vernichtete, und, noch vorhanden, den Anfang einer Novelle, in deren Mittelpunkt Lisette stehen sollte. Der Hintergrund dieses Studentenlebens – der Rhein, das Siebengebirge, der Drachenfels, die Loreley – machte mir reine Freude eigentlich nur im Mondschein, bei Tageslicht sah man rechts und links an den Weinbergen zu viele Restaurants! Aber bei leichtem Nebel, in einem blassen Mondlicht, wenn wir zu zweien oder dreien in einem Kahn oder neben ihm her schwimmend mit dem Strom kämpften, wurde die Landschaft mächtig und sagenhaft. Wir scherzten, einmal werde eine Nixe zu uns ins Boot steigen!

Und wirklich geschah es. Sie nannte sich Viola. Ein junger Student, der gelegentlich in unserem Kreise verkehrte, aber viel allein herumstrich, hatte sie, *»auf einem Felsen am Rhein sitzend«,* wie er sich ausdrückte –, in Wirklichkeit auf einer Rheinterrasse bei Rolandseck angetroffen. Da er hübsch war und noch sehr jung und etwas romantisch aussah mit dunklem leicht gelocktem Haar und großen unschuldigen Augen, hatte sie ihn bemerkt und ihm, als er sie ansah, zugelächelt. Schüchtern nahte er, sie aber forderte ihn lachend auf, sich zu setzen. Sie war etwa zwei- oder dreiundzwanzig, ganz unbefangen, anscheinend eine Künstlerin, eine Sängerin oder Tänzerin (was und wer sie wirklich war, haben wir nie erfahren). – Ein Freund und ich waren nach Rolandseck gerudert, um nachts bei Vollmond den Rhein nach Bonn hinabzutreiben. Als wir auf die Terrasse kamen, saßen die beiden, die sich eben erst kennengelernt hatten, in ein Gespräch vertieft, wobei die junge Frau fortwährend leise lachte. Sie trank wenig, aber erzählte viel, in einem leicht spöttischen Ton, von großen Wäldern und einem Schloß an der See, in dem sie unter lauter alten Leuten – »selbst die Diener waren über siebenzig« – aufgewachsen sei. Bis zu ihrem fünfzehnten Jahr habe sie nie ein Kind oder einen jungen Menschen gesehen, auch nie gespielt, immer nur gelesen und sich selber Geschichten erzählt. Unser Freund scherzte, ob das Schloß vielleicht an einer Meeresbucht in den böhmischen Wäldern läge und sie irgendwie mit Shakespeares Viola verwandt sei? Lachend antwortete sie, sie heiße gar nicht Viola, sondern Sonja und sei Russin oder Polin, sie wisse das selber nicht so genau; aber ein alter reicher Onkel habe sie in Petersburg ausgeführt, manchmal zu Bällen bei Hofe, manchmal in die Oper, manchmal zu den Zigeunern auf die Inseln; von diesen habe sie tanzen und singen gelernt. Bei den Schlittenfahrten nachts in den verschneiten Wäldern habe man sie »Elfenkönigin Sonja« getauft, weil sie über ihrem weißen Pelz immer einen langen leichten blauen Schleier trug, der im Mondschein wie ein Nebelstreif hinterher schwebte. Übrigens heiße sie doch Viola! Ihre Verwandten hätten eine Villa bei Ravenna im Pinienwald am Meer; dort sei sie der Haushälterin, einer achtzigjährigen Hexe, anvertraut gewesen, und diese habe sie Viola genannt. Die alte Frau habe allerhand Zauberei getrieben, die Mücken besprochen, daß sie nicht stachen, die Schwaben, daß sie reihenweise ins Feuer purzelten, die Kreuzottern, daß sie ihr Gift verspritzten und mit sich spielen ließen. Es war bei der jungen Frau schwer, zwischen Wirklichkeit und Phantasie zu unterscheiden. Sie sprach mit einem leichten russischen Akzent, von dem sich aber auch nicht feststellen ließ, ob er echt oder nachgemacht war. Allerdings hatte sie einen slawischen Typ, dunkle, blitzende, etwas geschlitzte Augen, kastanienbraunes leichtgewelltes Haar, das sie kurzgeschnitten wie die russischen Studentinnen trug, einen kleinen, schmalen, harten Mund und die schönsten Zähne. Als einzigen Schmuck trug sie am Arm einen dünnen Goldreif mit drei großen Rubinen oder Karfunkelsteinen, die in gleichen Abständen um ihn verteilt waren; er fiel auf und war in der Form sehr ungewöhnlich. Als wir ihn bewunderten und ihr Freund die Hand darauf legte, lachte sie hell auf, er solle sich hüten, der Reif sei verzaubert, ein Geschenk ihres alten reichen Onkels, der ihr empfohlen habe, ihn gut aufzuheben, er werde ihr eines Tages einen Mann verschaffen. Nur solle sie sich vor diesem in acht nehmen, denn er werde jung, schön, aber sehr böse (»Serr böse«) sein! Vielleicht allerdings auch nicht; denn nur *einer* von den Rubinen habe Gewalt über schöne und böse Männer, um sie anzuziehen, die beiden anderen spähten nach guten und lauen aus. Das sei aber nicht so wichtig; denn sie habe viel Phantasie und kein Herz, daher werde selbst ein böser Mann es ihr nicht brechen können. Dabei lachte sie wieder hell. Uns war, als ob die drei Rubinen uns plötzlich mit Feueraugen ansähen. Es wurde spät, sie erhob sich und bestimmte, sie wolle mit uns nach Bonn den Rhein hinuntertreiben.

Als wir ans Wasser kamen, war Nebel aufgestiegen, den der Vollmond blau färbte. Wir stießen lautlos ab; sie beugte sich über den Bootsrand und starrte ins rasch fließende, dunkle Wasser. In der Mitte des Stromes begann sie leise auf französisch die Arie der Philine aus der Oper ›Mignon‹ zu trällern:

»En ce pauvre monde où nous sommes
Si toute femme est comme moi
Coquette, légère et sans foi...«

Sie hatte eine kristallklare Stimme und sang die Koloraturen mühelos und rein; dabei ließ sie das Wasser durch ihre Finger gleiten, einzelne Tropfen, die sie nach uns spritzte, glitzerten wie Diamanten. Plötzlich fragte sie, ob wir auch nachts tauchen könnten? Sie wollte für den geschicktesten Schwimmer einen Preis aussetzen; welchen, werde sie uns sagen, wenn wir fertig zum Absprung seien. Wir waren etwas beschwipst und zogen uns gleich aus. Als wir nackt waren, sagte sie: Der Preis sei ihre Liebe... Aber *welchen* von uns sie lieben werde, das solle ihr Reif bestimmen. Sie streifte ihn vom Arm, brach ihn in drei Stücke und fügte hinzu, sie werde uns jedes Stück einzeln nachwerfen, der erste, der ihr eines zurückbringe, solle sie lieben dürfen. Wir sprangen alle drei gleichzeitig ab. Zwei Stücke sanken, ohne daß wir sie sahen, auf den Grund; das dritte blitzte einen Augenblick im Mondschein und fiel in die Nähe ihres jungen Freundes, der es im

Tauchen auffing. Als wir ins Boot zurückkehrten und während wir uns anzogen, trällerte sie wieder das Lied der Philine:

»... toute femme est comme moi
Coquette, légère et sans foi...«

Dann brach sie plötzlich mitten in der Arie ab und lag mit geschlossenen Augen im Heck. Ihr junger Freund legte ihr den Arm um den Hals. Und ohne daß einer ein Wort gesprochen hätte, landeten wir in Bonn.

Drei Wochen schienen beide restlos glücklich. Sie nannte sich jetzt »Hans« und ging als Junge gekleidet. Die Mütze schief aufs linke Ohr gerückt, eine Gerte schwingend, die Figur schlank und leicht, sah sie aus wie ein sechzehnjähriger Gymnasiast. Ihr Freund, den man selber für einen Schüler halten konnte, gab sie für seinen kleinen Bruder aus. Zu ihm sagte sie »Towaritsch«, uns nannte sie »Herrr Kammerrad!«

Eines Tages war sie plötzlich verschwunden. Sie hinterließ einen Brief, der in einem drolligen Gemisch von Deutsch, Russisch, Französisch ungefähr so lautete:

»Towaritsch, ich fürchte, daß, wenn wir zusammenblieben, in uns beiden ein unbequemes Organ, ein Herz wachsen könnte. Mais avant tout je tiens à ma liberté. Ich habe damals auf dem Rhein den falschen Rubin gefaßt; du bist nicht, wie ich hoffte, ›sehr böse‹, sondern einer von den Lieben und Guten. Ceux-là sont les plus dangereux. Aber, nitschewo! Ich gehe. Wir werden uns nicht wiedersehen. Ich suche einen, der weniger gut und deutsch ist. Du lebst in meiner Erinnerung wie ein Volkslied. Ich aber muß Koloratur singen. Sei nicht traurig, es gibt genug hübsche deutsche Mädchen am Rhein.

Addio! Viola«

In den Sommerferien besuchte ich zum erstenmal Bayreuth. In Bonn war ich dem Richard-Wagner-Verein beigetreten, dem mehrere Bekannte, Kekulés, Romberg, Mutzenbecher, Magnis, angehörten. Dort hatte ich Daniela Thode, die Tochter Hans von Bülows und

Cosima Wagners, kennengelernt, die einen starken Eindruck auf mich machte. Nicht so sehr physisch, obwohl sie jung und eine seltsam schöne, fast exotische Erscheinung war mit dunklem Haar und herrlichen Augen; nein, sie zog mich an, weil sie mit einem mir bis dahin unbekannten Fanatismus einen mystischen Kult betrieb, die Anbetung ihres Stiefvaters Richard Wagner. Ich glaube, daß diese Art von Mystik, die einen Menschen nicht bloß zu einem Übermenschen umdeutete, sondern auch gegen jede Kritik wie gegen ein Attentat schützte, erst von den Wagnerianern erfunden worden ist. Jedenfalls war Daniela Thode ganz von dieser Anbetung durchtränkt, jedes Wort, das sie sprach, glühte und leuchtete von ihr. Sie selbst bekam dadurch etwas verführerisch Priesterliches, Magierhaftes, wie aus einer längst vergangenen prophetischen Epoche der Menschheit oder aus einer fernen, noch tief verschleierten Zukunft. Mit dieser Mystik verband sie eine mir ebenso neue, philosophische Auffassung der Musik. Ich fing damals gerade an, mich ernsthaft mit Philosophie zu beschäftigen, las zum erstenmal die ›Kritik der reinen Vernunft‹, die mein Weltbild umwälzte, die wirkliche, sichtbare, tastbare Welt in ein Nichts verflüchtigte. Das Gefühl, das ich in Norderney vor der Natur hatte, als sei sie ein bodenloser Abgrund, in den man hineinstürzen und sich auflösen möchte, kristallisierte sich zu einer Weltanschauung. In diesem Augenblick lernte ich Daniela Thode und ihre Auslegung der Musikwerke ihres Stiefvaters kennen, die überraschend zu meiner neu gewonnenen Philosophie paßte. Die zwei oder drei Gespräche, die ich mit ihr hatte, hätten mir gefährlich werden können, wenn mein Lebenswille schwächer gewesen wäre; ich machte Einwendungen, sie zitierte Schopenhauer, ich sagte mir, daß nur in Bayreuth eine Antwort zu finden sein werde.

In Bayreuth wurde alle Überlegung über den Haufen gerannt durch die Wucht des Eindrucks. Hinter der wie eine Sturmflut den Hörer dahintragenden Musik war die Philosophie nur ein ferner Horizont. Meine Mutter, die ich begleitete, hatte so viel auszusetzen, daß ich den geplanten Besuch in Wahnfried aufgab. Sie war ganz auf Mozart, Schubert und italienische Musik eingestellt und fand Wagner genial, aber schwülstig, musikalisch hohl und demagogisch. Ich konnte mich wie bei Bismarck nicht dem Zauber seiner Persönlichkeit, seines Genies entziehen. Wirklich hatten Wagner und Bismarck in den Mitteln, mit denen sie wirkten, und auch in der Taktik, durch die sie siegten, manches gemein. Daniela Thode sah ich flüchtig, Cosima nur aus der Ferne, eine lange, knochige, unwahrscheinlich herrische Erscheinung ganz in Schwarz, eine Maintenon, eine Königswitwe, dachte ich.

4

Im Winter übersiedelte ich nach Leipzig. Ich wollte den Nationalökonomen Brentano, den Psychologen Wundt, den Professor der Kunstgeschichte Anton Springer hören. Außerdem hatte ich durch meinen Bonner Kreis Beziehungen zu einem ähnlichen Kreis in Leipzig, den ›Canitzern‹; und dies gab wohl den Ausschlag.

Meine erste Sorge in Leipzig war, mit den ›Canitzern‹ die Verbindung aufzunehmen. Ich ging mit einem Empfehlungsbrief an den Vorsitzenden, einen Herrn von Könneritz, ins Hotel ›Stadt Dresden‹, wo die Verbindung zu Mittag aß, und wurde gleich hereingebeten und der Tischrunde vorgestellt; zugegen waren, wenn ich mich richtig erinnere, Ottobald Werthern, ein Sohn meines alten Norderneyer Freundes, des Grafen Werthern-Beichlingen, Alfred Nostitz, Lothar Spitzemberg, Walter Hermann, eine Anzahl junger Junker: Puttkamer, Usedom, Kessel, Scheliha, Zedlitz, Matthiessen, Henning a. d. Winkel, ein Graf Stosch, ein Graf Vitzthum und Gustav Richter. Nach Tisch zeigten sie mir ihre »Kneipe«, einen langen schmalen Keller, der mit Eiche getäfelt und mit Wappen von ›Canitzern‹ geschmückt war. Der feudal klingende Name der Verbindung stammte allerdings nicht von der gräflichen Familie Canitz, sondern ganz bescheiden von dem Kneipwirt, der Canitz hieß. Es war ein fester Kreis von jungen Adligen, hauptsächlich aus Pommern, Schlesien, Brandenburg und Sachsen, der keine Farben trug, keine Bestimmungsmensuren focht, aber nicht grundsätzlich das Duell ablehnte. In Leipzig, wo die farbentragenden Verbindungen weniger angesehen waren als in Bonn, spielte er gesellschaftlich die erste Rolle. Auf Bällen tanzten die jungen Leipziger Damen lieber mit einem ›Canitzer‹ als mit einem Leutnant. Auch waren viele ihrer »alten Herren« in Preußen und im Reich in führenden Stellungen; und als Friedrich Wilhelm von Loebell Chef der Reichskanzlei und der Geheime Kabinettsrat Rudolf von Valentini Chef des Zivilkabinetts des Kaisers wurde, beide als ›Canitzer‹, da stand der politische Einfluß der Verbindung kaum hinter dem der Bonner ›Preußen‹ zurück. Für selbstverständlich galt in beiden Verbindungen, daß Adlige im allgemeinen bessere Menschen seien als Bürgerliche und das Wohl des Staates daher gebiete, Adlige in Heer und Verwaltung zu bevorzugen. Kleine Unterschiede zwischen beiden Kreisen fielen demgegenüber nicht schwer ins Gewicht. Die ›Canitzer‹ waren etwas weniger geschliffen als die ›Preußen‹, dafür auch weniger schablonisiert, außerdem fleißiger und sparsamer: Viele kamen mit einem recht knappen Monatswechsel ohne Schulden aus, rechneten genau, ohne knauserig zu sein, und hatten stets ihr Familiengut in Pommern oder Schlesien vor Augen, wenn sie in Versuchung gerieten, zu spielen oder sonst auszuschweifen. In dieser Hinsicht waren sie sogar preußischer als die ›Preußen‹: ausgezeichnetes Beamtenmaterial.

Zunächst fror mich in Leipzig. Die große Stadt, die unübersehbare Zahl der Studenten, die flache, reizlose Umgebung schufen ein geistiges Klima, das anders war als am Rhein. Auch war der gesellschaftliche Hintergrund nicht ein gastfreier, lebensfroher Landadel, sondern eine zum Teil materiell beschränkte Professorenschaft und eine zwar wohlhabende, aber vielfach noch etwas provinzielle Bürgerschicht. Die Folge war, daß die Beziehungen zwischen Hörern und Dozenten, zwischen Studenten und »Gesellschaft« weniger eng waren als in Bonn, um so enger allerdings die zwischen Kameraden: denn wir verkehrten hauptsächlich untereinander; die gesellschaftliche Ablenkung war zunächst gering.

Das änderte sich allerdings im Frühjahr, als die beiden Brüder des späteren Königs von Sachsen Friedrich August, die jungen Prinzen Hans und Max von Sachsen, nach Leipzig kamen, um zu studieren, und in unsern Kreis als Hospitanten eintraten. Denn sie sollten nicht bloß lernen, sondern auch die etwas gelockerten Bande zwischen Leipzig und dem sächsischen Königshause wieder enger knüpfen, natürlich ohne bei Preußen anzustoßen; und das bedingte einen ausgedehnten, sorgfältig gesiebten und ausbalancierten Verkehr sowohl mit preußischen wie mit sächsischen Spitzen der Gesellschaft, in den wir hineingezogen wurden.

Die Prinzen wurden unterstützt von einem kleinen Hofstaat, in dem die Hauptrollen der zu ihnen als Begleiter kommandierte Major Freiherr von Reitzenstein und seine Frau spielten, neben denen gelegentlich junge, gut tanzende sächsische Offiziere und der eine oder andere Hofmarschall auftauchten. Der Major von Reitzenstein war ein guter Offizier, gerade, loyal und seinem Herrn und König treu ergeben, konservativ bis in die Knochen, dabei von vollendetem Takt und durch und durch Grandseigneur, so daß er für die Prinzen ein in gesellschaftlichen Fragen idealer Berater war; seine Frau, der später als Obersthofmeisterin in der Ehetragödie des sächsischen Kronprinzen eine schwere und entscheidende Rolle zufiel, besaß bei aller Strenge ihrer christlichen Grundsätze einen gewinnenden, fast mädchenhaften Zauber, der bald aus ihr den von vielen angeschwärmten weiblichen Mittelpunkt unseres Kreises machte. Von den Hofmarschällen wurde uns der Herr von Haugk zum Typ des korrekten, nie versagenden Hofmannes. Mit einem gutgeschnittenen, etwas hölzernen Gesicht, das, wenn er sprach, immer lächelte, peinlich elegant nach der letzten englischen Mode von seinem tüchtigen Dresdner Schneider eingekleidet, stets, auch am späten Abend auf der Kneipe, selbst wenn er nicht mehr ganz sicher auf den Beinen war, verbindlich, bei aller höfischen Glätte aber nicht ungern den Prinzen dann und wann eine leichte Lektion erteilend, gewandt und treuherzig, entbehrte seine Figur nicht eines leisen Anflugs von Komik. Überhaupt gab es manche komischen Elemente in der durch die Anwesenheit der Prinzen geschaffenen Situation. Sie war nicht ganz wie in ›Alt-Heidelberg‹, da weder der eine noch der andere Prinz dem »Erbprinzen Karl Heinz« glich, aber der diplomatische Auftrag, Leipziger Sympathien zu gewinnen, der in einem unlösbaren Widerspruch stand zu der gar nicht auf Diplomatie und verbindliche Kompromisse eingestellten Persönlichkeit des Prinzen Hans, zeitigte fortlaufend kleine lustspielhafte Spannungen und Entladungen. Dabei befleißigte sich der Prinz eines schlicht bürgerlichen Auftretens, war äußerst gutmütig, sächselte von Haus aus ganz natürlich, dichtete freundliche Gedichte und einmal sogar ein Trauerspiel ›Pontius Pilatus‹ und besaß einen Berg von Kenntnissen, die ihm zu restloser Anerkennung bei den Professoren verholfen hätten, wenn er nicht von Zeit zu Zeit aus diesem Gaurisankar von theologischer und kunstgeschichtlicher Gelehrsamkeit einen Klumpen herausgebrochen und einem ins Gespräch gezogenen Reichsgerichtsrat oder nichtsahnenden Professor der Biologie auf den Schädel geschmettert hätte. Doch war er, was schon selten zu werden anfing, ein Charakter, aufrecht und seinen Freunden und Meinungen unter schwierigen Umständen treu. Bei uns genoß er daher Achtung und Freundschaft; aber auf manche Leipziger wirkte er wie ein Fremder.

Der jüngere Prinz war äußerlich viel bescheidener, ein frischer, hübscher Junge, der geistig weniger hoch flog als sein Bruder, aber im Gegensatz zu diesem ein glühendes Interesse für soziale Fragen hatte. Äußerlich gab er sich als junger, unbekümmerter Prinz, der für jeden Studentenulk zu haben war; doch wenn man ihn beobachtete, merkte man, daß er unwahrscheinlich rein und noch katholischer als sein Bruder war. Man mußte ihn gern haben, und doch fühlte man, daß er, wie gewisse blonde Infanten von Velasquez, seelisch sonderbar verschlossen und unzugänglich war. Er machte in Leipzig seinen juristischen Doktor, sattelte dann zur Theologie um, verzichtete auf seinen Rang, wurde einfacher Priester und widmete sich zunächst der Fürsorge für die Armen im Ostende von London.

Der älteste Bruder der Prinzen, der spätere »Geenig«, der nach Beendigung seiner Studien bei einem Regiment in Dresden Dienst tat, erschien auch ein paarmal auf unserer Kneipe. Er war der einzige von den Prinzen, der volkstümlich war; trank gern, hatte Humor, ging geistigen Gesprächen aus dem Weg, wodurch er Ärgernis vermied – war überhaupt viel gescheiter, als er selbst gern erscheinen wollte, und gab schon damals die komischen, ins Schwarze treffenden Antworten, die ihn später, unter der Republik, zum populärsten deutschen Monarchen machten. Als ich ihn einmal leicht angetrunken nach Hause brachte und die Polizei ihn wegen nächtlicher Ruhestörung stellte, entwickelte sich ein so zwerchfellerschütterndes Gespräch zwischen ihm und den Schutzleuten, daß sie ihn vor Lachen laufen ließen; erst dann gab er sich zu erkennen: »Nu säht emal, guckt mich an; ich bin Sie doch euer Dronfolger!« Doch auch *seine* Fühlung mit dem Volke war oberflächlich; in Wirklichkeit lebte er in derselben fremden fernen Welt wie sein ganzes Haus.

In einem losen, aber fortlaufenden Verkehr mit den sächsischen Prinzen und unserem Kreis standen noch einige andere in Leipzig studierende Fürstlichkeiten; so der Erbgroßherzog von Hessen und der Prinz Heinrich XXXI. von Reuß. Der Erbgroßherzog hatte als Enkel der Königin Viktoria viel von einem Engländer. Das Kneipen sagte ihm wenig zu, er liebte den Sport, tanzte vorzüglich, trug mit Eleganz den Frack, war überaus lustig, temperamentvoll, ja feurig, aber mit Grazie, wie ein Vollblüter, und hatte im jungen Rudolf Binding einen einsichtigen und klugen Freund und Berater. Er war von allen deutschen Fürsten der, der am natürlichsten den Eindruck eines Europäers und Weltmannes machte.

Die Geselligkeit, in die wir durch die Prinzen in Leipzig und Umgebung hineinkamen, blieb trotz gesteigerten Betriebs weiter provinziell. Allerdings gab es Ausnahmen. Zu diesen gehörte ein Besuch mit dem Prinzen Hans beim Grafen Friedrich Vitzthum in Schön-Wölkau. Hier lebte noch das Sachsen August des Starken und des Grafen Brühl, des Zwingers und der Dresdener Hofkirche, ein Sachsen, das politisch und als Kulturzentrum eine Großmacht gewesen war. Das Schloß hatten Friedrichs Panduren im Siebenjährigen Krieg verwüstet; und seitdem war der Festsaal zum ewigen Gedächtnis so verblieben, wie ihn die Preußen verlassen hatten, mit Bajonettstichen in den Bildern der Kurfürsten und dem seidenen Wandbehang und Einschlägen in der italienischen Stuckdecke, auf die die Soldaten aus Übermut ihre Flinten abgeschossen hatten. Alle andern Räume waren wieder wie vor 1757: hell und feierlich, Weiß und Gold; gepuderte Lakaien bedienten. Das Tischtuch an der runden Tafel, an der wir in einem Kreis von zehn Personen saßen, bestand aus einem Beet dunkelroter Rosen, in die die silbernen Teller, Leuchter, Aufsätze eingebettet standen. Obwohl in der Dämmerung die Bäume draußen im Park noch schattenhaft sichtbar waren, brannten schon die Kerzen und schlossen den Raum um uns zu einer Insel ab. Der Prinz schwelgte in Erinnerungen; einige an die galante Zeit seiner Vorfahren und ihrer Hofhaltungen in Dresden und Warschau waren höchst pikant. In jener fernen, prunkvollen katholischen Barockwelt wurzelte das sächsische Königshaus; nur war das alles schon gespenstisch, und zur deutschen Gegenwart führte keine Brücke.

Der studentische und gesellige Hochbetrieb um die Prinzen schenkte mir innerlich kaum mehr als die freundschaftliche Annäherung an zwei sympathische junge Menschen und einen beunruhigenden Eindruck in die Hohlheit des angeblich so kräftigen dynastischen Volksempfindens, auf das Bismarck die Reichsverfassung gestellt hatte. Meine wirkliche Fortentwicklung ging in den Seminaren einzelner Professoren vor sich, bei Brentano, Wach, Springer, Wundt, und in langen Diskussionen auf der Kneipe oder beim Nachhausegehen mit drei oder vier Freunden, Gustav Richter (»Musch«), Alfred Nostitz, Eberhard Bodenhausen, der, wie schon erwähnt, ›Preuße‹ war, aber in Leipzig sein Examen vorbereitete; später, bei gelegentlichen Besuchen, mit Gerhard Mutius und seinem Vetter, dem Grafen Hans Harrach, die beide noch Gymnasiasten in Schulpforta waren. Bei Brentano, der wegen seiner sozialen Tendenzen von gewissen Leipziger Kreisen heftig befeindet wurde, setzte ich meine Untersuchungen über Arbeiterversicherung und Zustände in Fabriken fort. Wach fesselte uns durch seinen Geist und Sarkasmus; bei ihm erschien das Recht wie ein fließendes, nie erstarrendes Gebilde, das einem immer dann durch die Finger glitt, wenn man es zu fassen meinte. Er belegte die Widersprüche von Recht und Gerechtigkeit mit witzigen Beispielen, zeigte überhaupt, wie problematisch der Begriff der Gerechtigkeit sei. Binding, bei dem ich ebenfalls hörte, trieb in seinen Strafrechtsvorlesungen diese Unterscheidung zwischen Recht und Gerechtigkeit bis ins Paradoxe. Ich hatte ein Gefühl, als ob das Recht in solcher Auslegung zu einer Schule der Gesinnungslosigkeit werden könnte; und obwohl Wach und Binding mich durch ihren Geist anzogen, hatte ich doch am meisten von Springer und Wundt.

Springer, der ein alter Demokrat und großdeutscher Feuerkopf war, hatte sich aus der Politik in die Kunstgeschichte zurückgezogen, aber sein Temperament in die Fachwissenschaft mitgebracht. Seine Vorträge waren Reden. Er behandelte uns wie ein Parlament. Er fühlte sich als Parteiführer und kämpfte leidenschaftlich gegen die feindliche Fraktion, als deren Oberhaupt er Herman Grimm in Berlin anprangerte: Was dieser seinen Schülern und Leserinnen (er betonte *»Leserinnen«*) vortrage – dabei schmiß er Grimms ›Rafael und Michelangelo‹* knallend aufs Katheder –, sei »Geschwätz«, mißglückter historischer Roman, Kolportage. Genau das Gegenteil tue not: die Kunstgeschichte zu einer Wissenschaft erheben, die in Laboratorien Tatsachen ebenso einwandfrei registriere wie die Biologie oder Chemie. Gerade sie sei die einzige Geisteswissenschaft, die, mit Ausnahme vielleicht der experimentellen Psychologie, wirklich wissenschaftlich arbeiten könne; denn weder die politische Geschichte noch die der Literatur seien im wahren Sinne Wissenschaften. Dagegen die Kunstwissenschaft verfüge über Dokumente, die ebenso unanfechtbar seien wie Schädelformen oder Gesteinsarten, nämlich die »Handschriften« der Künstler und Kunstschulen. Wie keine zwei Eichen dieselben Äste oder Blätter trügen, so formten auch nie zwei Künstler oder Kunstschulen einen Ohrlappen, eine Gewandfalte genau gleich. Aus einem Kunstwerk diese einmaligen Formen herausziehen, die wie Fingerabdrücke seinen Urheber, den Ort und die Zeit seiner Entstehung anzeigten, sie zu Steckbriefen zusammenstellen und an ihrer Hand die Überlieferung nachprüfen, das war für ihn Ausgangspunkt und sichere Grundlage der Kunstwissenschaft. Alles andere: die Einfühlung in die Kunst als solche, die Bewertung des einzelnen Kunstwerkes nach ästhetischen oder weltanschaulichen Gesichtspunkten, kam hinterher und lag außerhalb der Wissenschaft.

* [gemeint ›Das Leben Rafael's‹ (Stuttgart 1886) und ›Das Leben Michelangelo's‹ (Hamburg 1860)]

Was er vortrug, war also weniger eine Einführung in die Kunst als eine Untersuchung ihres Formwandels, eine Morphologie der Kunst. Auf ein Bild von Dürer oder Rembrandt angewendet, erschien diese Methode im ersten Augenblick pedantisch, ja fast grotesk; in Wirklichkeit führte sie in den Kern jeder Kunst, denn sie zwang, die Aufmerksamkeit auf die Form zu konzentrieren und nicht an sogenannten »Inhalten« klebenzubleiben oder in luftigen philosophischen Phantasien zu schwelgen. Springer und seiner unbeirrbaren Einstellung auf die Form ist es hauptsächlich zu danken, daß die deutschen Kunstgelehrten, von denen die meisten seine Schüler waren, jahrzehntelang als die zuverlässigsten Experten galten und die deutschen Museumsdirektoren als die für jede echte Kunst aufgeschlossensten. Leider starb er noch vor Abschluß meines Studiums. Sein Famulus Steinmann, der ihn wie einen Vater liebte, führte mich an den Sarg, in dem er mit schmerzlich verklärtem, aber zum erstenmal friedlichem Gesicht lag; denn im Leben war er stets und überall ein Kämpfer: sein Auge blitzte, und seine Worte zündeten wie Flammen.

Eine Folge meiner Arbeit bei Springer waren wiederholte Reisen nach Italien in diesen und den darauffolgenden Jahren. Der seltsame Zauber des Landes nahm mich wie so viele andere gefangen. Es war nicht bloß der Süden, die lachende Landschaft, der Himmel, die Milde der Luft, die mich beglückten, sondern mehr noch ein Gefühl der Befreiung aus einer Welt, wo fast alles künstlich, ein Produkt der Dressur war, in einem Lande, wo alles natürlich schien, vom Herzenstakt des Landmanns bis zu den zartesten Blüten der Kultur in Kunst und Lebensweisheit. Man atmete auf, wenn man eintrat in diese Welt, wo die Verbindung zwischen Volk und Kultur, zwischen Volk und Weisheit nicht über den Bildungsumweg ging, sondern immer unmittelbar – oder gar nicht – war und wo deshalb in den größten und höchsten wie in den einfachsten und gewöhnlichsten Dingen als Untergrund des Lebens Natürlichkeit herrschte. Doch eine Natürlichkeit, die nicht primitiv, sondern im Gegenteil erfahren war – die wie die göttliche Naturstimme eines Caruso gegen zwei Jahrtausende Kultur und Virtuosentum sich siegreich behauptet hatte.

Ich glaube, daß dieser naive und tief besinnliche, ja religiöse Kontakt mit Natur und Leben als Grundeigenschaft der italienischen Kunst mir zuerst vor Giottos ›Gastmahl des Herodes‹ in Santa Croce in Florenz aufging. Alle schwermütige Musik der Welt schien in eine einzige Bewegung, in die Haltung und den Bogenstrich des Musikers, der den Tanz der Salome begleitet, hineingezaubert. Und wenn man dem Geheimnis nachging, warum der Ausdruck so ins Allgemeine und Mystische wuchs, so war es, weil für die Versunkenheit des Jünglings in seine innere Musik eine so einfache und selbstverständliche Geste gefunden war, daß seine Seele ohne Hülle offen zu liegen schien und man in sie und noch durch sie hindurch in die Schwermut, die allen Menschenseelen eigen ist, hineinsah. Doch war diese Natürlichkeit der italienischen Kunst etwas anderes als unser Naturalismus oder Realismus; sie wollte nicht exaktes Detail, sondern den Eindruck eines aufmerksam, aber naiv beobachtenden Zuschauers geben: man sah einen Vorgang, eine Haltung, ein Gesicht, auch die Farben und das Linienspiel wie mit den Augen eines Kindes, für das die Welt noch neu und voller Wunder ist.

Der Ursprung dieser seit dem dreizehnten Jahrhundert konstanten Eigenschaft des italienischen Lebens, seiner schönen tiefen Natürlichkeit, war durch Untersuchungen von Thode, Sabatier und anderen geklärt worden. Sie zeigten überall, in Poesie, Kunst, Religion, Humanität, als Beseeler an den Anfängen einer eigenen italienischen christlichen Kultur die große und rührende Figur von Franz von Assisi; und als das Neue, das er kündete und heraufführte, eine doppelte Naturnähe: Hingabe an die Natur, die dem Menschen als die Schöpfung, als Schöpfung Gottes gegenübersteht, und Hingabe an sein eigenes Herz, das ebenso wie das Weltall ein Werk Gottes, ein mit Staunen und Ehrfurcht zu erlebendes Wunder ist. »Oh, welch große und seltene Auszeichnung ist es, seine eigene Seele zu kennen! Nur Gott kennt sie und der, dem Er sie offenbaren will«, sagt ein früher Jünger von Franz von Assisi: eine mystische, franziskanische Antwort auf das »Erkenne dich selbst« des Delphischen Orakels. Die Armut, die Franz von Assisi predigte, der restlose, furchtlose Verzicht auf weltlichen Reichtum, diente der Entschleierung, Entblößung, Freilegung des Herzens, damit es vor sich und Gott nackt dastehe und der unermeßliche, unvergleichliche Reichtum von Gottes Schöpfung unbehindert, wie eine Sturmflut, die einen Damm gesprengt hat, hereinströme.

»Pfeile, durchdringet mich,
Lanzen, bezwinget mich,
Keulen, zerschmettert mich,
Blitze, durchwettert mich!
Daß ja das Nichtige
Alles verflüchtige,
Glänze der Dauerstern,
Ewiger Liebe Kern.«

So spricht im ›Faust‹ der Bruder Ägidius, von dem auch das oben zitierte Wort stammt.* Wenn Franz die Schwalben als seine Schwesterchen bezeichnete oder zu den Fischen wie zu seinen Brüdern predigte oder den Wolf, der in die Herden von Gubbio einbrach, als »Bruder Wolf« anredete, ja, vom »Bruder Schmerz« oder der »Schwester Flamme« sprach, so waren es nur Symbole für seinen leidenschaftlichen Glauben, durch den er sein Jahrhundert umwälzte, daß Eines not tue, die unbehinderte Zwiesprache der Seele mit sich und Gott und Seiner Schöpfung. Jedes Stück Natur erschien ihm als Werk Gottes und daher in sich vollendet und in Demut preisenswert und heilig.

»Gelobet seist du Herr
für alle deine Geschöpfe,
besonders für meine Herrin, Schwester Sonne,
weil du durch sie den Tag werden läßt und uns leuchtest,
und weil sie schön ist und von großem Glanze strahlt.

Gelobet seist du Herr für den Bruder Wind
und für die Luft

* ›Pater Ecstaticus‹, wie er im ›Faust‹ heißt, war nach den ›Fioretti‹ eine französische Bezeichnung für den frühen Genossen und Freund von Franz von Assisi, Bruder Ägidius.

und die Wolke,
für den Bruder Mond und die Sterne;
in den Himmel hast du sie gesetzt
hell, kostbar und schön.

Gelobet seist du Herr für unsere Schwester,
Mutter Erde,
die uns nährt und trägt
und vielfache Frucht hervorbringt
und bunte Blumen und Gräser...«

So sang Franz selbst in seinem Sonnenhymnus, der der Ausdruck eines neuen, vom byzantinischen oder frühmittelalterlichen völlig verschiedenen Verhältnisses zur Natur war.

Franz von Assisi fesselte mich lange Zeit mehr als jede andere geschichtliche Figur; und sein Naturgefühl erscheint mir noch heute als der Grundton, der nicht nur der Kultur Italiens, sondern auch der ganzen europäischen Dichtung und Kunst ihre besondere, sie von denen der Antike und des Orients unterscheidende Klangfarbe gab. Meine nahe Beziehung zu ihm war der größte Gewinn, den meine Arbeit bei Springer mir einbrachte.

Wundt war in Haltung und Temperament das genaue Gegenteil von Springer: ein stiller Stubengelehrter, der sogar auf dem Katheder nie laut sprach. Er galt für den bedeutendsten lebenden Psychologen. In Wirklichkeit war er mehr: ein umfassender Geist, wie es kaum einen zweiten in Europa gab. Wie Springer den Formenwandel in der Kunst zum Gegenstand seiner Wissenschaft gemacht hatte, so Wundt den Gestaltenwandel der Ideen in den einander ablösenden Religionen und Philosophien. Und wie Springer jedes Werturteil im Prinzip als unwissenschaftlich ablehnte, so beschränkte sich Wundt ebenfalls grundsätzlich auf eine objektive Schilderung der Gedankengebäude, die im Laufe der Geschichte von ganzen Völkern oder schöpferischen Einzelnen wie Notbauten gegen das drohende Chaos errichtet worden sind. – Zu einer solchen Schilderung gehörte notwendig auch die der Fundamente solcher Konstruktionen, das heißt ihrer Vorbedingungen in der menschlichen Seele. So wurde zum Ausgangspunkt der wissenschaftlichen Philosophie oder Weltanschauungskunde die Psychologie. Mit Hilfe von Apparaten und Experimenten, die er zum großen Teil selbst ausgedacht hatte, untersuchte er in seinem Seminar die seelischen Vorgänge und ihre materiellen Träger, die Nerven und Sinnesapparate, die Intensitätskurven der Gefühle, die Schnelligkeiten von Gedankenverbindungen und Reflexen, die Geheimnisse der Willensbildung und Beeinflussung, der Suggestion und Hypnose, kurz alles, was sich im Rahmen der »Seele«, sowohl des Einzelnen wie von Gruppen oder Massen oder ganzen Völkern, abspielt. Die einfachsten Elemente, sozusagen die Atome und Moleküle der Seele wurden ausgesondert, um einen festen Ausgangspunkt für die Erforschung der dem Experiment nicht oder noch nicht zugänglichen komplizierteren Schöpfungen der Völker, Dichter, Philosophen zu gewinnen.

Wundt schien auf dem Katheder fast so unpersönlich wie einer seiner Apparate. Die Ellenbogen auf das Pult gestützt, die Hände unter dem Metall und Glas der Brille kaum merklich bewegend, entwickelte er mit einer leisen, aber deutlichen Stimme, die nie ein Affekt trübte, kristallklar das Resultat seiner Untersuchungen. Erst wenn man in diesen durchsichtigen hellen Strom eingetaucht war, merkte man seine Gewalt, die einen forttrug, bis man dort war, wo Wundt einen haben wollte, auf dem Punkt, von dem aus alle Ideen der Menschheit in einer unermeßlichen Verzweigtheit wie ein einziges organisches Gebilde erschienen, dessen Wurzeln die einfachen seelischen Reaktionen von Einzelnen oder Massen waren, dessen Spitzen aber in die Wolken reichten. Daß dieses Bild zum Teil, wenigstens vorläufig, eine Fata Morgana war, sah niemand deutlicher als Wundt; er war sogar bemüht, auf die Lücken und Unzulänglichkeiten in seinen Untersuchungen hinzuweisen, allerdings in der Überzeugung, die Wissenschaft werde sie ausfüllen und richtigstellen.

Die Wirkung war zunächst eine ungeheure Erweiterung des Ausblicks. Wir fühlten uns auf einen Berg versetzt, von wo die ganze geistige Entwicklung der Menschheit weit unten wie in einem Tal vor uns ausgebreitet lag – oder richtiger, wie ein ungeheurer Gebirgszug mit Hunderten von Gletscherspitzen und unwegsamen Abgründen vor uns aufstieg. Der Blick war erhaben und furchtbar. Denn alles war nur Menschenwerk; kein Stern leuchtete über dieser Landschaft, keine Sonne wärmte sie, und die Menschen, die in den Tiefen ihrer Schluchten wohnten, sahen nicht einmal ihre Eisgipfel. Wenn man nachdachte, erschrak man über die Sinnlosigkeit des Ganzen. Es war ein Klima, das nur für Gedankenlose oder Helden gesund war, mörderisch für die, die schwach waren und grübelten.

In die Richtung auf eine geistige Eiszeit entwickelte sich ganz Europa. Überall welkten in der neuen Atmosphäre die alten Glaubenssätze und Vorurteile, Sitten und Gebräuche. Wundt war einer von den Bahnbrechern dieser gewaltigen geistigen Revolution, die unwiderstehlich fortschritt und in andern Ländern von Denkern, Forschern und Schriftstellern wie Taine, Ibsen, Strindberg und in England sonderbarerweise gleichzeitig vom Darwinforscher Huxley und dem tragischen Exzentrikclown Oscar Wilde geführt wurde. Über alle menschlichen und geistigen Verschiedenheiten und Gegensätze hinweg verband diese Geister die Stoßkraft, mit der sie das Alte, Hergebrachte berannten. Wir jungen Menschen genossen einerseits die neue Ungebundenheit und wollten andererseits am Aufbau einer von überlebten Anschauungen gereinigten Welt tätig teilnehmen. Welche von beiden Tendenzen überwog und schließlich siegte, hing vom Charakter eines jeden, oft auch von zufälligen Erlebnissen ab. Für beides bereitete den Boden in uns die Zeit. Denn weit über die Grenzen der Moral hinaus erstreckte sich die Zeitwende. Parallel mit der geistigen Revolutionierung des gebildeten Mittelstandes durch Abwertung der moralischen Werte ging die technische des Lebens durch immer neue, immer umwälzendere Erfindungen und die politische der Arbeiter durch die Ausbreitung und Organisierung des Marxismus. Etwas sehr Großes, das alte, kosmopolitische, noch vorwiegend agrarische und feudale Europa, die Welt der schönen Frauen, galanten Könige und dynastischen Kombinationen, das Europa des achtzehnten Jahrhunderts und der Heiligen Allianz, wurde alt und krank, neigte sich zum Sterben; und etwas Neues, Junges, Kräftiges, noch Unvorstellbares kündigte sich an. Wir fühlten es wie einen Frost, wie einen Frühling in unsern Gliedern; die einen dumpf, die andern scharf – glückverheißend oder schmerzlich. Symptomatisch war der Erfolg eines Romans in Form einer Rückschau aus dem Jahre 2000 von einem Amerikaner Bellamy, der in verführerischen Farben die neuen Zeiten, die im Kommen waren, schilderte. Er bestärkte uns in der Zuversicht, daß der nicht mehr zu vermeidende Neuguß der Welt sich fast festlich wie ein Glockenguß vollziehen werde. In uns entstand ein geheimer Messianismus. Die Wüste, die zu jedem Messias gehört, war in unseren Herzen; und plötzlich erschien über ihr wie ein Meteor Nietzsche.

In mir und noch vielen anderen versengte er die letzten noch übriggebliebenen Halme des Kindheitsparadieses. ›Menschliches, Allzumenschliches‹ und ›Jenseits von Gut und Böse‹ wirkten zunächst radikal nihilistisch. Jetzt erst merkte ich, wieviel von meinem Leben noch aus Überresten kindlichen Glaubens wuchs, aus Wurzeln, die ich kaum noch beachtet hatte. Mit einer Art von masochistischer Wut ging ich daran, sie auszujäten. Der jüngere Bruder von Gustav Richter, Raoul, der Philosophie und Biologie studierte und ein scharfer kritischer Verstand war, unterstützte mich nächtelang bei dieser Arbeit. Ich geriet in Gefahr, jeden Halt zu verlieren. Da geschah etwas, das den Abgrund, dem wir zusteuerten, furchtbar erhellte.

Einer von unseren Freunden, ein junger Mensch von knapp zwanzig Jahren, der einen sehr bekannten Namen trug – unter uns nannten wir ihn »Tin« –, tötete seine Freundin und verletzte sich selbst bei einem anschließenden Selbstmordversuch lebensgefährlich. Eine alltägliche Geschichte, wenn ihr nicht gewisse Umstände einen symbolhaften Charakter verliehen hätten. Er war ein Berliner Junge, von der Reichshauptstadt geformt und, wie er selbst ironisch zu sagen pflegte, »ausgekocht«. Er hatte Talent zum Feuilleton, lehnte sich im Stil an Heine an, redete gescheit über ethische und psychologische Probleme und war im damals geltenden Sinne oberflächlich »modern«, ohne sich, wie es schien, je mit einem modernen Denker oder Dichter wie Nietzsche oder Ibsen ernsthaft befaßt zu haben. Die Luft der Zeit hatte er sozusagen im Schlafe eingeatmet, gerade deshalb aber vielleicht mehr von ihr in sich aufgenommen als die, die wach und bewußt in ihr herumgingen. Nebenbei litt er an Geldnot, verschleierte das aber unter einem Mantel von Zynismus.

Seine Freundin war die Tochter einer Beamtenwitwe aus der Provinz und mußte, wie sie sagte, für diese und eine Schar junger Geschwister sorgen. Sie war in ihrem Auftreten korrekt, aber wenn Geld winkte, zügellos. Ein süßes, zartes, blasses Gesichtchen mit grauen Augen und, wenn sie zuhörte, etwas rührend Hilflosem im Ausdruck, das allerdings sofort einer gespannten Entschlossenheit wich, sobald sie anfing zu sprechen oder rechnen. Sie trug, als Tin sie mir vorstellte, ein hochgeschlossenes schwarzes Kleid mit einem weißen steifen Leinenkragen, der ihr das Aussehen einer kleinen Gouvernante gab. Nachdem Tin meinen Namen und den ihren, »Leo-Meo«, genannt hatte – eigentlich hieß sie Meißner –, legte sie die Hand, eine kleine, knochige, auf den Tisch und sagte scharf: »So, Sie sind also Tins Freund! Wir wollen hoffen, daß wir uns verstehen!« Ich hob ihre Hand, um einen prachtvollen Brillantring zu betrachten, der wenig zum Kleid zu passen schien. Sie ließ ihn mich lange bewundern; dann erläuterte sie: »Das Geschenk eines Freundes! Ich bin nämlich käuflich! Tin weiß das.« Sie blickte böse, und der Mund, der klein und schmal war, zog sich fester. Sie fügte hinzu: »Ihr Freund ist lieb. Aber dumm, *dumm*! Warnen Sie ihn vor mir!« Tin wurde rot wie ein kleiner Junge, nahm ihren Kopf und küßte sie lange auf die Lippen. Sie sah auch in diesem Augenblick noch immer aus wie eine Gouvernante; aber gleichzeitig schienen ihre Lippen die von Tin einzuschlürfen. Dann faßte sie meinen Arm, drückte ihn krampfhaft und wiederholte: »Warnen Sie Tin vor mir! Sie sind sein Freund. Auch ich habe ihn wirklich gern; ich muß aber Geld verdienen. Ich kann ihm nicht treu bleiben!« Sie schien Tränen in den Augen zu haben und schwieg eine Zeitlang, während sie Tin und mich beobachtete.

Er las zu jener Zeit ›Raskolnikoff‹. Das Buch warf ihn um. Dostojewskis ›Sonja‹, die Dirne, die Mutter und Geschwister ernährt, und Raskolnikoff, der sie »rettet«, ließen ihn nicht los. Er entwickelte aus diesen zwei Figuren eine ganze Weltanschauung, irgendeine Art von neuem Evangelium; allerdings indem er bemüht war, nicht zu zeigen, ob er es ernst meinte oder mehr als paradoxen Bluff, und zwischendurch über sein »hochmodernes Christentum« sich selbst lustig machte. Die Meißner hörte aufmerksam zu, dann unterbrach sie: »Du redest wie ein Pastor! Der Frau in deinem Roman fehlt nichts, als daß Raskolnikoff ein armer Teufel ist. Wenn sie einen reichen Freund hätte, würde sie nicht auf die Straße gehen.« Sie schien in Gedanken zu versinken. Tin nahm mich beiseite: »Die Miete ihrer Mutter ist fällig. Pump mir zwanzig Mark. Übrigens glaub bloß nicht, daß ich auf den ganzen Quatsch hereinfalle. Wir spinnen beide ein wenig. Aber mir macht das Theater Spaß. Und das Mädchen hat einen guten Kern!«

Bald darauf begann Tin bei uns unregelmäßig zu erscheinen. Viele Abende verbrachte er ganz mit der Meißner. Er las mit ihr Dostojewski und das Neue Testament. Das letztere, wie er spottete, um die Konfirmandin in ihr wieder aufzufrischen. Gelegentlich traf man sie zusammen in irgendeinem Bierlokal. Sie waren beide von Mal zu Mal gedrückter. Als die Meißner ihn einmal fragte, warum er so mürrisch sei, zitierte er als Antwort die Stelle aus Heines ›Buch Legrand‹: »Madame, wenn ein Mann sich totschießen will, so hat er dazu immer hinlängliche Gründe, darauf können Sie sich verlassen! Aber ob er selbst diese Gründe kennt, das ist die Frage.« Sein Gassenbubenhumor, mit dem er bis dahin nur gespielt hatte, fraß sich in ihn hinein und wurde bitter und böse. Geld hatte er; er hatte welches aufgenommen.

Sie ging jetzt, seitdem er sie bezahlen konnte, auf alles ein, was er wollte; übertrieb sogar in seinem Sinne die Rolle der büßenden Magdalena. Da sie aber gleichzeitig ebenso rücksichtslos und kalt wie früher Geld von ihm forderte, wirkte sie zugleich scheinheilig und frech. Ob Tin das empfand, war nicht sicher. Er reichte ihr, was sie verlangte, mit einem Witz hin: »Leo-Meo, sieh dich vor, der Teufel verkauft mir dein Seelchen auf Abzahlung!« Vielleicht wurde er gerade deshalb noch höriger.

Um so größer war das Staunen, als sie eines Tages plötzlich nicht mehr mit ihm, sondern mit einem seiner besten Freunde, einem jungen wohlhabenden Ungarn, ›Arpad‹, ausging. Bald darauf teilte Tin mir mit, daß sein Verhältnis mit der Meißner zu Ende sei. Er zitterte wie im Fieber, weinte und schluchzte, wollte sich rechtfertigen. Ich müßte doch verstehen, bitte, bitte nur verstehen, der Bruch sei notwendig gewesen. Wenn sie zusammengeblieben wären, wäre sie von neuem auf die Straße gegangen. Er sei mit seinen Mitteln zu Ende. Arpad könne sie über Wasser halten und eine anständige Frau aus ihr machen. Er wühlte in seinem Schmerz. Er habe versprochen, sie nie wieder zu sehen. Wie solle er das aushalten? Dann redete er wirr von Raskolnikoff, Christus, Schopenhauer, Tristan. Er war von allerhand Weltanschauungen infiziert. Das Opfer, das er der »Rettung« des Mädchens brachte, wuchs mehr aus der Einfühlung in Raskolnikoff als aus seinem eigenen Fleisch und Blut, aber trotzdem ins Übermenschliche. Bald zeigte sich, daß es über seine Kraft ging. Nach kurzer Zeit begann er heimlich, das Mädchen wiederzusehen.

Sie schrieb ihm, so fing es an, einen Brief, daß Arpad »ein wilder Ungar« sei, nur in Varietés mit ihr herum ziehe, ihre Seele ganz vernachlässige; sie brauche »von ihrem liebsten Mann«, nämlich Tin, eine moralische Stütze, um anständig zu bleiben. Dann sahen sie sich zuerst »nur, um miteinander zu reden«. Aber bald geschah das Unvermeidliche, sie begannen ein neues Verhältnis und ließen es, was weniger natürlich war, vom ahnungslosen Arpad finanzieren. Ich hörte davon und machte Tin Vorstellungen. Er saß da mit leeren Augen und schwieg; offenbar verstand er nicht, was ich sagte. Die Meißner aber führte unbefangen aus (sie lag noch im Bett): Bekanntlich gelte in der Liebe kein Ehrenwort. Und was Arpads Zuschüsse anbelange, so sei sie zu ihm genau so lieb, wie wenn es Tin nicht gäbe. Niemand komme dabei zu kurz. Sie aber brauche Tin sowohl wie Arpad, um anständig zu werden. Tin hörte alles schweigend an; er schien in sich versackt. Man sah, während sie durch seine großen Reden und Verheißungen zu einer Fanatikerin des moralischen Scheins geworden war, für den sie jetzt über Leichen ging, war bei ihm das Gegenteil eingetreten: die zuerst nur mehr oder weniger paradoxe und intellektuelle Ablehnung der geltenden Moral war, seit er Arpad betrog, in »Moral insanity«, in eine Art von Stumpfsinn, von

Stumpfheit gegen jede Art von moralischen Antrieben oder Hemmungen abgeglitten. Er war wie jemand, der ein Sinnesorgan verloren hat und deshalb auf bestimmte Reize nicht mehr reagieren kann; oder auch wie wenn er in weiter Ferne, in einer fremden Welt lebte und den Mut und die Hoffnung verloren hätte, sich andern verständlich zu machen.

Als Arpad erfuhr, wie er hintergangen wurde, wollte er sich zuerst mit Tin schießen, dann ihn wenigstens aus unserm Kreis ausstoßen lassen; schließlich begnügte er sich damit, sich als Weltmann zu rächen, indem er ihm die Meißner mit einem Brief als »sein Eigentum« wieder zuschickte. Es war eine Rache, die, wie ihre Folgen ergaben, weit über das Ziel hinausschoß und nicht nur die Meißner, sondern fast auch Tin und Arpad selbst das Leben kostete.

Sie erschien mit Arpads Brief bei Tin zur Nacht. Ich war zufällig zugegen. Sie trug das kleine schwarze, weißgesäumte Gouvernantenkleid, in dem er sie mir vorgestellt hatte. Ihre ersten Worte waren: »So, Tin, nun mußt du wieder für beides sorgen, für meine Seele und meine lieben Angehörigen. Arpad hat mich hinausgeschmissen. Hier ein Brief von ihm!« Tin wurde feuerrot, dann sagte er nur: »Gut, du bleibst bei mir« und öffnete den Brief, las und zerriß ihn. Die Meißner machte sich gleich an der Teemaschine zu schaffen. Sie schien ganz unbeteiligt. Dann, als das Wasser kochte, öffnete sie ihr Jackett und zeigte am Halse zwischen zwei herben, apfelrunden kleinen weißen Brüsten einen blauen Fleck: »Sieh, den hab ich davon! Von Arpad mit dem Brief für dich. Ich soll ihn dir schenken.« Tin stürzte sich auf das kleine Mal und küßte es. Dann drängte er mich zur Tür hinaus und sagte: »Das ist das Ende!«

Es war der Anfang vom Ende. Das lange Sterben zog sich den Sommer hin. Sie schien zuerst Tin treu bleiben zu wollen. Sie hatte Augenblicke einer sonderbaren Süßigkeit, als ob der Traum, den Tin in sie gepflanzt hatte, schon echte Knospen triebe. Sie wollte von Tin ein Kind haben. Vielleicht sah sie einen neuen Weg zu ihrem Ziel. Mir sagte sie: »Tin ist so herunter, er wird seine Sorgen nicht mehr lange tragen können. Seine Freunde sollten ihm zu Hilfe kommen. Ihr habt doch alle Brüderschaft getrunken!« Aber als sie auch so nichts erreichte und Tin immer weniger Geld für sie übrig hatte, weil seine Schulden ihn erstickten, trat ein Umschwung bei ihr ein. Zuerst vorsichtig, dann kaum versteckt, suchte sie nach einem neuen Liebhaber. Tin erfuhr davon mehr, als er merken ließ. Seine Gesichtsfarbe wurde sonderbar grau; im heißen Sommer saß er frierend in einen Pelz gehüllt. Er übernahm sich mit Schlafmitteln. Wie er mir einmal sagte, ertrug er nicht die Vorstellung, daß dieser Körper, der so göttlich war, den er liebte, im Rinnstein enden werde. »Dann soll sie lieber gleich sterben!«

Eines Tages, Mitte August, kündigte sie ihm durch eingeschriebenen Brief ihr Verhältnis. Sein Geld sei zu Ende, sie aber habe immer noch ihre Verpflichtungen. Es werde bereits für sie gesorgt. Sie könnten sich aber nicht mehr sehen. Ganz trocken und geschäftlich war das, wie von einem Rechtsanwalt aufgesetzt, ohne ein Wort des Bedauerns oder Abschieds. Er stürzte zu ihr. Nach einer furchtbaren Szene warf sie ihm den Lampenschirm an den Kopf. Gebrochen und ohne Stimme kam er nach Hause, so erzählte seine Wirtin, und habe bis um zwei Uhr morgens in seinem Zimmer getobt. Wenn er ganz erschöpft war, fiel er in einen Sessel und rief in klagendem Ton: »Leo! Leo!« Plötzlich sprang er wieder hoch, rannte auf und ab und brüllte: »Was *soll* ich mit ihr machen?« Ihr Bild als Straßendirne bohrte sich in ihn ein und wuchs zu einer alle Wirklichkeit auslöschenden Zwangsvorstellung, so daß er mit den Fäusten gegen die Wand schlug und dabei die Meißner zu schlagen glaubte. Er sah sie in Leipzig, in Berlin, in St. Pauli, in Nachtcafés, an Straßenecken, unter Lichtreklamen, in Bordellen, mit Lebemännern, mit Matrosen, mit Zuhältern, – und immer das kleine schwarze Gouvernantenkleid oder den zarten weißen nackten Mädchenkörper.

Um zwei war sein Entschluß gefaßt. Er wurde ruhig, setzte sich und schrieb bis um halb sieben Abschiedsbriefe. Dann zog er sich sorgfältig an, er hatte immer großen Wert auf seine Kleidung gelegt (vielleicht schwebte ihm auch das übliche Verhalten von Selbstmördern in Romanen vor), frühstückte und ging anscheinend ebenso ruhig wie sonst aus demHause und schnurstracks zur Meißner. Sie lag noch zu Bett. Er forderte stürmisch, daß sie ihn zu sich lasse, sonst werde er sich jetzt sofort vor ihren Augen erschießen. Sie lachte, drehte sich gegen die Wand und höhnte: »Dann schieß nur zu! Du kannst es ja gar nicht allein; dazu bist du zu heruntergekommen!« Er schrie: »Gut, dann kommst du mit!« und drückte auf sie los. Er sah dabei, wie er sagte, gar nicht hin. Sie sprang nur im Bett auf, und sofort schoß er sich selbst in die Brust. Er hatte sich ein Zeichen aufs Hemd gemalt, wo er sich ins Herz zu treffen glaubte.

An diesem Tag um zehn Uhr morgens wurde mir ein Zettel gebracht: »Tin hat sich erschossen. Hat noch wenig Zeit zum Leben, liegt hier. Komm gleich. Arpad.« Man hatte Arpads Adresse auf einem Brief in Tins Tasche gefunden. Als ich kam, streckte er mir die Hand entgegen und hauchte: »Verzeih!«

In den nächsten Tagen war ich viel bei ihm. Zuerst schwebten in seinem Bewußtsein nur Fetzen des großen Sturmes, der ihn umgeworfen hatte, wie einzelne verwehte Wolken: das Gesicht der Leo-Meo, als er fortgetragen wurde: es habe ihm zugegrinst (in Wirklichkeit war sie tot); das Versagen seines Augenlichtes beim Schießen: »Ich schoß in einen schwarzen Nebel«, ein Brief, den er zur Meißner mitgenommen hatte und dringend zurückforderte. In den ersten Stunden schwamm das alles wie lose Brocken zwischen großen Strecken leerer Nacht. Die Vorstellung, daß die Meißner tot sei, vermochte lange nicht, die Schwelle seines Bewußtseins zu überschreiten; bis er eines Tages aufwachte und schrie: »Die Leo-Meo ist tot! Die Leo ist tot!« Er liebte sie noch immer. Um so unbegreiflicher war das völlige Fehlen von Gewissensbissen. Sogar er empfand das als etwas Unnatürliches: »Wie wenn aus meiner Wunde kein Blut geflossen wäre, aber, ehrlich, ich fühle nichts.« Es zeigte sich, wie in seiner Sache mit Arpad, daß er die Fähigkeit, moralisch zu reagieren, verloren hatte. Er verglich sich selbst mit Peter Schlemihl, nachdem der Teufel ihm seinen Schatten gestohlen hatte.

Die Tötung einer Dirne durch einen adligen Studenten war eine Sensation. Tins Name, seine Beziehungen erlaubten, ihn als Typ der jungen Leute aus gutem Hause hinzustellen, denen Führerstellen sicher seien. Ein Teil der Presse benutzte die Gelegenheit, die moderne Jugend in Bausch und Bogen zu verdammen und den modernen, verderblichen Ideen, die bei ihr Eingang fanden, die Schuld an der Tat zuzuschreiben.

Unser Kreis wurde durch Tins Tat um und um gewühlt. Wenige Tage später versuchte Arpad, sich zu töten. Am wenigsten betroffen zeigten sich die Prinzen. Sie ließen Tin nicht einen Augenblick fallen. Im Gegenteil: der Prinz Max eilte aus den Ferien nach Leipzig, um zu helfen; und sein Bruder hielt fortlaufend brieflich und telegraphisch Fühlung. Sie waren von uns allen am sichersten und unbefangensten und daher die besten und zuverlässigsten Kameraden, weil sie fest in ihrem Glauben verwurzelt waren. Wir Wundtschüler aber, die gerade Nietzsche entdeckten, standen plötzlich vor Fragen, von deren Beantwortung fast alles für uns abhing: ob wirklich »moderne« Ideen Tin vergiftet hatten? Ob gar schon die Abkehr von den überlieferten genüge, um das moralische Gleichgewicht zu zerstören! Ob bei Tin nicht andere Faktoren wirksamer gewesen waren? Er selbst rechtfertigte seine Handlung durch das Milieu der Meißner: »Sie ging in ihrer Welt zugrunde, es gab keinen anderen Ausweg!«

Ich war in diese Unterwelt eingedrungen, als ich Meißners Wohnung nach dem Brief Tins durchsuchte. Das heißt, eine Wohnung war es eigentlich nicht, sondern bloß ein Absteigequartier: ein niedriges Zimmer mit einem geräumigen Bett und zwei tief eingedrückten Sofas und hinter einem Wandschirm sichtbar ein Bidet. Ein billiger Laden, in dem es fast so oft wie beim Friseur geheißen haben mochte: »Bitte, der nächste!« Und wie die Unterkunft, so die Menschen: in Filzpantinen herumschlurfend die Hausmutter, die Witwe Seelchen, laut jammernd über ihre ruinierte Bettwäsche – sie müsse ihr ersetzt werden! Aber von wem? »Bitte, lieber, lieber Herr Doktor, sagen Sie mir bloß, von wem?« Hinter ihr neugierig lauschend zwei halbwüchsige Mädchen, deren rotgefärbtes Haar und dicke Schminke ihre Tätigkeit genügend deutlich verrieten.

Unter diesen Schlampen wirkte die Meißner mit ihrem sauberen, gespannten Gesichtchen wie ein Wunder auf Tin. »Die Leo-Meo war ein Gedicht!« sagte er mit einem traurigen Lächeln. »Vielleicht eins von mir! Ich habe verhindert, daß andere schlechte Verse hinzu machten.« Wirklich erschien sie vor diesem Hintergrund auch mir nachträglich anders als im Leben: unschuldiger in ihrer Rücksichtslosigkeit, wenn man den Sumpf sah, aus dem sie herausdrängte, rührender in ihrem kleinen schwarzen Gouvernantenkleid, in dem sie die kommende Anständigkeit vorwegnahm. Und doch, noch bis zuletzt schamlos, ein unerlöstes Stück Unterwelt. Für Tin verschmolz ihr Milieu vollständig mit dem von Dostojewskis Dirne Sonja. Es war in seiner Seele etwas Ungeformtes, Formsuchendes, Komödiantenhaftes, das ihn begierig machte, sich zeitweise ganz in einen andern zu verwandeln. So war er, wie er sagte, nach seinem Selbstmord in einer Blutlache aufwachend, bemüht gewesen, das Betragen des Helden in einem Roman von Niemann, den er kurz vorher gelesen hatte, nachzumachen. In der letzten Zeit vor der Tat fühlte er sich mehr und mehr als Student Raskolnikoff, dem die Rolle zufiel, die Meißner um jeden Preis, selbst um den eines Mordes, zu »erlösen«.

Schuld an seiner Tat war daher gewiß im Grunde seine weiche und romantische Natur, die sich in Raskolnikoff einfühlte, wie in der Sturm-und-Drang-Zeit Hunderte deutscher Jünglinge in den jungen Werther. Doch nachdem er in die Figur hineingeschlüpft war, übernahm er auch ihre Weltanschauung gewissermaßen wie einen Teil ihrer Garderobe. Und von da an hatte ihn Raskolnikoffs Mischung von selbstherrlichem Gottmenschentum und grenzenlosem Mitleid mit den Verworfenen und Enterbten immer wieder auf die schiefe Bahn gedrängt. Denn diese frohe Botschaft eines neuen Christus (Raskolnikoff *war* Christus, wenigstens in Tins Augen, ein in der Gestalt des Studenten Raskolnikoff wiedergekehrter Christus) entsprach seinem brennendsten Wunsch und Bedürfnis: seinem Drang nach überlegener Sicherheit und gleichzeitig nach Rechtfertigung und Verklärung seiner kranken Liebe. Er glaubte in der fieberhaften Glut dieses neuen Christentums seine Geliebte und sich einer endlichen Läuterung entgegenzuführen; in Wirklichkeit haftete es ihm an wie ein Nessushemd und verzehrte ihn bis aufs letzte. Was nach der Tat von ihm übrigblieb, war ein Aschenrest, etwas Primitives, fast Tierisches, ein Häufchen stumpfer Verzweiflung. »Was soll aus mir werden? Was *soll* aus mir werden! Sie sperren mich ja rettungslos ein. Wenn man sein Leben zerstört hat, möchte man, daß es auch wirklich zu Ende sei!«

Das Furchtbarste war, daß bei ihm nach dem Zusammenbruch der Moral nicht wie bei Raskolnikoff ein Rest Religion, eine wenn auch nicht mehr moralische, so doch religiöse Beziehung zu den Menschen und zur Welt, eine Beziehung über Gott übrigblieb, sondern nichts, wirklich nichts als ein radikaler Nihilismus, dessen Sehnsucht nur Untergang sein konnte. In einer erregten Szene an seinem Bett wurde das erschreckend deutlich. Als jemand ihm mit einem Hinweis auf Raskolnikoff Mut zusprechen wollte, unterbrach er aufgeregt: »Verzeih, du übst dich am untauglichen Objekt. Ich war nie Raskolnikoff! Nie Christus! Die konnten ohne Moral auskommen. Die hatten Religion! Wir Deutschen haben keine Religion. Bloß einen Religionsersatz: Romantik.« In steigender Erregung fuhr er fort: »Wenn wir unsere Vorurteile, die gute Kinderstube, unsere preußische Disziplin, unsere verschiedenen Zwangsjacken ablegen, dann bleibt nur ein bodenloses Loch, in das man nichts pflanzen kann. Ich sage euch: hütet euch vor Dostojewski, hütet euch vor Nietzsche! Sie sind für Deutsche ungesund!« Der Rest ging in einem Hustenanfall unter, und plötzlich perlte Blut über seine Lippen, ein dünnes, hellrosa Fädchen. Seine Wunde war wieder aufgebrochen.

So Tin. Wir anderen fanden keine ganz eindeutigen Antworten auf die Fragen, vor die uns seine Tat stellte. Die Art, wie Raskolnikoff zu seinem Untergang beigetragen hatte, bewies nichts, als daß Ideen wie Bazillen auf bestimmten Böden Krankheitserreger werden. Alte erprobte Ideen machten hiervon keine Ausnahme. Fanatiker und Verbrecher wurden auch von alten Ideen, Religionen, Weltanschauungen angestiftet. Höchstens war das Hergebrachte, weil es schon alt war, oft wie wässrig gewordener Wein verbraucht und dann allerdings weniger gefährlich als das Junge, Neue.

Aber war denn überhaupt die Gefährlichkeit einer neuen Idee ein Einwand gegen sie, nicht im Gegenteil manchmal ihr größter Vorzug? Ein Vorzug, weil sie die, die sie ausprobierten, zwang, nicht bloß auf der Hut zu sein vor der Feindschaft alles Überlebten, Faulen, Muffigen draußen irgendwo in der Welt, sondern auch sich zu wappnen und stark zu werden gegen allerhand Ungeheuer, Drachen und Sirenen, die in ihrem eigenen Innern gezeugt wurden. Die Rolle der Gefahr als Erweckerin von Seelenkräften, die ohne sie schlummern würden; des starken und langen Willens, des Opfermuts, der Tapferkeit, die seelischen Abenteuern nicht aus dem Wege geht, lehrte uns Nietzsche. Der Nachweis, daß eine Anschauung gefährlich sei – menschlich, politisch oder sozial gefährlich –, überzeugte uns daher nicht ohne weiteres, daß sie auch schädlich sei. Im Gegenteil: Gefährdung – die Vorstellung von einer dem Einzelnen oder der Gesamtheit drohenden Gefahr, gegen die Abwehr und Mut not tat – war der Grundstein der neuen Sittlichkeit Nietzsche-Zarathustras, einer Sittlichkeit, die im Heldentum statt in Gott wurzeln wollte. Ja, gerade die Abteilung einer Moral aus den Gefahren, mit denen die immer weiter fortschreitende Zivilisierung den Menschen bedrohte – aus dem Pessimismus und Nihilismus, in die die moderne Welt wie in giftige Nebelschwaden hineintrieb –, bezeichnete den Punkt, wo der Weg umbog, auf dem Nietzsche seiner Zeit voranleuchtete, wo er »unzeitgemäß« wurde und hinausführte in unerforschtes Gelände, über dem unbekannte Sterne aufgingen.

Unsere Generation war wohl die erste, die von Nietzsche tief beeinflußt wurde. Zu Anfang war unser Gefühl eine Mischung von angenehmem Gruseln und staunender Bewunderung vor dem Monsterfeuerwerk seines Geistes, in dem ein Stück nach dem anderen unseres moralischen Rüstzeugs in Rauch aufging. Wir empfanden seine Aphorismen wie Gegenstücke zu den glänzenden und verheerenden Paradoxen Oscar Wildes. Doch Tins Schiffbruch stieß uns brutal über eine bloß ästhetische Betrachtung philosophischer Probleme hinaus. Nachdem die Gefährdung durch die Zeit aus einer theoretischen Möglichkeit zu einer tragischen Erfahrung geworden war, wurde uns klar, daß das rauhe Klima des Jahrhhundertendes eine andere Gesundheit und Härte der Seele erforderte als das weiche und romantische deutsche Biedermeier. Wir machten uns Gedanken, wie Tin hätte sein müssen, um nicht an Raskolnikoff zugrunde zu gehen; vor allem aber, wie wir selbst zu sein hätten, damit wir nicht zugrunde gingen. So erkannten wir, daß was uns not tat nicht oder jedenfalls nicht bloß eine neue Weltanschauung sei, eine neue philosophische oder religiöse Deutung des Lebens, sondern, wie Nietzsche sagte, vor allem »etwas Neues zu *sein*, etwas Neues zu *bedeuten*, neue Werte *darzustellen*« (›Jenseits von Gut und Böse‹, Aphorismus 253), also ein Menschentyp, *ein neuer Mensch*, der der immer schneller rasenden Zeit mit ihren unbegrenzten Möglichkeiten und unerprobten Versuchungen aus sich selbst, ohne äußere, weltliche oder religiöse Stützen, gewachsen wäre. In diesem Sinne verstanden wir Nietzsches Satz, daß »der Mensch«, das heißt der Mensch der letzten paar Jahrhunderte, etwas sei, das überwunden werden müsse. Das Gleichgewicht zwischen Mensch und Milieu, das die Umwälzungen des neunzehnten Jahrhunderts gestört hatten, mußte durch eine Anpassung des Menschen an die neue Welt, die die alte immer radikaler verdrängte, wiederhergestellt werden, wenn der Deutsche und überhaupt der Europäer nicht innerhalb seiner eigenen Kultur wie ein Neger an den Segnungen einer Zivilisation, auf die er nicht vorbereitet war, zugrunde gehen sollte. Auf einem anderen Wege führten uns Nietzsche und unsere eigenen Erfahrungen zum selben Schluß und auf den gleichen Punkt wie die Betrachtung der Politik der Weltreiche, die lange auf der Höhe ihrer Macht sich gehalten hatten. Ebenso wie sie brauchte auch eine Kultur, um zu dauern, als ihre unentbehrlichsten Träger Persönlichkeiten, die ihr angepaßt und von ihr geprägt, doch stark und ungebrochen geblieben waren. Verschiedene Zivilisationen und Zeiten hatten Festigkeit des Charakters durch verschiedene Methoden erzielt. Aber in dieser wie uns schien fragwürdigsten und tragischsten aller bisher dagewesenen Welten schien es uns nicht zweifelhaft, daß der Weg zu einem ihr gewachsenen Menschen nur über die von Nietzsche als Samenkorn einer neuen Sittlichkeit gepredigte heroische Gesinnung gehen könne.

Die Art, wie Nietzsche uns beeinflußte, oder richtiger gesagt in Besitz nahm, ließ sich mit der Wirkung keines andern zeitgenössischen Denkers oder Dichters vergleichen. Er sprach nicht bloß zu Verstand und Phantasie. Seine Wirkung war umfassender, tiefer und geheimnisvoller. Sein immer stärker anschwellender Widerhall bedeutete den Einbruch einer Mystik in die rationalisierte und mechanisierte Zeit. Er spannte zwischen uns und den Abgrund der Wirklichkeit

den Schleier des Heroismus. Wir wurden durch ihn aus dieser eisigen Epoche wie fortgezaubert und entrückt. Seit Byron hatte kein Rattenfängergenie so unwiderstehlich die Besten einer ganzen Jugend hinter sich hergezogen. Er stellte uns in ein neues geistiges Klima. Uns umgab eine neue Landschaft. Wir waren mit ihm ausgewandert in eine neue Welt, in der wir uns aber gleich zu Hause fühlten, weil uns dort unter fremden Sternen, in einem neuen Licht, als sei dieses ihre wahre Heimat, einige der größten Deutschen, Beethoven, Goethe, Fichte, Hölderlin, entgegenkamen. Nietzsche selbst hat in einem Fragment des »Willens zur Macht« dem Geisteszustand der Besten unserer Generation Ausdruck gegeben: »Wir wissen das ›Wohin?‹ noch nicht, zu dem wir getrieben werden, nachdem wir uns dergestalt von unsrem alten Boden abgelöst haben. Aber dieser Boden selbst hat uns die Kraft angezüchtet, die uns jetzt hinaustreibt in die Ferne, ins Abenteuer, durch die wir ins Uferlose, Unerprobte, Unentdeckte hinausgestoßen werden, – es bleibt uns keine Wahl, wir müssen Eroberer sein, nachdem wir kein Land mehr haben, wo wir heimisch sind, wo wir ›erhalten‹ möchten. Ein verborgenes *Ja* treibt uns dazu, das stärker ist als alle unsere Neins. Unsre *Stärke* selbst duldet uns nicht mehr im alten, morschen Boden: wir wagen uns in die Weite, wir wagen *uns* daran: die Welt ist noch reich und unentdeckt, und selbst zugrunde gehn ist besser als halb und giftig werden. Unsre Stärke selbst zwingt uns aufs Meer, dorthin, wo alle Sonnen bisher untergegangen sind: wir *wissen* um eine neue Welt...« (›Wille zur Macht‹, Fragment 405)
Wir ahnten sie erst, aber schon waren, fast ohne daß wir uns Rechenschaft davon gaben, ihre Söhne um uns; nicht bloß die großen Ahnen, sondern neu aus ihr Geborene, der Zukunft Zugewandte, erste Knospen Tragende, die dem müden Herbst der alten Welt in diesen neunziger Jahren den Glanz eines Vorfrühlings gaben; lauter damals noch Einsame, Einzelne, Verstreute, die aber wie Brüder einander glichen, ohne daß sich schon immer sagen ließ, auf welchen Zügen ihre Familienähnlichkeit beruhte. Aber alle hätten Nietzsches oben zitierte Worte als Ausdruck ihrer Gesinnung anerkannt; alle waren in seinem Sinne Abenteurer! Sie knüpften zwar über den neudeutschen

Kulturprunk wieder an an die große klassische und romantische Tradition, an ihr reines und tiefes Menschentum; aber mit einem härteren Willen, der entschlossen war; statt zum Rückgriff auf die Vergangenheit zum Vorgriff in eine von ihm selbst zu gestaltende Zukunft. Daher nicht wie die Romantiker Schwärmer, sondern Wegbahner, oft Rebellen, immer aber, über allen Pessimismus und Zweifel triumphierend, Hoffende! Und weil sie alle im Kampf lagen mit den Satten und Zufriedenen dieser materiell und geistig fetten Zeit und gemeinsam abhingen vom Sieg unzeitgemäßer Wertungen, daher fühlten sie sich schicksalverbunden und geheimnisvoll zueinander hingezogen durch die Bande einer ihnen selbst nicht immer klar bewußten Mystik der Zukunft; Kameraden, für einander einzutreten bereit, noch bevor sie einander recht kannten.

Ich werde über einzelne dieser weit Zerstreuten, aber zu einer Gemeinde im Geist durch ihren Glauben an die Zukunft Vereinten noch viel zu sagen haben; denn sie haben nicht bloß die Richtung und den Inhalt meines eigenen Lebens mitbestimmt, sondern auch auf die Entwicklung Deutschlands tiefer eingewirkt als die von oben geförderten offiziellen Geistesrichtungen. Hier können sie zunächst noch anonym bleiben, wie sie mir selbst damals bis auf wenige, die zu meinem engsten Kreis gehörten, kaum mehr als ferne, undeutliche, aber freundliche und ermutigende Schatten waren. Nur ein Zug gehört noch hierher, weil er in der seelischen Struktur dieser neuen Menschen kaum weniger wesentlich war als ihre Mystik im Hinblick auf die Zukunft oder ihr Wille, in Goethes und Nietzsches Sinn tapfer und tätig zu leben: der Platz, den sie der Kunst in ihrem Leben einräumten; nicht bloß der Musik wie die Romantiker, sondern auch und fast noch mehr der bildenden Kunst, – und ganz besonders der Gestaltung ihrer täglichen Umgebung, ihrer Gebrauchsgegenstände, Wohnräume, Lebensatmosphäre. Vielleicht bekam bei ihnen und dem verwandten Kreis um William Morris in England zum erstenmal das Kunstgewerbe teil am mystischen Glanz, der die *große* Kunst, Architektur, Plastik und Malerei, von jeher verklärt hatte. Während unüberwindliche Hindernisse sie vorläufig noch von der Gestaltung des praktischen Lebens, des Staates und der Wissenschaft fernhielten, stieß die Anpassung an das neue Lebensgefühl in der Kunst auf die schwächsten Widerstände. In ihr offenbarte sich daher zuerst die tiefe Wandlung vom alten zum neuen Menschen, die später alles andere erschüttern mußte.

Denn wo wir uns grob täuschten, war in der bequemen Annahme, daß ein neuer, revolutionärer Mensch ohne schwere Geburtswehen zur Welt kommen und der Zeit sein Gesicht aufprägen könnte. Eigentlich hätte gerade ich dieser Täuschung nicht verfallen dürfen; denn ich kannte die wahre Geschichte des englischen »Gentleman«, dieses »Frankenstein«, seiner Erschaffung und seines märchenhaften Aufstiegs zum Herren eines Weltreiches. Nietzsche schwebte nicht in solchen Illusionen; im Gegenteil, in einem nachgelassenen Fragment heißt es: »Der Sieg eines moralischen Ideals wird durch dieselben unmoralischen Mittel errungen wie jeder Sieg: Gewalt, Lüge, Verleumdung, Ungerechtigkeit.« Ob wir diesen Preis zu zahlen bereit gewesen wären, wenn wir zu einer raschen und blutigen Entscheidung gedrängt worden wären, wie später die jungen Menschen der Nachkriegszeit, scheint mir allerdings zweifelhaft. Dazu steckte in uns noch zuviel Romantik und mystischer Optimismus. Vor allem aber: die großen Mutationen eines Volkscharakters ereignen sich nur in einer Not, wie sie die neunziger Jahre trotz der schon heraufziehenden Sturmwolken noch nicht kannten.

Nietzsche dachte sich den neuen Menschen als »guten Europäer«. Die Stelle, wo er das mit dem größten Nachdruck ausgesprochen und mit allem Zauber seiner Sprache umkleidet hat, gehört zu den berühmtesten in ›Jenseits von Gut und Böse‹: »Dank der krankhaften Entfremdung, welche der Nationalitätswahnsinn zwischen die Völker Europas gelegt hat und noch legt, dank ebenfalls den Politikern des kurzen Blicks und der raschen Hand, die heute mit seiner Hilfe obenauf sind und gar nicht ahnen, wie sehr die auseinanderlösende Politik, welche sie treiben, notwendig nur Zwischenaktspolitik sein kann, dank alledem und manchem heute ganz Unaussprechbaren werden jetzt die unzweideutigsten Anzeichen übersehen oder willkürlich und lügenhaft umgedeutet, in denen sich ausspricht, daß *Europa Eins werden will*. Bei allen tieferen und umfänglicheren Menschen dieses Jahrhunderts war es die eigentliche Gesamtrichtung in der geheimnisvollen Arbeit ihrer Seele, den Weg zu jener neuen *Synthesis* vorzubereiten und versuchsweise den Europäer der Zukunft vorwegzunehmen... Ich denke an Menschen wie Napoleon, Goethe, Beethoven, Stendhal, Heinrich Heine, Schopenhauer: man verarge es mir nicht, wenn ich auch Richard Wagner zu ihnen rechne, über den man sich nicht durch seine eigenen Mißverständnisse verführen lassen darf... Sie sind sich in allen Höhen und Tiefen ihrer Bedürfnisse verwandt, grundverwandt: Europa ist es, das Eine Europa, dessen Seele sich durch ihre vielfältige und ungestüme Kunst hinaus-, hinaufdrängt und sehnt – wohin? in ein neues Licht? nach einer neuen Sonne?... Gewiß ist, daß der gleiche Sturm und Drang sie quälte, daß sie auf gleiche Weise *suchten*, diese letzten großen Suchenden.« (›Jenseits von Gut und Böse‹, Aphorismus 256)

›Jenseits von Gut und Böse‹ war damals fast noch eine Neuerscheinung. Raoul Richter brachte es mir eines Tages. Ich übertreibe nicht, wenn ich sage, daß ich durch jene Stelle vom Jüngling zum Mann wurde, einen Willen und eine Richtung fürs Leben bekam. Die diplomatische Laufbahn, auf die ich mich vorbereitete, erhielt durch sie einen neuen Sinn und Inhalt; denn sie wurde etwas Größerem ein- und untergeordnet, als Teil der immer unvollkommenen, aber schon mehr als tausend Jahre funktionierenden Maschinerie zur Formung und Erhaltung einer »Christenheit« – der alte Name schien mir und scheint mir noch der treffendste und ausdrucksvollste –, einer sei es auch erst notdürftigen Gemeinschaft der Anschauungen und Kulturformen im gefährlichen Durcheinander europäischer Rassen, Völker und Staaten. Die Diplomatie war, so erschien sie mir jetzt, das Kernstück, das sozusagen die grobe Arbeit zu verrichten, Hindernisse fortzuräumen, Bande zu festigen, die Lockerung oder Schwächung der Gemeinschaft zu verhüten hatte und gerade hierin dem eigenen Volk unwiderlegliche Gründe für seinen Anspruch auf Geltung und Lebensraum liefern konnte. Kriege, das heißt solche wie die der sechziger und siebziger Jahre, die Europa noch keine tiefen Wunden schlugen, wurden durch diese Auffassung nicht ausgeschlossen; Europa hatte seit tausend Jahren jeden Krieg immer wieder überlebt, Kriegsformen, die es tödlich treffen könnten, gab es nicht – noch nicht. Auch bedeutete die Einstellung auf Europa keine Abkehr vom Nationalen, nur seine Zügelung. Ja, in gewissem Sinne seine Ausdehnung, nämlich auf die umfassendere europäische Nation. Daß – und wie schmerzlich – »Europa eins werden wolle«, hatte ich sozusagen am Modell in mir selber erlebt, am Kampf meines englischen und deutschen Blutes, meines englischen, deutschen und französischen Kulturbesitzes in den Hamburger Jahren. Aber mir fehlte damals das Bewußtsein, daß dieses mich zeitweise vor das Nichts stellende Ringen mehr sei als eine persönliche Tragödie auf Grund ungewöhnlicher Schicksale und Zufälle. Nietzsche öffnete mir die Augen, daß sie nur ein Einzelfall eines viel allgemeineren Geschehens sei, aus dem nur drei Wege hinausführten: der zurück in das eng und fanatisch Nationale, der über die Vernichtung des Nationalen ins restlos Internationale und schließlich der, den ich instinktiv in Hamburg eingeschlagen hatte, des gezügelten und möglichst fruchtbar zu gestaltenden Wettstreits gegensätzlicher nationaler Werte. Nietzsche selbst war ein Beispiel, wie Qualitäten sehr verschiedener nationaler Herkunft sich gegenseitig zu einer hellen Flamme entzünden können. Er selber fühlte sich weniger als Deutschen denn als Slawen, als Nachkommen polnischer Schlachtschitzen. In Wirklichkeit stammte er aus jener Mischrasse mit vorwiegend slawischem und im Süden romanischem Einschlag, die den Grundstock der Bevölkerung Ostdeutschlands von Danzig über Dresden bis Wien und von Breslau bis Berlin bildet und Dürer und Bach, Mozart und Eichendorff, Schubert und Richard Wagner, gerade die deutscheste Kunst und Dichtung, hervorgebracht hat – und auch den preußischen »Junker« und den Wiener Walzer. Selbst seine Erscheinung ließ keinen Zweifel an seinem slawischen Blut. Jemand, der ihm zufällig auf Reisen begegnet war, schilderte ihn Mitte der siebziger Jahre als »einen Mann von hohem Wuchs mit langen mageren Armen und einem mächtigen runden Kopf, den ein borstiger Haarschopf krönte. Ich werde nie«, fährt er fort, »den Eindruck vergessen, den er auf mich machte. Sein Schnurrbart, der tiefschwarz war, fiel beiderseits des Mundes bis unters Kinn; seine unnatürlich großen schwarzen Augen leuchteten hinter Brillengläsern wie Feuerkugeln. Ich glaubte, eine Wildkatze zu sehen. Mein Begleiter wettete, es sei ein russischer Dichter auf Reisen, der Beruhigung für seine Nerven suche. Wir staunten beide, als uns gesagt wurde, es sei ein Deutscher, Herr Friedrich Nietzsche, Professor der Philosophie an der Universität Basel. Mochte Nietzsche auch in Sachsen geboren sein, Deutschland war für ihn nur ein Zufallsvaterland. Seiner Erscheinung, seinem Temperament, seinem Charakter nach ist er ein reiner Slawe.« Der das schrieb, war selbst ein Pole: der zum Kreis um Richard Wagner gehörende Teodor Wyzewski (»Téodor de Wyzhéwa«), dessen Artikel (*Revue Bleue*, vom 7. November 1891) der erste war, der in Frankreich die Aufmerksamkeit auf Nietzsche lenkte; der erste auch, aus dem ich eine Vorstellung von seiner Person bekam.

5

Der Zufall wollte es, daß ich gerade in dieser Zeit, wo ich ganz von Nietzsche voll war, wieder persönlich mit Bismarck in Berührung kam. Nietzsche stand mit seinem »guten Europäertum« zu Bismarcks Politik in einem schroffen Gegensatz, bewunderte aber mit gewissen Vorbehalten dessen starke und geniale Persönlichkeit. »Gibt es gute deutsche Bücher? fragt man mich im Auslande«, schreibt er einmal. »Ich erröte; aber mit der Tapferkeit, die mir auch in verzweifelten Fällen zu eigen ist, antworte ich: Ja, Bismarck.«

Die Entlassung lag ein Jahr zurück. Sie war vom deutschen Volk gleichgültiger hingenommen worden, als erwartet werden konnte; weite Kreise, vielleicht die Mehrzahl empfand sie im Augenblick wie eine Befreiung aus unerträglichem Druck. Inzwischen war die Stimmung in Adel und Bürgerschaft überraschend schnell umgeschlagen. Der junge Kaiser wurde allgemein kritisiert. Ein Freund, der von einem Besuch in Berlin und Pommern zurückkam, erzählte mir im Sommer 1891, daß auf Jagden jetzt so gesprochen werde, wie vor drei Jahren kaum unter Sozialdemokraten; auch von Offizieren in Kasinos, sogar in Gegenwart der Ordonnanzen. Es gäbe zuviel Sprunghaftigkeit und Willkür, zu viele unvorsichtige Reden; der

Kaiser scheine selbst nicht zu wissen, was er wolle. Es werde sogar von geistiger Störung geflüstert. Ich selbst hörte dieses Gerücht einer geistigen Umnachtung in sächsischen Hofkreisen. Zum erstenmal seit 1870, vielleicht zum erstenmal überhaupt, wurde Bismarck populär. Im März 1891 forderte mich der Prinz Heinrich XXXI. Reuß auf, einen studentischen Aufruf für Bismarck zu unterzeichnen. Etwas zögernd tat ich es, obwohl ich, wie ich ausdrücklich bemerkte, nicht für die Einmischung von Studenten in politischen Fragen sei und im Konflikt zwischen Bismarck und dem Kaiser nicht unbedingt auf seiten Bismarcks stünde. Aus den Beratungen über diesen Aufruf entstand der Plan einer besonderen Huldigung durch Überreichung eines silbernen Humpens; und die Urheber traten an mich heran, damit ich als Sprecher der Studentenschaft die Rede an den Fürsten bei der Überreichung halte. Dieses lehnte ich aus den soeben angeführten Gründen ab; aber da ich Bismarck trotz prinzipieller Einwände gegen seine Innenpolitik als den Einiger Deutschlands und gewaltigen Bildner der deutschen Sprache bewunderte und verehrte, er außerdem in Ungnade war und eine Absage wie Mangel an Zivilcourage gewirkt hätte, so sagte ich zu, mit an die Spitze der Deputation zu treten.

Der Akt, der in Kissingen im August vor sich ging, entbehrte leider nicht komischer Momente! Als wir in mehreren alten Landauern, die, wenn ich nicht irre, der Fürst uns zur Verfügung gestellt hatte, mittags im Frack mit der Kurmusik und drei Vorreitern durch eine dichte Menschenmenge langsam zur Oberen Saline fuhren, wo der Fürst sein Quartier hatte, warfen weibliche Kurgäste aus den Fenstern Blumen auf unseren Umzug, und ihre Herren tranken uns aus den Häusern mit Hurra Sekt zu. Dabei goß eine von den Damen meinem Nachbar im Landauer mit den Blumen ein Glas Sekt über den Frack, was in der Menge unbändige Heiterkeit und viele grobe Witze auslöste, auch eine kleine Schlägerei – und dazu beitrug, dem Ganzen den Charakter eines gemütlichen bayrischen Volksfestes mit Einzug eines Zirkus zu geben. Im Eingang zur Saline stand Herbert Bismarck, dunkel, verschlossen, düster, vom Pöbel, zu dem er wahrscheinlich auch uns rechnete, wie ein Coriolan Abstand suchend. Mit eisiger diplomatischer Verbindlichkeit nahm er uns in Empfang und geleitete uns wortkarg nach oben in den großen Saal, in den im gleichen Augenblick von der anderen Seite der Fürst mit dem »Reichshund« Tyras eintrat, hinter ihm Lothar Bucher und Schweninger. Die Regie war tadellos; vor uns das Bild, das in Hunderten von Illustrationen und vielen Panoptikumgruppen populär war: Schweninger mit seinem krausen schwarzen Vollbart etwas geheimnisvoll wie ein Magier aus dem Morgenlande im Hintergrunde. Unser Humpen war mit Blumen auf dem Flügel aufgebaut. Der Student Eichler vom ›Verein Deutscher Studenten‹ übergab ihn mit einer Ansprache, auf die der Fürst, in unserer Mitte stehend und die meisten um einen halben Kopf überragend, mit einer Rede antwortete. Leider habe ich nur einen Satz behalten: »Wir Deutschen, wenn wir einig sind, wir schlagen den Teufel aus der Hölle.« Überraschend und im ersten Augenblick befremdend war der Gegensatz zwischen dieser Sprache und dem Vortrag des Fürsten. Seine Fistelstimme würde niemand, wenn sie auf einer Grammophonplatte aufbewahrt worden wäre, als die des »Mannes von Blut und Eisen« erkennen. Nichts vom preußischen Unteroffizier, von Schnarren und Kommandieren lag in ihr, im Gegensatz zum Kasernenton, in dem der junge Kaiser sich gefiel. Im Gegenteil, der Fürst befleißigte sich eines Salontones, sprach langsam und scheinbar stockend, als ob er um die Formulierung seiner Gedanken ringen müsse, mit langen Pausen, so wie ein großer Motor, der schwer in Gang kommt; dann allmählich fließender, immer aber leise, ohne Pathos, selbst den eben angeführten Satz in einem gleichgültigen Ton, wie wenn es sich um eine hingeworfene Floskel handelte. Er bewegte sich dabei wie im Gespräch von einem zum andern; was, wie ich schrieb, »den Eindruck des *Rhetorischen*, aber auch den rhetorischen Eindruck noch mehr verminderte«. Man hatte die Empfindung, daß Privatgespräche seiner Natur entsprächen, während er sich zum Reden zwingen müsse. Als er fertig war, ließ er den Humpen mit Sekt füllen, und nachdem er »auf die deutsche Studentenschaft« getrunken hatte, kreisen. Während dieses Umtrunks setzte er seinen Rundgang fort, ließ sich jeden vorstellen, machte Scherze, erzählte hier dem einen, dort dem andern

eine Anekdote, meistens aus seiner Studentenzeit, lachte über gescheite Antworten, war ganz der vornehme Hausherr, der schmeichelhaften Besuch empfängt.
Inzwischen kam in komischem Kontrast zum leichten, geschliffenen Konversationston des Fürsten aus dem Garten ein wachsender Lärm; einige hundert oder tausend begeisterte Kurgäste, meistens ältere beleibte Herren, sangen die ›Wacht am Rhein‹ und schwenkten Hüte, ein Meer von aufgewühlten Strohhüten. Als die Begeisterung immer lauter wurde, zeigte sich der Fürst zuerst am Fenster und ging dann in den Garten, während wir unter stürmischen Hurrarufen der durch die Anwesenheit Bismarcks in ihrem Haufen außer Rand und Band geratenen Kurgäste abfuhren, um einem Festkommers im ›Altenburger Biergarten‹ beizuwohnen.
Dort erschien nach kurzem auch der Fürst im historischen Schlapphut und schwer auf einen monumentalen Bauernknittel gestützt in Begleitung von Schweninger und Herbert. Nachdem wir aufgesprungen und ihm rechts vom Vorsitzenden, dem Studenten Krähe, Platz gemacht hatten, rückte Herbert einen Stuhl neben mir an den Tisch, verfiel aber nach der üblichen Erkundigung, wie es meinen Eltern gehe, und einer kurzen Erwähnung der Tage, die er mit ihnen hier in Kissingen verlebt habe, in gelangweiltes Schweigen. Der Fürst war dagegen äußerst aufgeräumt, dankte für die Begrüßung mit einer Rede auf die Damen und erweckte den Eindruck, als ob er am Biertisch unter uns Studenten wieder ganz Student sei. Bald drängten sich im Garten hinter uns von neuem die begeisterten Kurgäste, die jeder einzeln mit dem Fürsten anstoßen wollten. Herbert, mein Freund Vietinghoff und ich mußten hinter ihm, um ihn vor dem Ansturm zu schützen, eine Barrikade aus Stühlen aufbauen. Aber da kam von vorne unter dem Tisch durch ein betrunkener Student in Couleur und begann, zwei Biergläser balancierend, an den Fürsten eine Ansprache. Dieser hatte sich, als der Student an seinen Beinen vorbeikroch, rasch erhoben, stand vor dem Betrunkenen und versuchte, sein Lachen zu verbergen, indem er sich in einem fort verneigte, während der Student, der das graue Elend hatte, laut schluchzte. Sooft dieser vor Tränen nicht mehr weiterkonnte,

klopfte ihm der Fürst auf die Schulter und sagte: »Trinken Sie! *Trinken* Sie nur!« Bis der Besoffene auch das zweite Glas, das er dem Fürsten in die Hand drücken wollte (anscheinend wünschte er, mit ihm im Namen aller deutschen Studenten Brüderschaft zu trinken), auch noch geleert hatte. Schweninger, der irgendwo unauffällig unten am Tisch saß, von wo er den Fürsten beobachtete – er funktionierte wie eine Art von medizinischem Privatdetektiv –, machte schließlich der Szene ein Ende, indem er leise von hinten an den Fürsten herantrat und ihm zuflüsterte. Der Fürst, der gegen Schweninger den gehorsamen Untergebenen markierte, bat laut um »nur noch zehn Minuten«, was die Begeisterung zum Überkochen brachte. Er setzte sich noch einmal, scherzte ein wenig, erhob sich dann und ging, indem er sich nach allen Seiten verneigte, schwer und steif auf seinen Knüppel gestützt, unter delirienhaftem Jubel an seinen Wagen.

Am nächsten Tag gab es einen Vorbeimarsch vor dem Fürsten, an dem die zahlreich von allen Universitäten hergeströmten Studenten teilnahmen. Er stand am Fenster im ersten Stock, und die Studenten warfen Blumen hinauf, die er in seinem großen Schlapphut auffing. Als ich ihn am Vormittag darauf im Walde traf und eine Strecke mit ihm ging, erzählte er voller Stolz, als ob es sich um einen Sport handle, er habe, wenn ich nicht irre, siebenzig Sträußchen aufgefangen.

Zum Nachmittag lud der Fürst sechs Studenten, unter anderen mich, in die Obere Saline zum »Kaffee«. In Wirklichkeit gab es Sekt. Er kam uns mit Herbert im Großen Saal entgegen und stellte uns seinen beiden anderen Gästen vor: einem Oberleutnant von Bülow von der Ostafrikanischen Schutztruppe und einem katholischen Geistlichen. Dann führte er uns in ein kleineres Nebenzimmer, wo auf einem großen runden Tisch Blumen, Sektflaschen, Zigarren und Schwedische Streichhölzer, in Schachteln von der Größe von Zigarrenkisten, standen. Überhaupt war alles überdimensional und sehr reichlich. Hier war auch wieder Schweninger und ein langer rotblonder junger Mann, den der Fürst als seinen Sekretär, Herrn Chrysander, vorstellte. Wir setzten uns um den Tisch, der Fürst zündete sich eine lange Porzellanpfeife an, die Sektgläser, mächtige, wetterfeste Tulpen, wurden vollgeschenkt, Zigarren gereicht, und dann entwickelte sich ein Gespräch.

Ich hatte mir, mit halbem Herzen und auf Enttäuschungen gefaßt, vorgenommen, ihn, wenn er nicht von selbst davon anfinge, zu fragen, wie er sich unsere fernere Entwicklung in dem von ihm geschaffenen Reich denke? Schon die alten Landauer, als sie vorfuhren, traurige Reste aus der Zeit Kotzebues und der ›Deutschen Kleinstädter‹, und ihre greisen Kutscher in himmelblauer Livree mit silbernen Knöpfen und alten verregneten Zylinderhüten, waren mir wie deprimierende Vorzeichen erschienen. Die grotesk-spießigen Formen, in denen sich die Begeisterung der Kurgäste austobte, hatten meine Stimmung noch weiter heruntergedrückt. Allmählich verdichtete sie sich, je länger und anscheinend freimütiger der Fürst sprach, zu dumpfer Hoffnungslosigkeit. Allerdings: seine Konversation war blendend, von einer Farbigkeit und Plastik, wie ich sie auch später selten erlebt habe. Leider kann eine Niederschrift keinen Begriff von ihrem seltsamen Zauber geben; denn er bestand aus einer Verbindung von meisterhafter Bildhaftigkeit der Sprache mit einer teils bewußten, teils unbewußten Schauspielkunst, die so vollendet war, daß sie wie knorrige norddeutsche Natur wirkte. Dabei half ihm ein durch vierzig Jahre Parlamentsreden entwickeltes sicheres Gefühl für Effekte, die oft nur durch raffiniert eingelegte Pausen erzielt wurden – und mehr noch die Romantik seiner Erscheinung, seines tief gefurchten, wie von tausend Stürmen zerrissenen Gesichts, seiner sonderbar großen, durch einen greisenhaften Schleier noch wetterleuchtenden Augen, seines weißen Halstuches nach der Mode von 1848. Er bediente sich dieser Vorteile bewußt, aber mit der bestrickenden Courtoisie, die an den Höfen von Berlin und Petersburg zur feinsten Technik des Menschenfangs geschliffen worden war, und formte sie zu einem Gesamtkunstwerk, das er gleichzeitig spielte und selber war. Ja, man übersetzte seine sturmbewegte Erscheinung unwillkürlich in Musik; doch erinnerte sie in ihrer romantischen Zerrissenheit und einer rätselhaften Zartheit, die manchmal im Lächeln den Mund zu umspielen schien, weniger an die Eroica von Beethoven als an ein zwischen vielen Gewittern und spärlicher Sonne nie zur Rast kommendes Motiv von Robert Schumann. Es hielt schwer, sich durch diese alle Register beherrschende verführerische Kunst nicht den Kopf verdrehen zu lassen... So mochte er zu seinen Kollegen am Bundestag, Prokesch-Osten und von der Pfordten, zum Prinzregenten Wilhelm, zu Gortschakoff, Napoleon, Disraeli gesprochen haben.

Aber eben: je länger man zuhörte, um so stärker zwang sich einem die Erkenntnis auf, daß, was er sagte, sich an eine Generation wandte, die der Vergangenheit angehörte oder, was fast das gleiche war, wie die Kissinger Kurgäste nur noch genießen wollte; alles war rückwärts gerichtet. Seine Konversation hatte trotz ihres Glanzes deshalb etwas Gespenstisches, als ob wir ihn von seinen verstorbenen Zeitgenossen fort aus dem Grabe geholt hätten. Bis auf die Außenpolitik, deren große Richtlinien auf Jahrhunderte feststehen, rückte sie alles in ein Licht, das nicht mehr von dieser Welt war. Uns, uns Jungen, hatte er offenbar nichts zu sagen. Nein, nichts, wenn er diese einzige, uns tief bewegende Situation, wo er zum erstenmal seit seinem Sturz, vielleicht zum erstenmal seit Jahrzehnten, mit der deutschen Jugend zusammentraf – wo diese Jugend mit stürmischer Verehrung und höchsten Erwartungen bei ihm Anschluß und Ziele suchte –, vorüberließ, ohne ihr zu sagen, wie er sich ihren Weg, ihre Reife, ihre Aufgabe vorstellte. Kein Zweifel, er machte sich selbst darüber keine Gedanken. Es wäre unbillig, schlimmer noch, naiv und taktlos gewesen, ihn zu fragen. Ich verzichtete, schwieg und hörte zu, wie er ein Stück nach dem andern seiner großen Vergangenheit hervorholte.

Wie um von vornherein den rückwärts gerichteten Charakter der Unterhaltung zu betonen, begann er mit Erinnerungen aus seiner Lehrzeit als Landwirtschaftseleve in Greifswald. »Ich wohnte da bei einem Tischler, Zornow, glaube ich – das Haus steht draußen am Hafen.« Er zog ein paarmal an seiner Pfeife und fuhr fort: »Das war auch so ein Irrtum vom grünen Tisch 'runter. Meine Eltern wollten, ich sollte die Landwirtschaft erlernen. Das Richtige wäre natürlich gewesen, daß ich als Volontär zu einem Inspektor gekommen wäre, wo ich morgens um vier hätte auf dem Felde sein müssen. Die Sache machte damals sogar große Schwierigkeiten. Ich diente gerade in Potsdam bei den Gardeschützen; um nach Greifswald zu kommen, bedurfte ich einer Kabinettsorder Friedrich Wilhelms III. Ich mußte ja von einem Korps zum andern; das konnte kein Korpskommandant machen. Ich bin aber ein paarmal aus Neugierde in die Kollegien gegangen. Da bekamen wir Chemie und so was zu hören; aber theoretisch läßt sich die Landwirtschaft nicht lernen. Das ist gerade so, als ob man beim Militär mit der Kriegsakademie, mit dem Höchsten, anfangen wollte.« Er fuhr fort: »Meine schlimmste Zeit war 1866; da rächten sich die Kämpfe, die ich hinter den Kulissen in den vorhergegangenen Jahren hatte ausfechten müssen. Es hatte sich eine Art von Geschwür hier« (er faßte sich mit einer bezeichnenden Geste an den Kopf) »gebildet, das dann, als alles überstanden war, platzte. Da bin ich nervös zusammengebrochen.« Vietinghoff, der Verwandte in den russischen Ostseeprovinzen hatte, schilderte ihre fast verzweifelte Lage unter den Russifizierungsmaßregeln Alexanders III. Der Fürst, der gute Beziehungen zu Rußland über alles stellte, hatte offenbar nur ein nebensächliches, etwas ironisches Interesse für diese Deutschrussen. »Sie sind nun einmal in die Höhle des Menschenfressers hineingeraten, und wir können ihnen nicht helfen. Wenn ich rein machiavellistische Politik treiben wollte, so würde ich sogar wünschen, daß sie möglichst bald russifiziert würden; denn solange sie deutsch bleiben, bilden sie für Rußland ein Element der Kraft, der Energie. Sie sind meist strebsam, ehrlich. Allerdings, mir sagte einmal ein Russe, daß ein Deutscher, wenn er einmal stehle, schlimmer sei als zehn Russen. Der Russe denkt nicht an die Zukunft, er begnügt sich mit dem, was er gerade für den Tag braucht; der Deutsche stiehlt aber für Frau und Kinder und Kindeskinder mit. Er gibt sich dabei einem gewissen Furor Teutonicus hin. Aber meistens hat er, wenn er als pensionierter Beamter oder General in seine Provinz zurückkehrt, das Bedürfnis, von seinen Gutsnachbarn angesehen zu sein, als Gentleman angesehen zu sein; daher bildet er, solange er Deutscher bleibt, ein wertvolles Material für Rußland.« Von hier kam er auf die Tendenz des modernen Staates zur Zentralisierung und Gleichmacherei und lehnte sie für das Reich ab: »Das konnte ich gestern vor der größeren Öffentlichkeit nicht so ausführen, als ich sagte, Sie sollten an der Verfassung festhalten. Ich bin nicht dafür, immer nachzusehen, ob alles richtig anwächst. Wenn man die Reiser, die man okuliert, immer wieder herausnimmt, um nachzuprüfen, so werden sie nie festwachsen. Ich habe immer die Besorgnis, das, was ich in vierzig Jahren mühsam aufgebaut habe, könnte Stein für Stein wieder abbröckeln. Wenn die einzelnen Bundesstaaten, Preußen nicht ausgenommen, die Überzeugung gewinnen, sie bekämen vom Reich nicht so viel, wie sie erreichen könnten, wenn sie selbständig wären, so ist das eine große Gefahr. Ich meine, wenn der König von Sachsen zum Beispiel glaubt, daß er nicht so in seinen Rechten geschützt wird, wie er es selbst tun könnte, oder daß er allmählich seine Souveränität verlieren könnte. Wenn wir nur, was nötig ist, gemeinsam haben, wenn wir nicht wieder in die sächsisch-preußischen und hessisch-preußischen Zollplackereien des Deutschen Bundes zurückfallen, dann haben wir alles, was wir brauchen. Wie heißt doch der alte Spruch? ›In necessariis unitas, in dubiis libertas, in omnibus caritas.‹ Die Bundestreue muß auf der Freiwilligkeit beruhen. Ein sozialdemokratisches Reich zum Beispiel wäre unmöglich. Wir lassen uns nicht so zentralisieren wie die Franzosen; dazu sind wir Deutsche zu sehr têtes carrées« (dabei faßte er sich an seinen Schädel), »zu sehr Querköpfe. Ich sagte Ihnen schon vorgestern, daß ich eine solche Zentralisierung wie in Paris nicht für ein Glück halte, wo das Volk der Hauptstadt für das ganze Land die Regierungsform ändern kann. Der Kopf ist für das Land zu groß, Frankreich leidet an Kongestion nach dem Kopf.«

Jemand zitierte eine Stelle bei Busch, wo Bismarck ganz allein im Mondschein spazierengeht, um seine Pläne durchzudenken. »Ja, das ist schon richtig! Wenn man so auf einem ebenen Wege auf und ab geht, das belebt den Gedankengang; oder auch nachts im Bette, im Dunkeln. Es ist mir schon oft passiert, daß ich schnell Licht gemacht habe, um einen Gedanken zu fixieren, auf was zur Hand war, auf das Titelblatt eines Buches. Aber am nächsten Morgen, wenn ich es wieder durchlas, dann konnte ich es nicht gebrauchen; der Gedanke war schon richtig, aber die Form war zu aufgeregt, zu fieberhaft. Am schwersten ist es mir 1866 in Nikolsburg geworden. Ich hieß damals allgemein der Questenberg im Lager. Die Offiziere grüßten mich nicht mehr. Ich habe den König nie so heftig gesehen wie an diesem Tage, als ich ihm den Frieden vorschlug. An der einen Wand des Zimmers stand ein großes Sofa wie das da; der König warf sich drauf, schlug die Hände vor dem Gesicht zusammen« (der Fürst spielte die ganze Szene) »und schluchzte, als wenn ihm der Bock stiege. Ich blieb aber fest. Ich sagte dem König, daß, wenn er den Frieden nicht annehmen wolle, ich nicht mehr Minister bleiben könne. Doch wir schieden noch im Zwiste. Wir konnten aber nicht weiter Krieg führen; wir hatten die Cholera im Leibe. Als ich zum König kam, traf ich zwei Infanterie-Obersten im Vorzimmer; ich fragte sie, wie es ihnen ginge? Der eine sagte mir, er hätte dreihundert Mann an der Cholera liegen, der andere, daß nur noch ein Drittel seines Regiments gesund sei. Das machte mich noch härter. Wenn wir den Krieg weitergeführt hätten, hätten wir nach Ungarn hinein gemußt. Ich kannte Ungarn aus eigener Anschauung, wo die Höfe Quadratmeilen groß sind, und auf jedem Hof meist nur ein Brunnen, so ein gedeckter Brunnen« (der Fürst zeichnete den Brunnen in die Luft) »mit einem Eimer. Das Wasser hätten wir trinken müssen! Und was sollten wir mit dem riesigen Block von Provinzen machen, die sich von Tirol bis Siebenbürgen hinziehen? Wenn wir ihn zerstört hätten, hätten wir ihn wieder aufbauen müssen, und das konnten wir nicht. Ich fragte damals Moltke, was er tun würde, wenn wir eine französische Kriegserklärung bekämen. Er antwortete: ›Dann ziehen wir uns hinter die Elbe zurück und führen von da aus beide Kriege weiter.‹ Das genügte mir! Wenn er gesagt hätte: dann beendigen wir hier den Krieg und gehen gegen Frankreich vor; oder: dann schließen wir den Frieden à tout prix und gehen dann gemeinsam mit Österreich oder allein gegen Frankreich vor, – dann hätte ich vielleicht geschwankt. Aber so war ich fixiert! Es wäre ein Jammer gewesen, alle Vorteile, die wir durch den Krieg gewonnen hatten, wieder aufgeben zu müssen. Und dann sagte ich Moltke, wir bekämen einen Volkskrieg in Frankreich. Es lag die Gefahr nahe, daß, sobald wir die

französische Grenze überschritten, das Volk sich erheben würde; das ist schon drei- oder viermal im Laufe der Geschichte vorgekommen. Ich habe aber den alten Moltke nicht überzeugt. Als ich vom Vortrag beim König wieder auf mein Zimmer kam, da war ich in einer Stimmung, daß ich nicht wußte – mein Zimmer lag im dritten Stock –, ob ich nicht zum Fenster hinausfallen sollte. Da kam der Kronprinz zu mir, klopfte mir auf die Schulter und sagte: ›Sie wissen, ich bin von Anfang an gegen diesen Krieg gewesen, den Sie eingefädelt haben; aber wenn Sie ihn zu beenden wünschen, werde ich mit meinem Vater sprechen und sehen, ob ich ihn umstimmen kann.‹ Ich antwortete: ›Das wäre ja sehr liebenswürdig, Königliche Hoheit.‹ Der Kronprinz ging dann zum König; und nach einiger Zeit brachte er mir meinen eigenen schriftlichen Antrag, den ich dem König vorgelegt hatte, vom König unterschrieben zurück. An den Rand, so quer daneben, hatte der hohe Herr eine für mich recht wenig schmeichelhafte Bemerkung geschrieben, eigentlich eine Beleidigung: ›Da mein Sohn sich auf die Seite meines Ministerpräsidenten gestellt hat, der mir vor dem Feind mit Aufsagung seiner Dienste droht, und da ich denselben augenblicklich nicht ersetzen kann, so unterzeichne ich nach glorreichen Siegen diesen schmachvollen Frieden.‹« Der Fürst lachte bei diesem Zitat so, daß ihm die Tränen in die Augen traten.
Auf eine Frage, ob es richtig sei, daß er Aufzeichnungen aus seinem Leben machte, antwortete er: »Ja –« (er stockte, zog erst ein paarmal an seiner Pfeife) »wohl *aus* meinem Leben, aber nicht *bei* meinem Leben. Die Stimme aus dem Grabe hat mehr Gewicht. Und dann will ich die Wahrheit sagen; ich will ja keine Geschichtsfälschungen begehen! Und die Wahrheit sagen, geht bei unseren heutigen Zuständen nicht in allen Fällen. Ich würde mir auch sehr viele Feinde machen, und deren habe ich schon genug.«
Trotzdem wagte der geistliche Herr jetzt einen großen Vorstoß und warf wie eine Bombe die Frage ins Gespräch, was der Fürst von Wilhelm II. halte? Bismarck litt an einer Verstopfung in einem Auge; in gewissen Abständen rollte ihm eine Träne über die Backe, was ihm eine gewisse Ähnlichkeit mit einem großen, etwas triefäugigen Bernhardiner verlieh. Zuerst schwieg er und schien mit sich zu

kämpfen; dann, im Augenblick, wo die Träne rollte, griff er nach seinem Glas, erhob sich halb und sagte feierlich: »Wir wollen auf den *alten* Kaiser anstoßen; *das* war ein vornehmer Herr. Er konnte ja auch mal heftig werden, mal aufbrausen. Aber das schadete nichts; nachher tat es ihm leid, und in zehn Minuten war alles wieder gut. *Er* hatte nie das Gefühl, daß man ihm an die Krone faßte; so was wäre ihm nie eingefallen. Er blieb immer oben. Im Gegenteil, er freute sich, wenn seine Diener, wie ich, mächtig und angesehen waren. Es waren ja *seine* Diener; er blieb immer die Spitze der Pyramide. So muß es auch sein, sonst verliert man die Gentlemen aus seiner Umgebung!...«
Hier legte der Fürst eine Kunstpause ein. Dann fuhr er fort:
»Der alte Herr war ja auch immer gegen seine Diener von rührender Liebenswürdigkeit; so, wenn er die Witwen seiner Beamten und Offiziere bis in sein spätes Alter besuchte, wo er nur mit Mühe die Treppen hinaufkommen konnte. Sehr charakteristisch war eine Geschichte, die einmal mit einem seiner Beamten passierte. Er hatte ja nie Geld bei sich; nur seine Weihnachtseinkäufe, die machte er selbst. Dazu wurden ihm einige Geldrollen in die Tasche gesteckt« (der Fürst griff dabei nach seiner Seitentasche), »und mit diesen bezahlte er dann, was er kaufte. Einmal waren die Rollen, nachdem er wieder nach Hause gekommen war, im Rock vergessen worden. Der Kaiser verlangte danach; doch sie waren weg. Später wurden sie aber wieder zurückgeschafft. Nur ein Beamter konnte sie genommen haben. Der alte Herr ließ ihn kommen, fragte ihn, und nach einiger Zeit gestand der Betreffende es auch ein. Der Kaiser sagte nichts, sondern gab ihm nur eine tüchtige Ohrfeige. Als der Betreffende dann gehen wollte, rief er ihn aber zurück und sagte: ›Hier, nun nehmen Sie auch wenigstens Ihr Geld mit!‹ Und gab ihm die gestohlenen Rollen. Er hatte seine Strafe gehabt, nun sollte er auch den Vorteil davon haben.
Der alte Herr war ja kein Adler mit seiner hausbackenen Auffassung der Politik. Es ist mir mal passiert zu einer Zeit, wo wir mit Rußland und Österreich ein Bündnis hatten und auch mit England und Italien uns gut stehen mußten, daß er mich auf die Schulter klopfte und sagte: ›Wissen Sie, ich freue mich jeden Tag, daß ich nicht in Ihrer Haut stecke. Sie kommen mir immer so vor wie der Mann im Zirkus

– wie heißt er noch? –, der Equilibrist, der mit fünf Kugeln spielt, von denen immer drei in der Luft sind.‹ Aber ich habe nie einen so furchtlosen Menschen gekannt. Nach der Nobilingschen Affäre, zu einer Zeit, wo er die Regierung noch nicht wieder angetreten hatte, als ich zu ihm kam, um ihm zum erstenmal einen politischen Vortrag zu halten über den Berliner Kongreß, der zu gleicher Zeit tagte – sein Kopf war noch ganz eingewickelt, und er hatte Schmerzen hier überall« (der Fürst faßte sich dabei an Kinn und Backen) –, »da sagte er zu mir: ›Wissen Sie, meine Ärzte sind alles dumme Kerls gewesen‹ – entschuldigen Sie, Professor« (zu Schweninger gewendet) –, »›der einzige, der gewußt hat, was mir fehlte, das war der Nobiling; der hat mich mal tüchtig zur Ader gelassen.‹ Dabei war sein Mantel, wie man mir erzählte, als man ihn hinauftrug nach dem Attentat, ganz schwer von seinem Blut, so daß man den Unterschied des Gewichtes fühlte. Aber er hatte recht, es war so eine Art Aderlaß, und die Sache hat ihm gut getan; während er früher oft bei Vorträgen den Faden verlor und an mich Fragen richtete, über die ich mich wunderte, ist er von da an ganz klar gewesen, bis an sein Lebensende.« Bülow erwähnte, daß der Fürst bei seinem Fortgang aus Berlin Blumen am Grabe des Kaisers niedergelegt habe. »Ja, ja, man hatte uns Blumen in den Wagen geworfen, und da wählte ich einige der schönsten Rosen, wie diese hier« (die, welche wir dem Fürsten gegeben hatten) »– mein Gärtner hatte vergessen, mir welche zu schicken, und es war auch keine Zeit mehr, sonst welche zu holen –, und legte sie auf den Sarg nieder; ich hatte das Bedürfnis, noch einmal die Nähe des alten Herrn zu fühlen.«

Herbert, der zuerst unruhig und undurchsichtig geschwiegen, dann sich entfernt hatte, erschien jetzt wieder in der Tür wie eine stumme Mahnung zum Aufbruch. Der Fürst begleitete uns bis in den großen Saal, schüttelte jedem kräftig die Hand und sagte: »Auf Wiedersehen!« Einen Augenblick stand er noch auf dem Treppenabsatz, groß, massig, ein Gebirge von einem Menschen, mit dem Schnee des kurzgeschnittenen Haares, dem gewaltigen Kopf, der ihm derb auf den beiden Schultern saß, den struppigen, buschigen, weißen Augenbrauen über den eisblauen Augen. »Auf Wiedersehen!« Als wir schon auf der Treppe waren, rief er noch einmal. Dann ging er schwerfällig; man hörte, nachdem er verschwunden war, noch seine schweren Schritte.

Ich verließ Kissingen mit widersprechenden Empfindungen. Menschlich hatte der Fürst mich wieder bezaubert; politisch den geschilderten, befremdend rückwärts gerichteten, fast altmodischen Eindruck hinterlassen. Er bot uns jungen Deutschen als Lebenszweck ein politisches Rentnerdasein, die Verteidigung und den Genuß des Erworbenen; unser Schaffensdrang ging leer aus. Am meisten überraschte sein totales Übersehen der Wandlungen des deutschen Menschen seit 1848 und 1870; ja, der menschlichen Auswirkungen seines eigenen Lebenswerkes. »Der Deutsche«, derjenige, mit welchem er für des Reiches Zukunft rechnete, war noch immer der Deutsche der Freiheitskriege und der Paulskirche; alles Spätere interessierte ihn nur taktisch, als Schachfigur in seinem Spiel, ohne daß er es verstand oder zu verstehen wünschte. So empfand er uns Studenten als ganz die gleichen wie die, mit denen er vor sechzig Jahren in Göttingen gekneipt und gepaukt hatte. Und so überschätzte er die Tiefe der noch fortlebenden dynastischen und partikularistischen Gefühle; und das angesichts einer Volksbewegung – von der unsere Demonstration ein Teil war –, die zeigte, wie stark jene Stimmungen schon unterhöhlt und durch andere, neudeutsche überwuchert waren. Er war, wie schmerzlich in die Augen sprang, kein Anfang, sondern ein Ende, ein grandioser Schlußakkord, – ein Erfüller, kein Verkünder! Doch ein Erfüller mit dem Temperament und der Unduldsamkeit eines Propheten! Das täuschte Freund und Feind.

Auf der Rückreise nach Leipzig blieb ich in Erfurt. Der Erfurter Dom war wie eine Quintessenz des deutschen Mittelalters. Das schwere romanische Hauptschiff öffnete sich durch den dunklen Engpaß des Mittelteils auf den luftigsten aller gotischen Chöre. Dort füllte das Licht wie ein feiner Goldstaub den weiten Raum. Das geschwungene Maßwerk der Decke, die schlanken Säulenschäfte schimmerten wie Gebilde aus Edelstein und blauem Duft im flutenden Gold. Man fühlte nur noch verschwimmende Farben und wogendes nebelartiges Licht, als blicke man aus Nacht auf eine himmlische Vision. Der irdische Pomp hohenstaufischen Kaisertums und die Jenseitigkeit deutscher Mystik standen unvermittelt nebeneinander. Der Versuch, sie im Heiligen Römischen Reich Deutscher Nation durch eine Doppelspitze, Kaiser und Papst, miteinander zu versöhnen, war mißlungen. Ihr nie befriedigter, immer wieder als stürmische Leidenschaft ausbrechender Drang nach Vereinigung war das tragische Grundmotiv der deutschen Geschichte. In der englischen, der französischen, der spanischen – wie in der griechischen und römischen – hatte es Augenblicke, ganze Epochen gegeben, wo Seele und Materie eins wurden; aber deutscher Geist und deutsche Macht waren nie in eine Form geflossen. Der Abgrund zwischen beiden blieb durch Jahrhunderte wie eine Wunde blutend offen am deutschen Volkskörper. Tiefer noch als die Einzelstaaterei hatte dieser Riß das deutsche Volk gespalten und geschwächt. Hatte Bismarck ihn geheilt? – Hatte er Geist und Macht zusammengefaßt wie Augustus in Rom, wie der heilige Ludwig und seine Nachfolger in Frankreich – wie es der große Hohenstaufe Friedrich in seinem Reich wenigstens versucht hatte? Was hatte Bismarck seinem Machtstaat an Geist – an Ideen, Idealen, Wunschträumen – mitgegeben? Sichtbar und unbestreitbar nur eines, allerdings etwas Großes, die Erhaltung der deutschen Einheit.

Aber konnte dieses Ziel, nachdem die Einheit, wenigstens im Ganzen und Großen, verwirklicht worden war, noch den gleichen fortreißenden Idealismus nähren wie zur Zeit, da das geeinigte Reich dem deutschen Volke als Wunschbild vorschwebte? Man brauchte nur die Augen aufzumachen, um zu sehen, daß dieses Feuer nicht mehr reichte, um den Guß zu vollenden, das heißt die Macht des deutschen Geistes und die des preußisch-deutschen Staates in eins zu schweißen. War das Werk also wieder wie unter den Hohenstaufen im letzten Augenblick mißlungen? Hier im Erfurter Dom, vor dieser romantischen Verkörperung der deutschen Zerrissenheit, erhob sich die Frage. Man war jung, man wollte Zuversicht. Vielleicht, lautete diese Zuversicht, war das neue Reich eine vorläufig noch leere Form, aber eine, in der die tragisch getrennten Elemente der deutschen

Seele zu einem rein tönenden Metall zusammenschmelzen könnten? Vielleicht war ebendieses *unsere* Aufgabe, die der jungen Menschen, die dem Ruf Goethes und Nietzsches nach tapferer und tätiger Lebensführung folgen wollten? Fest stand für mich allerdings jetzt, daß Bismarck das Werk nicht zu Ende hätte führen können; daß er keinen Weg in *diese* deutsche Zukunft sah, daß er ihn auch nie hätte finden können, weil Geist, Seelen, Menschen ihm immer nur Mittel zum Zweck, Diener seines Willens zur Macht gewesen waren. Die gewaltige Erscheinung, die noch so gewitterhaft erhellt war, stand schon weit zurück am Wege, auf dem wir Jungen, etwas unsicher, aber kampfbereit in die Zukunft schritten.

Zweiter Band

Amerika

1

Eine Erinnerung, die traumhaft Amerika für mich einleitet. Kanada. Wir fahren von der letzten Siedlung am St. Maurice in der klaren Sternennacht auf dem hart gefrorenen Fluß nordwärts. Zu beiden Seiten dichter Nadelwald. Der Mond breitet einen Lichtschleier über Strom und Wald. Hügelreihen ragen dunkel in das flimmerde Firmament, Schneekuppen glänzen im Mondschein, pfeilschnell gleitet der Schlitten über die glatte Flußfläche, leise knistert der Schnee. Dann biegen wir in den Forst; milder als auf der breiten Strombahn glitzern die Sterne hier durch die Wipfel. In tiefen Tälern verschimmert blaues Mondlicht. Hin und wieder hüpft wie ein Schatten ein Eichhörnchen von Zweig zu Zweig.

Plötzlich halten wir. Ein Blockhaus: Baumstämme roh behauen aufeinandergeschichtet unter einem schwerbeladenen Dach. Hunde bellen. Ein Mann kommt mit einem Windlicht, spricht französisch und führt uns durch einen Vorraum in eine Küche, wo unter einem Ausschnitt in der Decke, durch den der Mond scheint, Holzscheite auf einem Herd glimmen. Wasser wird aufgesetzt, Grog und Tee bereitet; bei dreißig Grad Kälte sind wir im Schlitten halb erfroren. Die Waldarbeiter, die wir geweckt haben, sitzen ernst und schweigsam, kurze Pfeifen rauchend, um den Herd, kräftige Kerle mit besinnlichen, auf die Weite eingestellten Augen wie Matrosen. Sie tragen kurze Pelzjacken und hohe, bis über die Oberschenkel reichende Schneestiefel. Nachdem wir uns gewärmt haben, führen sie uns wortlos, wie sie gesessen haben, in ein hinteres Gelaß, wo zwei breite Bretterborte, wie Fächer einer Riesenbibliothek übereinander, mit Decken und Reisig zum Schlafen gerichtet sind. Den Raum füllt Tannenduft und eine angenehme Wärme, trotzdem man, an der Wand liegend, zwischen undichten Baumstämmen hinaussieht auf das helle Mondlicht im Forst. Ich träume im Halbschlaf von Thüringen, von Schlittenfahrten nachts im Walde bei Berka und Friedrichroda; dieser

Tann gleicht im Mondschein so täuschend dem mitteldeutschen und ist doch so geheimnisvoll anders! Und so rätselhaft anders als bei uns sind die Menschen, die neben mir auf den Pritschen in schwerem Schlaf liegen und – Suggestion des wortkargen Empfanges – noch im Traum zu schweigen scheinen. Sie und ihre Arbeit soll ich kennenlernen. Denn der Wald gehört meinem Vater und einigen von seinen Freunden, die ihn gekauft haben, um eine Mühle an den Stromschnellen des St. Maurice anzulegen und hier im Winter Elche und Bären zu jagen. Der Besitz ist nach europäischen Begriffen riesengroß, etwa dreihundert englische Quadratmeilen, aber doch nur eine Insel im endlosen grünen Meer, ein winziges Stück dieses mondhellen Waldes, der, so wie er in dieser eisigen Nacht um das Blockhaus herumliegt, schweigend und erhaben bis an den Polarkreis reicht. Unermeßliche Weite ist hier der Hintergrund des Lebens; alles wird zum Märchen, wie wenn etwas, das zu unserer Wirklichkeit gehört, fehlte. In der Tat, der Urwald ist *zeitlos*. Seine Pflanzen, Tiere, Menschen kennen nicht Vergangenheit noch Zukunft, nicht Gestern noch Morgen, nur ewige Gegenwart. Amerika, das ursprüngliche, unberührte, erscheint mir im Halbschlaf wie ein Kontinent, in dem die Zeit seit Erschaffung der Welt stillsteht. Die Holzhauer, die Mühle, das Kapital, das sie treibt, bedeuten den Einbruch der Zeit als neue Dimension in den Raum eines seit der Schöpfung zeitlosen Kontinents. Ursprünglich schuf Gott hier nichts als Raum; die Zeit sei, so träumte ich, für Amerika noch ein nagelneues Geschenk, ein Kinderspielzeug, das den Menschen dieses Weltstrichs noch zu denken gebe, noch Genuß bereite, wie vor Jahrtausenden den Ägyptern, Babyloniern, Indern. Sie verehrten sie in Gestalt der Hast wie eine Göttin, die Segen und Reichtum spenden könne.

Plötzlich erwachte ich; im Nebenraum flammte Licht auf. Feuer wurde angelegt, Lärm füllte das Gelaß, die Holzhacker kletterten von den Pritschen, und noch ehe die Sonne aufging, saßen wir um den Herd, tranken Tee und aßen Speck mit weißen Bohnen. Die Männer waren jung, die meisten wenig über dreißig. Doch schon die Zwanziger hatten eine Haut wie braunes Leder und im Gesicht tiefe

Furchen. Sie lebten hart und gefährlich, aber in einer dumpfen Anhänglichkeit an den Wald, der allen Heim und Heimat war. Im Sommer fällten sie Bäume. Im Winter, wenn Boden und Wasserläufe durch Frost und Schnee hart und wegsam wurden, fuhren sie das Holz an den Fluß; im Frühjahr, wenn der Strom auftaute, schwamm es von selbst in das Stauwerk der Fabrik, und die Männer konnten in die Dörfer zu ihren Frauen. Dort zeugten sie mit der Beharrlichkeit blinder Naturgewalten Kinder, immer jedes Jahr eins; in manchen Häusern wurden es fünfzehn oder zwanzig. Die Eintönigkeit ihres Lebens unterbrach nichts. Wenige waren weiter gekommen als bis in die Siedlungen am Waldrand, Grand-Mère und Lac à la Tortue. Aus der großen Welt drang nur selten etwas zu ihnen. Ich suchte umsonst nach einem ähnlichen Menschenschlag in Europa. Am meisten glichen sie dem russischen Muschik; doch kannten diese französischen Kanadier weder Volkslied noch Musik, weder Tanz noch Festlichkeit. Ihr Leben bestand nur aus Arbeit und Zeugung.

Ein Musterexemplar ihrer Gattung lernte ich in ihrem »Boß« Durval kennen, den ich auf der Weiterfahrt in einem Blockhaus traf, das den übertriebene Erwartungen weckenden Namen »Durvals Camp« trug: zweiundfünfzig Jahre alt und seit vierunddreißig Jahren im Walde, ein wetterbrauner, stämmiger französischer Kanadier. Er hatte meinen Vater auf Bärenjagden begleitet und wünschte auch mir einen Bären oder Elch zu verschaffen. Denn er hoffte, durch mich eine Stelle als Meister in der Fabrik zu bekommen, und war deshalb mir gegenüber aufgeschlossener und wortreicher als die übrigen. Ich konnte ihn sogar über Europa ausfragen. Doch stellte er sich darunter nichts vor oder höchstens das gottlose Frankreich, von dem ihm sein katholischer Pfarrer ein abschreckendes Bild gemacht hatte. Von Bismarck hatte er gehört: er sei ein deutscher »Politician« (das Wort drückte Verachtung aus), den Gott als seine Geisel gewählt habe, um Frankreich zu schlagen. Aber dann sei er von den Freimaurern gekauft und habe die Kirche verfolgt, grausamer, sage man, als der Kaiser Diokletian. Durval war fromm, aber ebenso schlau wie gottesfürchtig und suchte in allem nur nach seinem ganz privaten

Vorteil. Von Gewerkschaften und Klassenkämpfen hatte er nur nebelhafte und dazu grotesk falsche Vorstellungen. Die einzige Organisation, an die er sich gebunden fühlte, war die katholische Kirche. Von Vater Bubuche oder dem Hamburger Krischan trennte ihn mehr als die Breite eines Ozeans.*

Die Papiermühle lag auf einem gerodeten Waldstück an den Stromschnellen, die sogar jetzt, im tiefen Winter ihre Wassermassen eisfrei, wie aus einem Gletscher blau und schäumend zu Tal schossen. Sie bot mit ihren Walzen und Transmissionen, ihren Kesseln und Pressen, ihren Rädern und Turbinen am Rand des Urwaldes ein großartiges Bild des Vordringens der kapitalistischen Wirtschaft in die seit Beginn der Welt unberührte, noch paradiesische Wildnis. Dieser vom Kapital berannte Urwald war ein Abschnitt aus der unermeßlich weiten Front, auf der zu jener Zeit überall in Amerika Bankkonten und Kredite in Gestalt von Lohnarbeitern und modernen Maschinen in Prärie und Busch eindrangen und den Standort der amerikanischen Wirtschaft mit rasender Geschwindigkeit erweiterten. Trotz der Krise dieser Jahre hatte sich das Tempo kaum verlangsamt, weil aus der Wildnis unaufhaltsam Schätze zurückflossen, die den Drang des Finanzkapitals nach Investitionen nicht zur Ruhe kommen ließen. Der Unterschied zwischen den europäischen Volkswirtschaften und der amerikanischen wurde hier an der Grenze zwischen Zivilisation und Wildnis sichtbar: die europäischen waren wie Wasserkünste, durch die eine komplizierte Apparatur immer dasselbe Wasser hindurchtrieb, während die amerikanische aus jungfräulichen Quellen immer neuen Zufluß erhielt. Und das wirkte sich nicht bloß materiell aus, sondern auch psychologisch, indem es den amerikanischen Kapitalisten und Unternehmer zwang, anders zu denken und zu rechnen und überhaupt anders zu *sein* als der europäische; und so hier ein neuer Typ des Geldmenschen Form gewann: der amerikanische »businessman«, zu dessen geistiger Landschaft die Wildnis, »Grenze« und »Grenzer« gehörten.

* Siehe *Gesichter und Zeiten* Band I S. 151–153

2

Den größten Teil des Winters blieb ich in New York und trat dort als Volontär bei der Anwaltsfirma von Guthrie ein. Denn ich wollte Europa eine Zeitlang von außen sehen und nebenbei einen Blick in das amerikanische Rechts- und Wirtschaftsleben tun. Nachdem ich im Herbst in Deutschland meine Referendarprüfung und mein mündliches Doktorexamen bestanden hatte, erschien das als eine zweckmäßige Ergänzung meiner juristischen und diplomatischen Ausbildung.

Meine Anwaltsfirma vertrat einige große sehr verschiedene Unternehmungen: Eisenbahnen, Stahlwerke, Banken. So sah ich manchen Finanzmagnaten sozusagen »in Pantoffeln« und erfuhr allerlei über die Schwierigkeiten, Pläne, Kampfmethoden New Yorker Großfirmen. Vielleicht hegte ich zu hochgespannte Erwartungen; jedenfalls spürte ich bald eine wachsende Enttäuschung. Jene Halbgötter zeigten sich naiver und weniger gut informiert, als ich erwartet hatte. Sie erschienen mir oft sogar fast frivol, wenn sie große Summen nach einer nur oberflächlichen Prüfung der Verhältnisse und Gewinnchancen festlegten. Aber dann dachte ich an die Mühle am St. Maurice und erkannte, daß sie doch weniger leichtsinnig disponierten, als es mir jungem Europäer vorkam, weil sie unbesehen mit einem Posten rechnen durften, der bei jedem Unternehmen damals in Amerika so gut wie sicher war: dem natürlichen Reichtum jenseits der »Grenze«, von dem etwas jedem fast ohne Ausnahme zufiel, wenn er diese Grenze vorwärtstrug, sei es in den Wald, wie am St. Maurice, sei es in die Prärie, wie im Mittleren Westen, sei es in den Boden, wie in den Bergen und Ölvorkommen am Pazifik.

Der Typus des »Grenzers«, wie ich ihn in Kanada kennenlernte, reichte deshalb in New York bis in die Spitzen der Industrie und Bankwelt, in den Kreis der Milliardäre. Einige, sogar Bankpräsidenten und schwerreiche Anwälte, denen man jeden Abend im Frack begegnete, hatten als Cowboys oder in den Waldgebieten Virginiens als »arme Weiße« barfuß angefangen. Aber auch die anderen, die zweite und dritte Generation, waren »Grenzer«, in ihrem Handeln und Charakter vom Pioniergeist bestimmt. Manche erschienen mir wie bloß durch Reichtum vergoldete Durvals: fast ebenso weltfern in irgendein Mammutunternehmen eingeschlossen wie er in seinen Urwald. Wie er von Kind auf gewohnt, nur auf sich, ihren Spürsinn und die Stoßkraft ihrer Ellenbogen zu vertrauen. Harte Egoisten, doch gastfrei, wie es an der »Grenze« selbstverständlich ist; *asozial* im Verdienen, aber *sozial* im Ausgeben, selten Geizhälse. Männer, die auf zweifelhaften Wegen zu Reichtum gelangt waren, gaben, ohne Orden oder Ehrungen zu erwarten, Millionen für Wohltätigkeit oder irgendeinen wissenschaftlichen Zweck, weil sie weniger im Besitz als im Erwerb von Geld den Zweck ihres Lebens sahen.

Denn mit dem »Grenzertum« verband sich eine zweite Tradition, die den Amerikaner, den der Nordstaaten, den »Yankee« formte: die puritanische, ein Vermächtnis der ersten kalvinistischen Besiedler Neu-Englands, fleißiger, gottesfürchtiger Leute, denen zwar nicht Reichtum, wohl aber der Aufstieg zu Reichtum als Zeichen göttlicher Berufung galt: gemäß der Lehre Calvins von der »Gnadenwahl«, nach der Gott von Anfang an den einen »auserwählt«, das heißt zur ewigen Seligkeit vorausbestimmt, den anderen als »Verworfenen« dem Teufel als Beute und sozusagen als Lösegeld überläßt, einer »Wahl«, die schon auf Erden durch den weltlichen Erfolg des von Gott »Begnadeten« zu erkennen sei. Dieser finstere, unbarmherzige Glaube gehörte, bewußt oder unbewußt, zu Grundanschauungen jedes Yankees. So bekam *der Erfolg* (»success«), vor allem der sichtbarste, der in Zahlen, Dollars, Cents meßbare, eine *religiöse* Bedeutung. Er verlieh einen Heiligenschein, machte den geschäftlich Erfolgreichen zu einem »Begnadeten«, einem durch seinen Reichtum »Gesalbten«, ja tilgte, wenn er kolossal war, wie ein Ablaßbrief jede Sünde; denn der Herr selbst sprach ja durch Seinen weltlichen Segen. Wie der Gentleman Mittelpunkt der englischen Religion, so war der »successful businessman«, der selbstgemachte Milliardär, deshalb die Zentralfigur und der am inbrünstigsten angebetete Heilige der amerikanischen. Der Kampf um materielle Güter bekam so einen ähnlich fanatischen, grausamen Charakter wie das Ringen um Erlösung bei puritanischen Sektierern, ja wurde mit diesem fast identisch.

Auguste Renoir: La Loge. 1874. London, Courtauld Institute Galleries

Alice Gräfin Kessler, geb. Baronesse Blosse-Lynch (1844–1919). Um 1870

Adolf Wilhelm Graf Kessler (1838–1895). Um 1870

Elisa Prinzessin Radziwill (1803–1834). Lithographie nach einem Selbstbildnis

Augusta, Deutsche Kaiserin und Königin von Preußen, geb. Prinzessin Sachsen-Weimar-Eisenach (1811–1890). Nach einem Gemälde von Bernhard Plockhurst

Victoria, Königin von Großbritannien, Kaiserin von Indien (1819–1901)

Wilhelm I., Deutscher Kaiser und König von Preußen (1797–1888) nach dem Attentat durch Karl Eduard Nobiling vom 2. Juli 1878

Gräfin Marie Bismarck, Graf Adolf Wilhelm Kessler, Graf Bill Bismarck, Gräfin Alice Kessler in Bad Kissingen, August 1874

Harry Graf Kessler (1868–1937) in Ascot. Um 1881

Alice Gräfin Kessler. Um 1878

Alice Gräfin Kessler. Um 1910

Harry Graf Kessler als Erstsemester in Bonn. Herbst 1888

Kundgebung der studentischen Korporationen vor Bismarck in Bad Kissingen, 10. August 1891

Als Grenzer und Puritaner standen die meisten dieser amerikanischen Millionäre europäischen Geistesformen unendlich fern. Insbesondere war dieser harte, doppelt, durch Puritanertum und Grenzertum gehärtete, um einen eisernen Kern gehämmerte Typus grundverschieden von dem nur äußerlich hartgesottenen, in seiner spröden »Blut-und-Eisen«-Schale weichen und knetbaren Bismarckdeutschen. Aber auch vom englischen Gentleman unterschied sie vieles, so sehr sie ihm in ihrer inneren Härte glichen und selbst in Äußerlichkeiten zu gleichen bemüht waren. Ihnen fehlte der feudale Boden, das eingefleischte Klassenbewußtsein, der zu einem Instinkt verdichtete Stolz der Überlegenheit über den Kleinen Mann, den der englische Gentleman von Hause mitbekam. Im Gegenteil: in einem seltsamen Widerspruch zu ihrem Glauben an die göttliche Auszeichnung einzelner durch den Erfolg steckte auch ihnen, wie jedem Amerikaner, die Vorstellung von der Gleichheit aller im Blute. Hier stießen in ihnen siebzehntes und achtzehntes Jahrhundert, Puritanertum und Aufklärung, Calvin und Rousseau, die Lehre von der fundamentalen Ungleichheit der Menschen und die von ihrer fundamentalen Gleichheit, unversöhnlich aufeinander. Und so wuchs aus dieser doppelten Wurzel ihrer Traditionen eine doppelte Moral, die dem amerikanischen Leben eine ähnliche Zweideutigkeit, einen ähnlichen Schein der Heuchelei verlieh wie dem englischen der ungelöste Widerspruch zwischen christlicher und Gentlemans Moral.

Ich bekam Anschauungsunterricht in diesem nicht zu überbrückenden Gegensatz und seinen Erscheinungsformen, als ich den Vizepräsidenten der Vereinigten Staaten Mr. Morton und seine Frau in Washington besuchte. Mr. Morton war von Beruf Bankier und zwölf Millionen »wert«. Mrs. Morton persönlich ebensoviel; sie waren also selbst für amerikanische Verhältnisse recht wohlhabend. Auch teilten sie, wie ihre Haltung und überdies die ihrer Partei, der Republikanischen, zu den Schwerverdienern und Großkapitalisten verriet, die Anschauung von der göttlichen Berufung und der durch sie gerechtfertigten Sonderstellung erfolgreicher Geschäftsleute. Trotzdem, oder wahrscheinlich um so mehr, redeten sie demokratisch und sprachen über Gleichheit und Menschenrechte nicht anders als Rousseau. Als ich im Hinblick auf die besondere Fürsorge, die beide großen amerikanischen Parteien den Großverdienern angedeihen ließen, Zweifel äußerte, ob die von der Verfassung dekretierte Gleichheit in Amerika vor Geld besser standhalte als in Europa, sagte Mr. Morton: »Well, Sir, ich werde dafür sorgen, daß Sie mit Ihren Augen sehen, daß Geld hier nicht dieselbe Rolle wie bei Ihnen spielt. Ich werde Sie an unseren ›Hof‹ begleiten.« Am nächsten Tag brachte er mich zum Präsidenten Harrison ins Weiße Haus auf einen von dessen täglichen Mittagsempfängen und baute mich neben »our Kaiser« auf, damit ich mir die Zeremonie aus der Nähe anschaue. Der Präsident selbst war ein kleiner unscheinbarer Mann mit einem grauen Vollbart und einem völlig ausdruckslosen Gesicht, der jedem mit einem stereotypen Lächeln sagte: »I am glad to see you.« Nachdem er mir das gesagt hatte, begann der Empfang. Ein jeder konnte von der Straße hereinkommen, sich wie vor einem Schalter im Vorzimmer anstellen und im großen Saal im Vorbeigehen einen Händedruck vom Präsidenten mitnehmen. Es kamen Männer aus dem Westen mit großen Schlapphüten, wild aussehende Cowboys in Lederhosen, dicke Schlächtermeister aus Washington, die Vettern vom Lande begleiteten, kleine Ladenmädchen, die sich anstießen und kicherten, kinderreiche Familien mit Wickelkindern, die der Präsident küssen mußte. Da es regnete, trieften die Wickelkinder in Regenmänteln, die auf dem hellgelben Smyrnateppich lange dunkelbraune Zickzacklinien zurückließen. Nachher fragte mich der Vizepräsident: »Well, Sir, was sagen Sie nun? Küßt *Ihr* Kaiser Wickelkinder im Weißen Saal?« Ich gab zu, daß bisher das nicht Sitte sei; erlaubte mir aber zu bemerken, daß Mrs. Morton und er ja auch nicht proletarische Wickelkinder in ihrem Salon empfingen, weshalb mich der Empfang im Weißen Hause nur halb überzeugt habe.

Unser Generalkonsul in New York, ein Herr Feigel, war ein Original. Groß und schwer, wie ein Bierkutscher gebaut, mit mächtigen Tatzen und Füßen, war er jeden Abend im Deutschen Klub zu sehen, aber mehr noch zu hören; denn er hatte eine helle Stimme, die bis in die fernsten Räume des Klubs drang und, wenn er lachte, in ein Wiehern überging. Er wurde von vielen als gutmütige, etwas komische

Figur angesehen, war aber klug, zuverlässig, mit einem starken Wirklichkeitssinn begabt. Als ich ihm vom Empfang im Weißen Haus erzählte, wieherte er fünf Minuten fassunglos und sagte dann: »Der Morton ist ein Teufelskerl! Er hat hinter den Wickelkindern vor Ihnen die ›Lobby‹ versteckt! Denn da hätten Sie die wirkliche Rolle des Geldes in den Staaten entdeckt, und daran hat der Bankier Morton kein Interesse. Das nächste Mal, wenn Sie in Washington sind, bitten Sie Ketteler (unseren Gesandtschaftsrat, der später in Peking als Gesandter ermordet wurde), Sie mit der Lobby bekannt zu machen.« Die Lobby war die Wandelhalle des Parlaments und der Ort, wo die Senatoren und Abgeordneten Besuch empfingen. Die »Besucher« aber waren meistens festbesoldete Angestellte von großen Industriekonzernen, deren Beruf war, in den Wandelgängen des Kapitols zu bummeln und die Abgeordneten im Sinne ihrer Auftraggeber zu beeinflussen; auch, wenn es ging und sich lohnte, mehr oder weniger offen zu bestechen. Durch sie hielten die großen Geldmächte in den meisten Fragen, die sie geschäftlich interessierten, das Parlament in unsichtbaren Banden, ohne daß die Geldmagnaten selbst öffentlich hervorzutreten brauchten; denn selten drang etwas von den ungeheuer geheimnisvollen Traktationen der Lobby in die Zeitungen. Den demokratischen Reden und Bekenntnissen, die subjektiv zum großen Teil sogar ehrlich waren, widersprach also auch hier ein bis zur Korruption gehender Respekt vor großen, viel verdienenden Unternehmern. Denn ohne diese scheue Ehrfurcht wäre der Fortbestand einer »Lobby« nicht möglich gewesen. Sogar der bestochene Abgeordnete hatte vor seinem Gewissen die Rechtfertigung, daß er einem vom Herren selbst Auserwählten weiterhelfe.

Allmählich sprangen auch andere Dinge in die Augen, die gar nicht zur Rousseauschen »Gleichheit« paßten und noch aus dem England und Genf des siebzehnten Jahrhunderts stammten. So der bis tief in den unteren Mittelstand stark entwickelte Sinn für »Familie«, Familie als Berechtigung, auf andere Familien herabzusehen. Wie scharf dieser Dünkel Grenzen zog, zeigt eine Anekdote, die meine alte Freundin Mrs. Sherwood, eine sehr bekannte und beliebte New Yorker Gesellschaftsmatrone, mir erzählte. Lange vor dem Bürgerkrieg, in den fünfziger Jahren, sei sie einmal als junge Frau am Arm des Obersten Astor über die Fünfte Avenue gegangen, als sie dem Commodore Vanderbilt begegneten, der als Neureicher auf seiner Mailcoach Viere lang fuhr. Sie habe diesen, der ihr kurz vorher vorgestellt worden war, gegrüßt. Der Oberst Astor aber, der bereits ein Sohn oder Enkel war, ein Nachkomme hessischer, im achtzehnten Jahrhundert aus Walldorf eingewanderter Bauern, habe überrascht gefragt, wen sie denn da grüße? Und sie dann belehrt, daß man als Dame Emporkömmlinge wie Vanderbilt besser öffentlich »nicht wiedererkenne«.

Überall, in Boston wie in New York, in Philadelphia wie in Baltimore, hielten die alten Familien, die Nachkommen der ersten Siedler, eng zusammen. In New York bestand dieses Patriziat aus den niederländischen Familien, die »Neu-Amsterdam« im siebzehnten Jahrhundert gegründet hatten, den Stuyvesant, Schermerhorn, Schuyler, van Rensselaer, Ten Eyck, de Peyster, Roosevelt und anderen. Sie kümmerten sich wenig um die neuen Millionäre, waren aber meistens wohlhabend und führten ein zurückgezogenes, einfaches, aber materiell sorgenfreies, intellektuell und religiös vertieftes Leben. Von der Politik hielten sie sich prinzipiell fern. Ich verdanke einigen unter ihnen die angenehmsten Stunden meines Aufenthaltes drüben. Frauen wie Mrs. van Rennselaer-Cruger, die unter dem Namen »Julien Gordon« Romane schrieb, sowie einige ihrer Freundinnen aus demselben Kreise, die die guten Eigenschaften des Grenzers, Puritaners und Demokraten von amerikanischer Prägung mit der Patina einer alten Familientradition verbanden, erschienen mir wie etwas Neues: eine Erweiterung des besten europäischen Frauentypus. Aus ähnlichen Kreisen sind in Boston Emerson, Thoreau und Hawthorne hervorgegangen, in New York Edith Wharton, die sie in ihren Erzählungen und Memoiren sehr anziehend geschildert hat. Feudale Gesinnung fand man bei ihnen nicht; ihre Tradition war im Gegenteil die demokratische der ersten Siedler, und an dieser hielten sie im Prinzip fest.

Ganz anders war die Wirkung des Geldes. Es unterhöhlte die Demokratie. Das sah ich nur allzu deutlich in New York in Gestalt einer mit dem Anspruch auf allgemeine Gleichheit gänzlich unvereinbaren mächtigen und exklusiven Geldaristokratie. Denn auf Grund von Empfehlungen, die ich an ein paar »Leaders of Society«, das heißt tonangebende Damen mitbrachte, stand ich bald mitten im Hochbetrieb dieser glänzenden neuen Gesellschaft. Neu, denn sie war noch im Werden; ja, der Mann, der für sie einen Namen erfunden und ihre Grenzen abgesteckt hatte, stand noch »in den besten Jahren«. Er hieß Ward Mac Allister. Selber war er nicht reich; doch verfügte er über etwas, das den neureichen Amerikanern meistens fehlte: *Zeit,* unbegrenzt viel Zeit. Als diese Neureichen anfingen, im Londoner oder Pariser Stil »empfangen zu wollen«, erwies es sich, daß sie, in ihre geschäftlichen Transaktionen verwickelt, nicht die zu dieser neuen Tätigkeit erforderliche Zeit finden konnten. Da trat Mac Allister auf den Plan und übernahm alles, was in der eleganten Welt vor und hinter den Kulissen Zeit kostete. Er ging herum und kaufte ein: altes Silber und Meißner Porzellan, Weine und Kognaks erlesener Jahrgänge, echte Louis-XVI.-Möbel und Gobelins. Er entdeckte französische Köche und englische Lakaien, suchte sodann für seine Kunden auch die Gäste aus, mischte dabei geschickt Neu- und Altreiche und führte diplomatische Feldzüge, um besonders erwünschte Altreiche für dieses oder jenes Fest sicher zu machen, damit am nächsten Morgen in den Zeitungen die Liste der auf dem Ball oder Diner der neureichen Mrs. Mac Smithers Erschienenen den heiß ersehnten altreichen Eindruck mache. Nach diesen Vorbereitungen lieferte er den Entwurf für das raffinierte und leichte Menü, besorgte die überraschenden und wertvollen Cotillon-Geschenke, arrangierte die Orchideen zwischen dem Silber und Gold auf der Tafel oder an den Wänden im Ballsaal und tanzte dann auch noch persönlich vor: – mit einer Spur von Bauch und einem gepflegten Spitzbart, der ihn, wie er sich schmeichelte, dem Prinzen von Wales zum Verwechseln ähnlich mache: die Eröffnungspolonaise möglichst mit Mrs. Astor oder Mrs. Vanderbilt; dann vierschrötig, solide, fest auf den Beinen, nicht ohne Grazie Schleifwalzer, Polka, Quadrille, – selten mit einem jungen Mädchen, und wenn er es tat, nicht ohne sie das als Auszeichnung fühlen zu lassen – doch meistens mit einer von den hundertprozentig amerikanischen Gesellschaftsmatronen, einer »Daughter of the American Revolution«, einer Urenkelin irgendeines Revolutionshelden, deren Diamanten und Perlen (die »der Pompadour« der »des Groß Moguls« oder »der Kaiserin Katharina«) berühmt waren und, wie die Kronjuwelen in Europa, schon zum Nationalvermögen gerechnet wurden. Alles dieses tat er selbstverständlich umsonst, das heißt er bezog seinen Lohn in Naturalien: in Diners, Wochenenden auf dem Lande, Kreuzerfahrten auf luxuriösen Privatjachten, Aufmerksamkeiten schöner Frauen, gesellschaftlichem Einfluß. Wo er die Sache in die Hand nahm, war alles »in the best style«. Er war der große Regisseur und wurde bald zum Diktator der New Yorker Gesellschaft, ohne dessen Billigung sie nichts unternahm. Eine Figur, die, auf einem ganz anderen Boden gewachsen, das Format von Balzacs Rastignac hatte.

Er muß bei seinem Aufstieg Momente höchsten inneren Triumphs genossen haben, Rauschzustände, in denen er sich auf Augenblicke als wirklichen Prinzen von Wales* sah. In einem solchen gab er eines Tages einer großen New Yorker Tageszeitung selbstherrlich, ohne irgend jemanden zu fragen, die Liste der Vierhundert Personen, die die einzig echte und wahre New Yorker »Gesellschaft« seien, die »Amerikanische Aristokratie«. Im Mittelpunkt die Astors, Vanderbilts, Goëlets, Perry Belmonts und andere enorm Reiche, die schon vom Großvater und Urgroßvater geerbt hatten und daher der Öffentlichkeit seit Jahrzehnten bekannt waren; daneben einige Vertreter von »Knickerbocker«-Familien, Neu-Amsterdamer Patriziat, und drum herum seine Freunde und einige gut gesiebte Parvenüs. Halb trieb ihn zu dieser Dreistigkeit eine Art von Cäsarenwahnsinn, halb aber auch kluge geschäftliche Berechnung, denn er sah, daß der Coup sich lohnen werde: für ihn selbst, indem er sich öffentlich zum Richter über gesellschaftliche Geltung von Eisenbahn-, Petroleum-, Gefrierfleisch- und anderen »Königen« ernannte (zwei oder drei Allerreichste, aber geschäftlich nicht einwandfreie hatte er ostentativ

* Der Prinz von Wales, der spätere Eduard VII., beherrschte damals als »Erster Gentleman von England« souverän Mode und Gesellschaft in beiden Kontinenten.

übergangen), für die von ihm ehrenvoll Genannten durch ihren erhöhten Kredit auf dem Heiratsmarkt und vielleicht sogar an der Börse. Er sagte mir, er rechne, daß jeder, den er auf die Liste der »Vierhundert« gesetzt habe, fünfundzwanzig Prozent mehr »wert« sei als vorher. Den Abend vor seinem Staatsstreich, durch den er seine Vierhundert in den Glanz hob, verbrachte er bei Mrs. Astor und redete viel in dunklen Worten über Bonaparte und dessen Achtzehnten Brumaire. Mrs. Paran Stevens, eine der imposantesten Gesellschaftsmatronen, die ebenfalls bei Mrs. Astor war, erzählte, »poor dear Ward« habe geradezu, was er sonst nie tat, »romantisch geredet, ja poetisch, – fast in Blankversen!«, aber von seinem Plan kein Wort! Sie sei, als sie ihren Namen auf dieser »schrecklichen« Liste am nächsten Morgen in der Zeitung sah, »positively shocked« gewesen.

Der Anschlag war kühn; in Europa hätte er Mac Allister gesellschaftlich vernichtet. Hier glückte er. Die Patrizier nahmen nicht Notiz und lächelten, wenn man Mac Allisters Liste erwähnte. Die Altreichen schmollten, aber kurz; dann fühlten sie sich ganz wohl im Rampenlicht, trotz der Parvenüs, die mit nach vorn kamen. Die Hauptsache war, das breite Publikum glaubte: ihm galten die »Vierhundert« fortan unbestritten als *»die* Gesellschaft«, *die* »American Aristocracy«, über deren Unternehmungen und Pläne, Reisen, Sportveranstaltungen und Feste, Heiraten, Scheidungen und Skandale es Tag für Tag durch seine Zeitungen unterrichtet sein wollte. Warum es dieses wollte, wäre eine Frage für eine Doktorarbeit gewesen, eine Dissertation etwa mit dem Titel: »Über einen Ersatz für die soziologischen Funktionen des Hofes in demokratischen Republiken.« Die Antwort hätte lauten müssen: Weil die Scheuerfrauen, Ladenmädchen, Näherinnen, die jeden Tag die »Society Column« ihrer Zeitung studierten, einen Himmel nötig hatten, wo sie an rauschenden Festen teilnehmen, reich heiraten, Toiletten von Worth und den Halsschmuck aus dreiundachtzig ausgesuchten haselnußgroßen rosa Perlen der Herzogin von Portsmouth, geborenen Tupper oder Meyer, tragen, einen märchenhaften Landsitz mit Park, Wasserkünsten und dem Himmelbett der Kaiserin Josephine besitzen, auf ihrer eigenen Jacht nach Europa oder Westindien fahren, kurz, ein zweites

Leben leben konnten, das ihnen ihr wirkliches, so wie es war, verschleierte und erträglich machte.
Die verblüffendste Verkörperung dieser Sehnsucht waren die »Gate Crashers«, die »Haustürenstürmer«, Frauen, die uneingeladen zu Gesellschaften kamen, manchmal zu Dutzenden, manchmal zu Hunderten. Bei einer Abendgesellschaft auf der japanischen Gesandtschaft in Washington, zu der nicht mehr als hundert Einladungen ergangen waren, erschienen fünfhundert Gäste, so daß der größere Teil der wirklich Geladenen vor der Tür umkehren mußte. Mein Vater und ich standen lange Zeit mit dem Staatssekretär Blaine und dem kleinen gelben Gesandten, der hilflos die Hände rang und Angst schwitzend, aber lächelnd und seine weißen Zähne zeigend, sich fortwährend verbeugte, im Empfangssalon unter dem Kronleuchter dicht eingekeilt von einer Horde von Frauen, die alle an ihrem falschen Schmuck und ihren etwas fadenscheinigen Toiletten als Gate Crashers zu erkennen waren. Alle hatten Lorgnons an langen Stielen aus Metall oder Schildpatt, einige sogar Operngläser mitgebracht, durch die sie abwechselnd den Staatssekretär und den Gesandten aufmerksam betrachteten: ein Kreis von Kristall, der den kleinen Haufen wirklicher Gäste blitzend einschloß. Blaine, Führer der Republikanischen Partei, berühmter Politiker und Redner, damals schon schwer leidend und wachsbleich, ein Christuskopf, schwieg und ließ sich anstarren. Zwischen den Verneigungen vor den Damen entschuldigte sich der kleine Gesandte mit noch tieferen Verbeugungen vor dem Staatssekretär. Dieser sagte nur: »Lassen Sie, Mister Minister; they are having a good time.« *
Die Beziehung zwischen »Society« und Demokratie in Amerika wäre aber schief gezeichnet, wenn nicht auch die Korrektur dieser Verhimmelung der durch ihren Reichtum gesellschaftlich Prominenten erwähnt würde. In der Politik spielten sie keine sichtbare Rolle. Und wenn einer sich doch in die Politik wagte, dann wurde er

* Der »Staatssekretär« ist auswärtiger Minister und Premierminister des amerikanischen Kabinetts, die nach dem Präsidenten wichtigste Person der amerikanischen Regierung; unter schwachen Präsidenten wie Harrison der wirkliche Regent.

in der Regel von der Wählerschaft etwas brutal abgelehnt. Ein Mitglied einer alten Pennsylvania-Familie, ein Mister Vaux, glaube ich, der in Philadelphia sehr beliebt war, bewarb sich um einen Posten in der städtischen Verwaltung. Seine Wahl schien gesichert. Aber er war in irgendeiner Eigenschaft der Gesandtschaft in London zugeteilt gewesen und von der Königin angeblich mit einer gewissen Auszeichnung behandelt worden, was er leider gern und oft erzählte. Einige Tage vor der Wahl brachte sein Gegenkandidat ein Plakat heraus, auf dem nichts stand als ein kolossaler, überaus eleganter Mr. Vaux und darunter: »He danced with the Queen!« Worauf niemand mehr für ihn einzutreten wagte, viele Freunde sich öffentlich von ihm lossagten und er vernichtend geschlagen wurde. Als ich das Mac Allister erzählte, meinte er: »Recht so! Ein Gentleman hat in der Politik nichts zu suchen.« Für dessen politische Belange war ja die Lobby da.

Dieser verblüffende Ward Mac Allister glich übrigens allem eher als einem europäischen Hofmarschall; er blieb *»der Mann, der Zeit zu verkaufen hat«* und richtete danach seine Haltung ein: die eines großen Geschäftsmannes, – zurückhaltend, kurz angebunden, etwas rauh, doch immer kulant und guter Laune. Mit den Gesellschaftsköniginnen redete er zynisch und jovial wie mit Kollegen in einem Aufsichtsrat. Mir machte es einen etwas sonderbaren Eindruck, wie er mich Mrs. Astor vorstellte, die als eine geborene Schermerhorn aus einer alten Neuamsterdamer Familie und Frau des reichsten New Yorkers für die erste Dame der Gesellschaft galt: »Helloh, Count, ich will Sie mit Mrs. Astor bekannt machen. Mrs. Astor, ich wünsche, daß Sie Count Kessler kennenlernen! Nun, Mann, tanzen Sie mit ihr; ich sage Ihnen, das macht sich gesellschaftlich bezahlt.« (Und Mrs. Astor laut zuflüsternd) »Mrs. Astor, he is a good dancer and a *Count*!« Manchmal nahm er mich auf einem Empfang oder Ball beiseite, nannte mir die Leute und gab mir an, wieviel jeder und jede »wert« sei. Der Annahme, daß die Leute sich in Gesellschaft amüsieren wollten, trat er mit Hohn entgegen; selbstverständlich wollten sie dort dasselbe wie im Geschäft: Geld verdienen, vorwärtskommen, vorteilhafte Abschlüsse erzielen, gut heiraten oder gewinnbringend ehebrechen. Etwas Tempo und Amüsement als Zugabe und dann und wann ein sensationeller und für den einen oder anderen Teil ertragreicher Scheidungsprozeß, das sei »Society«, eine glänzend aufgemachte Filiale von Wall Street. Eine eigenartige Erscheinung, auf die er mich in diesem Zusammenhang aufmerksam machte, waren die »Gold Diggers«, die »Goldgräberinnen«, Frauen oder Mädchen, die sich durch einen oder mehrere Prozesse »wegen gebrochenen Heiratsversprechens« ein Vermögen erstritten. Doch trotz allem, meinte er, seien die Vierhundert ein »good investment for the nation«. Es halte den einfachen Mann ruhig, wenn man ihm zeige, in welchem Glanz Leute lebten, die von Haus aus nicht mehr gehabt hätten als er. Deshalb gebe es hier nicht all den Unsinn wie Sozialismus, Klassenkampf, Gewerkschaften. Auch seien die »Vierhundert« trotz ihrer europäischen Manieren nicht weniger gute Amerikaner als ein Middle Western Farmer.

In einem gewissen Sinne hatte er recht: trotz des Dranges nach großem europäischem Stil war auch diese Geldaristokratie unter einem dünnen europäischen Firnis hundertprozentig amerikanisch, puritanisch und »grenzerisch«. Ich genoß bei ihr den Vorzug vor anderen jungen Ausländern, die den Winter in New York durchtanzten, daß ich arbeitete und daher nicht als Mitgiftjäger verdächtig war. So ergab sich bald ein freundschaftliches Verhältnis zu einem kleinen Kreis von Mädchen, die zu den tonangebenden gehörten. Neu war für mich und im damaligen Europa undenkbar, daß mich oft die eine oder die andere zu einem Ball oder in ihre Loge in die Oper einlud, ohne mich ihren Eltern vorzustellen. Auch sonst waren sie viel freier als ihre europäischen Altersgenossinnen. Sie empfingen zu Hause Freunde in Abwesenheit ihrer Eltern. Man verkehrte mit ihnen wie mit guten Kameraden. Sie sprachen über alles, auch über Liebe, ohne Befangenheit oder Sentimentalität. Sie hatten heißes Blut, aber eine innere Härte und eine frühreife Erfahrenheit, die ihnen vieles erlaubte, was einem »jungen Mädchen aus gutem Hause« in Europa gefährlich hätte werden können. Sie waren, auch wenn sie Millionen hatten, noch immer Grenzermädchen, Nachkommen der harten Männer, die das Land erschlossen hatten. Dabei wirkten sie durchaus

weiblich, hatten herrlich gewachsene Körper, eine reine klare Haut, prachtvolle Zähne und Haare; alles vielleicht etwas zu sehr nach einem konventionellen Ideal hergerichtet (ein junger Franzose, mit dem ich befreundet war, nannte die schöne und reiche und etwas taube Miß C. V., der er den Hof machte, wegen aller drei Eigenschaften »the ideal home«), aber im Gesamteffekt doch natürlich und durch wissenschaftliche Pflege wie eine sorgfältig gezüchtete Frucht zu höchster Frische und Vollkommenheit gebracht. Man dachte, wenn man sie schreiten oder tanzen sah, an Nymphen oder Amazonen, unkompliziert, aber schön, kerngesund und im Gespräch wohltuend grade, sauber und klug.
Im Gegensatz zu den Mädchen schienen mir die Jungen durchschnittlich roher und oberflächlicher als gleichaltrige junge Europäer. Die meisten waren ganz aufs Verdienen und Ausgeben eingestellt und hetzten in einem rasenden Tempo ohne Zwischenpausen vom Geschäft ins Vergnügen und vom Vergnügen ins Geschäft. Das war überhaupt der auffallendste Unterschied zwischen den New Yorker »Vierhundert« und der Gesellschaft europäischer Hauptstädte, daß es unter ihnen keine »men of leisure«, keine reichen Müßiggänger, gab, die sich Zeit zur Verfeinerung des Genusses nahmen, keine Feinschmecker, keine Weinkenner, keine Virtuosen der Liebe und der Frauenseele, und erst recht keinen, der Muße hatte, über alles das nachzudenken. Man konnte sich daher keinen größeren Gegensatz vorstellen als den zwischen der Atmosphäre der damaligen New Yorker Gesellschaft und der in den gleichzeitigen Pariser Salons. Während sie in diesen ganz erfüllt war vom Duft der Poesie, die Männer um Frauen woben, Männer, deren Gedanken lange bei einer Frau verweilen konnten, die die Frau in ihren tausend Launen und Verwandlungen zu verstehen suchten, die ihr bald verliebt, bald lächelnd und zweifelnd gegenüberstanden, herrschte hier die Frau en bloc und genoß eine Art von Götzendienst, bei dem nur Unterwerfung, kein Verständnis dargebracht wurde. Die Männer spielten daher nur eine untergeordnete Rolle, man merkte sie kaum in Gesellschaft. Ich lernte manche, in deren Haus ich den ganzen Winter verkehrte, gar nicht oder ganz zufällig in einem anderen Hause kennen.

»Sorry not to have met you before«, sagten sie dann ganz treuherzig. Auch unter meinen Altersgenossen, die ich auf Bällen oder Empfängen der Vierhundert traf, fanden sich nur wenige, mit denen eine Unterhaltung lohnte; die meisten gingen ganz in ihrem Geschäft und einer ziemlich primitiven Vergnügungssucht auf. Am auffallendsten für einen Deutschen war, daß sich keiner oder so gut wie keiner dem Staatsdienst widmete: der war eine Pfründe für arme Teufel, die nie die Schwelle eines vornehmen Hauses überschritten. Es erregte Aufsehen, daß ein junger Mann aus einer alten und angesehenen Familie, Theodor Roosevelt, sich hergab, Politiker zu werden. Er galt deshalb für etwas überspannt. Dieses vollständige Fehlen der uns anerzogenen gesellschaftlichen Achtung vor dem Politiker, seine Abwesenheit aus der guten Gesellschaft, überraschte kaum weniger als das Fehlen von kultivierten und reichen Müßiggängern.

Gerade jetzt begannen Berichte über den fabelhaften Glanz und Luxus der New Yorker Geldaristokratie die Augen in Europa auf sie hinzulenken. Vor allem galt sie als ein einziger Goldfischteich. Eben hatte die Tochter des New Yorker Finanziers Jay Gould, Anna Gould, dem jungen Boni de Castellane (»Powder Puff«, wie er wegen seines lockigen, wolligen, blonden Haares genannt wurde) zwölf Millionen Dollar in die Ehe mitgebracht, und man nannte noch ein halbes Dutzend Mädchen, die ebenso reich oder noch reicher seien. Allerdings war vieles, was man in Europa vom verschwenderischen Luxus auf Diners, Empfängen, Bällen in New York erzählte, übertrieben; immerhin blieb die Wirklichkeit blendend. Namentlich der Blumenluxus war nach europäischen Begriffen unerhört. Bei dem traditionellen »Assembly Ball« in Philadelphia, der seit über hundert Jahren ohne Unterbrechung in jedem Jahr abgehalten worden war, und zu dem ich mit einem Teil der Vierhundert aus New York hinüberfuhr, war das Foyer des Opernhauses, in dem getanzt wurde, im Februar bis unter die Decke mit Tausenden von frischen roten und weißen Camelien sozusagen austapeziert; und auf den Buffets standen Berge schöner Früchte und kostbarer Orchideen in riesigen Schalen aus krystallklarem Eis. Auch in Privathäusern übertraf der Luxus den bei uns üblichen. Ich mußte an die, von hier aus gesehen bescheidenen Sommerrosen aus eigenem Garten und das Familiensilber beim Grafen Friedrich Vitzthum in Schön-Wölkau denken*, als wir in New York bei einer Mrs. G., der Tochter eines Eisenbahn-Magnaten, im Winter an einer Tafel aus Veilchen saßen, auf der von blankem Gold gegessen wurde.

Aber noch mehr als Reichtum und Luxus charakterisierte dieses Gesellschaftsleben seine Intensität. Es war darauf eingerichtet, die Nachtstunden zwischen zwei gehetzten Arbeitstagen restlos auszunutzen. Sein fieberhafter, zerhackter, nervöser Rhythmus war schon der des späteren Jazz. Vielleicht gab es zahlenmäßig nicht mehr Gesellschaften, Diners, Empfänge, Bälle als in der Season in London oder im Fasching in Berlin; aber das Gefühl, mit dem Frauen, Mädchen, Männer, Jungens sich abends in diese Vergnügungen stürzten, war ein anderes als in dem damals noch so behäbigen und seiner selbst sicheren Europa. Jeder wollte nicht nur genießen, sondern seine Vorzüge gleichzeitig auch bestätigt fühlen, die Männer ihren Reichtum, ihr Ansehen, ihre sportliche Form, die Frauen ihre Schönheit, ihre Eleganz, ihren unwiderstehlichen Charme; besonders aber am nächsten Morgen das alles in den Zeitungen erwähnt finden. Eine Art von Angst, den Rekord nicht zu schlagen, im Rennen distanziert zu werden, schien alle vorwärts zu peitschen. Man saß wie auf einer russischen Rutschbahn, auf der man in Schwindel erregendem Tempo ohne jede Pause hinauf ins Vergnügen und hinunter in die Arbeit raste. So ging es vom »Neujahrsball« über die »Dancing Classes« für Anfängerinnen bei Sherry und Delmonico, über die von Fest zu Fest glänzenderen Veranstaltungen bei den einzelnen Familien zu den »Patriarchs« und »Howling Swells«-Bällen, die die Season abschlossen. Nach den Bällen war in den Dampfbädern, die die ganze Nacht offenblieben, Hochbetrieb; von den Festlichkeiten und aus den Klubs und Bars strömten die Männer herbei, um sich massieren und Frische für den nächsten Tag einkneten zu lassen. Die Grenze zwischen Geschäftsleben und Vergnügen war, Mac Allister hatte recht, kaum zu erkennen.

* Siehe *Gesichter und Zeiten* Band I S. 190f.

Manchmal machten wir jungen Ausländer mit amerikanischen Freunden nach den Bällen Expeditionen down town ins nächtliche New York. Greenwich Village, das spätere New Yorker Montmartre, gab es als solches, wie mir scheint, noch nicht, aber seltsame, etwas unheimliche Saloons, Coffee Stalls, Destillen am Hafen in South Street, wo seetüchtige Segelschiffe an Pflöcken im Straßendamm festgemacht lagen und glitzernde Masten in den Winterhimmel streckten, während dahinter die Brooklyn-Brücke ihren Bogen wie einen Rubinenstrang durch die Nacht spannte. Einmal stießen wir bis auf die Brücke selbst vor, um das erwachende New York zu sehen. Der breite Fluß lag tief schwarz weit unter uns. Draußen, auf der Bai, stiegen Leuchtkugeln, rote und grüne, von einem unsichtbaren Schiff auf. Ein frühes Fährboot fuhr unter dem Bogen der Brücke durch, auf seinem Deck ein grauer Menschenhaufe. Sirenen von Fabriken schrillten. Über dem Ozean weit im Osten lag ein Streifen Dämmerung. Dann kam der Tag. Der Strom wogte grün mit kleinen weißen Wellenköpfen zwischen Brooklyn und New York. An der Wasserkante zogen sich Reihen von Landungsplätzen hin, aus denen alle paar Minuten Fährboote hervorschossen und mit weißen Rauchfahnen eilig den Fluß überquerten. Zahllose Ruderboote wogten zwischen ihnen auf den Wellen auf und ab. Und diesen Flußverkehr kreuzten Ozeandampfer und Viermaster, die majestätisch auf lange Fahrt ausfuhren. Hinter den Anlegeplätzen erhob sich an beiden Ufern wie ein zackiges Gebirge das Dächermeer der beiden Städte. Fabrikschornsteine rauchten, Kirchturmspitzen flammten im ersten Sonnenstrahl, Wolkenkratzer prellten hoch. Alles in einer hellen, klaren, scharfen Luft, die die Umrisse wie mit dem Messer in den Himmel schnitt. Hier war nichts vom Helldunkel Londons, hinter dem man die Arbeit mehr ahnte als sah. Hier sah man den Kampf um den geschäftlichen Rekord am Himmel; die Häuser und Wolkenkratzer kletterten übereinander hoch, jedes neue »Building« bedacht, alle Vorgänger und Konkurrenten sichtbar zu schlagen. Das Bild dieser Stadt war mit Nichts, das je gewesen war, zu vergleichen. Das Licht, das die scharfe Klarheit des Nordens mit der Sattheit und Tiefe südlichen Glanzes vereinigte, machte diese Schönheit malerisch. Man stand erschüttert, bewundernd! Und doch überwog ein anderes Gefühl: das der Fremdartigkeit dieser Kultur, – dieser von unserer europäischen schon weit abgetriebenen, anderen Zivilisation, aus der wir Europäer das eine oder andere Stück herausheben und zu verstehen, vielleicht uns anzueignen versuchen konnten, deren Sinn als Ganzes uns aber verschlossen blieb.

Das Merkwürdigste war, daß die Amerikaner selber die bis ins Innerste reichenden Verschiedenheiten, die sie von Europäern trennten, nicht merkten; oder genauer, daß sie alle auf moralische Defekte des Europäers zurückführten. Die Europäer waren von den Amerikanern nicht verschieden, nur, wie auch Durval glaubte, unmoralischer; wenn man sie mit gutem Rat und demokratischen Einrichtungen belieferte und zu anständigen Menschen erzog, könnten sie fast werden wie Amerikaner. Der durchschnittliche Amerikaner, insbesondere der Millionär, war deshalb, ohne viel von der Welt außerhalb Amerikas zu wissen – er kannte diese meistens nur aus Luxushotels und Börsennotierungen –, ein eingefleischter Weltverbesserer und Missionar, der es als seine ihm von Gott für seine Prosperität auferlegte Pflicht hielt, überall nach dem Rechten zu sehen. Er erblickte auch draußen in der Welt eine »Grenze«, eine sittliche, über die er die amerikanische Moral vorwärtszutragen berufen sei; und forderte mit Theodor Roosevelt einen »großen Stock«, damit Amerika die Macht habe, für Anstand und Gottgefälligkeit in der Welt zu sorgen.

In dieses breite Bett schlüpfte der Imperialismus und gedieh; wobei er noch gefördert wurde durch eine neue Geschichtsphilosophie, die amerikanische Schriftsteller ihm gerade in dieser Zeit zutrugen. Der Kapitän Mahan von der amerikanischen Kriegsmarine schilderte in einem Buch, das im Jahre von Bismarcks Sturz erschien und einen Welterfolg hatte – alsbald auch einen schicksalhaften Einfluß auf den Kaiser gewann –, die Rolle der Seeherrschaft in der Geschichte: daß nämlich sie und nicht die Übermacht zu Lande in jedem großen Ringen zwischen Völkern die Entscheidung herbeigeführt habe. Er wies das überzeugend nach an der griechischen, römischen, karthagischen, spanischen, französischen, englischen und amerikanischen Geschichte. Dazu fügte er die Voraussage eines Endkampfes auf dem

Stillen Ozean zwischen Weißen und Gelben um die Weltherrschaft und eine Mahnung an die weißen Völker, bereit zu sein und sich zur See stark zu machen. Diese Darlegungen unterstützte John W. Burgess, Professor der Geschichte an der Columbia University in New York, indem er – ebenfalls 1890 – in seinem Werk ›Wissenschaft der Politik und vergleichendes Verfassungsrecht‹ (›Political Science and Comparative Constitutional Law‹) die damals noch neue Behauptung aufstellte, daß den Germanen – Angelsachsen und Deutschen gemeinsam – als Vertretern der nordischen Rasse die Weltherrschaft zukomme, weil sie allein schöpferisch seien. Diese neue Geschichtsphilosophie wurde bald zum Gesprächsstoff sogar auf Bällen und Diners. Ein Herr, dem man vorgestellt wurde, fragte nicht mehr bloß: »Was hält Ihr Kaiser von Amerika?«, sondern gleich anschließend: »Glauben Sie, er würde uns gegen die Japs unterstützen?« oder: »Schätzt er auch so wie John W. Burgess die Nordischen?« Alles im Amerikaner, sein Grenzertum, sein Puritanismus, seine demokratische Weltanschauung, die er für den Menschheitsglauben der Zukunft hielt, und nicht zum wenigsten diese neue Ideologie, die Politiker wie Henry Cabot Lodge und Theodor Roosevelt propagierten, bestimmte ihn dazu, der Vater oder mindestens Adoptivvater des modernen Imperialismus zu werden, das heißt desjenigen, der auf Flottenmacht, Reichtum und Missionare gestützt ein gutes Gewissen hatte, weil er sein Volk für den Treuhänder Gottes auf Erden hielt.

3

Mitte März fuhr ich nach Kalifornien. Ich wählte den Weg über den Süden, Florida, Louisiana, Texas. Überraschend war, wie bald hinter Washington der Wald wieder anfing; nicht wie in Kanada Fichten, sondern Pinien- und Magnolienwald, von dessen Zweigen fahlgraues Moos wie schütteres Haar lang herunterhing und die grünen Tiefen mit flimmerndem Silber füllte. An der Küste des Ozeans entlang, tausend Kilometer bis zum Golf von Mexiko reichte dieses Waldgebiet und weit ins Innere bis an den Mississippi, großenteils leichter Sandboden, eine riesige subtropische Mark Brandenburg, fast viermal so groß wie Deutschland. Hier und da in einer Lichtung eine schwarze Bretterbude, ein Neger Shantie mit einem kleinen Garten, in dem Pfirsichbäume vor der geteerten Bretterwand rosa blühten. Einige Dutzend oder Hundert Bretterbuden auf gerodetem Waldboden in einer größeren, mit Tabak oder Baumwolle bebauten Lichtung beanspruchten, eine Stadt zu sein, »Magnolia« oder »Warsaw«, mit einer »Hauptstraße«, einem Gemischtwarenhandel (»General Stores«), einem »Hotel« und an jeder Straßenecke einer Schnapsbude, einem »Saloon«. Der Luxuszug hielt mitten auf der Straße wie eine Trambahn, und während Post ausgeladen und der Maschine Wasser zugeführt wurde, kamen Negerjungen an die Schlafwagen und bettelten. Im Mondlicht sah man ihre weißen Augen, die blitzenden Zähne in den dunklen Gesichtern, die phantastischen Kopfbedeckungen, alte Zylinder ohne Rand, Filzhüte, bei denen das Futter nach außen stand, Strohhüte mit klaffenden Öffnungen wie zahnlose Mäuler. Sobald jemand eine Münze hinwarf, wälzte sich der ganze Haufe in einem unentwirrbaren Knäuel bis auf die Schienen und unter den Zug. Dann krochen sie wieder hervor, stellten sich in Reih und Glied und sangen mit warmen, weichen, etwas belegten Stimmen, in denen heißer Süden mitklang, ein glühenderer als selbst der von Neapel, Choräle, »Negro Spirituals«, von tiefer Innigkeit.

Am beklemmendsten und fremdartigsten wurde der Wald im äußersten Süden, in den »Everglades«, den subtropischen Sümpfen an den Ufern der breiten trägen Flüsse Floridas. Ich benutzte hier den Flußdampfer auf dem St. John. Man fuhr zwischen Mengen von Wasserlilien, die wie grüne Inseln mit schweren weißen und rosa Blüten auf dem Wasser schwammen. Zu beiden Seiten war undurchdringlicher Wald. Zedern und mächtige Lorbeerbäume kämpften miteinander um Luft und Licht. Palmen verstrickten sich mit den Fingern ihrer breiten handartigen Blätter in das dunkle, metallisch glänzende Laub der Magnolien. Ungeheure umgestürzte Stämme lagen im Wasser, überwuchert von Lianen und Jasmin. Überall im Dickicht schimmerte das silbergrüne Hexenhaar; und auf dem braunen Sumpfwasser tanzten Sonnenstrahlen wie goldene Schmetterlinge. Wo der Urwald auf kurze Strecken aufhörte, standen auf den Sümpfen Schilf- und Grasflächen, aus denen Entenschwärme aufflogen. Oder es wuchsen aus dem Wasser einzelne Riesenpinien mit weitgestreckten Ästen. Manchmal stand zwischen den Stämmen eine strohgedeckte Fischerhütte; ein Boot stieß vom Ufer und ruderte dem Schiff zu. Sonst war alles leer und einsam und wie verglast hinter einer schwülen Stille.

In dieser Wildnis hatte ein Freund meines Vaters, ein Herr de Bary, eine Orangenpflanzung angelegt; ein jovialer alter Mann mit vollem rotem Gesicht und schneeweißem Vollbart wie ein Kartenkönig. Er zeigte uns seine Schöpfung. Ein niedriges Wohnhaus mit breiten Veranden, umgeben von einem Garten mit einer Fülle greller Blüten. Weiterhin Wohnungen für die Arbeiter, ein Wildpark, die Orangenhaine. Die laue Wärme, die regungslose Luft, das Spiel der Sonnenlichter im Schatten am Boden, das Summen der Bienen erzeugten eine sanfte Schläfrigkeit, in der man wie im Traume wandelte. Durch eine blühende Rhododendronallee kamen wir zu einem Quell; das hellgrüne Wasser lag wie ein durchsichtiger Smaragd in einem Becken von feinem, silberglitzerndem Sande; auf seiner leise rieselnden Fläche jagten sich Lichter und spielten mit den Spiegelbildern von Orangen, die an niedrigen Zweigen über eine steinerne Einfassung herabhingen. Blumenduft, ein süßer Pflanzenatem schwebte in der Luft. Fern war die Welt. Man war bei Prospero auf seiner Insel oder in Klingsors Zaubergarten. Ich fragte den Alten, wie er sich mit den Urmächten seiner Wildnis stehe, den Pflanzen- und Tiergöttern der Indianer? Ob ihn nicht manchmal aus der Dschungel eine Wildkatze, ein Puma oder Königsjaguar feindlich anglotze? Er lachte etwas traurig: »Ja, aber leider nur noch selten. Ihre Augen waren die Sterne unseres Waldes. Die Yankees haben sie verscheucht.«

Als wir von unserem Aufenthalt in de Barys Zauberreich in die »Zivilisation« zurückkehrten, war der erste Ort, auf den wir trafen, das Seebad Tampa am Golf von Mexiko, das kürzlich mit einem Kapital von einigen Millionen Dollar gegründet worden war und durch eine Monsterreklame in ganz Amerika propagiert wurde. Mittelpunkt war ein kolossales neues Hotel von achthundert Meter Front (»dreimal so lang wie die Höhe des Eiffelturms«) im »maurischen« Stil, doch »fünfmal so groß wie die Alhambra«. Im Mondschein, als wir ankamen, zeigte sich wie eine phantastische Vision ein riesiges Sarazenenschloß mit über tausend Fenstern, von denen die meisten hell erleuchtet waren; es schien, als ob der langgestreckte Bau von einer Feuersbrunst erfaßt oder von einem überirdischen Licht durchglüht wäre. Aus dem Inneren drang vielstimmiger Gesang, ein Choral. Erlebten wir nach Klingsors Zaubergarten Montsalvat? Betroffen hielten wir, um die Erscheinung und den geheimnisvollen Chor in uns aufzunehmen. Dann traten wir ein zum überraschendsten Anblick.

In der kolossalen Halle, einer, wie die Reklamen betonten, *»den verfeinerten Ansprüchen der Neuzeit Rechnung tragenden, geschmackvollen Phantasie über den Löwenhof der Könige von Granada«*, standen die Hotelgäste, die Männer in Frack, die Frauen in Ballkleidern, und sangen puritanische Kirchenlieder. Die kitschige Architektur, die singenden Touristen, die harten Businessman-Gesichter der Männer, die grellgeschminkten der Frauen standen so kraß im Widerspruch zu den Worten christlicher Demut, die sie leise hinhauchten, daß das Ganze wie eine giftige Karikatur wirkte, ein Knalleffekt aus einer antichristlichen Propaganda-Revue.

Als ich mich in meinem Zimmer etwas gefaßt hatte und in die Halle zurückkam, wurde eben eine Kollekte eingeleitet. Die Damen schwangen Sammelbüchsen und baten um Gaben für einen guten Zweck. Irgendein Verbot sollte in der »State Legislature« durchgesetzt werden, wenn ich richtig verstand, das des Zigarettenrauchens, weil kleine Hotelpagen durch Zigaretten auf Abwege gerieten. Die eine von den Damen, eine stattliche, ziemlich volle Frau mit einem goldenen Kreuz auf dem Busen und hochrot geschminkt, bat mich, nachdem ich fünf Dollar in ihren Kasten gelegt hatte, zu einer Tasse Tee an ihren Tisch. Ihr Mann, von dem ich nur den alttestamentarischen Vornamen, Armageddon, behalten habe, sei Professor an einem College in Nordwesten, sie selbst in Europa aufgewachsen. – Ich machte mich auf eine Predigt oder Beichte gefaßt. Doch ich wurde überrascht. – Sie habe bemerkt, daß ich beim Eintreten in die Halle gestutzt habe. Sie verstehe das. Die Szene müsse mir als jungem Europäer, besonders als Deutschem – sie habe gehört, ich sei ein deutscher Graf –, sonderbar vorgekommen sein. Doch die Religion spiele in Amerika eine andere Rolle als in Europa. Die Europäer seien viel älter und, wenn ich ihr den Ausdruck verzeihen wolle, verbrauchter (more effete) als die Amerikaner, die auf einem jungen Kontinent wieder jung geworden seien. Die meisten blieben bis in ihr hohes Alter Jünglinge und brauchten deshalb kräftige Hemmungen (guiding strings), die sie davor bewahrten, vom geraden Weg abzuirren. Solche böte in Amerika nur die Religion, weil Gesetze in dem weiten, noch zu zwei Dritteln unbesiedelten Lande nicht so zur Durchführung kommen könnten wie in Europa. Auch brauchten Amerikaner »excitement« (Nervenaufpeitschung); das liege am Klima und an der Luft, die trockener und elektrischer seien als in Europa und das Nervensystem auspumpten. Deshalb gebe es so viele Trinker. Gegen die Bar aber sei die einzige wirksame Konkurrenz die Chapel, der Betsaal, in dem eine gleiche Portion excitement zu finden sei. Der Professor lasse sonnabends in ihrem Wohnort vor den Türen der Saloons ein Flugblatt verteilen (sie zog ein Exemplar aus ihrem Handtäschchen):

»Why spend your money on *drink,* when you can get the same amount of Pep* in our Chapel, – Corner of Tenth and Main street, – *for Nothing?* Save your Money and your Souls. Give US your custom. *Saturday evening* SENSATIONS *on* NOW.«

Ich fragte, was die »Sensationen« seien. »Predigten, in denen alle Formen der Sünde ohne falsche Scham geschildert würden; natürlich unter kräftiger Ausmalung auch der für sie von Gott gesetzten Strafen.« Ferner »Soul Saving Competitions«, Kämpfe um einen Preis für den, der als erster einen anwesenden Sünder bekehre. Manchmal Wettsingen von Kirchenliedern zwischen den männlichen und weiblichen Ältesten, wobei die neubekehrten Sünder Schiedsrichter seien

* »Pep« (Abkürzung für Pepper), die volkstümliche amerikanische Bezeichnung für Nervenaufpeitschung.

und entscheiden müßten, welcher Vortrag am meisten zu ihrer »Rettung« beigetragen habe. In einzelnen Chapels for »Dancing for Jesus«. Allerdings empfänden einige, die allzu eng dächten, dieses nicht als einwandfrei. Doch David selbst habe vor der Bundeslade getanzt, und der Tanzboden der Gemeinde sei ein Acker, auf dem zahlreiche Bekehrungen reiften, was ohne Gottes Segen nicht möglich wäre. Amerikaner müßten wählen zwischen Frömmigkeit und Trinken. Und ohne Frömmigkeit, so wie gewisse europäische Länder, die sie nicht nennen wolle, würde Amerika eine Hölle werden – dem Sozialismus, der Anarchie und Banditen aller Art preisgegeben. Ihren lieben Mann Armageddon habe in Potsdam der Stechschritt, als sie der Frühjahrsparade beiwohnten, nicht weniger verblüfft als mich hier die Betstunde; aber nachher habe er gesagt, vielleicht brauchten wir in Amerika mehr Frömmigkeit, *weil wir weniger Potsdam hätten*. Später habe er sogar hinzugefügt, daß nur noch mehr Frömmigkeit uns vor Potsdam retten könne. Es war nicht zu erkennen, ob sie mir einen Stich versetzen wollte oder bloß naiv referierte. Ich erwiderte: Es sei klug vom Professor, daß er einen Zusammenhang zwischen dem preußischen Stechschritt und gewissen Formen amerikanischer Frömmigkeit entdeckt habe. Ich hätte auch schon die Empfindung gehabt. Allerdings gebe es bei uns noch keine Agitation – doch komme sie vielleicht –, um zu verbieten, daß man, oder wenigstens gewisse Menschen, zum Beispiel Professoren, öffentlich im Deutschen Reich, auf der Straße oder in einer Gesellschaft, anders als im Stechschritt gingen. Sie hustete etwas gezwungen, faßte nach dem Kreuz auf ihrem Busen und sagte: Ich sei ein sehr impertinenter junger Mann! Aber gegenüber dem Geist des Spottes habe sie einen sicheren Halt am Kreuz. Daher wollten wir in Frieden auseinandergehen. Und wenn ich einmal in ihre Ecke des Kontinents komme, müsse ich Armageddon kennenlernen; wir würden uns gewiß verstehen.

Ich wollte auf mein Zimmer gehen. Aber ein älterer Herr, der am Nebentisch saß, lud mich ein, noch einen Whisky mit ihm an der Bar zu trinken. Er habe nicht umhin gekonnt, unser Gespräch zu belauschen. Ich solle nicht alles glauben, was die Dame erzählt habe. Es stimme vielleicht mehr oder weniger für ihren Landesteil, den Norden und Westen, aber nur mit großen Einschränkungen für den Süden. Er selber sei Virginier und habe den Bürgerkrieg in den südlichen Armeen mitgemacht. (Er sah in der Tat aus wie ein vornehmer preußischer Kavallerieoffizier: über sechs Fuß, schlank, mit einem rassigen Gesicht und schneeweißem Haar, das mit der frischen, jugendlichen Haut kontrastierte.) Sie hier im Süden hätten das bessere Blut (We are the better stock). Die Puritaner, die Neuengland gründeten, seien zum großen Teil Krämer gewesen; dagegen Virginien und den Süden hätten Gentlemen besiedelt. Er lege auf diese Abstammung für seine Person keinen übermäßig hohen Wert, aber sie mache sich doch bemerkbar (but it does tell!). George Washington sei ein virginischer Landedelmann aus alter englischer Familie gewesen. Ebenso Robert Lee, der Führer des Südens im Bürgerkrieg, neben Washington die hehrste Figur der amerikanischen Geschichte. Solche Männer brauchten nicht puritanische guiding strings, weil sie Haltung schon im Mutterleib bekämen. Auch bewahrten sie die Traditionen ihres Hauses vor Gewinnsucht und Protzerei. Ihre Ideale, die ihnen eingepflanzt würden, seien der patriarchalisch regierende country gentleman (Landedelmann) und der aufrechte Soldat, nicht der raffende Kapitalist. Vielleicht seien sie deshalb im modernen Amerika unter die Räder geraten, vielleicht aber auch würden sie gerade deshalb in einem noch moderneren wieder eine Rolle spielen. Jedenfalls sei dieses Hotel mit seinem absurden Prunk und allem, was in ihm vorgehe, einschließlich der heutigen Exhibition von Gesangskunst, im Süden ein Fremdkörper. Er reise schnell wieder ab. Ich solle ihn auf seinem bescheidenen und leider ein wenig heruntergekommenen Landgut besuchen; da werde ich von Amerika eine andere Vorstellung bekommen als die, die mir die Dame aus dem Fernen Westen heute beizubringen versucht habe.

Die Hauptursache dieses Gegensatzes zwischen Süden und Norden war selbstverständlich die verschiedene wirtschaftliche Struktur. Man sah zwischen Ozean und Mississippi mechanisierte, nach den neuesten Methoden betriebene Tabak- und Baumwollpflanzungen, auch aufblühende Großstädte, Stahlwerke, Spinnereien, einen

»Neuen Süden«, auf den man in New York, Philadelphia, Washington nicht weniger stolz war als vierzig Jahre früher auf den Neuen Westen; doch waren diese modernen Unternehmungen Import aus dem Norden, in Wall Street finanziert und kaum mehr als Enklaven in der ganz anders fundierten Wirtschaft der Südstaaten und dem unermeßlichen Wald, der zu drei Vierteln sie bedeckte. Es zeigte sich, daß hinter der Europa zugekehrten hochkapitalistischen Fassade, der die Wolkenkratzer und Fabrikschornsteine von New York, Pittsburg, Philadelphia ihr Gesicht gaben, ein ungeheures Kolonialreich lag, das noch fast ausschließlich Objekt der Ausbeutung und zum Teil erst wenig über die Stufe einer »Grenze«, eines Freigebietes für landfremde Spekulanten hinaus war. Der große Bürgerkrieg der sechziger Jahre erschien als das, was er war, eine Erhebung der Kolonialstaaten der Union gegen die den kolonialen Wirtschaftsformen entwachsenen Nordstaaten, eine blutige Episode im Aufstieg des Hochkapitalismus; sein Ausgang, die gewaltsame Ersetzung des Sklavenkapitals durch das Finanzkapital, eine wirtschaftliche und soziale Revolution, von der sich der Süden erst langsam erholte. Verfallene Herrenhäuser in verwilderten Gärten, wie der in Edgar Allan Poes ›Fall of the House of Ussher‹, zeugten von der alten kolonialen Herrlichkeit vor dem Kriege. In vielen saßen noch die alten Familien, denen der »Yankee«, der Puritaner aus dem Norden, ein Greuel war; nicht nur wegen seiner Schuld am Bürgerkrieg und an der darauffolgenden Bedrückung und Korruption, sondern noch mehr, weil diese Südländer im milden Klima ihres an den Golf und den Golfstrom grenzenden Gebiets lässiger, menschlicher, weniger mechanisiert waren als die Yankees. Vor allem aber, weil sie, die jahrhundertelang ihre Neger patriarchalisch regiert hatten, in Gesinnung und Haltung Aristokraten waren.

Der vollkommenste Ausdruck dieses kolonialen und aristokratischen Amerikanertums war New Orleans. Ich habe es in meinen ›Notizen über Mexiko‹ geschildert, wie es mir bei einem zweiten Besuch einige Jahre später erschien. Der erste Eindruck war durch den Kontrast mit New York verblüffend. Wo das Stadtbild noch nicht durch den Einbruch aus dem Norden seinen Charakter verloren hatte, glaubte man in einer französischen Provinzstadt aus der Zeit Ludwigs des Fünfzehnten zu sein, der Zeit Manons, der rührenden Figur von Prévost, die er hier als Verbannte sterben läßt. Nachdem der Erste Konsul Bonaparte 1803 unter dem Druck der europäischen Situation und einer Kriegsdrohung Amerikas das Mississippital und Louisiana mit seinem Hafen New Orleans an den Präsidenten Jefferson verkauft hatte, blieb noch bis in die Gegenwart der französische koloniale Lebensstil fast unberührt. Außerhalb der Geschäftsviertel und rings um sie herum war alles altfranzösisch: lange Alleen mit alten Bäumen und einem breiten Rasenstreifen in der Mitte wie in Versailles; hier und dort eine geräumige Terrasse, die aus dem ersten Stock eines Hauses vorsprang und auf weißen Holzsäulen den Fußweg überdachte, – meistens aber bis an den Straßenrand zu beiden Seiten tiefe Gärten, die jetzt schon, im März, von blühenden Sträuchern bunt waren. Und halb versteckt dahinter Häuser wie Dornröschenschlösser, weiß mit geschlossenen grünen Läden und bis zum Dach überwachsen von Jasmin und Rosen, deren Ranken wie Jalousien vor den offenen Veranden und Galerien herunterhingen und dort ein kühles und geheimnisvolles Helldunkel unterhielten. Jedes Haus schien mit seinem Garten der Rahmen für eine heimliche Geliebte. Eine erotische Atmosphäre wie die einer Landschaft von Renoir mischte sich in den schweren Duft der Frühlingsblumen, der Fliederbüsche und Narzissen. Hier hatten die Menschen – die Männer, die diese unter Blumen versteckten Balkone und üppigen Gärten für ihre Mädchen und Frauen geschaffen hatten – offenbar Zeit.

Abends erinnerte der Betrieb mit Mädchen in den Tanzsälen und Cafés an Montmartre. Bohemiens in Schlapphüten und roten Hemden saßen mit grellgeschminkten Frauen an kleinen Tischen und betranken sich nicht in Whisky, sondern langsam in dem gefährlicheren, die Phantasie wie ein Rauschgift anregenden Absinth. Einige von den Mädchen, Kreolinnen oder solche mit einer Beimischung von Indianer- oder Negerblut, waren blendend schön, strotzend von Gesundheit, vollblütig, mit tiefen schwarzen Augen, üppigem Haarwuchs und einer Haut wie dunkles Elfenbein, in der die breiten, purpurrot geschminkten Lippen sich wie Blätter einer Orchidee öffneten. Beim Tanz bewegten sie sich lässig in lang nachschleppenden Seidenkleidern, mit einer schweren, majestätischen Grazie, bis die eine oder andere plötzlich mit geschlossenen Augen in die Lippen ihres Tänzers biß. Nichts glich hier dem Nachtleben von New York, dem rasenden Tempo der Bowery, man war in einer anderen, weit entlegenen Welt, halbwegs zwischen Paris und den Tropen.

Westlich vom Mississippi wich der Wald der Prärie und niedrigem, weidenähnlichem Musquitgebüsch. Aber unverändert blieb die Grundierung der nordamerikanischen Kultur durch eine ältere, fremdartige, koloniale. Nur war im westlichen Nachbarstaat von Louisiana, Texas, der für sich allein so groß war wie das kaiserliche Deutschland, der Untergrund spanisch-mexikanisch. Mexikanische Kuhhirten in breitgeränderten spitzen Filzhüten kamen auf kleinen wilden, mit Silber aufgeschirrten Pferdchen an den Zug gesprengt. Kirchen im spanischen Barockstil mit niedrigen offenen Glockentürmen standen verfallen im Magnoliengebüsch. Die größte Stadt des Landes, San Antonio, war zu einem Drittel mexikanisch, zu einem Drittel deutsch und noch immer erst zu einem Drittel yankee. Mitten in der Stadt stand das Alamo, eine spanische Missionskirche, die zu einem Denkmal für eine Schar amerikanischer Freibeuter geworden war. Hier hatten im Jahre 1836 einhundertundachtzig Yankees gegen viertausend Mexikaner unter dem mexikanischen General Santa Ana zwölf Tage sich gehalten, bis der letzte gefallen war. Zerschossen, mit geborstenen Gewölben, so wie Santa Ana sie gestürmt hatte, stand die alte Kirche als Ehrenmal für diese tapferen Abenteurer. Bis 1823 gehörte dieses ganze Land zwischen Mississippi und Stillem Ozean zum Spanischen Weltreich. Spanisch war die große Kathedrale San Fernando am Hauptplatz mit Barockfassade und, obwohl erst zu Anfang des achtzehnten Jahrhunderts errichtet, gotischen Spitzbogenfenstern. Spanisch vor der Stadt die alten Missionskirchen, die Franziskaner gebaut und als Padres betreut hatten: San Francisco de la Espada, Concepción, San José. Diese letzte eine

Ruine. Die halbeingestürzten Mauern, vor Alter und Sonnenbrand goldgelb, standen zart und fast durchsichtig im lichtblauen Himmel. Durch hochkletternde Kakteen sah man am reichgeschmückten Hauptportal armlose Heilige und pausbäckige Engel verzückt Gott entgegenschweben.

Ein Stadtviertel war noch ganz mexikanisch. An den ungepflasterten Straßen, in denen man versank, standen niedrige, weißgetünchte Häuser mit grünen Läden und tiefen Veranden; braune, halbindianische Kindergesichter sahen mit großen schwarzen Augen aus den Fenstern. Männer, deren Haut kupferbraun war, den mexikanischen runden Spitzhut mit breiter Krempe tief in die Stirn gedrückt, die schmalen Schultern eng in einen vielfarbigen prächtigen Sarape gewickelt, standen rauchend an den Straßenecken oder folgten langsam wie in der Sierra ihren Maultieren. Hier war noch weniger als in New Orleans von Nordamerika zu merken. Und weltenfern vom Puritanertum der Nordstaaten war die unbefangene Erotik, die aus kolonialer Zeit geblieben war; nicht nur in den wie selbstverständlich dargebotenen Freudenhäusern mit den bunten Mädchen aus der ganzen Welt, sondern auch in Gewohnheiten, die vielleicht noch von den Indianern stammten. So war im Walde am Fluß eine Lichtung, wo in heißen Sommernächten Jungen aus der Stadt nackt, die Mädchen in langen weißen Hemden zusammen badeten und tanzten. Auch war die Passion, mit der die Cowboys in den »Rodeos« ungezähmte Pferde und Stiere ritten und ihr Leben in halsbrecherischen Kunststücken aufs Spiel setzten, nicht angelsächsisch, sondern spanisch, vielleicht sogar noch weiter her, aus Arabien oder dem vorgeschichtlichen Kreta.

In San Antonio begann die Südpazifikbahn, die den Kontinent durchquerte. Je weiter man nach Westen kam, um so krasser drängte sich der Gegensatz zu allem Yankeetum auf, um so fremdartiger wurden Menschen, Pflanzen, Licht. Verschwunden war das Laub- und Nadelholz; an seine Stelle trat eine Pflanzenwelt, die keine Ähnlichkeit mit irgendeiner anderen auf der Erde hatte, durch ihre fleischigen, fast tierischen Formen den Gewächsen auf dem Grunde des

Ozeans glich, den Kreaturen, die zwischen Tier und Pflanze unheimlich zwitterhaft zu schwanken scheinen. Orgelbäume wie riesige Korallen mit kerzengerade wie Orgelpfeifen hochgestreckten feisten grünen Fingern; Kakteen, deren fleischige Blätter wie Tiere auseinander geboren wurden, Glied an Glied aneinander klebten, übereinander hochkrochen, mit Borsten und Stacheln wie ein Schwarm giftiger Insekten. Sträucher wie Algen, deren bandartige grüne Zweige im Winde wie in Wasser langsam pendelten. Ocotillos, die raketengleich aus dem Boden schossen, mit Blüten wie rote Leuchtkugeln, die sich am Ende dünner, in Spiralen gewundener hellgrüner Zweige öffneten. Alle diese sonderbaren Wesen standen einzeln weit verstreut wie Wachtposten auf der Ebene, die sonst nur ein mageres Präriegras trug. Die Erdkruste unter ihnen glühte und sprang wie spröde Haut. Alle Fernen wurden zu Kristall, in dem das Licht sich in tausend Tönen brach. Die niedrigen Hügelreihen, die zu mehreren hintereinander den Horizont begleiteten, glichen in ihrem Regenbogenspiel leuchtenden Opalen: die vordersten am frühen Morgen samtig schwarz, die dahinter tiefblau, dann purpurne, dann silbergraue, bis die fernsten lichtblau mit dem Blau des Himmels verschwammen.

An der mexikanischen Grenze in El Paso mußten wir wegen eines Defektes an der Rio-Grande-Brücke einen halben Tag halten. Mexikaner, Mestizen, Indianer, Volkstypen dieses Sonnenlandes drängten sich um den Zug. Ich hatte überraschend, aber unabweisbar einen Eindruck, als ob das Übermaß des Lichtes Finsternis und Stumpfheit in diesen Seelen erzeugte. Der Eindruck war flüchtig, aber erschütternd, – wie wenn man vor einem unbekannten Menschen erschrickt, weil ein Dämon einen aus seinen Augen zu beobachten scheint. Die Einsilbigkeit, der düstere Ausdruck der Gesichter, die mißtrauischen dunklen Augen, die Gestalten, die, in ihre Ponchos eingewickelt, stundenlang starr, ohne sich zu rühren, wie Tote stillsaßen, eröffneten Einblicke in eine Innenwelt, die sich krampfhaft gegen das Licht wehrte. Was sie suchte, war Nacht und das große Schweigen, in denen die Sinne, vom Ansturm der Außenwelt befreit, dem Traum offenstehen und ungerufen, unheimlich die Geschöpfe heißer Nächte, die Geilheit, der Rachdurst, der Masochismus zur Macht kommen. Daher der hemmungslose Durst nach dem furchtbaren Rauschgift aus einheimischen Pflanzenfasern, für das Indianer und Mestizen Leib und Leben verkauften, ein Gift, das die Welt auslöschte, Kühle, Helldunkel, traumhaftes Schwelgen in Grausamkeit, Wollust und Selbstzerfleischung spendete. Ich fand einen ähnlichen Volkscharakter später in Mexiko, wie ich in meinen ›Notizen‹ geschildert habe; und noch düsterer, ins Mystische pervertiert, viele Jahre nachher am Oberlauf des Rio Grande.In einem Engpaß, wo der Fluß aus der Hochebene herunterbricht, standen auf den Uferfelsen rätselhafte kolossale schwarze Holzkreuze. Mein Begleiter, ein junger Cowboy, ein heller Junge, der in Harvard studiert hatte, erläuterte, wir seien hier im Gebiet einer Sekte von Mischlingen, die, zum Christentum bekehrt, es zu ungeheuerlichen Praktiken verdrehten. Am Karfreitag pflegten sie, so erzählte er, einen jungen Menschen ihres Stammes, den tapfersten und besten, ans Kreuz zu binden, nachdem er sich selbst bis zur Bewußtlosigkeit gegeißelt hätte. Er werde dadurch als Opferlamm Gott dargebracht für alle Sünden, die Mitglieder der Sekte im Laufe des Jahres begangen hätten. Wenn Gott ihn zu sich nehme, was mitunter geschehe, dann gelte das als Zeichen, daß das Opfer Gott besonders wohlgefällig sei, und der Junge verweile dann unter Gottes Engeln im Himmel als Mittler für seine Glaubensgenossen. Zum Karfreitagsopfer von den Ältesten erwählt zu werden, sei die höchste Auszeichnung; die tapfersten Knaben drängten sich dazu. Das Blut, das von ihnen tropfte, gelte als wundertätig und als Talisman gegen Krankheit, Mord, Zauberei und Anfechtungen des Bösen.

Etwas von diesem finsteren, zu grausamen Exzessen neigenden Geist, dem nordamerikanischen Grenzer ins Blut gespritzt, erzeugte einen neuen Verbrechertyp, – eine Erweiterung des Yankees nach der bösen Seite, einen wie vom Teufel selbst gemischten Cocktail aus mexikanischem Sadismus und Yankee-Geschäftstüchtigkeit – Keim und Urform des amerikanischen Gangsters. Die Kämpfe der Siedler und Goldsucher mit diesem bis ins Dämonische gesteigerten Verbrechertyp haben dem riesigen Gebiet zwischen Rio Grande und Pazifik ein heroisches Zeitalter geschenkt, einen Mythos, der dem letzten Landarbeiter und Viehjungen dort Gegenwart war. Vom Obersten Hall in Philadelphia, einem alten Berufsoffizier, der an diesen Kämpfen teilgenommen hatte, hörte ich viele Geschichten jener von einem Abglanz der Hölle verklärten Freibeuter. Am unheimlichsten die von einem gewissen Slade.

Es hieß, er sei Schullehrer gewesen; doch schien das nicht festzustehen. Als Maultiertreiber bei einem Einwandererzug beging er seinen ersten Totschlag. Er stritt mit einem Kameraden. Dieser zog den Revolver. Slade rief, sie würden sich doch nicht wegen einem blutigen verdammten Dreck totschießen; sie wollten ihre Revolver fortwerfen und dann die Sache wie Gentlemen mit den Fäusten austragen. Doch kaum hatte der andere seine Waffe fortgelegt, knallte Slade und tötete seinen Gegner. Dann floh er in die Berge, wo sich bald andere Verbrecher zu ihm einfanden und unter seiner Führung eine Bande bildeten, die von Viehdiebstählen, Überfällen auf Banken, Erpressungen und Raubmorden lebte. Seine Kaltblütigkeit und Grausamkeit, die zu fanatischem Sadismus anwuchs, machten ihn zu einer Figur, um die sich ein Terror über das Land ausbreitete: ein hagerer, eisiger, finsterer Mann, der mit eigener Hand mitleidlos Männer, Frauen und Kinder niederschoß, aber nach der Art der Puritaner ständig Brocken aus dem Alten Testament im Munde führte und halb gotteslästerlich, halb abergläubisch am Tage des Erntedankfestes eine Andacht abhielt und dem lieben Gott für gute Beute dankte. Für Frauen unempfindlich, schien er sich am Morden, Brandstiften und Foltern zu befriedigen und daneben an seinem Bankkonto, das er unter falschem Namen bei einer großen Bank im Osten unterhielt. Eines Tages, wie er mit seiner Bande über die Prärie ritt, traf er einen seiner Feinde allein zu Pferde. Er machte auf ihn Jagd, zog ihn mit dem Lasso zu Boden und schleifte ihn zehn Meilen bis an das Versteck der Bande. Hier band er ihn blutend und schon halb tot mit ausgebreiteten Armen an einen Pfahl; dann legte er sich schlafen. Am nächsten Morgen trat er heraus, schoß seinem Opfer zunächst jeden Finger einzeln ab und zerschmetterte ihm dann langsam mit einem Hammer Gesicht und Schädel. Hat er dabei an den Gekreuzigten gedacht und Genuß an einer teuflischen Gotteslästerung gehabt? Wer weiß? Nach vielen ähnlichen Greueltaten wurde er in einen Hinterhalt gelockt und gefangen. Er verriet seine Genossen – bekam dafür sein Leben geschenkt und wurde mit der Zeit »respectable« und, nachdem er von einem Revivalist bekehrt war, zu einem Kirchenlicht, das seiner Gemeinde vor anderen Sekten Glanz verlieh, Vorsänger in ihrem Gotteshaus, Lehrer an der Sonntagsschule und sogar Ältester, der sonntags von der Kanzel das Evangelium vorlas. Da niemand besser mit den Gangsters Bescheid wußte, bekam er auf Empfehlung seines Reverend in einem neugegründeten Städtchen, ich glaube Fargo, eine Anstellung als Postmeister und »Boß« der Postkutschen. Eine Zeitlang lieferte er zur allgemeinen Zufriedenheit und sogar mit finsterem Genuß seine früheren Genossen an die Schnelljustiz seiner Mitbürger. Er stand dann in einem schwarzen Rock von geistlichem Schnitt unter dem Galgen und ließ kein Auge von den Todesängsten und letzten Zuckungen. Nachher hielt er eine Ansprache: das seien seine Freunde gewesen, er selber habe die gleiche Strafe verdient, aber Gott habe ihn begnadigt und berufen! Er stehe da als Beweis, daß kein Sünder zu verzweifeln brauche. Sie alle insgesamt seien Sünder und sollten keinen Augenblick zögern – Gott warte nicht ewig –, ihre Sünden zu bekennen und sich Jesus in die Arme zu werfen. Dann forderte er sie auf, mit ihm als »Brüder im Herrn« im Angesicht der furchtbaren Gerechtigkeit Gottes, wie sie sich an diesen über ihnen hängenden armen Sündern heute hier bewährt habe, ein geistliches Lied anzustimmen. Er soll durch sein Bekenntnis und seine Worte die Zuschauer so erschüttert haben, daß er bei jeder Hinrichtung zahlreiche Bekehrungen erzielte und die Sittlichkeit im Ort dank seiner Hilfe reißend sich ausbreitete. Inzwischen hatte er jedoch wieder mit mehreren Räuberbanden Geschäftsverbindungen angeknüpft, wurde abgefaßt und kurzer Hand in seinem schwarzen Rock aufgeknüpft.

Jenseits des Rio Grande begann die Wüste. Ringsherum, so weit das Auge reichte, gelbe Kruste, von der Hitze hart gebacken und quer und kreuz gerissen und gefurcht; über sie wie weißer Mehltau ausgestreut Salzstaub, der in der Ferne Wasser, schillernde Lagunen und

Kühle vorspiegelte. Darüber blutrot, purpurn umwölkt, grausam die Sonne im smaragdgrünen Abendhimmel.
In Yuma, das sich rühmte, der heißeste Ort auf Erden zu sein, ja, der heißeste Ort »nach der Hölle« (ich glaube sogar, es stand am Bahnhof unter dem Stations-Namen »Yuma« als Reklame »the hottest place next to Hell«), kamen Scharen von Indianern an den Zug und hängten sich, während er noch in Fahrt war, an Türen und Trittbretter: sehnige, von der Hitze wie Rauchfleisch gedörrte Gestalten mit einem grandios bestialischen Gesichtsausdruck. Könige im Exil in grellen Kopftüchern und blauen Leinwandhosen, auf denen hinten in großen weißen Buchstaben Reklamen standen.

Diese Hosenboden-Publizität war das erste Zeichen, daß wir uns der kommerziellen Zivilisation Nordamerikas wieder näherten. Nachts kamen wir nach Los Angeles, damals eine kleine Stadt von kaum 50000 Einwohnern, nicht viel größer als Weimar, aber ein Vorposten Nordamerikas, wo Neureiche aus dem Mittleren Westen in der südlichen Sonne ihren Lebensabend genossen. Das Städtchen machte auf mich wenig Eindruck, bis auf eine majestätische Eukalyptus-Allee, durch deren Stämme ich den ersten Blick auf den Stillen Ozean tat. Die Vorstellung, daß das sanft wogende Blau unten dieses geheimnisvolle Meer sei, die Pforte zur Südsee mit ihren paradiesischen Inseln und märchenhaften Naturvölkern, – meine Pläne, die an das ferne andere Ufer Asien führten, – die Erinnerungen an einige Verse von Keats, die mich als Kind stundenlang beglückt und verzaubert hatten und wie Musik noch immer nachtönten:

»Or like stout Cortez when with eagle eyes
He star'd on the Pacific, – and all his men
Look'd on each other with a wild surmise –
Silent upon a peak in Darien.«

Das Alles versetzte mich in ein Fieber, das mir die Wirklichkeit mehr verschleierte als erhellte. Die Eigenart dieses schönen Küstenstriches, die Lieblichkeit und Größe Süd-Californiens erkannte ich erst in den folgenden Tagen auf der Fahrt nach San Francisco, als der Zug das Gebirge hinter sich ließ und die californische Ebene vor uns offen lag: fettes Fruchtland, unermeßliche Weide, saftiges tiefes Gras bis hoch hinauf an den fernen Schnee der Sierra, Mohn, ein nur in Californien heimischer, safranroter, der überall kleine Flammen ins Grün setzte; – und über alles wie ein Wolkenbruch niedergehend eine Flut von Licht, die das Tal wie ein Becken füllte. Nach der Höllenglut der Wüste ein endloses Idyll. Alte Steineichen ragten wie Inseln in dunklen Gruppen aus dem Gras, Kühe und Pferde kühlten sich in klaren Bächen und sahen unbeweglich mit ruhigen Augen dem Zuge nach. Es war ein grüneres, weiteres Italien, wo alles ursprünglicher, unbeschriebener, jünger war; ein Italien, wie es in Anfängen der Geschichte den griechischen Kolonisten erschienen sein mag. Die Einwandererzüge, die auf ihren Planwagen langsam aus dem Osten über das Gebirge kamen, sahen von den Pässen in ein Gelobtes Land. Die Bibel wurde ihnen erschütterndes persönliches Erlebnis. Die Erzählungen von der großen Wanderung lebten noch im Munde von Kindern und Enkeln. Man erkannte, wie nah die Gegenwart hier dem Mythos war, – dem Mythos der Wanderung, dem des Goldrausches, dem des Verhungerns in der Wüste vor phantastischen Schätzen, dem des Bruders Juniperus und seiner Franziskanermönche, die die christlichen Missionen bauten und die Anfänge einer geordneten menschlichen Gemeinschaft schufen, – alles in allem ein Mythos, der auf primitiver Stufe jenseits von Gut und Böse stand, den Wagemutigen und Starken, den Listenreichen und Grausamen, auch wenn er böse war, als Helden feierte und keine Bindung an das Heute, nur den Ruf der Zukunft kannte. Auf seinem Boden sah man Typen wachsen, die zugleich primitiver und moderner waren als wir Europäer, – ja, moderner als die Yankees: Typen, die die Frage nahelegten, ob sie sich innerhalb der puritanischen, bürgerlichen, wohlanständigen neu-englischen Tradition, ohne sie zu sprengen, entwickeln könnten; oder ob hier am Pacific, wie vielleicht auch im subtropischen Süden mit seinen verführerischen Elementen aristokratischer und altfranzösischer Kultur und auf dem alten Kolonialboden am Rio Grande neue Nationen entstehen würden?

Allerdings deuteten Anzeichen auf eine überraschende Biegsamkeit und Dehnbarkeit des scheinbar so spröden Nationaltyps. Einen glücklichen Anfang in der Mischung spanischer und nordamerikanischer kolonialer Elemente machte die californische Architektur. Er gelang, weil die jungen californischen Architekten den Zweck als Herren einsetzten. Denn es zeigte sich, daß die zwei Stile, wenn man ihre Formen auf ihren Zweck zurückführte, in zahlreichen Fällen die gleiche Lösung ergaben; und wo ein neuer Nutzzweck zu gestalten war, nicht Ornamente, sondern Proportionen und Linien ihn am besten in die Tradition einpaßten. In zahlreichen Bauten, öffentlichen und privaten, z. B. der neuen Leland-Stanford-Universität bei San Francisco sah man so aus der Vereinfachung und Vermählung von Spanischem und Nordamerikanischem eine Raumkunst entstehen, die das Programm der »modernen« Architektur, wie es später Vandevelde und Le Corbusier formulierten, in vielen Punkten vorwegnahm. Vielleicht würden mit der Zeit hier auch Menschen wachsen, die ähnlich glücklich südliche und nordamerikanische Charakterzüge in sich vereinigen würden! Die jungen Kalifornier, Mädchen und Jungen, schienen weniger von Tradition eingeengt, im Verkehr miteinander freier, Wagnissen menschlicher und religiöser Art zugänglicher als ihre New Yorker Altersgenossen. Vielleicht hatten sie unter diesem südlichen Himmel auch feinere Nerven und ein elementareres Bedürfnis nach Kunst. Isadora Duncan, die Kalifornierin war, gehörte in ihrem freien Menschentum, ihrer Unbefangenheit und Frische, der Unbedenklichkeit, mit der sie ihr Leben und ihre Kunst von überlebten Konventionen reinigte, zu dieser westlichen, neuamerikanischen Art.

San Francisco, Amerikas großes Schaufenster nach dem Fernen Osten, schien zuerst ohne Eigenart; – bis auf seine Lage zwischen Ozean und bergumschlossenem Binnenmeer, die unvergleichlich war. Aber die Stadt selbst sah aus wie ein provinzielles, kleineres New York: kleinere Wolkenkratzer, kleinerer Schiffsverkehr, kleinerer Aufwand und Luxus. Um so überraschender, fast erschreckend, zeigte sich ihre Sonderart, sobald man unter die Oberfläche hinabstieg in ihre Unterwelt. Die von New York bestand im Wesentlichen aus Negern und Südeuropäern; die hier aus Asiaten. Das war aber

nicht das Entscheidende, sondern der Abgrund, der hier Religion, Sitten, Lebensansprüche des einen Teils von dem des andern trennte. Es war ein Gegensatz nicht wie zwischen Weißen und Negern in New Orleans oder zwischen Yankees und Mexikanern in San Antonio: zwischen einer stärkeren und einer schwächern, einer überlegenen und einer minderwertigeren Kultur. Sondern hier waren zwei gleich starke und gleich harte Welten wie zwei Fixsterne zu einem System zusammengeschlossen; zwei Pole der Menschheit örtlich einander nahegerückt, ohne daß auch nur ein Funke von dem einen zum anderen übersprang. Selbst im Laster blieben sie geschieden.
Mit einem Spezialisten der Chinesenstadt, einem Detektiv, den die Polizei mir beigab, einem Mr. D., streifte ich in diesem unheimlichen unterirdischen Asien herum. Durch Dupont Street, die sich in nichts von anderen amerikanischen Großstadtstraßen unterschied, gelangte man wie in einen Ameisenbau in das unentwirrbare Netz von Gängen, Gassen, Kellern, in denen die Gelben hausten. Das Erste, auf das man traf, waren die Häuser der Prostituierten. Ihr Beruf hatte nach uralter orientalischer Auffassung nichts Entehrendes, galt als Handwerk wie das des Barbiers oder Kochs oder Schankwirts. Jede Prostituierte bewohnte in diesem vornehmeren Teil der Chinesenstadt für sich allein ein kleines Haus mit einem Schaufenster, in dem sie reich gekleidet oder auch halb entkleidet mit Schmuck behängt saß und auf Kundschaft wartete. Wenn man eintrat, ließ das Mädchen ihr Gewand fallen; eine Magd brachte Wasser zum Waschen und Weihrauch und einen kleinen Tisch, auf den sie Tee und allerhand Liköre und eine Schale mit Früchten stellte, verschwand dann, indem sie sich dreimal vor dem Gast verneigte und dreimal den Boden mit der Stirn berührte, erschien aber bald wieder zum zweiten Akt ihres Dienstes, indem sie lautlos zwei seidene gestickte Nachtgewänder und mehrere seidene Steppdekken auf die Erde breitete. Man hatte den Eindruck, das alles sei seit Urzeiten so geregelt und fast geheiligt, eine in allen Einzelheiten feststehende Zeremonie, durch die Empfang und Bewirtung eines Kunden bei einer Prostituierten zu einer kaum weniger feierlichen Handlung wurde als eine festliche Trauung.

Die Prostituierte, bei der ich eingetreten war, hatte Mischblut, war die Tochter einer Chinesin und eines französischen Schiffskapitäns. Sie sei, sagte sie, in einem Kloster bei Paris erzogen und später zu ihrer Mutter hierher zurückgekehrt. Sie nannte sich Fey-Yen. Ihre Haltung, ihre ganze Person entsprachen in keiner Weise dem, was man bei einem Freudenmädchen in der Chinesenstadt von San Francisco erwartet hätte. Ich würde sagen, daß sie wie eine Große Kurtisane wirkte, wenn nicht auch dieses erst die halbe Wahrheit ausdrückte; denn in allem, was sie tat und sagte, war noch etwas orientalisch Fürstliches, undurchsichtig Kluges und Gefährliches, das sie in eine unermeßliche Ferne rückte. Sie mochte etwa 28 sein, hatte einen herrlich durchgebildeten Körper, dessen Bewegungen wie die eines jungen Tieres immer natürlich und jedesmal überraschend sicher und harmonisch waren. Ihr glänzend schwarzes Haar trug sie sehr hoch gesteckt, mit drei Reiherfedern wie die Hofdamen der Tang-Dynastie auf alten chinesischen Gemälden. Ihre Augen waren schwarz und mandelförmig, ihre Backenknochen jedoch kaum stärker als die mancher Russinnen. Sie hatte fein geschwungene Lippen, die aber dünn und hart und wie zum Befehlen geschaffen waren. Seltsam wirkte, daß sie am ganzen Körper rasiert und offenbar auch aufs sorgfältigste geschminkt war. Zum Zweck eines raffiniert berechneten Effektes hatte sie in ihrem Zimmer ringsherum vergoldete Wandschirme, von denen sich ihr Körper elfenbeinfarben und wie von innen zart Rosa durchleuchtet abhob. Ich fragte sie, ob Fey-Yen ihr richtiger Name sei? Sie lachte und zeigte mir eine vergoldete Tafel, auf der ein paar monumentale chinesische Schriftzeichen in schwarzer Tusche standen. Das sei die richtige Fey-Yen, die von Li-Tai-Po:

»Die schönsten Mädchen gehn am kaiserlichen Wagen,
Sie treten singend aus geheimem Tor.
Wo ist die Schönste, daß wir sie zur Sänfte tragen?
Es ist Fey-Yen in silbergrünem Flor.

Ich neige meine Stirne tief zur Erde,
Daß sie durch ihres Kleides Saum beseligt werde.« *

Jedesmal, wenn sie den Namen Fey-Yen nannte, glaubte ich in ihrer Stimme einen leichten Spott zu spüren; sie hatte scheinbar am Kontrast zwischen der blütenhaften Fey-Yen Li-Tai-Pos und ihrer eigenen Person eine bittere Freude.
Sie hielt mir die Tafel hin und fragte, ob ich die Schriftzeichen lesen könne? Nein? Dann solle ich mir auch nicht über ihren Namen Gedanken machen oder in ihr zu lesen versuchen. Dazu könne ich wiederkommen, wenn ich gelernt hätte, chinesische Schrift zu entziffern. Ich kam nicht aus dem Staunen heraus, wieso diese Frau als gewöhnliche Prostituierte hier in San Francisco sich aufhielt, während sie, wie mir schien, in der Halbwelt von Paris hätte glänzen können; denn ihr Französisch war ganz rein, wie das einer Pariserin, und ihre Schönheit und Kultur übertrafen die der meisten Pariser Halbweltdamen. Ich fragte sie, ihre Antwort war sehr merkwürdig. Sie habe in Paris in der Tat einen reichen Freund, einen Musiker, gehabt. Aber der Umgang mit den Freundinnen seiner Freunde sei ihr unerträglich geworden. Ihre Vulgarität, ihr grober Luxus, ihre sentimentale Eigensucht, die Schamlosigkeit ihrer Seelen, hätten sie genötigt, ihnen eines Tages die Tür zu weisen; und als dann ihr Liebhaber ihr unter Drohungen anbefahl, den Verkehr mit ihnen wieder aufzunehmen, habe sie allen Schmuck, den sie von ihm hatte, alle Pelze und echten Spitzen zusammengepackt und ohne ein Wort ihm zurückgeschickt und gleich ihre Fahrkarte nach San Francisco gelöst. Übrigens habe sie mit diesem »Freund« nie wirklich etwas gemein gehabt. Wenn sie aus dem Liebesrausch erwachten und einander ansahen, sei es ihr immer gewesen, als kämen sie aus weiter Ferne von getrennten Reisen zurück.
Mr. D. sagte mir nachher, sie habe mir, soweit die Polizei unterrichtet sei, die Wahrheit, aber nicht die ganze Wahrheit gesagt; eine Rache an einer Rivalin habe sie zur Flucht aus Frankreich genötigt.

* Übersetzung von Klabund, Insel-Bücherei Nr. 201 [Leipzig 1916], S. 16. Fey-Yen übersetzte ins Französische.

Einen besonderen Haß hegte Fey-Yen gegen deutsche Musik, Robert Schumann und Richard Wagner: sie sei mit ihrer Sentimentalität, ihrem »Gemüt« und ihrer Tränenfülle ebenso ordinär wie die Kokotten, denen sie die Tür gewiesen habe; ein billiges Gift, wie schlechtes Parfüm erfunden, um Frauen dumm zu machen. Sobald sich die »Seele« in den Verkehr zwischen Mann und Frau mische, werde dieser schamlos. Ihr Beruf als Prostituierte sei, den Liebesakt ohne Verunreinigung, ohne sentimentale Belastung, ohne »Seele« zu bieten; so, nur so, sei er rein und göttlich. Allerdings nicht im Sinne des Christengottes, aber in dem der älteren, weiseren Götter Asiens. Diesem Zweck, das Feuer des Geschlechts ohne Trübung durch den stickigen Rauch menschlicher Zutaten in göttlicher Reinheit zu pflegen, hätten seit grauer Vorzeit die heiligen Buhlerinnen in den Tempeln Babyloniens und Indiens gedient, Vestalinnen des ewigen Brandes, der von Stern zu Stern, von Tier zu Tier, von Pflanze zu Pflanze das Leben unterhält. Als ich einwarf, auf diesem Wege werde der Mensch eher zum Tier als zu Gott finden oder erst durch das Tier zu Gott, fuhr sie auf: gerade das Gegenteil sei der Fall; durch die sentimentale Vermummung in Europa bleibe der Geschlechtsakt in seiner tierischen Roheit unberührt. Die Europäer begatteten sich heute noch wie die Menschenfresser vor 20000 Jahren. »Aber wir Chinesen, die nicht in einer sentimentalen Begleitmusik, sondern im Akt selbst das Göttliche sehen, haben ihm, ohne seine reine Flamme zu trüben, die Roheit genommen.« Wie die Natur das brennende Weltall in Milliarden von Sternen, Tierarten, Blumen, Schmetterlingen auflöse, und jedes einzelne Stück Leben doch Flamme bleibe in der großen Feuersbrunst, so hätten sie, die Inder, Japaner, Chinesen das Feuer des Geschlechtsakts in einen glühenden Garten der Liebe aufgelöst, durch den sie über tausend Stufen auf göttliche Höhen emporstiegen. »Ihr Europäer habt statt unserer Liebeskunst nur Worte und Musik!« Sie lachte und trällerte auf Deutsch mit einem starken französischen Akzent den Anfang des Schumannschen: »Er der Herrlichste von Allen...« Ihre Stimme klang, als sie zu singen anfing, plötzlich gemein, wie die einer Straßendirne. Es war ihr erster und einziger Fehler, ein Riß in den Wolken, in die sie ihre Vergangenheit hüllte, der irgendeinen Lebensabschnitt, den sie kunstvoll verschwieg, durchschimmern ließ. Er verschwand wie ein Blitz; dann war sie wieder wie zuvor Turandot oder Semiramis oder Thamar. Sie schien einfach eine Tatsache festzustellen, als sie etwas später sagte: »Eva ist bloß Eure Großmutter, – die von Euch Christen und Juden. Wir sind von unsern Göttern nicht aus dem Paradies vertrieben worden!« Sie zeigte einige Dutzend Blätter aus einer großen Sammlung erotischer japanischer und chinesischer Holzschnitte. Die Körperstellungen waren auf allen ganz unzweideutig und erstaunlich mannigfaltig und ausdrucksvoll; die Gesichter dagegen wie Masken undurchsichtig. Ich sagte, ich wundere mich, daß die Künstler, manche von ihnen Meister, die in der Mimik der Körper das Äußerste wagten und konnten, – mehr als je ein Europäer, – bei der Darstellung der Leidenschaft in den Gesichtern so ängstlich sich hinter Konventionen versteckten. Sie erwiderte, – und ihr Ton klang dabei höhnisch und von oben herab, – »Ihr schämt euch eurer Körper; wir zeigen unsere Seele nicht nackt.« Als ich Ida Rubinstein im russischen Ballett als Kleopatra sah, erinnerte mich ihre erstaunliche Verwirklichung der Pharaonin, ihre Art, sich als Herrscherin hinzugeben und eiskalt zu lieben, ich kann fast sagen, jede ihrer Bewegungen an Fey-Yen; und ich glaube, daß diese mir auch den Grundton für die Figur der »Potiphar« in der »Josephslegende« gegeben hat, in der es um das Auftauen dieser eisigen maskenhaften Haltung durch den Einbruch einer wärmeren, seelenhaften Welt geht.

Als ich Mr. D. von den Äußerungen Fey-Yens erzählte, lachte er und sagte: »Also spielt sie mit Ihnen wieder ihre Komödie! Und Sie, Sir, scheinen darauf hereinzufallen. Doch etwas Wahres ist daran. Gelbe und Weiße werden einander in der Liebe nie verstehen. Aber sie ist trotzdem ein American Citizen, american born und ein good girl. Sie hat Einlagen in den chinesischen Bordellen, die ihr 100 Prozent einbringen und immer etwas für die Polizei übrig. Soviel wie hier hätte sie schwerlich in Paris verdient. Ihr Handwerk ist für sie lange schon nur ein Zeitvertreib. Sie ist ›damned clever‹, und die Freier, die ihr nicht gefallen, weiß sie loszuwerden. Von uns verlangt sie, daß wir ihr nur erstes Material als Kunden zuführen. Einige, die keine Vernunft annehmen wollten, sind dann plötzlich verreist. Und nachher haben wir sie nie wieder finden können. (And we were never able to locate them afterwards!)«

Ich übergehe Besuche in Opiumhäusern und Spielhöllen, chinesischen Theatern, Arbeiter-Kasernen, wo die Kulis zu zehn oder zwanzig in luftlosen Höhlen wie Vieh zusammengepfercht neben- und übereinander schliefen. Auch einen Besuch in einem Sarglager, wo leere und besetzte Särge aufgestapelt standen, kaum enger als die Lebenden in den Schlafsälen, während nebenan ein Beerdigungs-Institut es übernahm, die Toten zu den Gräbern ihrer Vorfahren nach China zurückzuverfrachten, und dafür wöchentlich von jedem Kuli oder jeder Kuli-Genossenschaft eine Versicherungs-Prämie erhob. Eine bei den Schweren Jungen dieser Küste beliebte Art, unbequeme Leichen loszuwerden, war, wie erzählt wurde, sie in den Sarg eines solchen Beerdigungs-Instituts zu packen und nach China spedieren zu lassen. Alle europäischen Begriffe und Maßstäbe versagten hier, und nur das Staunen blieb, daß solche Zustände, die schlimmer waren als die, wegen deren der Bürgerkrieg geführt worden war, unter dem Sternenbanner geduldet wurden. Mir schien der Tiefpunkt aller menschlichen Erniedrigung erreicht. Ein dunkler Schatten fiel von hier auf die amerikanische Demokratie.

4

Langsam waren mir auf der Reise gewisse grundlegende Probleme konkret geworden, die diese transatlantische Demokratie lösen mußte, um trotz des immer ungleicher verteilten Reichtums und der immer bunter gemischten Einwanderung ein einheitliches Volk und eine wirkliche Volksregierung wiederherzustellen.

Mir wurde, wie oben ausführlich dargelegt, klar, daß die Europa zugekehrte Fassade, New York, Philadelphia. Boston, auch noch Pittsburg und Chicago über den dahinter entstehenden Riesenbau täuschte. Sie gab ihm ein europäisches Gesicht; in Wirklichkeit, das heißt bis auf diesen Putz, war er aber durch und durch uneuropäisch.

Ja, ohne Vorbild in der Geschichte. Vielleicht am ersten noch mit dem über drei Kontinente ausgebreiteten Römischen Weltreich vergleichbar, – weil dort wie hier die Aufgabe war, aus sehr verschiedenen Gebieten, hochzivilisierten und kolonialen, und aus kontrastierenden Himmelsstrichen, nordischen und fast schon tropischen, Wüste und Weizenland, Kiefernwald und Dattelpalme, »Orient und Okzident«, *ein* Reich, ein einziges geschlossenes, territorial zusammenhängendes politisches Gebilde zu schaffen; und darüber hinaus noch aus einem Babel von Völkern, Sprachen und Sitten einen standardisierten nationalen Bürger. Wie Rom, war auch dieses Reich ein Gebilde, in dem gewaltige Zentrifugalkräfte durch mehr oder weniger künstliche und äußerliche Bindungen neutralisiert wurden. Wie künstlich, zeigte die bekannte Tatsache, daß bei der Gründung der Vereinigten Staaten nicht einmal ihre künftige Staatssprache feststand und Englisch in der verfassunggebenden Versammlung nur mit *einer* Stimme (der eines Deutschen, wie man sagt) über Deutsch siegte. Beide Reiche waren daher noch ausschließlicher als andere Staaten, deren Raum eine einheitliche Nation oder natürliche Interessengemeinschaften ausfüllen, in erster Linie moralische oder, wenn man will, geistige Schöpfungen, die sich ihre Substanz erst schaffen mußten, Gebilde, für deren Erhaltung auch weiterhin ethische und geistige Bande wichtiger waren als die materiellen: dort in Rom der Stolz des Civis Romanus und das römische Recht, hier der Glaube an die unvorstellbar glänzende Zukunft des Blockes der vierundvierzig Staaten zwischen Atlantik und Pazifik, dieses »God's own Country«, dem zum Wohl der Menschheit die erste Rolle in der Welt zufallen müsse. Ein naiver Glaube, den hoch und niedrig im Westen wie im Osten, im Süden wie im Norden teilten. Allerdings war die Aufgabe, die die Baumeister des Mammutwolkenkratzers Amerika auf sich nahmen, noch gewaltiger als die der römischen Staatsleiter, weil Rom, wie das Britische Weltreich, eine Aristokratie war, die nichts weiter brauchte als eine einheitliche Oberschicht, regierende »Gentlemen«, während Amerika wenigstens nominell eine Demokratie ist, in der der Nationaltyp auch noch den letzten ihrer Bürger formen muß, wenn ihre Verfassung, so wie sie gedacht ist, wirklich demokratisch funktionieren soll.

Es fragte sich angesichts dieses so eigenen Landes, das immer uneuropäischer erschien, je tiefer man in seine Wirklichkeit eindrang, ob irgendeine hier gemachte Erfahrung in Europa verwertbar sein würde? Oder ob nicht jeder Versuch, amerikanische Rezepte auf europäische Gebrechen anzuwenden, fehlschlagen müsse? Die Katastrophe Wilson hat inzwischen gezeigt, wie auch in Zukunft voraussichtlich jeder tätige Eingriff Amerikas in Europa verlaufen würde. Dagegen konnten die ganz anderen Verhältnisse drüben gewisse europäische Probleme politischer und sozialer Noten gerade deshalb ganz neu beleuchten.

So verwandelte sich mir durch meine amerikanischen Erfahrungen das Problem der Demokratie. Denn alles, was man drüben erlebte, führte zur unabweisbaren Erkenntnis, daß eine politische Demokratie nicht einmal politisch eine Demokratie bleiben kann, wenn sie nicht auch wirtschaftlich und sozial eine Demokratie ist. In Amerika herrschte ursprünglich auch soziale und wirtschaftliche Gleichheit; aber diese Basis war in der zweiten Hälfte des neunzehnten Jahrhunderts verlorengegangen. Was in Frankreich und England infolge von gewissen Hemmungen aus feudaler Zeit noch nicht voll zur Auswirkung kam, lag daher hier in Amerika bereits offen zutage: die schrankenlose Macht des Geldes in einer Demokratie, der eine gefestigte Grundlage wirtschaftlicher und daher auch sozialer Gleichheit fehlt. Es dauerte nicht lange, bis ich sah, daß das Geld in Amerika unumschränkter herrschte als in Deutschland und hier Ausbeutungsverhältnisse schuf, die über die bei uns möglichen noch hinausgingen. Man brauchte nur an die Neger zu denken, die trotz der ihnen in der Verfassung verbürgten Gleichheit politisch und sozial so bedrückt, entrechtet und vogelfrei waren wie keine Klasse in Europa. Oder an die Arbeiter, deren Zusammenschluß zu Gewerkschaften von den Industriemagnaten unter dem Schutz von demokratischen Schlagworten und Gesetzen, die vorgaben, die »Freiheit des Individuums« zu sichern, mit Erfolg hintertrieben wurde. Oder an die Korruption von Politikern und Beamten, die von den Besitzenden fast offen gekauft wurden. Als ich beim Vizepräsidenten Morton auf diese Dinge anspielte, meinte er, erstens würden sie übertrieben, und zweitens komme es nicht so sehr auf sie an wie auf demokratische Gesinnung, die das ganze Volk durchdringe. Und Mrs. Morton fügte mit einem Seufzer hinzu: Gott sei Dank spiele das Geld in der guten Gesellschaft in Washington nicht die gleiche Rolle wie in New York!

In der Tat, der Grundton im Verkehr zwischen Mensch und Mensch in Amerika war: »Ich bin so gut wie du, du bist so gut wie ich.« Keiner tat so, als sei ihm sein Vermögen oder seine Stellung bis an sein Lebensende vom lieben Gott garantiert; sondern jeder versuchte, in Glück und Unglück jedem gegenüber den Schein zu wahren, daß eines Tages die Rollen auch vertauscht sein könnten. Dieses galt ebenso vom Magnaten wie vom Trambahnschaffner. Die demokratische Gesinnung, wie sie in Amerika in Erscheinung trat, war mit überlegenem Humor verwandt und zugleich mit der Weisheit, die Sophokles dem Chor des ›Oedipus‹ in den Mund legt: »daß kein Sterblicher glücklich zu preisen sei, ehe er, ohne Furchtbares erduldet zu haben, die Schwelle der Unterwelt überschritten habe«. Diese von Humor und Weisheit verklärte Haltung, wie sie Mark Twain in den Figuren von Huckleberry Finn und Tom Sawyer so köstlich verkörpert hat, war ein wesentlicher Teil des amerikanischen Nationalcharakters und wurde von jedem Amerikaner bei sich und andern als selbstverständlich vorausgesetzt. Ich schätzte sie hoch; aber übertrieben schien es mir, mit ihr als Ersatz für soziale Gerechtigkeit und Sauberkeit in der Politik zufrieden zu sein. Allerdings hatte sie praktisch zur Folge, daß die Beziehungen zwischen oben und unten anders empfunden wurden als in Europa. Der Ton stumpfte das Gefühl ab, das sonst vielleicht hier oder da gegen Unfreiheit und Ausbeutung aufbegehrt hätte. Um so wirksamer, wenn die hervorgekehrte Gleichheit kameradschaftlich gefärbt war oder, wie überraschend häufig vorkam, in echte Hilfsbereitschaft und Kameradschaft sich wandelte. Denn eine hoch und niedrig verbindende, freie, an keine sozialen oder materiellen Vorbedingungen geknüpfte Hilfsbereitschaft, die ein Hauptelement des amerikanischen Lebens war, wikkelte alle wirtschaftlichen und sozialen Beziehungen in Watte. Verbunden mit dem Glauben an eine gottgewollte goldene Zukunft der Vereinigten Staaten und jedes einzelnen amerikanischen Staatsbürgers, schuf sie ein sozialen Konflikten ausgesprochen ungünstiges Klima, in dem Klassenkämpfe nicht gediehen. Wenn ein Vanderbilt (es mag auch ein anderer Millionärssohn gewesen sein, der Name tut nichts zur Sache) sein Blut zur Transfusion für einen Arbeiter hergab, wenn es vorkam, daß ein Farmer einen armen »Hoboe«, einen Pennbruder, von der Landstraße auf seine Farm holte, »damit er einmal wieder richtig an einem Familientisch sitze«, wenn wohlhabende Leute ohne Dienstboten auskamen, weil die Frau erklärte, daß sie nicht ertrüge, eine »Sklavin« im Hause zu haben, so ließ sich an der Wahrheit des zugrunde liegenden Gefühls nicht zweifeln. Seine kräftigste Wurzel war die Anschauung, daß alle Amerikaner Teilhaber an einem großen Abenteuer, der Erschaffung einer Neuen Welt, und als solche von der Vorsehung zu Kameraden bestimmt seien. Seinen beredtesten Ausdruck fand es bei Amerikas größtem Dichter Walt Whitman, dessen Werk ein einziger Dithyrambus auf die Kameradschaft ist. Aber gerade deshalb, weil an der Echtheit und Tiefe dieses Gefühls nicht gezweifelt werden konnte, war um so erschütternder und lehrreicher die Erkenntnis, daß es für sich allein am Grunde der Dinge in Politik, Wirtschaft und Gesellschaft nichts änderte. Im Gegenteil, man mußte feststellen, daß es sich mit erbarmungsloser Ausbeutung und politischer Unfreiheit gut vertrug und ihnen sogar als Schutzfarbe diente. *

Diese und andere das öffentliche Leben Amerikas betreffende Fragen wurden eifrig erörtert in einem Kreis von jungen Geschäftsleuten und Juristen, meistens früheren Harvardstudenten, die sich, ohne feste Organisation, von Zeit zu Zeit trafen und unterhielten. Es waren alles ernste und wissenschaftlich gut vorgebildete junge Leute, die öffentliche Zustände und Einrichtungen meistens aufmerksamer und vorurteilsloser beobachteten als ähnlich gestellte junge Deutsche

* Unter diesem Gesichtswinkel versteht man, was Clare Sheridan in ihren Erinnerungen erzählt, daß in Moskau im Jahre 1920 ein Amerikaner Vanderlip *»aroused considerable communist satire* by shouldering a bundle in the street for a woman who seemed not to be able to carry it further« (*»starken kommunistischen Spott erregte,* weil er einer Frau, die nicht weiterzukönnen schien, auf der Straße eine Last abnahm«). Clare Sheridan: ›Nuda veritas.‹ [Reminiscences. London 1927] S. 166.

damals in Deutschland. Ich verdanke den Gesprächen, denen ich in diesem Kreise beiwohnte, manche Blickpunkte, die mir unerwartete Seiten Amerikas offenbarten. Und schon, daß es abseits von den gehetzten Millionen in Geschäft und »Vierhundert«, die keinen Augenblick zum Nachdenken kamen, eine so helle geistige Höhenluft in Amerika gab, war ein wesentlicher Zug im amerikanischen Gesicht. Wie wesentlich, zeigte die Rolle, die die »Präsidenten« (Rektoren) der großen Universitäten, wie Harvard, Yale, Princeton, Columbia, im öffentlichen Leben spielten. Ihr Einfluß hielt manchmal selbst dem des Präsidenten der Republik die Waage. Sie waren die Sprachrohre der zahlreichen abseitigen Kreise, die das Denken für Amerika besorgten.

Ich glaube, daß ich den einen oder anderen dieser jungen Leute zuerst beim Erbauer der Northern-Pacific-Bahn und Erschließer des Fernen Nordwestens Henry Villard traf, der, von Haus aus Deutscher, Rheinländer, mit Karl Schurz zu den großen Deutschen gehörte, denen Amerika im neunzehnten Jahrhundert mehr als den Angehörigen irgendeiner anderen Nation verdankte: ein Draufgänger, den seine Laufbahn als großer Grenzer durch alle Höhen und Tiefen des Erfolges und Mißerfolges geführt hatte; damals, als ich ihn kennenlernte, ein schöner alter weißhaariger Mann, einem von den alten vornehmen, erbgesessenen Bauern in Immermanns »Oberhof« gleichend. Seine Frau, eine feinsinnige zarte Dame aus einer alten amerikanischen Familie, Nachkommin von einem der Märtyrer der Sklavenbefreiung, war aus Tradition politisch radikal und sah bei sich alles, was in New York intellektuell fortschrittlich oder humanitär war.

Von den Diskussionen im genannten Kreise ist mir eine besonders im Gedächtnis geblieben, weil sie, von einem Fall von Lynchjustiz ausgehend, zu einer leidenschaftlichen Debatte über die Grenzen der Demokratie wurde. Der Fall war einer von den üblichen: in einer Grafschaft der Südstaaten hatte die Bevölkerung einen jungen Neger, der angeblich eine Weiße vergewaltigt hatte, aus dem Gefängnis gezerrt, an einen Baum gehängt, mit Benzin begossen und verbrannt.

Einer von den Anwesenden, ein junger Rechtsanwalt aus Südkarolina oder Louisiana, warf sich zum Verteidiger der Lynchjustiz auf. Er vertrat die Behauptung, daß sie aus derselben Quelle fließe wie alles Recht in Amerika: aus dem als souverän anerkannten Volkswillen. »Volkswille bleibe Volkswille, ob der der amerikanischen Nation oder der einer bescheidenen Grafschaft. Die Unterscheidungen, die man zu machen versuche, seien alle nur Ausflüchte und Heuchelei, weil man das Prinzip der Demokratie nicht zu Ende denken wolle; – weil man sich vor der wirklichen Demokratie fürchte. Wenn Fehler und Übergriffe vorkämen, – wer wisse nicht, daß die Geschichte aller demokratisch regierten Staaten zur Hälfte aus folgenschweren Irrtümern des souveränen Volks bestehe? Deshalb denke aber doch niemand daran, dem amerikanischen Volke sein Selbstbestimmungsrecht zu nehmen!«

»Nein«, erwiderte der erste, der sich im entstandenen Tumult Gehör verschaffen konnte, »nein, man denke *deshalb* nicht daran, weil dieses Recht auf der *Macht* des Volkes beruhe und keine andere Macht stark genug sei, die des gesamten amerikanischen Volkes zu brechen. Wo die Macht nicht beim Volke sei, sei auch das Recht nicht beim Volke. Demokratie sei ein Ausfluß der Macht, nicht weniger als Autokratie. Weil die Grafschaft keine eigene Macht habe, habe sie auch kein eigenes Recht, sondern müsse sich dem Recht, das heißt der Macht der Nation beugen. Wenn sie die Macht hätte, sich gegen die Nation zu behaupten, würde ihr niemand das Recht bestreiten, jeden, der ihr mißfalle, aufzuhängen.«

Jemand rief, ob also nicht bestritten werde, daß nach demokratischer amerikanischer Anschauung dem Willen und selbst der Willkür des souveränen Volkes keine anderen Schranken gesetzt seien als die, die ihm die Grenzen seiner nackten Gewalt aufzwängen?

»Selbstverständlich das, genau das sei die demokratische Theorie!«

Jetzt sagte eine Stimme, deren Träger ich nicht erkennen konnte, weil er in einer entfernten Ecke hinter einer Rauchwolke saß, langsam und sehr betont: »Then damn Democracy! Dann wäre das souveräne Volk der schlimmste aller Tyrannen, weil man sich seiner nicht einmal durch Mord entledigen könnte.«

Mit diesen Worten kam der Träger der Stimme, ein älterer Herr, langsam nach vorn, indem er sich umständlich mit einem rotseidenen Taschentuch die Stirn wischte, pflanzte sich vor den Redner hin und fuhr fort: »Nein, Sir, Ihre Theorie ist Unsinn, – schlimmer noch, sie ist halber Unsinn und halb wahr und klingt deshalb so wahrscheinlich, daß sie berufen wäre, das katastrophalste Unheil anzurichten. Man müßte Sie, wenn wir eine Inquisition hätten, verbrennen! Mit vollem Ernst, Sir!«

Der also Angedonnerte schien nicht erschüttert; er sagte nur etwas spöttisch: »Dann bitte ich, den Fehler in meiner Theorie aufzuzeigen.«

»Den Gefallen tue ich Ihnen jetzt sofort. Der Fehler ist, Sie wissen nicht, was das Volk ist, ich meine das Volk, das nach unserer amerikanischen Verfassung als unser Souverän gilt. Dieses Volk sind nicht bloß alle zufällig heute lebenden Amerikaner – vor denen habe ich keinen so großen Respekt, daß ich mich ihrem unbeschränkten Willen unterwerfen möchte –, sondern zu diesem Volk gehören auch die Toten, die Amerika gemacht haben, George Washington und Alexander Hamilton, Thomas Jefferson und Andrew Jackson, Abraham Lincoln und Robert Lee, die Puritaner, die auf der Mayflower herüberkamen, die englischen Kavaliere, die Virginien besiedelten, die einfachen Leute, die auf ihren Planwagen nach Westen fuhren, die Soldaten des Bürgerkrieges, die für die Abschaffung der Sklaverei und für Menschenwürde kämpften, die Tausende von Toten, die unter den Steineichen des Soldatenfriedhofs von Arlington ruhen. Jeder von diesen hat uns ein Vermächtnis hinterlassen, das wir zu treuen Händen halten. Diese Erbschaft, der wir es verdanken, daß wir Amerikaner sind, ist die Schranke, die der Willkür der heute Lebenden gesetzt ist.«

Diese Rede machte offenbar einen großen Eindruck. Sie sprach aus, was der Durchschnitt der jungen Intellektuellen in Amerika damals dachte. Viele drängten sich heran, um dem Redner die Hand zu drükken. Nachdem die Bewegung sich ein wenig gelegt hatte, hob der vorherige Redner wieder an:

»Ich habe mir gleich gedacht, als der Herr mit einem roten Seidentuch nach vorne kam, daß er ein Zauberkünstler sei. Ich bin nicht enttäuscht. Er hat das amerikanische Volk, das wir alle kennen, wie ein hartes Ei in seinem Schnupftuch verschwinden lassen und dafür ein riesiges ausgestopftes Kaninchen hervorgeholt. Ich glaube, ich darf ihm im Namen aller Anwesenden danken. Er hat uns unterhalten. Um uns ganz zufriedenzustellen, muß er uns nur noch sagen, wie bei der nächsten Wahl die Stimmen von George Washington, Abraham Lincoln und den andren illustren Toten, die er uns so beredt aufgezählt hat, eingesammelt werden sollen, damit das amerikanische Volk wenigstens diesmal als solches seinen Willen kundtut?«

Viele lachten. Aber einer von den älteren Harvardleuten rief: »Ein Wort! Unser Freund, den zu unterbrechen ich mir die Freiheit nehme, ist gewiß der letzte, der es an Ehrfurcht gegen unsere großen Toten fehlen lassen möchte, der letzte, der den Ernst der hier aufgetauchten Fragen verkennen könnte. Unsere Vorfahren, die die amerikanische Demokratie begründeten, hielten für selbstverständlich, daß über dem souveränen Volk, höher, viel höher, Gott und seine Gebote stünden. Nur innerhalb der hierdurch gezogenen Schranken wollten und billigten sie die Demokratie. Und zu diesen selbstverständlichen Schranken rechneten sie auch die Wahrung der Würde des Menschen, dessen Verantwortung für seine unsterbliche Seele und dadurch bedingter Anspruch auf sittliche Freiheit ein fundamentaler Glaubenssatz des Christentums ist. Erst dieser Anspruch des einzelnen auf sittliche Freiheit begründete nach Ansicht unserer Vorfahren den Anspruch des Volkes auf Demokratie, weil der einzelne nur in einem freien Volk sittlich frei und seiner Verantwortung vor Gott gemäß handeln könne. Die Selbstbestimmung, um dessen willen die Begründer unserer Republik sich von England trennten, erschien ihnen also keineswegs als ein Ausfluß der Macht des Volkes, sondern als eine von seiner Macht oder Ohnmacht unabhängige sittliche Forderung. So dachten Benjamin Franklin und Alexander Hamilton, Thomas Jefferson und Abraham Lincoln. So sah *ihre* Demokratie aus! Aus der Rede unserer Freundes heute abend blickte uns das Furcht erweckende Gesicht einer anderen Demokratie an, die mit unserer amerikanischen keine Ähnlichkeit hätte. Und eines Tages könnten wir die Demokratie in dieser finsteren Gestalt an unserm Herd sitzend vorfinden. Denn niemand kann verkennen, daß die Schranken, die bisher das gefahrlose Funktionieren unserer Selbstbestimmung sicherten, unterwühlt und bedroht sind. Sie werden mir daher erlauben, auszusprechen, daß eine der wichtigsten, vielleicht die wichtigste Aufgabe, die wir heutigen Amerikaner erfüllen müssen, die ist, neue Dämme zu errichten, die die Springflut einer unamerikanischen Demokratie von den Feldern unserer Kultur fernhalten. Denn sonst werden wir vielleicht bald in einer ähnlichen Lage sein wie unsere Vorfahren in England vor sechshundert Jahren, die einem tyrannischen absoluten König mit Gewalt die Magna Charta ihrer Freiheiten abringen mußten. Nur die Gestalt des Tyrannen wäre eine andere, die unerträgliche Entwürdigung und Entsittlichung gleich oder noch schlimmer.«

Der Herr mit dem roten Schnupftuch hatte sich während dieser Rede immer näher an den Redner herangedrängt und immer heftigere Zeichen seiner Zustimmung gegeben. Als der Redner geendet hatte, krächzte er mit einer Stimme, die sich überschlug: »Charaktere! Charaktere! Christliche Charaktere!« und war verschwunden. Ich wollte ihn noch sprechen; doch er war nicht zu finden, und ich habe ihn auch nicht wiedergesehen. Man sagte mir, er sei nicht New Yorker und an dem Abend nur zufällig als Gast dagewesen. Wir nannten ihn nachher den »Mystery Man«. Doch als die Prohibition kam und auf Schritt und Tritt die moralische Verwüstung zu sehen war, die die über ihre Ufer getretene Demagogie herbeigeführt hatte, mußte ich oft an den vielleicht schon lange toten, prophetischen »Mystery Man« denken.

5

Meine Zeit in Amerika war um. Ich mußte mich von dieser geheimnisvollen, mit Leidenschaft erfaßten Neuen Welt trennen, ehe ich mehr als ihre Oberfläche gestreift hatte. Der Eindruck, der alle anderen beherrschte und zusammenfaßte, war: *eine große Nation im Werden, ein Schauspiel, wie es die Geschichte nur alle paar Jahrhunderte bietet.*

Unter der smarten Oberfläche des amerikanischen, von Schacher und Profit beherrschten Lebens vollzog sich ein mystischer Vorgang, die Geburt eines Gottes, die Zusammenballung einer jener übermenschlichen Schicksalsmächte, die souverän, der Kritik entrückt, blind über Leben und Tod, Glück oder Unglück des Menschen entscheiden. Die sonst in mythischen Fernen nur dunkel zu erkennende Entstehung einer Nation ließ sich hier im Alltag aus nächster Nähe beobachten. Während die europäischen Nationen schon seit Jahrhunderten fest geworden waren, sah man hier eines dieser rätselvollen Kollektivwesen wie eine erst sich zusammenziehende Gewitterwolke noch flüssig, ständig Gestalt und Farbe wechselnd, ohne scharfe Grenzen, problematisch einer problematischen Endform entgegenreifen. Der ungeheure Zustrom fremder Einwanderer (damals eine halbe Million jährlich), die schnelle Ausdehnung nach Süden und Westen ließen die Erscheinung nicht zum Stehen kommen. Aus der alten kleinen Yankee-Nation an der atlantischen Wasserkante wurde unter den Augen einer nur mäßig interessierten, von anderen, scheinbar wichtigeren Vorgängen in Anspruch genommenen Welt eine neue, von Ozean zu Ozean reichende, deren Masse, wenn sie fest wurde, eine der größten politischen Gewichtsverschiebungen der Geschichte bewirken mußte.

Voraussetzung allerdings war, daß aus dem »melting pot«, dem Schmelztiegel, in dem Stücke von allen Völkern Europas umgeschmolzen wurden, wirklich wieder eine Nation, ein Volk mit einer Seele, kein seelenloser Haufe hervorgehe. Was oder wer verbürgte das? Der fromme Amerikaner hatte darauf eine Antwort: Gott. Aber wenn man auf der Erde blieb: welche Elemente im Gemisch konnten der Masse eine feste und harte Legierung und der ins Gigantische sich dehnenden Gestalt eine Seele geben? Es war eine Frage, die in fast jeder Unterhaltung mit denkenden Amerikanern auftauchte. Gewisse Faktoren, die seit Urzeiten eine Rolle bei der Bildung von Nationen gespielt hatten, so Boden, Klima, Rasse, fielen fort, weil bei der Völkermischung hier noch weniger als bei europäischen Nationen von einer einheitlichen Rasse die Rede sein konnte und weil das riesige Gebiet alle denkbaren Verschiedenheiten von Boden und

Klima aufwies. Ebensowenig konnten materielle Interessen das Band sein, weil im Gegenteil diese zwischen Osten und Westen, zwischen Norden und Süden Risse auftaten, die schon einmal die Sezession der Südstaaten und einen vierjährigen Bürgerkrieg verursacht hatten. In Österreich, in Rußland war der Versuch, ein Völkergemisch zu einem einheitlichen Volk zu verschmelzen, endgültig mißlungen. Was rechtfertigte die Zuversicht, daß er hier gelingen werde?

Vielleicht zunächst eine negative Tatsache: daß die Volkssplitter, die hier einwanderten, ihren Heimatboden verloren hatten. Aber das konnte auch zum Chaos führen. Es mußte also, wenn die Zuversicht der Amerikaner begründet war, außerdem einen oder mehrere positive Faktoren geben, auf die sie vertrauen durften. Was waren diese Faktoren? War es ein Mythos, der alle, Fremde und Einheimische, durch seinen Zauber zu einer Einheit zusammenschloß? Oder irgendein Stammesgott oder Götze, dem sich keiner hier entziehen konnte? Oder der sichere Sieg einer schon vorhandenen festen und faßbaren Form? Wenn man bei Unterhaltungen genau hinhörte, zeigte sich als Grund der Zuversicht immer etwas von allen dreien. Mythos war die Vergangenheit des Volkes der vierundvierzig Staaten, die monumentale Steigerung seiner Schicksale, der goldene Ausblick in die Zukunft. Als Götze oder erdgeborener Gott von unentrinnbarer Macht erwies sich die Vorstellung von der Unermeßlichkeit der neuen Heimat und der unerschöpflichen Fülle ihrer Schönheiten und Reichtümer, ihrer von Urwaldbäumen beschatteten breiten Ströme, ihrer einsamen Farmen auf der Prärie, ihrer Häfen und Fjords, in deren klaren Wassern Spiegelbilder unbezwungener Schneegipfel wie tiefe vereiste Grotten schwebten, ihrer großen Seen, über die im Winter Segelschlitten wie Vögel mit weitgespannten weißen Flügeln glitten, ihrer Großstadtstraßen im Schatten himmelstürmender, im Abendlicht glühender Wolkenkratzer – für viele auch das unverwischbare Bild der Logcabin, vor der sie als Kinder im Obstgarten gespielt hatten –, alles das war kein Götze, sondern ein mächtiger Gott, dem das Herz in jeder Fremde mit einem unstillbaren Heimweh verhaftet blieb. Schließlich war feste faßbare Form Gestalt und Gesinnung des Amerikaners, des »Yankees«, wie ihn »Grenze«, Puritanertum und Selbstverantwortung im ersten Abschnitt der amerikanischen Geschichte an der atlantischen Wasserkante geschaffen hatten; und dieses war der stärkste Faktor, dessen harte Prägung meistens schon die Enkel und Urenkel von Einwanderern aufwiesen. Es werde sich zeigen, so hörte man, daß die europäische Meinung, nach der Boden, Klima, Rasse unentbehrliche Faktoren bei der Entstehung eines Volkes seien, durch die Tatsachen hier widerlegt würden und Nationalität, die Seele eines Volkes, nicht notwendig aus jenen materiellen Faktoren, sondern auch aus Geist und Willen und vorbildlicher Form geboren werden könne.

Der Vorgang der Denationalisierung und Renationalisierung war aus nächster Nähe bei den Deutschen zu beobachten. Die ursprünglichen Einwanderer, die noch in Deutschland geboren und erzogen waren, waren in vielen Fällen prächtige, rein deutsche Charakterköpfe, – so der alte Herr Pagenstecher aus Osnabrück, ein echter, fast jünglinghafter Idealist, der kostspielige historische Untersuchungen und Grabungen in Deutschland aus seiner Tasche finanzierte und besser in das Weimar Goethes als nach New York gepaßt hätte – oder der alte John Degener aus Braunschweig, ein Vetter von Wilhelm Bode, dem er wie ein Zwillingsbruder glich. In ihren Häusern herrschte im Bereich von feingebildeten musikalischen deutschen Frauen eine Atmosphäre, die sich kaum von der Hamburger Patrizierhäuser unterschied.

Die zweite, in Amerika geborene und aufgewachsene Generation hatte es am schwersten. Es spielten sich da in tieferen Naturen Dramen ab, für die ich aus eigenen Erfahrungen mitfühlendes Verständnis hatte. Aus der alten Kultur und Sprache schon halb entwurzelt, in der fremden Erde mühsam Wurzel fassend, unsicher und schmerzlich zwischen der einen und der anderen hin und her gezerrt, zeigte sich an ihrem Beispiel, was für eine unentrinnbar ins Einzelschicksal eingreifende Macht Nationalität ist.

Allerdings blieb diese Macht trotz dieser unsichtbaren, oft tragischen Wirkungen in ihrem Wesen geheimnisvoll. Nirgends fand ich auf die Frage, die sich mir jetzt unabweisbar aufdrängte: *Was ist Nationalität?*

eine befriedigende Antwort. So mußte ich selber mich um eine Antwort auf die Frage bemühen, was diese Macht war, der sich seit der Französischen Revolution und den Befreiungskriegen alle anderen, selbst Religion und Sittlichkeit, selbst das materielle Gemeinwohl, beugen mußten? Ich habe sie, wie ich sie zu erkennen glaubte, in einem Versuch über ›Nationalität‹, den ich 1906 für Hardens ›Zukunft‹ schrieb, zu definieren unternommen. Mir schien »Nationalität«, wenn man sie mit einem Wort kennzeichnen wollte, eine psychologische Ballung der gleichen Art wie »Charakter«: das heißt *ein Bündel fester Willens- und Geschmacksrichtungen, die das Fühlen und Handeln unwiderstehlich und geheimnisvoll in bestimmte Bahnen lenken und andere Formen des Fühlens und Handelns als »fremd« ausschließen.* (Ich hätte hinzufügen sollen: ein gewisses *Tempo* des Handelns und *ein bestimmter Grad von Härte oder Zähigkeit.*) Wenn sich um ein solches Bündel eine Menschengruppe, mag sie groß oder klein sein, zusammenschließt, dann entsteht eine Nation*. Und in der Tat: die

* Graf Hermann Keyserling unterstreicht mit Recht in seinem hochbedeutenden Buch über die Weltrevolution (*La Révolution Mondiale et la Responsabilité de l'Esprit.* Paris. Librairie Stock. 1934) die entscheidende Rolle, welche die Suggestion, die Massensuggestion, bei der Bildung des Nationalbewußtseins spielt. Aber er scheint mir zu weit zu gehen, wenn er sie in dem Satz zusammenfaßt: »les nations en tant que telles sont *en premier lieu* des phénomènes de suggestion.« Ich möchte im Gegenteil sagen »en dernier lieu«; das heißt die Massensuggestion bildet historisch nicht den Anfang, sondern den Abschluß der Entwicklung einer Nation. Die Massensuggestion, die zur Zeit der Französischen Revolution in Frankreich und zur Zeit der Befreiungskriege in Deutschland auftrat, hat die französische und die deutsche Nation zum Bewußtsein ihrer Einzigkeit erweckt; doch der französische und der deutsche National*charakter,* der für jeden einzelnen Deutschen und Franzosen die Grundlage seines Individualcharakters bildete, bestand schon seit Jahrhunderten, zu Zeiten, wo von einem Nationalbewußtsein weder hier noch dort die Rede sein konnte. Daß in Amerika durch moderne Propagandamittel ein Nationalbewußtsein in Bildung begriffen war, ja sich bereits zu großer Stärke entwickelt hatte, war noch lange keine Antwort auf die Frage, ob sich dort ein durchgehender, alle Bürger, auch die Nachkommen fremdstämmiger Einwanderer formender Nationalcharakter durchsetzen werde. Die künstliche Bildung eines Nationalbewußtseins ist heute relativ leicht; die eines Nationalcharakters etwas viel Komplizierteres, Tieferes und Geheimnisvolleres. Gerade das Hauptwerk des Grafen Keyserling, die *Südamerikanischen Meditationen* [Stuttgart/Berlin 1930], ein Werk, das ganz neue Einsichten eröffnet, bietet in Hülle und Fülle Beispiele, wie der Nationalcharakter vor jeder Suggestion da ist und sich stärksten Suggestionen zum Trotz erhält.

seelischen Konflikte bei den Kindern der Einwanderer kamen dort vor, wo sich zwei verschiedene Systeme von Willens- und Geschmacksrichtungen, das deutsche oder italienische oder slawische und das amerikanische, kreuzten und gegenseitig das Fühlen und Handeln streitig machten.

Gab es eine Aussicht, daß in diesem Ringen die Nicht-Yankee-Tendenzen sich behaupten und die verschiedenen Einwandererstämme innerhalb der Union feste nationale Minderheiten bilden könnten? Der Verlauf des inneren Konfliktes bei der Mehrzahl der Kinder von Einwanderern sprach gegen eine solche Möglichkeit. Man hörte manchmal, sie sei verpaßt worden, als die Pennsylvaniadeutschen bei Beratung der Verfassung auf ihre Sprache als Staatssprache oder wenigstens als zweite Staatssprache verzichteten. Aber die Millionen von Engländern, die im neunzehnten Jahrhundert einwanderten, waren gerade wegen der englischen Staatssprache spurloser verschwunden als die Deutschen, Italiener, Slawen. Außerdem bewiesen die Englisch sprechenden Neuengländer, die »Yankees«, daß ein Volk seine Sprache behalten, aber seine Nationalität wechseln kann; sie waren von Engländern kaum weniger verschieden als Spanier oder Deutsche. Immerhin war die Sprache ein Hemmschuh der Entnationalisierung; aber ein viel zu schwacher gegen die Formkräfte der Amerikanisierung. Diese waren, wie ich schon ausgeführt habe, Grenzertum, Puritanismus, Demokratie; und, zu diesen im Lauf der Zeit hinzugekommen, der Mythos des unermeßlichen Raumes und der goldenen Zukunft Amerikas, der Zauber jeder Heimat, wenn sie als solche ein Stück Seele geworden ist, und, am stärksten wirkend, die Formkraft des im nordatlantischen Küstenraum entstandenen Yankeetyps, – Mächte, die auf ganz andre Willens- und Geschmacksrichtungen, auf ein anderes Tempo und einen anderen Grad von Härte und Zähigkeit hinwirkten als die Kräfte des Deutschtums. Die Deutschamerikaner hatten als solche kein gemeinsames geschichtliches Erlebnis – nicht einmal einen Märtyrer –, keinen eigenen Mythos, den sie dem amerikanischen entgegensetzen konnten, keine eigene Heimat innerhalb der großen amerikanischen, keinen eigenen Menschentyp, der gleich stark ausgeprägt war wie der Yankee. Schlimmer noch: jeder Deutsche kämpfte einzeln – bestenfalls in einem Verein – mit seiner individuellen Seele gegen eine Massenseele. Die Kräfte waren zu ungleich! Das Beste, was man damals als Deutscher hoffen und anstreben konnte, war, daß die wertvollsten deutschen Eigenschaften, die des Deutschtums der klassischen Zeit, in die neuentstehende großamerikanische Nation als Gegengewicht gegen gewisse Yankeetendenzen eingehen und ein Band natürlichen Verständnisses zwischen beiden großen Völkern knüpfen möchten: deutscher Individualismus als Gegengewicht gegen übermäßige Standardisierung, Breite und Toleranz als Gegensatz zu den verschiedenen Sorten engen Muckertums drüben, Reichtum und Innigkeit des Gemüts und der Phantasie gegenüber einer gewissen Trockenheit und Kälte, zu der der Yankee neigte (selbst bei einem so großen Künstler wie Edgar Allan Poe) – und von diesen unterhalten eine Musikalität, die den harten, scharfen Rhythmus des amerikanischen Lebens auffinge und ausgliche.

Die Entwicklung bei den Enkeln der Eingewanderten schien diese Hoffnung zu rechtfertigen. Auf allen Gebieten gab es Nachkommen von Deutschen, die, äußerlich ganz amerikanisiert, nicht nur eine tiefe Sympathie für die alte Heimat, »the old country«, bewahrt hatten, sondern auch in ihrer scharfen individuellen Prägung, ihrer Vorurteilslosigkeit, ihrer Gemütstiefe, ihrer Besinnlichkeit, die auch die ästhetischen Werte in die praktische Lebensrechnung einstellte, ihrer oft leidenschaftlichen Liebe zur Musik ein Stück Alt-Wien und Weimar in ihr Yankeetum mit hinübergenommen hatten. Die Frage blieb, ob sich das auch auf ihre ferneren Nachkommen vererben, und weiter, ob dieses verbreiterte Yankeetum zu einem Teil des amerikanischen Nationalcharakters werden würde? Möglich, daß dieses Pfropfreis verdorren, wahrscheinlicher aber, wegen der Rolle, die die Deutschamerikaner im amerikanischen Leben spielten, und der Schätzung, die sie auf Grund ihrer Eigenschaften genossen, – daß es mit dem alten Baum verwachsen würde und die »Deutschamerikaner« schon Vorläufer der im »Schmelztiegel« entstehenden großen Nation waren, die, durch Blut und Kultur aller Völker Europas bereichert, einen halben Kontinent füllen sollte, deren Seele in den Dichtungen von Walt Whitman bereits lebte, die aber – und das machte das Schauspiel auch für den Fremden ergreifend – vor einer tragischen Fehlgeburt nicht gesichert war.

Wie dieses jenseits des Ozeans um sein Volkstum ringende neue Volk in Europa als politischer Faktor eingeschätzt wurde, zeigte die Tatsache, daß die europäischen Großmächte in Washington keine Botschafter, sondern wie bei andern Mächten zweiten Ranges nur Gesandte unterhielten. Mich beschäftigte aber mehr die Frage, was für diese Neue Welt Europa bedeutete? Und da lautete die Antwort sehr bescheiden: fast gar nichts. Wenn man von den Neueingewanderten absah: den Deutschen, Iren, Italienern, Skandinaviern, die in Wirklichkeit noch Europäer waren, von den Professoren und Studenten, die durch ihr Fach von der europäischen Wissenschaft abhingen und Heidelberg oder Oxford als geistige Heimat betrachteten, von dem Teil der »Vierhundert« oder oberen Zehntausend, der sich mehr in Europa als in Amerika zu Hause fühlte, verband die ungeheure Mehrheit des amerikanischen Volkes kaum irgendein Gefühl oder bewußtes materielles Interesse mit Europa. Auch die intellektuellen Kreise, die die geistige Führung hatten, beschäftigten sich ernsthaft fast ausschließlich mit ihren eigenen amerikanischen Angelegenheiten. Im Süden und Westen interessierte sich der Durchschnittsamerikaner genau so viel und so lange für Vorgänge in Europa, wie seine Zeitungen aus ihnen Balkenüberschriften machten; also genau so, wie für den neuesten Raubmord und etwas weniger als für den letzten Bankkrach. Das einzige wirklich echte Gefühl, das den Farmer, Bankbeamten, Arbeiter, Pastor westlich des Mississippi mit Europa verknüpfte, war sein Mißtrauen gegen England. Weil ich Englisch mit einem englischen Akzent sprach, mußte ich immer wieder erklären, daß und wieso ich nicht Engländer, sondern Deutscher sei; dann erst lösten sich die Zungen. Im übrigen wechselten die Anschauungen und Urteile über Europa wie Flugsand, je nach dem Wind, der in den Zeitungen wehte. Asien erschien den Bewohnern des riesigen westlichen Neulands viel interessanter, wichtiger, mit seinen nach Waren hungrigen Millionen vielversprechender als das satte und, wie ihnen immer wieder eingetrichtert wurde, ausgespielte Europa. Hinter der schmalen, europäischen Fassade wuchs ein europamüder Kontinent, dem Europa Hekuba war.

Pilsudski

Eine Erinnerung

Ich lernte Pilsudski im Oktober 1915 in Wolhynien in seinem Unterstande bei Koschitsche kennen. Die polnischen Legionäre (die übrigens nicht alle Polen waren, sondern auch Deutsche und Ungarn, nur alle blutjung) hatten sich in der Schlacht, die damals um Czartorysk tobte, ausgezeichnet; besonders indem sie einige Tage vorher durch einen Sumpfwald, zum Teil barfuß, mit großer Kühnheit den Stützpunkt der Russen, das Dorf Kukli, stürmten. Pilsudski war der Schöpfer und die Seele der Legion: er – und die feierlichen altpolnischen Volkslieder, die die Legionäre beim Sturm und in Gefahr anstimmten.
Ich kam zum erstenmal am 29. Oktober zu Pilsudski in Begleitung des österreichischen Abschnitts- und Kavalleriekommandeurs Grafen Lasoçki. Wir fanden ihn inmitten seiner, sogar an der Front in Erdlöchern und im Walde, phantasievoll uniformierten Polen in Zivil: einen einfachen Mann mit einem wollenen, grauen, gestrickten Sweater, zurückhaltend, nüchtern bis auf einen mystischen Einschlag, wenn von Polen die Rede war. Er schien etwas müde, früh gealtert, unmilitärisch gebückt; hatte aber merkwürdig schöne, tiefe, energische, plötzlich wieder weiche und dann auch junge Augen. Das Gesicht, Schnitt und Ausdruck, erinnerte an Dostojewski, auch an Nietzsche. Er wirkte vergeistigt und fast proletarisch gegenüber dem feinen, strammen, weltmännischen Lasoçki.
Dieser sah meine Unterredung mit Pilsudski nicht gern, weil die österreichische Politik ein allzu gutes Verhältnis zwischen Deutschen und Polen nicht wünschte. Da ich aber das deutsche Armeegruppenkommando in der vorderen Linie vertrat, die österreichischen Abschnittskommandeure mir deshalb nichts zu sagen hatten, fügten sie sich in meine Beziehungen zu Pilsudski. Ich erreichte, daß die polnischen Legionäre nach ihrem Sturm auf Kukli vom deutschen Oberkommando nicht mehr geringschätzig, wie früher vom österreichi-

schen, behandelt wurden. Und Pilsudski sagte mir dann ziemlich offen seine Ziele. Er bezeichnete die Vereinigung von Galizien und Kongreßpolen als unerläßlich, ja unaufhaltsam; bestritt dagegen jede Absicht auf Westpreußen oder größere Teile von Posen: wenigstens für sich und die »jetzige Generation«. Was Spätere unternehmen würden, lasse sich nicht voraussagen, ebensowenig versprechen, was geschehen würde, wenn Deutschland unterliege und die Entente Polen Westpreußen etwa anbiete. Für ihn aber sei die Hauptsache, daß Deutsche und Polen ihre alte Feindschaft vergäßen; ja lernten, wie endlich zur Vernunft gekommene Nachbarn freundschaftlich zusammenzuarbeiten.

Ich habe dann Pilsudski bis 1918 nicht wiedergesehen. Seine Verhaftung im Jahre 1917, auf Grund einer österreichischen Denunziation, schien mir dumm, ja verhängnisvoll; ich sagte es in Berlin.

Als 1918 der Zusammenbruch bevorstand, besann sich mein damaliger Chef, der Gesandte in Bern, Baron Romberg, auf diese Beziehungen, schickte mich zum Staatssekretär Solf nach Berlin; und das Kabinett trug mir auf, Pilsudski, der in Magdeburg auf Festung saß, aufzusuchen, mit ihm wieder anzuknüpfen, ihn auszuforschen und zu sehen, ob von ihm irgendwelche Hilfe zu erwarten sei.

Ich fuhr am 31. Oktober nach Magdeburg; und erhielt von Pilsudski auf meine Frage nur die Antwort: Er habe mir seine politischen Ansichten 1915 gesagt; seitdem habe sich an seiner Grundauffassung nichts geändert.

Da die Politik des deutschen Generalgouverneurs von Polen, Beseler, offenbar bankrott war, nur der Nationalheld Pilsudski eine Katastrophe verhüten konnte, trat jetzt die deutsche Volksregierung in Erwägung der Bedingungen ein, unter denen sie ihn freizulassen gewillt wäre. Er sollte vor allen Dingen schriftlich und ehrenwörtlich erklären, daß er nichts gegen Deutschland unternehmen werde. Die Erklärung verfaßte der General Hoffmann. Ich meinerseits weigerte mich, Schriftliches zu fordern, da Pilsudski schon die Zumutung als Beleidigung auffassen und abweisen werde; ferner weil eine schriftliche deutschfreundliche Erklärung, die sicher nicht geheim bleiben werde, ihn in Polen unmöglich machen würde und er uns dann nichts mehr nutzen könnte.

Als die Revolution kam, wurde ich, ohne Klärung dieser Frage, am 6. November wieder nach Magdeburg geschickt, um dort die Kabinettsentscheidung abzuwarten. Auch der 7. November verging ohne endgültige Weisungen; bis in der Nacht vom 7. zum 8. mir nunmehr dringend der Befehl zuging, Pilsudski auch ohne schriftliche Erklärung zu befreien und auf schnellstem Wege nach Berlin zu schaffen.

Noch während ich diesen Befehl bekam, klingelte der Adjutant des Generalkommandos an: Exzellenz wünsche mich zu sprechen, – bald, möglichst bald!

Ich fuhr hinaus und fand einen alten, kriegsverbrauchten Mann, der offenbar stündlich seine eigene Verhaftung erwartete. (Der Kommandierende in Hannover war bereits »Hopp genommen«, was starken Eindruck machte.) Er empfing mich gebückt, setzte sich schwer in seinen Stuhl und fragte, wie man es in Berlin mache, und was ich hier in Magdeburg tun würde? Ich riet, die Truppen möglichst wenig vorzuschicken, da sie die Bevölkerung irritieren und nicht einmal kämpfen würden; besser sei, die Ordnung, wenn möglich, durch die Gewerkschaften und die sozialdemokratische Organisation aufrechtzuerhalten. Er stimmte allem nur zu und sagte, so habe er es schon immer machen wollen. Im übrigen habe er »nichts da. Womit soll ich einen Aufstand niederwerfen?«

Den Abend saßen wir in Erwartung der Ankunft der Matrosen; und am Bahnhof passierte ein bedauerlicher Zwischenfall: der Stellvertreter des Garnisonältesten, ein Oberst, schoß ohne Grund einen in einem Zuge einfahrenden Wachtmeister tot, meldete sich beim Kommandierenden und floh.

Züge und Zeitungen aus Berlin waren ausgeblieben; aber das Bahnhofkommando hatte um zehn noch Telephonverbindung mit Berlin. Stendal war von den Roten besetzt, ebenso Schwerin. Die Physiognomie der Revolution begann sich abzuzeichnen: allmähliche Inbesitznahme Norddeutschlands durch die meuternden Matrosen, die von der Küste vordrangen, – ein Ölfleck, der sich vom Rande ins

Land hineinfraß. Berlin eine Insel. Umgekehrt wie in Frankreich revolutionierte die Provinz die Hauptstadt, die See das Land: Wikinger!

Am nächsten Morgen um zehn sollte Pilsudski befreit werden. Um halb neun erschien der Bewachungsoffizier bei mir und meldete, der Zugverkehr nach Berlin sei eingestellt; die Beförderung Pilsudskis auf der Bahn deshalb nicht möglich. Ich beschloß, ihn trotzdem zu befreien und im Auto fortzuschaffen; namentlich da inzwischen die Regierung um äußerste Beschleunigung der Sache telegraphierte.
Während ich vom Kommandanten der Kraftfahrertruppen am Telephon ein Auto forderte, kurz nach neun, brach die Revolution aus. Ein großer Zug von Soldaten, Matrosen und Zivilisten mit roten Fahnen zog durch die Hauptstraße, riß den Offizieren die Achselstücke herunter, nahm ihnen die Säbel ab, hielt die Elektrischen mit Schüssen auf, stürmte die Wachen und Kasernen. Ich hatte kein Zivil, ging daher in Uniform zum Kommando der Kraftfahrer, ohne den Meuterern zu begegnen, und traf dort als Kommandanten einen sehr entschlossenen, mutigen Offizier, den Rittmeister von Gülpen, der den Krieg bei den Türken im Kaukasus mitgemacht hatte. Ich setzte ihm die Lage auseinander, verlangte ein Auto, da die Menge zweifellos Pilsudski mit Gewalt befreien und vielleicht dabei verletzen werde, und bat um seine Unterstützung. Er versprach, uns selbst bis Berlin zu fahren.
In Uniform durch die Straßen zu kommen, war inzwischen nicht mehr möglich. Gülpen gab mir einen Jagdmantel, den ich über meine Uniform zog, dazu einen alten Schlapphut. Ich verabredete mit ihm, daß ich mich durch Seitenstraßen in die Festung schleichen, dort Pilsudski und seinen Stabschef befreien werde; während er, natürlich in Zivil, das Auto aus der Stadt heraus und über die Elbbrücke auf die Berliner Chaussee brachte. Als Verbindung bestimmten wir ein Tippfräulein. Die entscheidende Stelle für unser Unternehmen war die Elbbrücke. Ich kam unbehelligt hinüber. Gülpen rief der Menge zu, er fahre auf die Zitadelle »Gefangene befreien« – was übrigens ja wahr war – und wurde ebenfalls durchgelassen.

Pilsudski und sein Stabschef Sosnkowski wußten hinter ihren Gittern und Holzpalisaden noch von nichts. Sie gingen am schönen Morgen im Garten spazieren. Als ich vor sie hintrat in meiner merkwürdigen Verkleidung, die zur Feierlichkeit des Momentes wenig paßte, machten sie ein etwas erstauntes Gesicht, nahmen aber die Mitteilung, daß sie frei seien, mit würdiger Höflichkeit à la Polonaise entgegen. Ich fügte dann hinzu, daß in der Stadt Unruhen ausgebrochen seien, wir schnell fort müßten, ich ihnen deshalb nur zehn Minuten geben könne, um zu packen. Jeden Augenblick konnten die Festungswache und die Festung überrannt werden.

Ich ging wie auf Kohlen im Garten auf und ab, während sie oben an ihren Zahnbürsten, Hauspantoffeln, Familienphotographien und anderem packten. Schließlich erschienen sie, jeder mit einem Bündelchen. Die Soldaten, die merkten, was los war, Verwundete, Rekonvaleszenten, Festungsgefangene, rotteten sich unten auf dem Hof zusammen. Mit unheimlicher Neugier wurden wir empfangen, als wir aus der verriegelten und verschlossenen Palisadentür auf den großen Festungshof hinaustraten: Pilsudski in polnischer Oberstenuniform, Sosnkowski (während meiner Gesandtschaft Kommandierender des Ersten Polnischen Armeekorps in Warschau, später Kriegsminister) in Zivil, ich oben im Jagdmantel, unten in Uniformstiefeln, das Ganze bekrönt von einem Schlapphut. Wir kamen an der erstaunten und verdutzten Wache vorbei, bogen aus der Festung hinaus über die zweite Elbbrücke (die Festung steht auf einer Insel), trafen jenseits das Tippfräulein, das uns die glückliche Ankunft des Autos auf der Chaussee meldete; saßen schnell drinnen und fuhren los durch einen warmen, hellen, himmelblauen Tag, wo zwischen Wald und Acker Revolution unmöglich schien.

Gülpen, der, wie gesagt, ein Mordskerl war, hatte in Genthin in einer Molkerei für ein fabelhaftes Frühstück telephonisch vorgesorgt, Milchsuppe, massenhaft Butter, Bratkartoffeln. Der Molkereibesitzer fragte zwar nach der Revolution, schien aber unbekümmert: in Brandenburg sei noch alles ruhig. Fast wären wir vor Faulheit und Sonnenschein dort geblieben.

Nach einer Stunde ging es aber weiter. Die Fahrt durch die Landschaft im zarten Nachmittagssonnendunst wurde traumhaft. Von Zeit zu Zeit (etwa alle zwanzig Kilometer) platzte ein Reifen; und da diese Reifen statt mit Luft mit Kartoffelbrei aufgepumpt waren (eine Kriegserfindung), entströmte ihnen jedesmal ein appetitlicher Puddinggeruch; was übrigens praktisch war, weil man gleich merkte, wenn ein Reifen defekt wurde. Pilsudski, der hustete und sich einen alten Filzhut zum Schutz gegen Luftzug vor den Mund hielt, stieß mich einmal an, zeigte ins Feld, sprach leise, seine Stimme schonend, mir ins Ohr: so sei die Heimat, sein Heimatland, wo er aufgewachsen sei: so ein armer Boden, solche Kiefern, solche Waldstückchen; nur hügeliger, rauher sei sein Familiengütchen dort oben bei Wilna. Seine graublauen, etwas unheimlichen, aber sehr gütigen Augen blickten weich in die Landschaft. Das Menschliche gewann die Oberhand. Wir waren in der himmelblauen, von Krieg und Revolution umgebenen paradiesischen Natur wie Brüder.

In Wustermark (bei Döberitz) fuhren wir aus dieser Idylle wieder in die Revolution: Die ganze Bevölkerung auf den Beinen, gaffend und Spalier bildend am Bahndamm; dahinter untätig ein Unteroffiziersposten in komischen feldgrau lackierten Landsturmmützen, Modell 1813, »Lützows wilde verwegene Jagd«; ein Gardehusarenoffizier, Reserve, in roter Attila als Zuschauer. Die Revolution in Gestalt von zwei dicht mit bewaffneten Matrosen besetzten Zügen fuhr langsam, unbehelligt hinter uns vorbei durch die Landschaft: bei geschlossener Barriere! Uns aber hielt der Landsturm an. Die Szene hatte mehr von Kotzebue als von »Befreiung eines Nationalhelden«. Zum Glück hatte ich Ausweise, denn wir sahen in der Tat wie Bolschewiks aus, namentlich ich und die polnische Oberstenfigur. So entkamen wir und waren um fünf in Berlin, Reichskanzlerplatz; das Auto zusammengebrochen, wir aber und die Flüchtlinge wohlbehalten.

Berlin war an diesem Freitagabend äußerlich noch ruhig, obwohl der Ausbruch der Revolution auch hier stündlich zu erwarten stand. Ich telephonierte vom Reichskanzlerplatz ins Amt an Prinz Hermann Hatzfeldt, den Referenten für polnische Angelegenheiten im Auswärtigen Amt, der mir sagte, die Weiterfahrt nach Warschau sei heute unmöglich, weil der Bahnverkehr ruhe. Wir brachten daher unsere beiden Schützlinge ins Continental, wo das Amt vorsorglich, in Erwartung der Revolution, Zimmer bestellt hatte.

Pilsudski drückte es, wie mir Sosnkowski sagte, daß er ohne Degen war. Deshalb warf ich mich am nächsten Morgen, Sonnabend, den 9. November, um ihm einen Degen zu überreichen, in Uniform, weil ich diese Feierlichkeit nicht mit der nötigen Würde in Zivil vornehmen konnte, und ging so durch die Stadt, wobei mir nach dem, was ich in Magdeburg gesehen hatte, recht wenig gut zumute war. Tatsächlich bin ich aber unbehelligt bis zwei Uhr in Uniform in Berlin herumgegangen. Alle Waffengeschäfte waren allerdings gesperrt. Und das zwang mich oder gab mir eine ganz erwünschte Gelegenheit, mein eigenes Seitengewehr aus dem Felde als Andenken Pilsudski zu überreichen.

Um eins war ich, über meine Unterhaltung mit Pilsudski berichtend, bei Baron Langwerth von Simmern, während des Krieges Chef der politischen Abteilung im Auswärtigen Amt; wir standen am Schreibtisch, es wurde angerufen, Langwerth sagte bloß: eben ist die Maikäferkaserne gestürmt! Jetzt war es höchste Zeit, Pilsudski aus Berlin fortzuschaffen. Ich ging mit Hatzfeldt ins Kriegsministerium, um einen Extrazug zu verlangen. Ein Generalmajor empfing uns wie in den schönsten Kriegstagen: Pilsudski war für ihn immer noch »der Kerl«! Als wir herauskamen und beim Völkerkundemuseum die Königgrätzer Straße passierten, zog gerade ein großer Zug Demonstranten vom Anhalter Bahnhof nach dem Potsdamer Platz. Wir kamen am Schwanz hinten vorbei. Jenseits, an der Ecke der Königgrätzer und Schöneberger Straße, wurden frische Extrablätter verkauft. »Abdankung des Kaisers!« Es war gegen halb zwei.

Um zwei hatte ich Pilsudski, seinen Stabschef Sosnkowski, Gülpen und Hatzfeldt zu mir bei Hiller eingeladen ins altdeutsche Zimmer, weit hinten. In den vorderen Sälen waren die Vorhänge zugezogen, alle Tische voll besetzt. Man hörte hinten nichts; aber die Kellner berichteten von Zeit zu Zeit, große und immer größere Volksmengen zögen durch die Friedrichstraße. (Ein junger Kellner von Hiller wurde an diesem Nachmittag auf der Straße totgeschossen.) Lange Pausen traten ein, während deren man scherzhaft Erkundigungen einzog bei Herrn Stock – dem Oberkellner bei Hiller, früherem Leibkellner von Eduard VII. in Paris im Hotel Bristol und im Hotel Albany –, ob die Küche noch in Händen der Regierung sei? Die Stimmung in diesem stillen, tief verhängten Zimmer bei sorgfältig gekühlten oder angewärmten Weinen und friedensmäßigem Diner in Gesellschaft eines Menschen wie Pilsudski, während draußen die Revolution losbrach, war sonderbar: Pilsudski ernst und bedrückt, weil er den ungeheuren Eindruck dieser deutschen Vorgänge in Polen fürchtete; Sosnkowski zum erstenmal auftauend. Pilsudski, der sehr wortkarg in sich hineinsann, äußerte doch wiederholt die Besorgnis, er käme »zu spät«: zu spät zur Rettung Polens vor dem Bolschewismus.

In der Tat kam Pilsudski leider zu spät nach Warschau, um noch die überflüssige, theatralische Entwaffnung deutscher Truppen durch gernegroße, schauspielernde Gymnasiasten und Studenten zu verhindern. Aber er kam noch gerade rechtzeitig, um den Bolschewismus zu verhindern, der drohte und dessen Sieg in Polen auch der deutschen Revolution eine völlig andere Wendung gegeben hätte. Polen wäre Brücke geworden zwischen Rußland und Deutschland. Pilsudskis ungeheure Volkstümlichkeit gab den Ausschlag!

Sein Versuch einer vernunftgemäßen Verständigung mit Deutschland scheiterte allerdings, weil die Entente und die Polen in Paris sie nicht wollten; aber den Versuch machte er. Er ließ die letzte, den alten deutschen Überlieferungen treue Truppe, das Regiment »Jablonna«, mit militärischen Ehren, Waffen und Musik durch Warschau abmarschieren. Er bat um eine deutsche diplomatische Vertretung. Und als ich acht Tage später als deutscher Gesandter nach Warschau kam, erwiderte er als Staatsoberhaupt auf die Ansprache, mit der ich mein Beglaubigungsschreiben überreichte, ganz im Sinne seiner Äußerungen in Koschitsche und Magdeburg: Wir beide hätten die hohe Ehre und gemeinsame Aufgabe, unsere beiden Völker aus der alten Feindschaft in eine neue Freundschaft hinüberzuführen. Das war nicht diplomatische Redensart, sondern, wie die Wiederholung desselben Gedankens bei so verschiedenen Gelegenheiten zeigte, im Tiefsten sein Sinn; und als eine andere Politik Polen aufgezwungen wurde, hat er nur widerwillig, und nach seiner Meinung zeitweilig, nachgegeben. Nicht aus Abneigung gegen die Entente, auch gewiß nicht aus Gefühlen der Freundschaft gegen Deutschland, zu denen ihm Deutschland niemals Anlaß bot: sondern weil er sehr kalt bestimmte Tatsachen im Auge behielt, sie ohne Selbsttäuschung einschätzte und daher sah, daß die Hilfe der Entente Polen auch zu teuer werden konnte. Selbst seine mystische Gläubigkeit an Polens Sendung wird den auswärts geschmiedeten Plänen öfter widerstreben als innerlich zustimmen, weil ihm seine eigene Vorstellung vorschwebt von Polens Politik. Vielleicht beugte er sich manchmal zu leicht fremdem Druck. Aber er hat die Zähigkeit eines Mystikers. Er ist die größte Gestalt Polens seit Koscziusko; sein mächtigster Mann, einer, gegen den alle anderen verschwinden, seitdem er im gefährlichsten Augenblick die Leitung übernahm und behielt. Wenn und solange ein polnischer Staat bestehen bleibt, muß die Überzeugung dessen, der ihn schuf, zu seinem geistigen Kapital gehören; mag dieser selbst opportunistisch diese Überzeugung auch zeitweise geopfert haben. Der Versailler Vertrag hat allerdings seit 1918 neue künstliche Hindernisse einer Verständigung dem nationalen Vorurteil hinzugefügt, aber deren geographische und wirtschaftliche Notwendigkeit nicht vermindern können. Im Gegenteil: weder für die Deutschen noch für die Polen! Gewiß haben wirtschaftliche und geographische Notwendigkeiten oft nicht allein die Kraft, sich ohne Katastrophe durchzusetzen. Um so bedeutsamer, daß die Notwendigkeiten, die das polnisch-deutsche Verhältnis beherrschen, Pilsudski wenigstens damals klar vor Augen standen, als er durch die Aufstellung seiner Legion und durch sein Erscheinen in Warschau beim deutschen Zusammenbruch der eigentliche Wiederhersteller Polens wurde.

Geplante Kapitelfolge der ›Erinnerungen‹

Übersicht

I. *Kindheit*

Das heute übersandte Manuskript. Es fehlen zu diesem Teil noch etwa 20 bis 30 Seiten.

II. *Lehrjahre*

Erziehung zuerst in England, dann in Hamburg. Englisches Internat, Erziehung zum Gentleman. Deutsche Gelehrtenschule.

Oscar Wilde. – General Boulanger.

III. *Studienjahre in Bonn*

(Bonner Borussen und Zirkel katholischer Landadliger). Die Septennats-Wahlen und der die großen rheinischen Familien spaltende Gegensatz zwischen Zentrum und Konservativen.

IV. *Studienjahre in Leipzig*

Die Canitzer, die sächsischen Prinzen, die altkonservativen Studenten, Puttkamer, Loebell usw. – Besuch bei Bismarck in Kissingen und langes Gespräch mit ihm über den alten Kaiser und seine Nachfolger, über den Krieg 1866 usw.

V. *Potsdam*

Dienstjahr und später Offiziersübungen bei den III. Garde-Ulanen. – Die Zersetzung des alten preußischen Geistes in der Armee durch eine neu aufkommende Servilität und Streberei. Erstaunliche Unpopularität des Kaisers im Offizier-Corps.

VI. *Berlin*

Die Berliner Hofgesellschaft der neunziger Jahre. Der Hof, die Salons, die Einstellung der Hofgesellschaft zum Kaiser, die aufkommende großbürgerliche Gesellschaft der Bank- und Industrie-Magnaten, die Künstlerkreise um Begas und Anton von Werner.

VII. *Erste Kampfjahre*

etwa von 1892/93 an. Der aufkommende Naturalismus. Gerhart Hauptmann, Die Weber, die Florian-Geyer-Première.

Max Liebermann. Gründung des »Pan«. Meier-Graefe, Otto Julius Bierbaum, Bode, Eberhard Bodenhausen, Richard Dehmel.

Die Bohème: Stanislaw Przybyszewski, Duscha, Edvard Munch usw. Besuch beim kranken Nietzsche in Naumburg.

Hofmannsthal. – Rainer Maria Rilke.

VIII. *Paris*

Der sterbende Verlaine in Paris.

Pariser Literaten, Künstlerkreise und Bohème der neunziger Jahre.

IX. *Fin de siècle und Anfang des Jahrhunderts*

Das wilhelminische Deutschland.

Maximilian Harden.

Walther Rathenau.

Der neue Reichtum. Berlin wird Weltstadt.

Kunst und Theater in Berlin. Die Anfänge von Max Reinhardt. Die Sezession.

X. *Weimar*

Van de Velde und der neue Baustil.

Der Konflikt des Kaisers mit dem Reichstag über die Weltausstellung in St. Louis. Gründung des Deutschen Künstlerbundes in Weimar unter dem Protektorat des Großherzogs, als Protest gegen die Kunstpolitik des Kaisers.

Der kleine deutsche Hof. Intriguen und Quertreibereien gegen das in Weimar geplante geistige Zentrum.

Nietzsche und Nietzsches Tod.

XI. *Politische Spannungen*

Die Bülowsche Kanzlerschaft. Der Marokkokonflikt. Die Entente. Wachsender Gegensatz zu England. Aktion mit Bernard Shaw zusammen, um durch die Zusammenarbeit der führenden geistigen Kräfte auf beiden Seiten eine Entspannung herbeizuführen. Bernard Shaws eigensinnige Eigenbrödelei.

Von 1905 an (Algeciras-Konferenz) rasches Schwinden des deutschen Prestiges in Frankreich. Bemühungen und Erlebnisse in Paris.

Das geistige und künstlerische Frankreich der Zeit vor dem Weltkrieg: André Gide, Rodin, Aristide Maillol, Monet, Renoir, Degas usw.

XII. *Im Schatten der herannahenden Katastrophe 1911–1914*

Der Taumel der europäischen Gesellschaft, die sich ausleben will. Berlin – Paris – London. Das russische Ballett. Diaghilew. Nijinski. Die Rubinstein. Richard Strauss. Hofmannsthal. Der Rosenkavalier. Die Josefslegende. Die letzte Season in London. Höhepunkt des Rausches.

XIII. *Der Weltkrieg*

Die letzten Tage in London.

Frühstück beim Premierminister Asquith mit den französischen Delegierten zusammen (Juli 1914)

Die Abreise mit Rodin, den ich vor der drohenden Katastrophe nach Paris bringe.

Anfänge der Kriegsbegeisterung und des Widerstandes gegen den Krieg in den Massen in Paris.

Abreise aus Paris in den letzten Juli-Tagen.

Berlin in den ersten August-Tagen.

Der Einmarsch in Belgien. Einrücken in das brennende Lüttich. Patrouillen in Belgien. Patrouille von Lüttich durch das Kampfgelände, das uns von Hauptquartier der II. Armee (Bülow) trennte, um die Pläne der Heeresleitung zu erfahren. Bülow verweist mich an den Obersten Ludendorff, der mir die Pläne für die am nächsten Tage geplante Schlacht bei Charleroi auseinandersetzt. Rückkehr in das inzwischen von Aufständischen in Brand gesetzte Lüttich. Die Schlacht bei Charleroi und die Einnahme von Namur. Die Herzogin von Sutherland, die ich vor wenigen Tagen in London zu Tisch geführt hatte, in Namur gefangengenommen und festgesetzt.

Die Abberufung unseres Garde-Reserve-Corps aus Belgien und Transport nach Ostpreußen. Die nur halb geglückte große Schlacht bei Insterburg. Entkommen Rennenkampfs.

Die Schlacht vor Warschau (Oktober) und der Rückzug an die deutsche Grenze. Das Halten bei Czenstochau, um Schlesien zu retten, mit 5 deutschen gegen 22 russische Korps. Hindenburgs gewagtes Manöver (November), bei dem unser Corps als einziges bei Czenstochau den 2 anrückenden russischen Corps entgegengestellt wird. Das Manöver glückt. Die Russen werden endgültig von der deutschen Grenze zurückgeschlagen.

Der Winter in den Karpathen. Ich fahre nach Berlin, um die Entsendung eines neuen Corps durchzusetzen, da wir mit unseren schwachen Kräften die Karpathen nicht halten können und unser Armee-Kommandant, Linsingen, dieses nicht nach Berlin melden will. Besprechungen im Kriegsministerium mit dem stellvertretenden Kriegsminister und Walther Rathenau, im Reichstag mit den Parteiführern. Das Corps wird mir versprochen.

Nach dem Durchbruch bei Przemysl Einmarsch in das von den sich zurückziehenden Russen systematisch von Menschen geleerte Rußland. Die brennenden Dörfer in den weiten Getreidefeldern. Der Kleinkampf in den Sümpfen.

Durchbruch der Russen und Schlacht bei Czartorysk. Ich werde für die Dauer der Schlacht vom Hauptquartier an die Front entsendet, um die Verbindung zwischen den siebzehn österreichischen und der einen preußischen Division und dem Gruppen-Kommando aufrechtzuerhalten.

Die polnische Legion. Pilsudski.

Die Zustände bei den österreichischen Divisionen. Schlampigkeit und Leichtsinn.

Ich werde als preußischer Verbindungsoffizier einer österreichischen Division beigegeben.
Winter am Styr.
Das Corps wird nach Frankreich, vor Verdun, transportiert.
Die Schlacht vor Verdun.
Gesundheitlicher Zusammenbruch.

Bern
Im Herbst 1916 Kommandierung zur Gesandtschaft nach Bern. Offiziell als Leiter der deutschen Kulturpropaganda in der Schweiz, aber mit dem Auftrag, unter der Hand Verbindungen mit Frankreich anzuknüpfen und Friedensmöglichkeiten auszuprobieren. Die deutsche Kulturpropaganda in der Schweiz. Fortlaufende Verhandlungen mit dem von der französischen Regierung beauftragten und akkreditierten französischen Professor Haguenin. Bern im Kriege: Ein Mikrokosmos der kriegführenden Nationen. Intrigen, Spionage, Geheimverbindungen zwischen den kriegführenden Nationen, die nie abreißen. Die Einzigen, die sich nicht daran beteiligen, die Engländer.
1916/17. Besuche im Großen Hauptquartier und Unterredungen mit Ludendorff und Hindenburg.
Die russische Revolution und der uneingeschränkte U-Boot-Krieg. Stimmungsmäßige Rückwirkungen dieser beiden Ereignisse 1918. Verhandlungen, die ich im Auftrage des Reichskanzlers Hertling zusammen mit Nadolny, Prittwitz und Stresemann mit dem russischen Volksbeauftragten Krassin und dem russischen Botschafter Joffe zur Revision des Brest-Litowsker Vertrages führe. Stresemann, dessen erstes Eingreifen in die auswärtige Politik diese Verhandlungen sind, setzt sich aufs stärkste für eine vernünftige Revision des Vertrages von Brest-Litowsk ein gegen den Widerstand des Großen Hauptquartiers. Stürmischer Verlauf dieser Verhandlungen.

XIV. *Zusammenbruch und Revolution*

Das deutsche Friedensangebot. Dramatische Besprechung mit meinem Chef Romberg, der es übermitteln muß. Selbstmordgedanken.

Ankunft eines Abgesandten des Herzogs Albrecht von Württemberg, der verlangt, daß ich, weil ich zuverlässige Verbindungen im Elsaß habe, dort zum Schein einen Aufstand gegen Deutschland anzetteln soll, damit im Frieden die elsässische Autonomie gegen Frankreich durchgesetzt werden könne.

Nachrichten aus Polen, daß dort unmittelbar ein Aufstand gegen die deutsche Besetzung ausbrechen soll.

Gleichzeitig wird in offiziellen deutschen Kreisen klar, daß nur die Abdankung des Kaisers das Äußerste verhüten kann.

Ich werde in den letzten Oktobertagen nach Berlin geschickt, um dort diese drei Fragen: den Aufstand im Elsaß, die Rettung Polens vor dem Bolschewismus und die Abdankung des Kaisers zu besprechen. Zusammentreffen mit Erzberger, bei dem die Abdankung des Kaisers besprochen und von Erzberger für notwendig erklärt wird.

Genaue Durchsprechung aller technischen Details, in welcher Weise die Abdankung durchzuführen sein und wer als Regent an des Kaisers Stelle zu treten haben werde. Am darauffolgenden Tage erklärt mir Erzberger, daß Scheidemann die Abdankung noch nicht für dringend halte und lieber warten wolle.

Reichskanzler Prinz Max krank und nicht zu sprechen. Unterredungen mit dem Staatssekretär Solf und dem General Hoffmann. Es wird beschlossen, daß ich Pilsudski, zu dem ich vom Kriege her gute Beziehungen habe und der in der Festung Magdeburg sitzt, sondieren soll, ob er bereit ist, die Lage in Polen in die Hand zu nehmen, und welche Garantien er uns bieten kann, daß er sich dann nicht gegen uns wendet.

Unterredung mit Pilsudski in Magdeburg. Bericht an Solf

und Hoffmann. Am 6. November Entsendung nach Magdeburg, um nochmals mit Pilsudski zu sprechen und ihm schriftliche Garantien abzufordern. Ich weigere mich, dieses letztere zu tun, weil ich nach meiner Kenntnis von Pilsudskis Charakter ein mündliches Ehrenwort von ihm für bindender halte als eine schriftlich formulierte Garantie, die er nicht geben kann, weil er sich durch sie weniger gebunden fühlen würde wie durch sein Ehrenwort. Ohne mich mit dem General Hoffmann einigen zu können, fahre ich auf Befehl der Regierung nach Magdeburg, um dort die letzte Entscheidung abzuwarten. In der Nacht vom 7. zum 8. November telephonischer Befehl aus Berlin, Pilsudski sofort ohne irgendwelche weitere Garantie als sein Ehrenwort zu befreien. Am 8. November früh Ausbruch der Revolution in Magdeburg. Durch die nach der Festung stürmenden Volksmassen hindurch Befreiung Pilsudskis und Fahrt mit ihm im Auto nach Berlin. Am 9. November wird Pilsudski von der Regierung ein Extrazug nach Warschau zur Verfügung gestellt. Vor seiner Abfahrt Frühstück für ihn mit dem polnischen Dezernenten des Auswärtigen Amts, dem Prinzen Hatzfeldt und anderen bei Hiller Unter den Linden. Während des Frühstücks bricht die Revolution in Berlin aus. Abfahrt Pilsudskis aus Berlin in der Nacht vom 9. zum 10. November.

Warschau

Wenige Tage darauf werde ich auf Wunsch Pilsudskis und des Staatssekretärs Solf als Gesandter nach Warschau ernannt. Ankunft in Warschau. Besuch und Gegenbesuch von Pilsudski. Friedliche und freundschaftliche Erklärungen Pilsudskis bei seinem Besuch bei mir.

Die Nationaldemokraten hetzen die Warschauer Menge gegen mich und meine Gesandtschaft auf. Die Gesandtschaft wird zweimal von der Menge gestürmt, das zweite Mal trotz der mir von Pilsudski gestellten Militärwache. Ich bin mehrere Tage sozusagen obdachlos und muß in leerstehenden Häusern oder Pensionen übernachten. Großer Demonstrationszug von zehntausend Bauern mit Dreschflegeln und Plakaten »Tod Kessler« durch die Straßen von Warschau. Die polnische Regierung warnt mich, daß zwei Komplotte zu meiner Ermordung aufgedeckt worden sind. Schließlich läßt sie mir durch den Unterstaatssekretär im polnischen Auswärtigen Amt sagen, daß sie mein Leben nicht mehr schützen kann und mich bitten muß, Warschau zu verlassen. Gleich darauf kommt vom polnischen Außenminister selbst Contre-Order, ich könnte in Warschau bleiben. Schließlich aber doch eine dringende Aufforderung, wegen drohender Lebensgefahr Warschau zu verlassen. Ich weigere mich, dieses zu tun, wenn die polnische Regierung mir nicht offiziell mitteilt, daß sie meine Anwesenheit in Warschau nicht länger dulden will, was einem Abbruch der Beziehungen gleichkommen würde.

Die polnische Regierung läßt mir sagen, daß sie zwar den Abbruch der Beziehungen nicht wünsche, jedoch eine Unterbrechung, während der ich mich als Gesandter in Warschau nicht aufhalten könnte. Abreise aus Warschau mit der deutschen Kolonie und Ankunft in Berlin.

XI. *Berlin und Weimar*

1919 Spartakus-Aufstand. Ermordung Liebknechts und Rosa Luxemburgs.

Die Nationalversammlung in Weimar.

Der zweite Spartakus-Aufstand im März in Berlin. Blutige Niederringung der Spartakisten.

Die Nationalversammlung während der Verhandlungen in Versailles. Unterredungen mit dem Außenminister Rantzau während des Spartakus-Aufstandes. Rantzau nimmt den von mir entworfenen Völkerbundplan auf dringende Befürwortung des späteren Außenministers Simon, der damals die Rechtsabteilung im Auswärtigen Amt leitete, und des Völkerrechtslehrers Professor Schücking an. Ablehnung des Planes im Kabinett wegen des Widerstandes von Erzberger. Die Annahme des Versailler Diktats durch die Nationalversammlung in Weimar und Rücktritt Rantzaus.

XVI. 1922 bei der Genua-Konferenz mit Walther Rathenau. Der Rapallo-Vertrag. Die Ermordung Rathenaus.

XVII. Wiederanknüpfung der Beziehungen zu den früher feindlichen Mächten: Vorträge und Besprechungen in Paris und London und später in Amerika. Während des Ruhrkampfes Entsendung an die Botschaft in London, wo ich mit den Oppositionsführern Asquith, Sir John Simon, Mac Donald und Snowden im deutschen Sinne zu wirken und die englische Oppositionspolitik zu beeinflussen habe.

Als ich im Sommer 1923 zu Vorträgen nach Amerika eingeladen werde, widersetzen sich der Reichskanzler Cuno und Stresemann, der seine Ernennung zum Reichskanzler vorbereitet, meiner Abreise und bitten mich dringend, in London zu bleiben. Das Auswärtige Amt besteht aber darauf, daß ich nach Amerika gehen soll. Abreise nach Amerika im Juli 1923. Rückkehr nach Berlin. Stresemann Reichskanzler. Er bietet mir den Botschafterposten in London an, den ich aus Rücksicht auf Stahmer, weil ich diesen nicht verdrängen will, ablehne.

XVIII. *Eintritt Deutschlands in den Völkerbund*

Auf Ersuchen des englischen Ministerpräsidenten Mac Donald werde ich von Stresemann und Maltzan nach Genf geschickt, um zu sondieren, unter welchen Bedingungen Deutschland in den Völkerbund aufgenommen werden könnte, und diesen Eintritt vorzubereiten. Unterredungen mit Mac Donald, Briand und Loucheur. Ich stelle fest, daß sowohl Mac Donald wie Briand die Aufnahme Deutschlands als vollberechtigte Großmacht mit einem ständigen Sitz im Rate für selbstverständlich halten, etwas anderes für sie gar nicht in Frage käme.

Curriculum vitae

Eine meiner ersten Erinnerungen ist, wie ich als kleines Kind am Bette des alten Fürsten Bismarck stehe und ihm einen Blumenstrauß überreiche. Es war in Kissingen, einige Stunden nach dem dort auf den greisen Staatsmann von Kullmann verübten Attentat. Meine Eltern, die mit dem Bismarckschen Hause befreundet waren und sich zufällig in Kissingen aufhielten, hatten mich mit meiner Kinderwärterin hingeschickt, um den Blumenstrauß dem Fürsten zu überbringen. Die alte Fürstin öffnete selbst die Tür: ich sehe sie noch in einem ziemlich verschlissenen dunkelbraunen Schlafrock sich zu mir herunterneigen und mich an der Hand ins Schlafzimmer des Fürsten führen, dem ich den Blumenstrauß in die Hand gab.
Eine zweite Erinnerung, die viele Jahre später liegt, ist mir ebenfalls lebhaft im Gedächtnis geblieben: mein letztes Zusammentreffen mit Bismarck. Es war im Jahre 1891, wieder in Kissingen: ich war mit einer studentischen Abordnung dorthin gefahren, um dem Fürsten einen silbernen Pokal zu überreichen, und der Fürst behielt mich dann, da er sich seiner Freundschaft mit meinen Eltern erinnerte, noch einen Tag länger da. Nachmittags beim Kaffee, oder richtiger beim Sekt, saßen wir zu Fünfen oder Sechsen um den großen, runden Tisch im Wohnzimmer herum, und der Fürst erzählte in seiner halb pathetischen, halb humoristischen Weise, immer geistvoll und bilderreich, von seinen Erlebnissen im Kriege 1866. Plötzlich unterbrach ihn einer der Anwesenden, der zum erstenmale beim Fürsten zu Besuch war, und fragte, was er denn vom »jungen Kaiser« halte? Diese taktlose Frage parierte der alte Diplomat, indem er sein Sektglas ergriff und halb vom Stuhle aufstehend, nichts weiter sagte als: »Nun, meine Herren, wir wollen auf das Wohl des *alten Herrn* anstoßen: *der* war ein Gentleman!«
Meine ganze Kindheit und Jugend stand, teils infolge der Beziehungen meiner Eltern zum Bismarckschen Hause, teils weil ich meine

Erziehung auf dem Johanneum in Hamburg in nächster Nähe von Friedrichsruh genoß, ganz unter dem Eindruck der Persönlichkeit von Bismarck: sie weckte früh in mir ein brennendes Interesse für Außenpolitik; und ich sah ihn auch infolge dieser menschlichen Beziehung in einem wesentlich anderen Lichte als die meisten meiner jungen Zeitgenossen: nämlich nicht als riesigen Halberstädter Kürassier in Reitstiefeln wie ihn die Denkmäler und Leitartikel hinstellten, sondern als einen sehr vorsichtigen, wachsamen alten Diplomaten mit einer hohen, fast weiblichen Stimme, der unendlich feinfühlig in jedem Augenblick die Grenzen seiner Macht abtastete wie eine Betschwester ihren Rosenkranz und, gerade im Gegensatz zu den auf den Tisch schlagenden diplomatischen Grünschnäbeln, fortwährend bestrebt war, ohne den Einsatz von Gewalt sich durchzusetzen; vor allem aber nie die Grenzen seiner wirklichen Macht zu überschreiten. Nichts war dem Fürsten Bismarck verhaßter, nichts schien ihm ein verdammenswerterer »Kunstfehler« als eine die wesentlichen Ziele gefährdende Überspannung nebensächlicher Ansprüche. Daher seine von den damaligen »nationalen« Kreisen geradezu mit Wutanfällen begleitete unermüdliche Nachsicht mit Rußland (so in der Angelegenheit des Fürsten Alexander von Bulgarien) und seine Widerborstigkeit in der Flotten- und Kolonial-Politik: weil er mit Recht, wie sich später so tragisch herausstellen sollte, Rückwirkungen auf unsere Beziehungen zu England fürchtete. »Mir ist die Erhaltung Lord Salisburys in der Stellung des englischen Premierministers wertvoller als eine neue deutsche Kolonie«, äußerte er gelegentlich.

Zu diesen Eindrücken von der Bismarckschen Persönlichkeit und Politik kam noch als Jugenderlebnis hinzu der von der Persönlichkeit und dem Hofe des alten Kaisers, der der Pate meiner Schwester war. Bismarck hatte mit seiner oben wiedergegebenen Charakterisierung Kaiser Wilhelms I. ins Schwarze getroffen: sowohl der Kaiser selbst wie seine ganze Umgebung waren wirkliche »grand-seigneurs« und »gentlemen« vom Scheitel bis zur Sohle; Streber kamen an ihn nicht heran, erst recht nicht Speichellecker. Er kannte auch keinen Neid gegen seine Minister und seine sonstigen Berater: »Er wußte«, so sagte vor mir einmal der alte Fürst Bismarck, »daß er doch immer die Spitze der Pyramide bliebe: Je größer seine Diener, um so höher stieg er.«

Mein Vater, der väterlicherseits in gerader Linie vom Reformator Johannes Kessler, dem Freunde Zwinglis und Luthers, abstammte (siehe Freytags ›Bilder aus der deutschen Vergangenheit‹ und Kesslers eigene, sehr unterhaltende Memoiren) und weiterhin von seinem Sohn, der vom Kaiser Maximilian II. geadelt wurde, hatte zur Mutter eine Auffmordt aus einem Hamburgischen Patriziergeschlecht, das seit den ersten Jahren des achtzehnten Jahrhunderts in ununterbrochener Folge ein in alle Welt ausstrahlendes Bank- und Handelshaus gehabt hatte. In Fortführung der mütterlichen Familientradition trat mein Vater sehr jung als Teilhaber in das Haus ein und blieb ihm treu, obwohl ihn Bismarck wiederholt für den Posten eines preußischen Finanz- oder Handelsministers zu gewinnen versuchte. Als Teilhaber des Hauses Auffmordt lebte er, in steter Fühlung mit den politischen und geistigen Kreisen der Heimat, in Paris, wo er bis zu seinem Tode Vorsitzender des Deutschen Hilfsvereins blieb und so Hunderten von Deutschen, die in Paris gestrandet waren oder sonst Not litten, hilfreich zur Seite stehen konnte.

Meine Mutter entstammte einem seit dem elften Jahrhundert in Irland auf dem Lande ansässigen normännischen Geschlecht, dessen Söhne seit Jahrhunderten fast ausnahmslos Offiziere oder Parlamentarier gewesen sind. Von dieser Seite hatte die Familie Beziehungen, die bei gelegentlichen Reisen in Erscheinung traten, zu den Kreisen des englischen und irischen Land- und Hochadels und des englischen Parlaments, wie denn auch u. a. der berühmte irische Freiheitsheld, der sogenannte »ungekrönte König von Irland«, Parnell, ein entfernter Vetter meiner Mutter war. Auch diese Beziehungen trugen dazu bei, mir schon als Kind Interesse für Politik, und insbesondere Außenpolitik einzupflanzen.

Vom Johanneum in Hamburg, damals, und ich glaube auch heute noch, einem der besten humanistischen Gymnasien Deutschlands, wo ich mein Abiturientenexamen machte, ging ich zum Studium zunächst nach Bonn und knüpfte dort ziemlich enge Beziehungen mit den Bonner »Preußen« an, obwohl mein Vater mir nicht erlaubte, aktiv in das Corps einzutreten. Aber die dort geschlossenen Freundschaften haben mich zum Teil durch das Leben geleitet. Von Bonn ging es dann nach Leipzig. Die zwei Jahre, die ich in Leipzig verbrachte, schnitten insofern tief in meine Entwicklung ein, als ich dort unter den Einfluß von Männern wie den bahnbrechenden Nationalökonomen Roscher und Lujo Brentano, dem geistreichen Rechtslehrer Wach, dem großen Philosophen und Psychologen Wundt und dem Altmeister der Kunstgeschichte Springer geriet. Dadurch kamen zu meinen bis dahin fast ausschließlich politischen und außenpolitischen Interessen ganz neue Einsichten in die Geschichte und Entwicklung von Recht und Kultur, von Staat und Geist.

Zunächst ging es aber von Leipzig nach Ablegung meines Doktor- und preußischen Referendar-Examens nach Potsdam, wo ich bei den III. Garde-Ulanen eintrat, und zwar als einziger Einjähriger, so daß ich von Anfang an in die engste Berührung mit dem Offizierkorps kam. Ich lernte hier das militärische Leben menschlich von der besten Seite kennen; denn es war in unserem Regiment Sitte, daß keiner zum Offizier befördert wurde, der sich nicht gut mit der Mannschaft zu stellen verstand. Ich habe es erlebt, daß Fähnriche, die sonst brauchbare Offiziere zu werden versprachen, nicht zu Offizieren befördert wurden, weil sie diesem Erfordernis nicht genügten. Das Verhältnis zwischen Offizier und Mannschaft war und blieb daher bis in den Weltkrieg hinein, solange ich das Regiment gekannt habe, ideal. Auch war der sogenannte »Kommißgeist«, wie er z. B. beim I. Garde-Regiment zu Fuß in Potsdam (wir nannten sie die »Backzähne«) zuhause war, bei unserem Regiment in Acht und Bann getan; und da es trotzdem anerkanntermaßen eines der tüchtigsten Kavallerie-Regimenter der deutschen Armee war, so erbrachte es dadurch den Beweis, daß dieser Kommißgeist bei verständiger und menschlicher Behandlung der Mannschaften nicht zur Ausbildung des Soldaten oder Offiziers unentbehrlich ist. Diese Potsdamer Zeit hatte auch noch eine andere anziehende Seite: es bildete sich ein Kreis junger Fähnriche und Offiziere, die zusammen Nietzsche lasen, sich für allerlei Geistiges, Literarisches und Philosophisches ernsthaft interessierten und in mancher

Beziehung einen ähnlichen Kulturhunger gemeinsam zu befriedigen suchten wie in der alten preußischen Armee die Offiziere um Scharnhorst, Boyen und Clausewitz.

Allerdings stand dieser Geist schon damals, und später in immer steigendem Maße in Gegensatz zu demjenigen, der vom Kaiser und einigen der mächtigsten Persönlichkeiten seiner Umgebung propagiert wurde. Während der alte Kaiser, wie schon gesagt, selber ein Grandseigneur war und sich nur unter wirklichen Gentlemen wohl fühlte, machte sich am Hofe des damals noch ziemlich jungen neuen Kaisers ein im krassesten Widerspruch zu allem Geistigen stehender, kunst- und kulturfeindlicher, dünn mit Kitsch verbrämter Materialismus und Byzantinismus breit, unter dessen Herrschaft sich nur Streber, Speichellecker, Flachköpfe und mittelmäßige Künstler und Literaten, die nach Orden schielten, wohl fühlten. Für diese völlig ungeistige Einstellung des Kaisers und seine Gleichgültigkeit gegen das wertvollste Geistesgut auch der deutschen Vergangenheit zeugt die Anekdote, die mir der frühere englische Kriegsminister Lord Haldane einmal erzählte. Als er 1912 zu den Verhandlungen über ein Marineabkommen in Berlin war, wohnte er als Gast des Kaisers im Schloß und wurde vom Monarchen in jeder Weise ausgezeichnet. Unter anderem hatte ihm der Kaiser auch eine Hofequipage zur Verfügung gestellt. Eines Tages fuhr Haldane, der von Haus aus Philosoph und als Student Lieblingsschüler des großen Philosophen Lotze in Göttingen gewesen war, und der einen großen Teil seines Lebens der Erforschung und Übersetzung der Werke Hegels in England gewidmet hatte, nach dem Invaliden-Friedhof, um dort die Gräber Hegels und Fichtes zu besuchen. Er fand sie ziemlich verwahrlost und bedauerte das abends an der Hoftafel. Worauf der Kaiser in schnarrendem Ton mit einem Lächeln hervorstieß: »Ja, in meinem Reiche ist für Kerle wie Hegel und Fichte kein Platz.« – Fast alle ernsteren, charakterfesteren Naturen, namentlich unter den älteren Offizieren, aber gerade auch unter den ganz jungen, empfanden den geistlosen Byzantinismus, der immer unwiderstehlicher vom Hofe in die Armee eindrang, als etwas Neues, Gefährliches und Widerwärtiges, dem aber zu widerstehen praktisch aussichtslos erschien.

Dieser Gegensatz zwischen der alten preußischen Zeit, die das Deutsche Reich geschaffen hatte, und der neuen byzantinischen, die es blind seinem Untergange entgegenführte, hatte sich einige Jahre vorher entzündet an der gewaltigen, das ganze Volk aufwühlenden Tragödie von Bismarcks Entlassung. In den ersten Jahren, wo ich Potsdam kennenlernte, war die Heftigkeit der Gefühle, die sich im Offizierkorps gegen den Kaiser und seine byzantinische Umgebung wandten, so groß, daß zeitweise im Casino beim »Liebesmahl« die Ordonnanzen Befehl hatten, sofort nach dem Auftragen des letzten Gerichts den Saal zu verlassen und nicht ungerufen wieder zurückzukehren, weil befürchtet wurde, daß unbedachte Äußerungen von Offizieren zu Denunziationen wegen Majestätsbeleidigung führen könnten.

Nach meiner ersten Potsdamer Dienstzeit siedelte ich nach Berlin über und wurde dort zunächst Gerichtsreferendar in Spandau. Während dreiviertel Jahre bin ich mit dem jetzigen deutschen Botschafter beim Vatikan, von Bergen, der mit mir das gleiche hohe Amt bekleidete, jeden Morgen in aller Frühe auf der Stadtbahn nach Spandau gefahren, um dort der Kleinarbeit am Amtsgericht obzuliegen. Meine Absicht stand fest, in die Diplomatie einzutreten; der damalige Reichskanzler Fürst Hohenlohe, ein alter Freund meines Vaters, den ich mit diesem aufsuchte, gab mir auch die nötige Zusicherung, daß ich nach Beendigung meiner Studien ins Auswärtige Amt aufgenommen werden würde. Je langweiliger die Arbeit am Amtsgericht war, um so anziehender das politische, geistige und gesellschaftliche Leben von Berlin, das ich jetzt auf Grund der Beziehungen meiner Eltern als noch ganz junger Mensch in seinen Hauptvertretern aus der Nähe kennenlernte. Einerseits waren es die Hofkreise und die damals noch sehr kleine und exclusive Hofgesellschaft mit den noch nicht durch Mietskasernen oder Ministerien ersetzten alten Palais der Standesherren, in denen sich glänzende Feste abspielten, andererseits – und ganz im Gegensatz dazu – die neuen geistigen und literarischen Strömungen in Berlin, die mich anzogen. Ich knüpfte damals enge Freundschaften mit Richard Dehmel, Hugo von Hofmannsthal, dem sehr glänzenden, aber leider allzu früh als Vorsitzender des Aufsichtsrates der Disconto-Gesellschaft verstorbenen Freiherrn Eberhard von Bodenhausen, Walther Rathenau, Max Reinhardt und anderen, die schon damals oder nachher eine führende Rolle im geistigen oder literarischen Leben Deutschlands spielten oder spielen sollten. Dazu kamen etwas später, obwohl zu einer älteren Generation gehörend, Gerhart Hauptmann, Richard Strauss, Max Klinger, Max Liebermann und die Schwester Friedrich Nietzsches, Elisabeth Förster-Nietzsche, deren großer Bruder noch lebte, allerdings bloß noch als halb erloschener, tragisch sich dem Untergange zuneigender Stern.

Oft fuhr ich zuerst nach Naumburg und dann nach Weimar hinüber, um mit Elisabeth Förster Fragen der Herausgabe unveröffentlichter Werke ihres großen Bruders zu besprechen: des »Willens zur Macht«, des »Ecce Homo« und anderer inzwischen klassisch gewordener Bücher und Pamphlete. Und gelegentlich öffnete sich dabei an guten Tagen auch das Krankenzimmer Nietzsches. Er kauerte, noch immer mächtig von Gestalt und Stirn, schweigend mit großen traurigen Augen in seiner Ecke wie ein großer kranker Adler. Wenn Musik gemacht wurde, oder die roten Strahlen der untergehenden Sonne die flügellose Windmühle auf dem Felde jenseits seines Gartens beleuchteten, blickte er gelegentlich hinaus und dann öffneten sich auch manchmal noch die Lippen, die zum erstenmale das »Nachtlied Zarathustras« beim Rauschen der Brunnen in den Barberinischen Gärten in Rom geformt hatten. Nicht irre Worte, sondern unendlich einfache, rührende, kindliche formten diese Lippen jetzt, aus denen einst berückende Schönheit und Blitz und Donner hervorgegangen waren. Am häufigsten wiederholte er, indem er auf seine Schwester mit der schönen, noch immer ausdrucksvollen, wie mit Krallen bewaffneten Hand hinwies: »Meine Schwester ist sehr gut zu mir.« Der Geist dieses körperlich verlöschenden Genius stand als aufgehender Stern erster Größe über dem literarischen und künstlerischen Leben Deutschlands, so, wie er bald über ganz Europa strahlen sollte. Eine Erneuerung schien von ihm auszugehen. Es war, als ob überall veraltete, das Wachstum gesunder Glieder und Seelenkräfte einschnürende Binden und Bandagen fortgenommen und

Körper und Seele sich jetzt erst frei und natürlich recken könnten. Daß manches Ungesunde dabei mit ans Tageslicht kam, läßt sich nicht leugnen. Aber alles in allem war dieser geistig revolutionäre Einfluß förderlich und befruchtend wie ein Frühlingsgewitter. Um ihn sammelte sich, wie gesagt, die ganze junge Generation; und um sich ein Organ zu schaffen, gründeten sie unter dem Titel »Pan« die erste große künstlerisch-literarische Zeitschrift in Deutschland. Als Herausgeber fungierten, nach einer kurzen, aber bald unter Stürmen zu Ende gehenden Tätigkeit Otto Julius Bierbaums und Julius Meier-Graefes, mein Freund Bodenhausen, ferner der Leiter des Kaiser-Friedrich-Museums Wilhelm von Bode, die Künstler Max Liebermann und Max Klinger, die Dichter Dehmel, Otto Erich Hartleben und Cäsar Flaischlen und schließlich ich selber, während ich gleichzeitig als Referendar mein Assessorexamen und meinen Eintritt in die diplomatische Laufbahn vorzubereiten fortfuhr. Kurze Reisen ins Ausland und eine längere Reise nach Nord- und Mittel-Amerika, von der ich mein erstes Buch »Notizen über Mexiko« zurückbrachte, unterbrachen nur zeitweilig diese beiden nebeneinander herlaufenden Tätigkeiten.

Aber inzwischen wuchs in dem unabhängigen und daher glänzendsten Teil der Hofgesellschaft und in den geistig revolutionären Kreisen, mit denen ich durch den »Pan« in immer engere Berührung kam, der Gegensatz zum Kaiser und verdichtete sich für mich immer mehr um drei Punkte: um die bramabarsierende, mit tönenden Schlagworten operierende, aber offenbar direktionslose Außenpolitik, um die steigende Erbitterung in der Bekämpfung jeder freiheitlichen oder demokratischen Gesinnung, und um die prinzipielle Bevorzugung eines empörenden Kitsches in Kunst und Literatur. Immer größer wurde für mich die Wahrscheinlichkeit von Gewissenskonflikten, wenn ich mich als Beamten in den Dienst dieser Politik und Persönlichkeit stellte. Daher verblaßte allmählich in den Jahren, wo ich in Berlin arbeitete und gleichzeitig den »Pan« mit herausgab, immer mehr die Lust zum diplomatischen Dienst, und ergriff ich mit Freuden die Gelegenheit, die sich mir unverhofft im Jahre 1903 bot, in Weimar mitzuhelfen an dem Aufbau einer deutschen Kulturstätte, die im Gegensatz zu den kaiserlichen Bestrebungen dem vielen Guten, was Deutschland in Kunst und Dichtung damals hervorbrachte, einen Mittelpunkt und eine Heimstätte bieten und von hier aus auch die Brücke schlagen sollte zu den gleichlaufenden Bewegungen in England, Amerika, Frankreich usw., um so die Isolierung, in die Deutschland durch die kaiserliche Politik hineingeraten war, zu durchbrechen und dem neuen deutschen Geiste neue Einbruchspforten in die Außenwelt zu öffnen. Leider sind diese Bestrebungen an der Unzulänglichkeit namentlich des damaligen Großherzogs von Weimar und seiner Berater bald gescheitert; immerhin haben sich daraus geistige Verbindungen ergeben, die sogar den Weltkrieg überdauert haben und heute wieder Anknüpfungspunkte für neue Verbindungen bieten können.

In den Jahren, in denen wir in Weimar uns um die Schaffung dieser geplanten neuen Heimstätte für eine frische, jugendkräftige deutsche Kultur zu Füßen Goethes und Nietzsches bemühten, vollzog sich in immer rascherem Tempo die wirtschaftliche und politische Entwicklung, die zum Weltkrieg und zum Zusammenbruch Deutschlands führen sollte. Lassalle hat ein für allemal formuliert, was die wirkliche Verfassung eines Landes ist, nämlich: »die in einem Lande bestehenden *tatsächlichen Machtverhältnisse.*« Diese wirkliche Verfassung eines Landes kann in einen unüberbrückbaren Gegensatz geraten zu der offiziell abgestempelten, künstlich durch irgendwelche Mittel aufrechterhaltenen schriftlich oder sonstwie fixierten Verfassung. Diese Entwicklung war es, die sich in den Jahren nach 1900 in Deutschland und in einem gewissen Sinne auch im Verhältnis Deutschlands zu der Gesamtverfassung Europas vollzog. Im Innern ging die wirkliche Macht immer mehr auf die in Städten und Fabriken produzierenden breiten Massen der Bevölkerung über, während der früher mächtigste Stand, die großen Grundbesitzer, im Vergleich zur Industrie und zum Handel immer weniger bedeuteten: mit anderen Worten, die wirkliche Verfassung Deutschlands hätte sich, wenn der natürliche Lauf der Dinge nicht künstlich gehemmt worden wäre, immer mehr zu einer Herrschaft der Städte und der in den Städten konzentrierten breiten Massen des Volkes, mit anderen Worten zur Demokratie entwickelt. Aber diese Entwicklung wurde von denen, die unter ihr zu leiden gehabt hätten und die den Kaiser als ihr Werkzeug betrachteten und benutzten, unterbunden und ganz im Gegenteil künstlich dahin abgebogen, daß jenem Werkzeug, dem Kaiser, unbehindert durch schwache bundesfürstliche und demokratische Widerstände, immer mehr persönliche Macht zugeschoben wurde und anstelle einer Demokratie allmählich mit Hilfe der Armee und eines großen Teiles der Bürokratie ein fast unbeschränktes persönliches Regiment des Kaisers aufgerichtet wurde. Der alte Fürst Bismarck hat bekanntlich vor dieser Entwicklung gewarnt, deren furchtbare Gefahren er voraussah. Um so mehr voraussah, als mit ihr gleichlaufend eine ähnliche Verschiebung der Stellung Deutschlands innerhalb Europas vor sich ging. Auch hier ging die wirkliche Macht immer mehr auf Rußland und den Zweibund Frankreich–England über, während der Kaiser und nach seinen Richtlinien die deutsche Regierung immer krampfhafter versuchten, den alten, nicht mehr den wirklichen Machtverhältnissen entsprechenden Zustand einer Vorherrschaft Deutschlands auf dem Kontinent aufrechtzuerhalten. Der überstürzte Ausbau der deutschen Flotte, das unsichere Hin- und Herschwanken zwischen Rußland und England entsprangen dem dunklen Bewußtsein dieses Widerspruches zwischen den tatsächlichen und den offiziell proklamierten Machtverhältnissen in Europa. Aber der Mut zur Wahrheit fehlte; man wollte nicht auf den Schein verzichten und so kam es zur Katastrophe.

Auf meinen alljährlichen Reisen nach Frankreich und England, wo ich mit den deutschen Vertretern im Auslande, namentlich mit dem Grafen Metternich in London, und mit führenden englischen und französischen Politikern und Schriftstellern häufig zusammenkam, wurde mir diese verhängnisvolle Entwicklung von Jahr zu Jahr deutlicher. So wurde aus dem Gegensatz, in dem ich von vornherein zu der ganzen geistigen und politischen Richtung des Kaisers gestanden hatte, allmählich eine immer größere Besorgnis, daß seine persönliche Politik zum Verhängnis für das deutsche Volk werden könnte.

Diese kritischen Betrachtungen und Erkenntnisse, die nicht mehr abzuweisen waren, führten mich zur Beschäftigung mit den Ideen und Schriften von A. H. Fried, der den Krieg nicht durch ethische Predigten, sondern durch eine organisatorische Stärkung der die Welt zu einer Einheit verbindenden wirtschaftlichen und geistigen Fäden ausschließen wollte. Es ließ sich nicht leugnen, daß an diesen Ideen, sowie denen des »Völkerbundes«, die in jener Zeit die ganze Welt sowohl bei den Ententestaaten als auch bei uns zu beschäftigen begannen, viel Überzeugendes und Zukunftsreiches war. Sogar die Kaiserliche Deutsche Regierung erkannte sie als richtig an, indem sie erklärte, daß sie bereit sei, nach dem Kriege in einem Völkerbunde mitzumachen, allerdings mit der sonderbaren und unter den Umständen recht unglücklichen Wendung, daß sie die Absicht habe, »sich an die Spitze dieses Völkerbundes« zu stellen.

Im Juli und August 1918 nahm ich in Berlin an den Verhandlungen über die Revision und Ergänzung des Brest-Litowsker Friedens mit der damaligen russischen Abordnung in Berlin unter dem Botschafter Joffe und dem Volkskommissar Krassin teil zusammen mit dem damaligen Reichstags-Abgeordneten Dr. Stresemann und dem jetzigen deutschen Gesandten in Ankara, Nadolny. Bei gelegentlichen dienstlichen Besuchen im Großen Hauptquartier hatte ich sehen können, wie dort allmählich unter dem General Bartenwerfer eine Art von zweitem Auswärtigen Amt aufgewachsen war, das in manchen Fällen mehr zu sagen hatte als das Auswärtige Amt in Berlin. Jüngere Offiziere, Leutnants und Hauptleute, bearbeiteten dort die einzelnen Länder nach Zeitungsausschnitten und allerlei Berichten, deren Quellen nicht immer ganz rein waren, trugen ihre Ansichten dem General Ludendorff vor und hatten oft mehr Einfluß bei wichtigen Entscheidungen als die Vortragenden Räte im Auswärtigen Amt in Berlin, die das gleiche Land oder die gleiche Sache nach den amtlichen Berichten und in persönlicher Fühlung mit dem Staatssekretär und mit dem Reichskanzler bearbeiteten. So hatte sich allmählich zwischen der offiziellen Behörde in Berlin und der sozusagen offiziösen Nebenbehörde in Kreuznach ein immer schärferer Gegensatz herausgebildet, auf dessen Überbrückung übrigens leider die Staatssekretäre in Berlin, wie mir schien, kein genügendes Gewicht legten.

Bei den Verhandlungen über den Brest-Litowsker Vertrag trat dieser Gegensatz in voller Schärfe hervor. Die Oberste Heeresleitung verfolgte Pläne, die auf ein deutsches Protektorat, oder gar deutsche »Bundesstaaten« bis zum Kaukasus hinausgingen. Die russische Sowjet-Regierung setzte selbstverständlich diesen Ausdehnungsplänen, die sie vom Schwarzen Meer, von der einzigen Rußland gebliebenen Ausfuhrpforte ausgeschlossen hätten, den heftigsten Widerstand entgegen. Noch nach der vom General Ludendorff im Kronrat Anfang August zugestandenen endgültigen Niederlage Deutschlands beanspruchte die Oberste Heeresleitung die Schaffung eines selbständigen Donkosaken-Staates unter dem Vorwande, daß ein deutscher Offizier dieses dem General Krasnow ehrenwörtlich versprochen habe. Es kam zu heftigen Auftritten, in denen allerdings schließlich die Oberste Heeresleitung nachgeben mußte, weil ihr ja tatsächlich auch, wie sie wußte, die militärische Macht zu ihrer Durchsetzung bereits entglitten war.
Als sich Ende September 1918 die Lage immer bedrohlicher gestaltete und insbesondere auch die Verhältnisse in Polen beunruhigend wurden, wurde ich von meinem damaligen Chef, dem Gesandten in Bern, Freiherrn von Romberg, nach Berlin geschickt, um mit der Regierung eine eventuelle Heranziehung des damals auf der Festung Magdeburg inhaftierten polnischen Nationalhelden, des Obersten Pilsudski, bei der Aufrechterhaltung der Ordnung in Polen zu besprechen. Ich hatte bereits früher mit Pilsudski eingehend die zukünftige Gestaltung von Polen besprochen und selbstverständlich über diese Gespräche nach Berlin berichtet. Pilsudski, der im Gegensatz zu seinen übrigen Landsleuten ein überaus nüchterner politischer Kopf ist, hatte mir damals gesagt, daß er auf Westpreußen keinen Anspruch erheben würde, ja sogar die Übertragung von Westpreußen an Polen, falls die Entente sie vollziehe, für ein bedenkliches Geschenk an Polen halten würde. Ich wurde beauftragt, Pilsudski in der Festung aufzusuchen und herauszufinden, was nach seiner Verurteilung durch die deutschen Militärgerichte und seiner langen Inhaftierung nunmehr seine politischen Ansichten seien. Er erwiderte mir nur: genau dieselben wie 1915.

Inzwischen war der Nervenzusammenbruch des Generals Ludendorff und seine fast gewaltsame Erzwingung des Waffenstillstandsangebots erfolgt, dem, wie ich bezeugen kann, die maßgebenden Stellen im Auswärtigen Amt und der Reichskanzler, Prinz Max von Baden, den nachdrücklichsten Widerstand entgegensetzten, bis Ludendorff mit seiner Drohung, die Front könne jeden Augenblick zusammenbrechen, in trauriger Weise siegte. Als ich nach Bern zurückkam und der deutsche Gesandte, Baron Romberg, dieses unglückselige Dokument, das er übermitteln sollte, in Händen hielt, war auch sein Gefühl, daß hier ein verhängnisvoller, die furchtbarsten Folgen voraussichtlich nach sich ziehender Fehler gemacht werde. Mit unerhörter Plötzlichkeit stand für alle sichtbar das Verhängnis über Deutschland; die gewaltige Maschine, die vier Jahre der ganzen Welt Widerstand geleistet hatte, zitterte und krachte in allen ihren Teilen. Auch in Polen verdüsterte sich die Lage mit rasender Geschwindigkeit. Ich wurde wieder nach Berlin geschickt, um zu versuchen, mit Hilfe von Pilsudski zu retten, was zu retten war. Schon nachdem die Revolution in München und Hamburg am 5. und 6. November ausgebrochen war, fuhr ich im Auftrage der Regierung nach Magdeburg, um Pilsudski zu befreien. Verhandlungen über gewisse Vorbedingungen der Befreiung, die von General Hoffmann gestellt wurden, zögerten die Aktion über den 7. hin. Indessen marschierte die Revolution und näherte sich immer mehr Magdeburg und Berlin. In der Nacht vom 7. zum 8. November wurde ich telephonisch aus dem Bett gerufen und mir von der Regierung in Berlin der Auftrag gegeben, Pilsudski ohne die von General Hoffmann gestellten Bedingungen sofort zu befreien und nach Warschau in Bewegung zu setzen. Die Festung war nachts geschlossen; ich konnte erst um 8 Uhr morgens meinen Auftrag ausführen. Während ich gerade unterwegs war, brach auch in Magdeburg die Revolution in den Straßen aus. Nur mit Mühe und unter Anwendung einer List gelangte ich in die Festung, und kaum eine Stunde, ehe sie von der Menge gestürmt wurde. Ich führte Pilsudski so schnell wie möglich hinaus, setzte ihn in ein bereit gehaltenes Automobil und fuhr mit ihm und seinem Adjutanten, dem späteren Kriegsminister Sosnkowski nach Berlin, wo wir abends spät nach einer etwas bewegten Fahrt anlangten. Hier ruhte der ganze Verkehr, an Pilsudskis Weiterreise nach Warschau an diesem Abend war nicht zu denken; er mußte die Nacht in Berlin bleiben. Für den nächsten Tag war ein Extrazug nach Warschau für ihn vorgesehen. Aber noch ehe er abreiste, am 9. November, ging die Revolution auch in Berlin los, und nur mit großen Schwierigkeiten gelang es, Pilsudski trotzdem an die Bahn zu bringen und abfahren zu lassen. Ich gab ihm einen tüchtigen Offizier mit, der ihn schützen und bis nach Warschau geleiten sollte. Noch traf er gerade rechtzeitig ein, um die Bolschewisierung Polens zu verhindern. Unsere Herrschaft dort war in der jämmerlichsten Weise zusammengebrochen. Der Generalgouverneur war als einer der Ersten in Zivil geflohen, fast alle Offiziere folgten, und übrig blieb nur ein führerloses, völlig demoralisiertes und meuterndes Heer, das widerstandslos sich von einigen hundert polnischen Studenten entwaffnen ließ, – eines der traurigsten Kapitel der deutschen Geschichte. Aber die Ankunft Pilsudskis verhinderte wenigstens, daß die Bolschewisten die Oberhand gewannen, sein persönlicher Einfluß, der ungeheuer war, sammelte die Ordnungselemente in Polen gegen die Bolschewisten und verschaffte ihnen das Übergewicht. Die Übersendung Pilsudskis im allerletzten Augenblick rettete nicht bloß Polen, sondern wahrscheinlich auch Deutschland, das von einem bolschewisierten Polen mit Rußland zusammen überfallen worden wäre, vor dem Bolschewismus.

Notizen über Mexiko

Meiner Mutter gewidmet

Vorrede

Unsere Zeit ist möglicherweise die letzte gewesen, zu der man noch reisen konnte; schon wir kommen kaum noch aus unserer Zivilisation hinaus; das Bild bleibt sich von Weltteil zu Weltteil erstaunlich gleich.

Nach den Abenteurern haben die Entdecker und Gelehrten uns die Fremde erobert, und dann die Künstler unser Nervensystem nach allen exotischen Schwingungstakten vibrieren lassen. Jetzt gibt es keine Entfernungen mehr, die genügen, um Abenteuer glaubhaft zu machen; die Geographie und das Wirtschaftsleben lernen wir zu Hause aus Handbüchern und Weißbüchern besser als auf der Reise aus dem Baedeker kennen; und Familienjournale haben, was für die Sinne neu war, durch Bild und Wort gewöhnlich gemacht. Nur noch wer hinter bekannten Zeichen fremde Bedeutungen zu erkennen die Phantasie hat oder wer, durch ungewohnte Umgebungen und die Einsamkeit der Ferne angeregt, alte Bilder mit frischen Augen ansieht, wird häufiger und nicht bloß zufällig durch Veränderung seines Aufenthalts Neues empfinden: vielleicht nur der Reisende, den Kunstwerke und Gesellschaftsformen, die längst für ihn keine Bedeutung mehr hatten, auf eine neue Weise rühren, weil sie Bekenntnisse von Seelen sind, gegen die er noch nicht stumpf ist durch die zu lange schon gewußte Unmöglichkeit, ihr Geheimnis zu lichten. Dem allerdings begegnet es bei seinen Versuchen, eine neu geglaubte Geisteswelt zu enträtseln, daß er durch Augen, die er den Fremden leiht, in die Landschaft hinein nie geschaute Stimmungen sieht, und daß ihm alltägliche Kunst durch neue Zusammenhänge zu Symbolen wird, die für ihn noch nicht verblaßt sind; er liebt das Reisen als die Heilung für den müden und durch Enttäuschungen oberflächlich gewordenen Geist. Und auch der Reisebeschreibung, Stanley oder Stendhal, will er eine ähnliche Umwandlung seines geistigen Sehvermögens abgewinnen; und nimmt es, da alles Fertige die Stimmung, in der es entstanden ist, zerstören müßte, als die natürliche und nicht reizlose Schwäche des Reisebuchs hin, daß es nur Unvollständiges, nicht ein fertiges Wissen zu bieten vermag, und sich begnügen muß, einen Boden zu bereiten, auf dem dann vielerlei Frucht wachsen mag.

Berlin, März 1898

Kapitel I

Auf See, 10. Oktober 1896

Das Wunderbare am Meer ist seine Seelenähnlichkeit. Jede andere Landschaft scheint uns starr; nur des Meeres Bewegungen sind flüchtig genug, um an unserem Dasein meßbar zu sein: es ist von den Weltenschauspielen das menschlichste. Heute hat es alle Launen durchlebt. Früh tanzte auf den Wellen das Sonnenlicht weithin und glitzerte wie Gold unter dem Möwenschwarm, der dem Schiffe folgt. Dann zogen Wolken herauf, ein Windstoß rauschte mit Tosen und prasselndem Regen über das grüne Wasser heran. Und jetzt, nach dem Unwetter, wogt die See träge und bleigrau im Helldunkel.

Auf See, 12. Oktober 1896

Eine wilde, stürmische Nacht. Stundenlang überkopf das Rauschen des über das Deck strömenden Wassers und dazwischen eilige Tritte und Stimmen und Kettengeklirr. Die Wellen stoßen wütend gegen die Schiffsseiten. Die Geräusche der Nacht, das Knarren und Poltern, Stampfen und Stöhnen, Zittern und Ächzen verwachsen allmählich wie zu Fieberträumen. Nichts ist phantastischer als dieser Kampf, den das Schiff, ein Menschenwerk, gegen das Meer in der heulenden Finsternis kämpft.

Auf See, 13. Oktober 1896

Sternenhelle Nacht; das Meer gleicht unter der klaren Himmelskugel schwarzem Kristall. Später ging der Mond auf. Die Reinheit seiner Lichtstrahlen auf der dunkeldämmernden weiten See ist zu kalt und erhaben, um sentimental zu wirken; es ist, als sei zwischen Sinnen und Verstand das Gefühl ausgeschaltet. Vielleicht ist es doch wahr, daß diese gefühllose Seligkeit die Schönheit ist.

Auf See, 15. Oktober 1896

Abends wurde getanzt. Die elektrischen Lichter strahlten; die Blechmusik rauschte; auf Deck drehten sich die Paare mit derselben oder fast derselben hüpfenden Grazie, die beider Welten Ballsäle ziert. Ringsum aber in der Nacht rauschte das Meer, und hob und senkte die Tanzenden nach seinem Takte. –

Im Hafen von New York, Oktober 1896

Wir sind bei Nacht vor New York angekommen. Die Stadt ist noch fern. Man sieht von ihr jenseits des Hafens nur Fenster und flammende Essen und die Lichterreihe der Brooklyner Brücke, die wie ein Rubinenstrang am Himmel leuchtet. – Es ist phantastisch, so vom Meere aus das Land bei Nacht wiederzuberühren; alles Vertraute in Dunkelheit aufgelöst, und an seiner Stelle nur ferne Lichter, die im Wasser nachzittern, und mächtige Schattenformen wie von Ungeheuern, die mit roten und grünen Feueraugen in der Dunkelheit vorbeirauschen; man erkennt die Welt nicht wieder. Und doch ist auch dieses Wirklichkeit. Nur empfinden wir sie dann vor der Neuheit ihrer Erscheinungsform auf Augenblicke, als was sie ist: als das Fremde, Gewalt- und Geheimnisvolle, von dessen Wesen nur das sicher ist, daß es uns zu vernichten und verschlingen trachtet.

New York, im Oktober 1896

New York ist schön durch die Gewalt, mit der das Leben hier zu den Sinnen spricht. Seine Schönheit gleicht der von hohen Gebirgen oder mächtigen Strömen; sie ist sichtbare, unermeßliche Kraft, die hier wie dort ein Teil der Allkraft ist; aber statt der kosmischen und physikalischen Gewalten hier der Mensch.

Ein Bild, wie es die Brooklyner Brücke überblickt, bietet selbst London nicht. Einander gegenüber an den Ufern des Meerarmes die beiden Millionenstädte New York und Brooklyn. Aus ihrer Dächerebene aufragend Fabrikschlote und Kirchenkuppeln, eiserne Brückengerüste und Häuserkolosse, die bis zu zwanzig und mehr

Stockwerken aufsteigend um die Wette in die Höhe eifern; darüber noch, am Himmel, im Rauch, Reklamen. Und zwischen den Häusermassen, auf dem grünen Wasser, und soweit das Auge reicht bis jenseits des Mastenwaldes der Werften auf den glitzernden Gewässern des Außenhafens, Boote, Segler, Fähren, Dampfer, die hastig wie Menschen auf einem belebten Platz durcheinandereilen, oder geraden Kurses von langen Dampfschweifen begleitet hinausfahren auf die hohe See.

Dieses Leben nimmt noch immer und immer schneller zu; von Jahr zu Jahr mehr Menschen, mehr Hast, mehr Luxus und auch mehr Armut. Auf Broadway wird man jetzt von armen, hungrigen Wesen mit großen Augen leise angebettelt, daß es wehtut. – Wenn man dann von der Straße aus eine der Kirchen betritt, durch deren von Lafarge oder Tiffany geschaffene Fenster das Licht farbig und matt wie in einen Gralstempel fällt, so weiß man, was hier das stete Wachsen der Kirchenmacht zu bedeuten hat, das für so vieles und so verschiedenes Symptom sein kann. Dieses ästhetische Christentum ist keine Blüte von der Kraft, die sich draußen in Nerven und Stahl entfaltet, sondern im Gegenteil ein Anzeichen für die Art von Gefahr, die das Bittererwerden des Daseinskampfes für jenes Leben in sich schließt. Der »Amerikanismus« droht nicht das Ideal zu zerstören; denn das ist auf dieser Erde so unzerstörbar wie das Leiden, in dem es wurzelt. Sondern die Gefahr ist, daß sich das Streben nach dem Ideal von der Arbeit um das tägliche Brot trenne, und daß das praktische Leben infolgedessen langsam erstarre. Dann sammelt sich die Kraft der menschlichen Sehnsucht neben und außerhalb der »Welt«, um irgendwann als neuer Glaube oder Revolution den blutleer gewordenen Gesellschaftskörper zu zertrümmern.

New Orleans, im November 1896

New Orleans erweckt eine eigentümliche Mischung von altweltlicher Sympathie und neuweltlicher Verwunderung. Es ist die unamerikanischste aller amerikanischen Städte, die einzige, die nicht in einer geträumten Zukunft, sondern in einer traumhaften Vergangenheit lebt. Hier werden einem nicht zuerst die Banken, die Fabriken, die mächtigen Warenhäuser, das Getriebe der Straßen und der Schiffsverkehr des Hafens gezeigt, sondern das französische Viertel, das noch so steht wie zur Zeit, als dort Rothäute mit gepuderten Marquis unterhandelten, und die verbannten Mätressen von Louis' XV. Höflingen mit spanischen Piraten und mexikanischen Abenteurern zusammen seine Straßen bevölkerten. Der Geist Manons und ihres Chevaliers scheint noch über der Stadt zu schweben. Alte weißgetünchte Häuser mit grünen Fensterläden drängen sich an engen Gassen; Balkone und Portiken überdachen, auf Säulen gestützt, den Fußsteig; auf den Fensterbrüstungen leistet hier und dort eine mager aussehende Topfpflanze einem alten Hemde, das in der Sonne trocknet, Gesellschaft. Oder wieder die Straßen sind weite Alleen; Rasen läuft in der Mitte entlang, und mächtige Bäume werfen ihren Schatten auf den Weg; zu beiden Seiten liegen Gärten; Orangen leuchten im Laube, und Palmen wiegen ihre Kronen im Winde. Es gibt da romantisch-altmodische Ecken von ganz eigentümlichem Reize. Ich entsinne mich eines alten, weitläufig gebauten Hauses inmitten eines großen, vernachlässigten, üppig wuchernden Tropengartens. Die grünen Läden hingen morsch in ihren Angeln vor den hohen Flügelfenstern; die Tünche war vor Alter goldiggelb geworden; ein Rosenstock wuchs an der Mauer zu einer offenen Loggia empor und überschattete sie mit seinen hellroten Blüten, und das Haus schien ganz menschenleer in der Mittagsstille. Aber in die große Veranda oder in die kühlen Galerien träumte man sich eine Kreolin hinein, wie man sie hier auf den Familienbildern aus den vierziger Jahren sieht, mit dunklen Augen, tiefroten Lippen und glänzendem glattgekämmten schwarzen Haar, im weißen Musselinkleide, lässig in der Mittaghitze ruhend. –

Ernst und schön wie der südliche Herbst ist hier auch der Tod. Auf den Kirchhöfen sind die Gräber weiße Marmorsarkophage, die in langen Reihen an Alleen unter Lorbeerbäumen aufgestellt sind. Darüber leuchtet dunkelblau der Himmel. Von einzelnen Bäumen hängt das lange, lianenartige tropische Moos herunter und schwebt im Winde langsam hin und her; in der großen ernsten Stimmung ein weicher lyrischer Ton, eine ferne Erinnerung an die Trauerweide, aber weniger weiblich in den herben Akkord des Ganzen hineinklingend.

Von New Orleans nach Mexiko
8./10. November 1896

Von New Orleans bis Mexiko fährt der Expreß siebzig Stunden.
Zuerst durchschneidet er die endlose Gras- und Parkebene von Texas, neues, kaum erschlossenes Gebiet; nur selten unterbrechen Zukker- oder Baumwollen-Pflanzungen die große Weide; Cowboys galoppieren neben dem Zuge her. Das Land rollt in sanften Wellen zum Horizonte hin, und darüber wölbt sich der Himmel klar und riesengroß wie über dem Ozean.
Am nächsten Morgen erwacht man auf dem Hochplateau der Kordilleren. Von der wirbelnden Jagd durch das dürre, wilde Land haften im Gedächtnis nur einzelne Eindrücke: – die zackige Kahlheit der fernen Gebirge, die zu beiden Seiten die Hochebene begrenzen, und auf deren Hängen die Farben in ewigem Wandel von den aschgrauen und violetten Tönen der Dämmerung durch die blaue Mittagsglut und des Abends Feuer und Purpur zur endlichen Nacht ewig dahinschwinden; – die Vegetation: Riesenkakteen, Stechpalmen, Orgelbäume, Wesen, deren Form der Durst bestimmt, und die wie die Pflanzenwelt eines fremden, älteren Sternes zwischen den glühenden Felsen des Hochlands stehen; – die Indianerstämme, die sich in braunen, würfelförmigen Lehmhütten in der Wüste an der Bahn angesiedelt haben und deren Weiber und Kinder zerlumpt wie Zigeuner und bettelnd an den Zug kommen. – An den Bahnhofsbüfetts bedienen Chinesen. Ihre kleinen sauberen Bahnhofshotels stehen von Veranden umgeben in blühenden Gärten, die die chinesische Geduld dem Sande abgerungen hat, und deren Jasmin und bunte Winden inmitten der rauhen Starrheit der einheimischen Pflanzen ebenso fremd erscheinen, wie die schmächtigen, dirnenhaften Chinesenkellner unter der dunklen Wüstenbevölkerung. – Eine neue Seelenwelt beginnt sich einem in allem, was man wahrnimmt, aufzutun, in den Gebär-

den der Menschen, im Gesichtsausdruck, im Tonfall der Sprache, ebenso wie in den grellen Mänteln und Kopftüchern der Frauen oder im phantastisch-komischen Namen der Herberge im Ausflugsort Tula: Tienda a las delicias del amor (Hotel zu den Wonnen der Liebe).

Am zweiten Tage erscheinen inmitten der Dürre die ersten Anzeichen spanischer Kultur. In der Ferne liegen Städte mit ihren Kirchtürmen weiß in Palmen- und Akaziengärten. Dichte Bananenhaine wechseln mit Zuckerpflanzungen und Alpenmatten ab. Und immer wird die sanft an- und abschwellende Hochebene zu beiden Seiten vom doppelten Zug der Kordilleren begleitet, auf deren Schluchten mittags die großen Schatten wie schwarzer Sammet unter den lichtblau glimmenden Spitzen ruhen. Abends aber erscheinen endlich über der Gebirgswelt die Gletschermassen der großen Vulkane, die das Tal von Mexiko nach Süden begrenzen. Weltfremd und wunderbar einsam erglänzt ihr Schnee durch die Magnolien des tropischen Waldes, bis die Welt unten in Nacht verlischt und nur noch die Vulkangipfel wie rotglühende Silberkuppeln am klaren Himmel stehen.

Kapitel II

Mexiko, November 1896

Die ersten Tage habe ich es dem Zufall überlassen, mich zu führen. Aus Gelegenheitseindrücken bildet sich langsam ein Instinkt für das, was am neuen Lande dem eigenen Ich von Wert sein kann, für die Art der lebendigen Berührung, die zwischen beiden möglich ist.

Das Auge empfindet zuerst von der Stadt nur die Gewalt der Farben und des tropischen Lichts in der Höhenklarheit. Daneben verschwindet die Eintönigkeit des Stadtplans, den noch die vizeköniglich spanische Beamtenschaft im papierenen Stil gradwinkelig reguliert hat; und auch die nordamerikanische Häßlichkeit der Telegraphenstangen auf den Trottoirs und der Trambahnen, die hier nicht nur den Verkehr des Publikums vermitteln, sondern es unternommen haben, in besonderen, schwarz gestrichenen Wagen zu billigen Preisen Leichen zu befördern. Die Menschenmenge, die alles farbig umflutet, die helle, rosenrote oder zartblaue Tünche der Häuser, um die das Licht beständig vibriert, die fernen Gletscher mit ihren bald mächtiger, bald nur blaß leuchtenden Firnen, und darüber ein Himmel, dessen Ton und Tiefe fortwährend wechseln, schaffen eine Bewegung von Farben und Reflexen, die wie ein Spiel das Auge beschäftigt.

Diese Macht des Lichts könnte an den Gebäuden die Architektur fast ersetzen; sie gliedern sich selbst durch den Färbungs-Gegensatz ihrer oberen Teile zu den unteren. Unten grenzen die Schatten, weil wenig indirektes Licht sie trifft, an stechend Hellem tiefschwarz; oben, wie mit der wachsenden Höhe Reflexe und diffuse Helligkeit sich mehren, zerfließen sie zu durchsichtiger Farbigkeit. So bauen sich nach oben zu die Töne immer unbestimmter und zarter auf; fast Immaterielles ruht auf Massivem. Die Betonung des Baugerippes, die im blassen nordischen Tag des Architekten Hauptsorge ist, weil dort nichts anderes den Aufbau verdeutlichen kann, tritt hinter der Kunst zurück, die Lichtfülle in ihrem natürlichen Spiel zu unterstützen. Der

Lichtton wird an Stelle von Linie und Masse zum Ausdrucksmittel des Architekten, die Architektur malerisch statt kontruktiv.
Die Möglichkeiten, die die einzig umfangreiche Skala von Brechungstönen des tropischen Höhenlichts bietet, haben die spanisch-mexikanischen Architekten mit dem Raffinement der Dekadenz ausgenutzt. An den Kirchen, die ihre Hauptaufgabe waren, genießt man dank ihrer Kunst das Licht, das auf den Gebirgen so machtvoll wandelt, in zarten und reizenden Harmonien, für die diese Lichtvirtuosen das Auge noch empfindlicher machen durch den Gegensatz, in den sie das luftige Farbengewebe ihrer Ornamentik zum kräftigen Hell und Dunkel von schmucklosen Flächen bringen. Die Gotik, die sich, wahrscheinlich aus Routine, weil konstruktive Probleme gleichgültig ließen, bis in dieses Jahrhundert als Norm des Bauorganismus im Entwurf des Höhen- und Grundrisses, der Gewölbe und der Stützen gehalten hat, bietet an den kahlgelassenen Seitenmauern und inneren Gewölben Flächen, auf denen Licht und Schatten in großen Massen ruhig abwechseln. Im Gegensatz zu diesen breiten Steinflächen tritt an einem willkürlich begrenzten Ausschnitt der Fassade und in den Innenkapellen die Ornamentik hervor; und diese bevorzugt die wirren Formen des späten Barock. Hier verschwindet der Bauorganismus unter Prunkverzierungen, nicht, wie bei Bach ein Thema in die Polyphonie einer Fuge aufgeht, sondern spurlos, wie die Melodie von einer Koloratur unterbrochen wird; und der phantastische Reichtum dieses Beiwerks legt vom Geiste der Kirche um den Ausgang der Gegenreformation Zeugnis ab. Leisten und Säulchen, Girlanden und Linienverschlingungen steigen, von unten nach oben immer zahlreicher, über den Portalen auf. Steinknaufe hängen reich ziseliert in Reihen wie Stalaktiten herunter. Dazwischen aber blicken Engelsköpfe lächelnd empor, und öffnen sich Nischen, in denen verzückte Heilige himmelwärts schauen. Zweideutige Attribute, die ebensogut Symbole der weltlichen wie der himmlischen Liebe sein könnten, mischen sich in das nervöse Gewirr der Verzierungen; Tauben und Herzen, Amoretten und Rosen überziehen die Fassade im Netze der Arabesken, fein gemeißelt und im Lichte fast durchsichtig wie die Spitzen-

schleier, die zur selben Zeit in Mecheln und Venedig für Kurtisanenschleppen und Prälatengewänder geklöppelt wurden. Fliesenhöfe, die als Reflektoren wirken, verstärken die Kraft des auf die Fassade fallenden Lichtes. Die Bauglieder und die Zieraten sind mit elfenbeinfarbenem Stuck überzogen: der Akkord wechselt mit den Tageszeiten vom Nebeneinander von leuchtendem Weiß und sammetartigem Schwarz zum zartesten Verschwimmen von blaßgelben in bläuliche Töne. – Drinnen überschüttet dieselbe Üppigkeit an Schnörkeln und Emblemen, an Blumen und Flügelfiguren wie aus Füllhörnern die Kapellen und die Altäre: aber hier vergoldet. Mit der wachsenden Tageshelligkeit geht der kühle und gleichmäßige Schein des alten Goldes in metallisch blanke, gelbe und falbrote Reflexe über. – Und diese raffinierte Kleinpracht, die noch das Parfüm des Liebes- und Hoflebens der großen, verzärtelten Kirchenfürsten des achtzehnten Jahrhunderts bewahrt, wird von gotischen Bauformen kraftvoll und altväterisch getragen. Wie ein Rahmen umgeben ihre breiten Licht- und Schattenflächen das verzwickte Gewirr von Reflexen und Halbtönen. Nicht der Flamboyant- und nicht der Tudor-Stil, sondern diese subtile und fast pervers reizende Zwitterkunst ist die letzte Dekadenz des großen nordischen Stils gewesen. – Das Bild, das ein alter Künstler Vilalpando vom Innern der Bethlehemiter-Kirche gemalt hat, bezeugt, wie raffiniert die Zeitgenossen die blitzende Unruhe des Goldes inmitten der großen und ernsten gotischen Steinformen empfanden. Es war eine Kunst für farbensatte und müde Augen, verwandt mit der von Coello und Velasquez.

Mexiko, den 13. November 1896

Wir sind heute morgen zum Blumenmarkt am Vigakanal hinausgefahren. Hier legen die Landleute an, die auf dem Wasserwege ihr Gemüse und ihre Blumen zur Stadt bringen; die schwimmenden Gärten, die Mexiko mit Blumen versorgen, die Chinampas, liegen draußen im See, der zu Cortez' Zeiten die Stadt zur Insel machte, jetzt aber zum größten Teil trockengelegt ist. Man fährt auf der Viga in flachen, mit Sonnendächern versehenen Gondeln zu ihnen hinaus.

Eine Weidenallee läuft am Kanal entlang; jenseits sind grüne Wiesen und die zerzackten Züge des Hochgebirges. Das Wasser steht bis an den Rand der Uferböschungen, von alten niedrigen Steinbrücken überspannt, an denen noch Reste von spanischen Wappen stehen; beim Durchfahren klappt man das Schutzdach nieder und streckt sich lang hin, um nicht anzustoßen. Bananendickichte, die die Hütten der Eingeborenen umgeben, beschatten bei den Dörfern, die am Wege liegen, den Wasserspiegel.

Die Chinampas waren ursprünglich bewegliche, mit Erde bedeckte Flöße: der ganze Garten fuhr morgens zu Markte; jetzt liegen sie auf dem Boden des Sees fest verankert. Schmale, labyrinthartig sich kreuzende Kanäle trennen die kleinen Schlammparzellen. Auf jedem Stückchen wird in winzigen Beeten nebeneinander verschiedenes buntes Kraut gebaut; und am Wasserrande wachsen wild Veilchen, Iris und roter Mohn.

Die Blumenliebe ist in Mexiko fast so groß wie in Japan; selbst die Armen schmücken ihre Kammern mit Blumen und streuen Blüten ihren Schutzheiligen. Die Chinampas sind vielleicht zum Teil aus diesem Grunde das Ausflugsziel des niederen Volkes von Mexiko geworden. Im Dörfchen Santa Anita legen die Gesellschaften an. Der Ort besteht zum größten Teile aus Pulque-Wirtschaften und offenen Rasthütten aus Bambus unter Palmen und Nopalsträuchern. Hier wird tagsüber Ball gespielt und Pulque, das fade, seimige Nationalgetränk, gezecht. Des Abends aber, in der Dunkelheit, fahren die Boote zu Dutzenden mit Lampions behängt den Kanal hinunter zur Stadt zurück. Männer lachen in den Gondeln oder singen mit weicher, tiefer Stimme schwermütige Lieder, und Mädchen mit hellen Blumenkränzen im Haar lehnen sich über den Bootsrand hinaus und lassen die Hand in den lauen Wellen nachschleifen.

Mexiko, den 22. November 1896

Was hier interessiert, ist der tropische Mensch und die tropische Menschengesellschaft: die Psychologie des einzelnen und des Volksganzen in einem heißen Lande; kulturell, auch das Widerspiel der

gegenseitigen Veränderung und Anpassung zwischen einem Volk und einer fremden, ihm aus allen Stücken aufgezwungenen Zivilisation; und schließlich das Rassenproblem, die Mischrasse.
Heute nachmittag beim Korso habe ich mir die Frauen der Gesellschaft angesehen. Der Typus ist nicht hübsch, keine Figur und kein Teint; aber viel Schminke, die Kleider bunt, und Hüte, die in Paris nur Kokotten tragen. Man fühlt, daß hier die, die etwas gelten wollen, aufzufallen suchen; sie scheinen zu fürchten, daß man sie übersehen könnte. Was für Brillanten ausgegeben wird, ist unglaublich, und auch die Art der Anschaffung; ein großer Juwelier in der San-Francisco-Straße ist an den Abzahlungsgeschäften, die er mit Frauen aus der Gesellschaft macht, reich geworden. – Die Rasse ist bei diesen oberen Vierhundert noch ziemlich rein, aber überzüchtet. Die Männer werden früh schwerfällig: kleine Knochen und viel Fett; als junge Herren sind sie schmächtig und parfümiert.
Im Volk überwiegt indianisches Blut; reines und gemischtes. Die reinen Indianer gleichen mit ihren großen vorstehenden Backenknochen dunklen Mongolen. Bei den Mischlingen, namentlich bei den Frauen, ist der Gesichtsschnitt oft vornehm, fast römisch; eine kleine, edel gebogene Adlernase, hochgewölbte Augenbrauen und unter langen Wimpern dunkle Augen; die Haut ist ambrafarben und fest und trocken wie schwere Seide; der Körper schlank und von zierlichen Gliedmaßen.
Der Mensch ist hier kräftig, aber nicht gesund. – Ein Packträger läuft dreiviertel Stunden lang einem fahrenden Wagen nach; die Lastenträger im Gebirge leisten fast Wunderbares; Kraft und Gewandtheit sind auch die Eigenschaften, die das Nationalspiel, Peloto, vor allem erfordert. Und doch sind Blutarme und Lungenkranke abnorm zahlreich. In der Hauptstadt werden neun Zehntel der Kinder kein Jahr alt. Der Weltreisende einer nordamerikanischen Lebertranfabrik sagt mir, daß er nirgends bessere Geschäfte mache als in Mexiko; in einem Jahre eine Absatzsteigerung von fünfundzwanzig Prozent. – Man muß bedenken, daß das tropische Klima in jedem Individuum gleich in den ersten Lebensjahren wie in einer Treibhauspflanze alle Kräfte und Triebe mit der größten Gewalt entwickelt und dadurch schnell

erschöpft. Jede neue Generation fängt mit einem geringeren Grundkapital an, weil mehr verbraucht als ersetzt worden ist. Die Folge ist eine Art von zugleich angestammter und in jedem einzelnen wieder neuentwickelter physiologischer Trägheit, die mit dem Einfluß des Klimas wächst, in den heißen Strichen an der Küste am stärksten sein soll. Der Körper widersteht den Krankheitskeimen schwerer, weil die Reaktion dagegen, wenn sie eindringen, ausbleibt oder zu schwach ist.

Psychologisch entspricht diesem Körperzustand eine Schwächung des Willens und der Nervenempfindlichkeit. Die Freiheit von Nervosität, die jeder unentwickelten Rasse eigen ist, steigert sich bis zur Stumpfheit, selbst dem Schmerz gegenüber. B. hat, wie er mir sagt, vor einigen Tagen einen Arbeiter, der auf einem Rancho verunglückt war, mit zerschlagenen Gliedern vierundzwanzig Stunden auf einem federlosen Karren zum nächsten Arzt über Land gefahren; und der Mann hat dabei weder geklagt noch die Besinnung verloren. Kranke lassen hier lautlos die schmerzhaftesten chirurgischen Eingriffe ohne Chloroform an sich vollziehen und werden dabei nicht einmal ohnmächtig. Sie leiden weniger als Europäer und bleiben bei Besinnung.

Ich glaube, daß diese Trägheit des Nervensystems eine von den Tatsachen ist, die die Psychologie des Mexikaners am meisten beeinflussen; man kann ihre modifizierende Wirkung durch alle Gebiete des individuellen und des gesellschaftlichen Lebens verfolgen, von dem Geschmack der Speisen und den Farben der Kleidung an bis zu den Bedingungen, unter denen hier die menschliche Gesellschaft besteht, und bis zu der Art von Symbolen, die in Mexiko von der Kunst und den Religionen zu allen Zeiten bevorzugt worden sind. Obgleich es wahrscheinlich innerlichere Unterschiede gibt, erscheint mir diese Nerventrägheit vorläufig wie ein Leitmotiv, das immer wieder transponiert am auffälligsten die Verschiedenheit des tropischen vom europäischen Menschen zugleich ausdrückt und begründet.

Die Sinne des Mexikaners vibrieren unter Eindrücken schwächer und pflanzen Empfindungen gedämpfter fort, als die des Europäers; seine Kleider sind grell, seine Gebärden eindringlich, das Essen besteht aus faden Abkochungen von Bohnen oder Mais mit den schärfsten Knoblauch- oder Pfefferzutaten. Zwischen den verschiedenen Gesellschaftsschichten bemerkt man in der Nervenstumpfheit keinen Unterschied. Der Opernzettel zeigt nicht einfach an, daß die und die Oper aufgeführt werden soll, sondern heute wird la grandiosa opera in cuatro actos del sublime maëstro Bellini I Puritani gegeben. Das ist für die oberen Klassen. Für die unteren zeugen die Reklamen, die Namen und Schilder der Butiken und Kneipen. Diese wenden sich nicht wie in Nordamerika an den Verstand und den Geldbeutel – das würde den Mexikaner nicht schnell genug packen –, sondern vertrauen auf Buntheit der Farben und auf pomphafte Inschriften, in denen die Liebe abwechselnd mit zweideutigen und sensationell aufgedonnerten Literatur-Reminiszenzen zum Scharfmachen dient. Eine fürchterlich bunte und schmutzige Spelunke, in der Gott weiß was getrieben wird, heißt »all Recreo de Fausto«: zu Faustens Erholung; draußen ist Gretchen als Gounodsche Primadonna abgemalt, wie sie Faust, einen süßlich blonden Jüngling, dessen Vollbart üppig gelockt ist, hingegeben umarmt; beide Figuren überlebensgroß und in stechenden Farben. Der symbolische Sinn dieser Freske ist nicht mißzuverstehen.

Die Heftigkeit der Erschütterungen, denen die Sinne beständig künstlich und natürlich hier ausgesetzt sind, vor allem die Gewalt des Lichts, verstärken noch die Wirkungen der immanenten Trägheit, indem sie die Sinne fortgesetzt noch mehr ermüden. In ihrer Abgespanntheit lernen die Nerven alle normalen Eindrücke mißachten und wenden sich nur noch solchen zu, die durch Ungewohntes ihre Aufmerksamkeit reizen. Anormal sind aber nicht nur ungewöhnlich starke, sondern auch ungewöhnlich leise Eindrücke. So mag es sich erklären, daß man hier nebeneinander Dinge findet, die auf die beiden Extreme der Sinnenempfindlichkeit berechnet scheinen: auf die äußerste Reizbarkeit der Nerven, die nur im Wahrnehmen der feinsten Schattierungen des Tones, der Farbe und des Lichtes noch Genüge findet, ebenso wie auf die äußerste Stumpfheit der Empfindung, die durch die heftigsten und rohesten Stöße erweckt werden will; die Zwillingserscheinungen der Dekadenz treten hier als Folgen

des Klimas und des Sonnenlichts ein. Die feinorganisierten Naturen lassen sich nur durch die ungewohnten ganz zarten und leisen Berührungen noch reizen, während die gröberen, widerstandsfähigeren eine Steigerung der gewohnten Eindrücke verlangen; es ist wie in der Musik der Geschmack je nachdem von Wagner zu Mascagni oder zu Mozart, wenn nicht zu Bizet übergeht. Welches bevorzugt wird, entscheidet vielleicht nicht immer einmal die psychologische Grundanlage, sondern wie beim Kulturdekadenten oft die Stimmung, der momentane Grad der Ermattung, oder auch ganz einfach die Qualität des Eindrucks, wenn nur seine Stärke anormal ist.
In der Kunst, der Urkunde, die von den Sinnen eines Volkes immer am unzweideutigsten Rechenschaft gibt, erscheint diese Nerventrägheit aktiv als Ursache dürftiger Naturbeobachtung und passiv als Grund für die Art der bevorzugten Reize. – Die mexikanischen Urrassen sind trotz ihrer Technik nie dazu gelangt, den menschlichen Körper proportioniert und organisch zu bilden – der Begriff des Organismus scheint ihnen gefehlt zu haben –, und von den Späteren habe ich nicht eine Landschaft gesehen, die das Land hier charakteristisch erfaßt; mit Palmen und Bergen ist alles getan. – Die Wirkungsmittel entsprechen nur in den vorspanischen Ornamenten einem normalen Empfinden; bei diesen tritt die Nervenstumpfheit weniger zutage, wahrscheinlich weil Muster nicht durch Farbe oder Lichtwirkungen reizen, sondern wie der Anblick von Tanzbewegungen Genuß durch eine rhythmisch raffinierte Gymnastik der Augenmuskeln verschaffen, also auf denjenigen Bestandteil des Gesichtssinnes berechnet sind, dessen Empfindungsvermögen von der Sonnenstärke am wenigsten beeinflußt werden konnte; sie sind in den Linien und Umrissen zart und zugleich mächtig durch die sicher berechnete Flächenwirkung; insofern psychologisch mit denen Japans verwandt; die Phantastik, in ein rhythmisch geregeltes Spiel von Linien und Flecken aufgelöst, hört auf, den Geist zu verwirren, weil sich sein Vorstellungsinhalt nach den Gesetzen des Auges ordnet. – Alles andre in der mexikanischen Kunst wendet sich an die beiden Pole der dekadenten Empfindlichkeit, ist überleise oder überlaut. Die architektonischen Ornamente, die ja nicht Muster sind, sondern Mittel,

um das Licht zu brechen, gehen in spanischer Zeit auf Reize allerfeinster und zartester Art; die Malerei verliert sich, seitdem die ersten Eroberer sie eingeführt haben, immer mehr in wüste und abgeschmackte Farbendissonanzen. Nichts gibt in den Mangel an normaler Sinnenfeinheit des Mexikaners einen klareren Einblick, als die Geschichte der Malerei hier, wie sie die Bildersammlung der Akademie lehrt. Die frühesten Werke, die des siebzehnten Jahrhunderts, sind gut, weil sie noch europäisch und wenig selbständig sind; und unter diesen die besten die des Luis Juarez, dessen naiv treuherzige und dabei in spanische Farbenglut gekleidete Darstellungen durch den Zauber, den ihr Zwiespalt ausübt, an die Arbeiten erinnern, die Florentiner Quattrocentisten spät unter des Sarto Einfluß schufen. Schon Miguel Cabrera im achtzehnten Jahrhundert, ein Vollblutindianer, der hier als Hauptmeister gilt und zwischen Murillo und Guido Reni hin und her schwankt, hat das koloristische Gefühl fast verloren, ist akademisch, ohne zivilisiert zu sein. Die Werke des neunzehnten Jahrhunderts sind nicht zu beschreiben; in der ersten Hälfte in den Farben düsseldorfisch platt und zusammenhanglos; später frei nach Delaroche historisch-realistisch und kraß: Cortez vor Montezuma, die Folterung Guatemocs, Pinselpatriotismus in Farbendissonanzen. Eine des Velasquez würdige Doña Maria de Austria von Carreño und ein »Ave, gratia plena!« von Overbeck, ein Jugendwerk von bestrickender Frische und Anmut, wiegen den ganzen mexikanischen Tand der Galerie bis auf einiges von Juarez auf.

Wie baut sich auf solchen Sinnen die Phantasie auf? – Bis zu einem gewissen Grade lehrt auch dieses die Kunst. Man sieht gleich, daß die altmexikanischen Künstler, wo sie zur Phantasie reden wollen, die Reize so stark und so zahlreich wie möglich wählen; Grimasse und Wiederholung sind ihre beliebtesten Ausdrucksmittel; man darf daraus schließen, daß der natürliche und einmalige Ausdruck für die, zu denen geredet werden sollte, nicht stark genug war. Infolgedessen sind die mythologischen Bildwerke, wo man sie nicht als Ornamente, sondern als Schilderungen anschauen muß, so überladen, solche Gewirre von Menschen- und Tierleibern, von symbolischen Zeichen und einzelnen Gliedmaßen, daß, was schrecklich und erhaben gemeint war, nur grotesk oder als Parodie wirkt. Die Verwandtschaft zwischen diesen Werken und den modernen mexikanischen Heiligen- und Märtyrerbildern, die durch ein möglichst reiches Gemisch von scheußlichen Wunden und billigem Flitter zu erschüttern versuchen, beweist, daß hier ein Rassenbedürfnis vorliegt. Man fühlt, daß die Unempfindlichkeit gegen Phantasievorstellungen und ihre Dissonanzen ebenso groß ist wie die gegen Farben und Farbenkontraste und wahrscheinlich aus demselben Grunde, das heißt weil die Phantasiegebilde ebenso wie die Bilder der Außenwelt nur blaß ins Bewußtsein dringen oder richtiger nur widerwillig von trägen Nerven geschaffen werden. – Man möchte von der Kunst auf diejenigen Gebiete der Phantasie schließen, welche von den Sinnen und der Außenwelt unabhängiger als die Kunst sind. Ich fühle selbst, wie unsicher jeder Versuch ist, dieses ausschließlich innere Leben zu erraten. Am deutlichsten noch müßte den Einfluß der Nerventrägheit auf diese rein innere Phantasie das zeigen, was der Mann der Frau und dem Tode gegenüber empfindet, weil die Liebe und die Todesfurcht von der Phantasie, wenn sie entwickelt ist, am meisten abhängig sind und daher am hellsten das innere Gesicht der Seele beleuchten. Doch wie in Ermangelung einer modernen urwüchsigen, von Europa und Bourget unbeeinflußten Literatur über dieses Intimste in so kurzer Zeit mehr als Fragmente sammeln? Mir scheint es, als bringe der Mexikaner der Frau mehr Leidenschaft als Liebe, also mehr Instinkt als Phantasie entgegen. Er vergleicht in seinen Liebesliedern wie der Orientale ihre Schönheit eher mit äußeren, sinnlichen Dingen, als daß er sich wie der Nordeuropäer an Seelenreichtum, den er ihr andichtet, zu berauschen suchte. Und dem Tode gegenüber sind ebenso die Roheit wie die Gleichgültigkeit überraschend. Die mit Leichen besetzten Pferdebahnwagen stimmen zum übrigen. Neulich spielte O., ein bekannter Weltmann aus guter Familie, während wir wußten, daß seine Frau im Sterben liege, eine Partie Peloto zu Ende; niemand schien daran Anstoß zu nehmen. Nicht selten kommt es vor, daß im Volk eine Mutter sich beim Totenmahl ihres Kindes betrinkt. Und die Regierung hat auf dem Kirchhof von San Fernando dem Präsidenten Juarez unmittelbar neben den Gräbern seiner Opfer, der mit

Maximilian erschossenen Generale Mejia und Miramon, ein Prunkgrabmal errichten lassen. Ein neues Regime würde bei uns eine solche Taktlosigkeit scheuen. Hier hat sie niemand bemerkt. – Vielleicht folgt auch der Mangel an Humor aus der Armut des Innenlebens; Phantasievorstellungen fehlen, die zum bittersüßen Verschmelzen mit der Wirklichkeit auftauchen.

Es ist leicht einzusehen, wie der Wille, ganz abgesehen von seiner direkten Schwächung durch das Klima, von dieser Stumpfheit der Sinne und der Phantasie sowohl in der Motivierung seines äußeren Handelns wie in seinem inneren Selbstbewußtsein beeinflußt werden muß.

Wunschlosigkeit und Leidenschaft wechseln hier jäh, weil nur wenige Ziele im Bewußtsein bis zu der Deutlichkeit anwachsen, daß sie wirklich gewünscht werden; diese dann aber in der Seele keine oder nur wenige Rivalen in Gestalt von anderen Zielen finden, die ihnen das Gleichgewicht halten könnten; fast die ganze Kraft des Wollens fließt jedesmal einem Wunsche zu. Die größere Leidenschaftlichkeit beruht nicht auf stärkeren Trieben, sondern auf einem geminderten inneren Gleichgewicht infolge der geringen Zahl von Vorstellungen. Aber dieses heftige Wünschen überdauert nicht lange den Eindruck, der es hervorgerufen hat, es schwindet schnell, als ob Gedächtnis und Phantasie zu träge wären, um die Vorstellung in ihrer ersten Deutlichkeit festzuhalten. – Und aus denselben Gründen richtet sich das Wünschen in den meisten Fällen auf Vorteile in der unmittelbaren Zukunft; entfernte Ziele sind am wenigsten geeignet zum deutlichen Bewußtsein durchzudringen, weil ihr sinnlicher Eindruck gewöhnlich nur schwach ist und weil Phantasie gebraucht wird, um sie deutlich zu erfassen. Während der Mexikaner sich also nahen Befriedigungen zügellos hingibt, lassen ihn entfernte Vorteile meistens kalt. Typisch für diese Willensanlage ist sein Verhalten zum Gelde. Um geringe Lohnerhöhungen laufen Dienstboten, die zwanzig Jahre in einer Familie gedient haben, ohne Kündigung plötzlich davon. Ein Politiker, der zur Macht gelangt, versucht, wenn die Verhältnisse es gestatten, das heißt seit achtzig Jahren fast immer, möglichst schnell möglichst viel zusammenzuerpressen, obgleich er weiß, daß er sich dadurch sogar hier eine dauernde Karriere abschneidet; der vorige Finanzminister konnte in acht Jahren bei achttausend Talern Gehalt sechs Millionen beiseitebringen, und der vorige Präsident hat die Barbestände der staatlich garantierten Sparkassenbank so lange als Taschengeld verwendet, bis das Institut verkrachte. Studenten, die keine Aussicht hatten, bald als Politiker durchzudringen, pflegten, wenn sie körperlich und geistig gut veranlagt waren, die Brigantenlaufbahn einzuschlagen, und erreichten so ebenso schnell wie die Politiker die Macht, eine Zeitlang das Publikum zu plündern. Folgerichtig ist das Hasardspiel in jeder Gestalt eine Nationalleidenschaft, vom Bakkarat bis zum Lotto hinab. Und doch zeigt der Durchschnittsmexikaner eine große Gleichgültigkeit gegen jeden Verdienst, der über das hinausgeht, was er in der nächsten Zeit verwenden kann. Ihm fehlt zum Kapitalisten, umgekehrt wie dem Juden, das Ausharren im Wollen, eine gewisse Fähigkeit der Selbstverleugnung und die vorweggenießende Phantasie.

Das Selbstbewußtsein leidet unter der Schwäche der inneren Vorstellungswelt dadurch, daß, auch wenn der Instinkt noch intakt ist, die Persönlichkeit sich doch selber schwächer sieht, schwächer empfindet. Eine von den Folgen ist, daß die Eitelkeit häufiger als der Stolz zum Motiv des Wollens wird. Denn der Stolz ist der zum Genuß gewordene Abschluß der Persönlichkeit gegen die Außenwelt, die Eitelkeit die zum Bedürfnis gewordene Bejahung und Unterstützung der Persönlichkeit durch die Außenwelt. Während dem Stolzen als Motive oder als Lohn seiner Handlungen seine selbstgeschaffenen Vorstellungen und Phantasiegebilde genügen, bedarf der Eitle der Reize von außen, der Belohnung und Bewunderung durch andere; sein Ich hat Krücken nötig. N., ein europäischer Arzt, der die Feldzüge Maximilians mitgemacht hat, hält daher trotz körperlicher Ausdauer und Disziplin vom mexikanischen Soldaten nichts; er sei zu schwer ins Feuer zu bringen, aber nicht aus Feigheit, sondern weil der Tod im Gliede, wie er meint, ihm keinen Ruhm bringe. Derselbe Mann, der im Gliede kneift, ist einzeln in der Erregung, oder als Brigant, oder wenn er zum Tode verurteilt ist und erschossen wird, tapfer. Wenn es geht, hält er vor dem Sandhaufen noch eine Ansprache an die Exekutionsmannschaft. Er stellt sich dann vor, daß er als Held fällt, und vergißt über die momentane Befriedigung seiner Eitelkeit sogar halb den Tod.

Was der einzelne will und wie stark er es will, das hauptsächlich bestimmt den Aufbau der Gesellschaft und ihre Seele. Da der Mexikaner andres und dieses andre anders als der Europäer will, so sind auch Körper und Seele der mexikanischen Gesellschaft von denen einer europäischen Volksgesamtheit verschieden.

Dem Körper fehlt, was die Grundlage der modern-europäischen Gesellschaftsform ist, die wirtschaftliche Einheit, das heißt der Stamm gemeinsamer wirtschaftlicher Interessen und der Umlauf von Wert- und Subsistenzmitteln, der wie die Blutzirkulation ein Volk zu einer Art von materiellem Organismus verbindet. Der Mexikaner läßt sein Leben nicht durch den weitsichtigen Egoismus bestimmen, der den Nordeuropäer antreibt, nach ruhigem und sicherem Erwerb zu streben, bei stetiger Arbeit auszuharren, seine Solidarität mit andren zu erkennen, und der Achtung den Vorzug vor dem Ruhme zu geben. Weil also der Einheimische mit wenigen Ausnahmen weder den Wunsch noch die Gabe besitzt, einen komplizierten, auf langsamen und dauernden Erwerb gerichteten Betrieb zu leiten, liegen der Handel im Großen und alle wichtigen Unternehmungen in der Hand von Ausländern, die mit ihrer eigenen Heimat in näherer wirtschaftlicher Verbindung als mit Mexiko stehen. So fließt der größte Teil des Kapitals, das sich aus den Hilfsquellen des Landes bildet, nach außen ab, ohne daß das rasche Wachsen der Faktoren, die Reichtum schaffen, in irgendwelchem Verhältnis stünde zu der überaus langsam steigenden Kraft der Einheimischen, einen Teil dieses Reichtums für sich zu behalten; es ist fast, als ob die mexikanische Gesellschaft an den auf ihrem Gebiet sich abspielenden wirtschaftlichen Vorgängen gar nicht beteiligt wäre; Mexiko ist darin noch heute typisch ein Kolonialland.

Aber der Mangel an einheimischem Kapital hat auch den Mangel an einheimischen Fabriken zur Folge; und da mexikanische Fabrikate fast fehlen, so tauschen entfernte Provinzen weniger Waren untereinander als mit Europa oder den Vereinigten Staaten aus; das Land fällt wirtschaftlich auseinander. Die besseren inneren Verbindungen allein können daran wenig ändern; die nordamerikanischen Einwanderer, die anfangen, Großbetriebe innerhalb des Landes hervorzurufen und für sich Eisenbahnen und Telegraphen, Bergwerke und Fabriken zu gründen, sitzen in Mexiko nicht als Mitglieder der Volksgemeinschaft, sondern als mächtige, mit allen Hilfsmitteln des neunzehnten Jahrhunderts ihre eigene Bereicherung verfolgende Einzelmenschen; sie sind eine Art von wirtschaftlichen Übermenschen inmitten einer Gesamtheit, die in ihrer Struktur vielleicht am meisten den Volkskörpern unseres Mittelalters gleicht; eine innere Einheit geben sie dem Volksganzen, das sie umspannen, vorläufig nicht. So besitzt das Wirtschaftliche für die Erkenntnis des Innenlebens der mexikanischen Gesellschaft eigentlich nur negativen Wert, und es sind fast ausschließlich Bande nicht naturalökonomischer, sondern ideeller und gewaltsamer Art, auf die die Aufmerksamkeit sich richten muß, um den Bau und den Geist des mexikanischen Volks zu erkennen. Unter diesen sind die, die es am kräftigsten kitten, die Kirche, das Nationalgefühl und die politische Gewaltherrschaft.

Die Macht der Kirche beruht hier auf anderen Grundlagen als dort, wo sie in Nordeuropa, etwa unter Flamen oder Westfalen, eine ähnlich große Gewalt wie hier ausübt. Ihre stärksten Stützen sind einerseits die nichtchristlichen, urindianischen Glaubenselemente, die von den alten vorspanischen Religionen übernommen worden sind, und andererseits der von ihr sorgfältig unterhaltene Glaube an ihre eigenen übernatürlichen Wirkungsmittel.

Die ersten Missionare haben nicht die Menschen allein, sondern auch deren Götter getauft, die nationalen Mythologien ins Christliche umgedeutet, die Tempel zerstört und die Kulte erhalten. Das vielleicht nur selten mit Berechnung, öfter – gerade weil sie die äußeren Zeichen des Heidentums so schonungslos vertilgt hatten – gedrängt durch das Volk, das dort, wo es einen Tempel gewohnt war, eine Kapelle verlangte, und wo es einem Gott geopfert hatte, wenigstens zu einem Heiligen beten wollte. Immer dasselbe naiv-schlaue Legendenschema ist es, nach dem sich hier die Tragikomödie allen Bekehrungswesens abspielt, die Geschichte, wie eine verehrungsbedürftige Madonna auf der verwüsteten Stätte eines alten Tempels einem frommen Indianer immer wieder so lange erscheint, bis der Bischof dort ein Gotteshaus zu bauen erlaubt. Weil die Kirche nur die äußeren Religionssymbole, aber nicht zugleich auch die religiösen Gewohnheiten des Volkes zerstören konnte, traten wie von selbst an die Stelle der vernichteten Andachtsobjekte christliche. Das Bedürfnis schuf sich das Symbol. Die Kirche hatte durch die Wandlung nur nackte Macht, das Christentum höchstens eine Anwartschaft auf späteres Eindringen gewonnen. Es ist typisch eine Bluttransfusion von einem Glauben zu einem anderen, ein Gleichbleiben der Substanz bei wechselnder Form, bis schließlich unter gewissen Umständen die Form wieder langsam auch die Substanz etwas verändert; eine Wandlung, die auf den Vorgang bei der Unterwerfung einer Rasse unter das Ideal einer anderen und auf die Möglichkeit, ein Volk zu »bekehren«, ein eigentümliches Licht wirft. Die Inbrunst aber, mit der die Eingebornen an ihren nationalen Göttern hingen, ist dadurch dem Christentum gerettet worden.

Die Furcht, die die Kirche einflößt, besteht zum Teil aus der von den Priestern in Predigten und Gesprächen unterhaltenen abergläubischen Scheu vor geheimnisvollen und unwiderstehlichen, übernatürlichen Wesen und zum Teil aus der lebendigen Erinnerung an die sehr konkrete Macht der Inquisition, die noch in diesem Jahrhundert ihre Autodafés hier abgehalten hat. Der Gläubige hier unterscheidet nicht einmal, wenn ich richtig beobachtet habe, zwischen jener behaupteten übernatürlichen und dieser ihm fühlbaren weltlichen Macht und empfand so früher den äußeren Zwang zum Glauben zugleich innerlich als ein Argument für die Wahrheit des Glaubens. Der Glanz der Kirche, der ihm wie ein sichtbares Stück der Herrlichkeit Christi erscheint, und ebenso alle anderen Beweise von der weltlichen Kraft der Kirche, der Reichtum und die Latifundien, die sie jahrhundertelang zur größten wirtschaftlichen Persönlichkeit Mexikos gemacht haben, die Gelehrsamkeit, die sie fast allein dem Lande vermittelt hat, die Stetigkeit, die sie im Gegensatz zu den wechselnden Regierungen bewahrt, sind ihm Beweise für die Wahrheit ihrer

Lehre und unterhalten seine Furcht vor ihren Drohungen. – Das ethische Bedürfnis, das den westfälischen Katholiken oder den Puritaner religiös macht: der Wunsch, für sein Leben eine Leitung und eine Tiefe zu entdecken, fehlt hier.

Diese Unterschiede in den Grundlagen des Glaubens stehen in Wechselwirkung mit Unterschieden in seinem Inhalte oder genauer in der Art, wie der Gläubige sich seinen Inhalt vorstellt.

Die Ethik tritt hinter der Metaphysik zurück; und die Metaphysik ist in diesem Falle hauptsächlich Mythologie: Legendenglaube und Heiligenverehrung. – Zum Teil sind es historische, zum Teil psychologische Gründe, die der Mythologie den Vorrang sichern. Die indianischen Kulte, die die Kirche übernommen hat, fanden für ihren mythologischen Inhalt im metaphysisch angelegten spanisch-maurischen Christentum schon an sich einen günstigen Boden. Noch mehr begünstigten das Mythologische die Umstände der Übernahme, indem gerade die neuen konkreten Symbole, an die sich die alten beibehaltenen urindianischen Zeremonien anknüpften, die Heiligenbilder, Reliquienschreine, Wallfahrtskirchen, in gleich hohem Maße für das Volk und für die Kirche wichtig wurden, für das Volk als neue Mittelpunkte seines alten Kultus, für die Kirche als die sichtbaren Zeichen ihrer Herrschaft inmitten halbheidnischer Zeremonien. – Psychologisch wurde die Mythologie von der besonderen Geistesbeschaffenheit und wie in Südeuropa von der Kulturstufe des Mexikaners begünstigt. Der wichtigste von diesen psychologischen Gründen ist die Sichtbarkeit oder leichte Vorstellbarkeit, die den metaphysisch-mythologischen Wesen zukommt. Denn nur vor dem Vorstellbaren, also nur vor der Außenwelt, zu der für ihn auch die metaphysischen Wesen gehören, empfindet der Naturmensch Scheu; und je nachdem die Furcht den Menschen stärker vor den dunklen Mächten des eigenen Innern oder vor den feindlichen Gewalten der Außenwelt packt, steht auch der ethische oder der mythologische Inhalt seines Glaubens im Vordergrunde seines Bewußtseins. – Die Frömmigkeit stellt sich der Mexikaner also nicht so vor, daß er sein Leben nach dem Gebote Gottes richte und sich dazu im Gebet Kraft und Heiligung hole, sondern so, daß er Gott und den Heiligen zu

Willen sei und ihnen in der Kirche so oft wie möglich den Gruß entbiete. Die Heiligenbilder, an denen er dieser mythologischen Frömmigkeit genügen kann, werden seinen Augen in allen Kirchen mit möglichstem Nachdruck vorgeführt, nach spanischer Art barbarisch gekleidet und mit falschen Juwelen herausgeputzt, die Gekreuzigten außerdem noch bluttriefend, mit Knien, die bis auf die Knochen durchgeschunden sind, und grünlich verwesendem Fleisch, Greuelgestalten, die fast physiologisch-schmerzhaft wirken, der Stumpfheit der mexikanischen Sinne angepaßt. Denn eine gewisse Gefühlsstärke bei der Begrüßung gehört sozusagen zur Höflichkeit, da der Heilige auch die Herzen erkennt; daher das Reizbedürfnis und unter gewissen Umständen das Kunstbedürfnis, das der mythologisch-religiöse Südländer in der Kirche empfindet; daher aber auch die ekstatischen und manchmal ergreifenden Mienen, die man hier vor fratzenhaften Bildwerken erlebt. Die Gemütsbewegung, die in der Kirche so stark sein kann, überdauert aber nur selten den Augenblick, weil selbst der bigotte Mexikaner gar nicht den Wunsch hat, sich hier, wie etwa der germanische Christ, eine dauernde Stärkung für den Tag zu holen. Die Andacht hat ihren Zweck, den mächtigen Heiligen günstig zu stimmen, durch ihre Inbrunst selbst erreicht, da sie dem Andächtigen für die Tagesarbeit nicht eigene Kraft, sondern bloß einen Bundesgenossen sichern soll.

Die Gewalt, die die Kirche auf Grund dieser Geschichte und dieser Psychologie hier ausübt, ist ungeheuer. Sie nimmt unter den lebendigen, schaffenden und erhaltenden Kräften des mexikanischen Volkskörpers die erste Stelle ein und übertrifft an Macht in materiellen und geistigen Dingen den Staat und selbst das Geld. Wo ein Plantagenbesitzer durch Lohnerhöhungen nichts erreichen kann, genügt ein Wort des Priesters, um die Bauern zur Überschicht zu bestimmen; Bestohlene wenden sich, wenn sie einen Verdacht in betreff des Täters haben, nicht an den Richter, sondern an den Beichtvater des gemutmaßten Diebes. So tun die Priester mehr als die Polizei, um Vergehen zu verhüten, um Streitigkeiten beizulegen, um äußerlich die Gesellschaft zusammenzuhalten. Und auch innerlich ist ihr Wort für die meisten die einzige tiefer dringende geistige Anregung und deshalb der Hauptinhalt ihrer geistigen Gemeinschaft mit ihren Landsleuten. – Mehr noch fast als in Rom erfüllt daher hier die Gotteshäuser beständig das leise Gemurmel der Betenden. Scharen von Männern und Weibern knien immer vor den Heiligenbildern, und gerade die Männer überwiegen: Leute aus dem Volk, deren Ponchos in dunklerem Rot neben dem Scharlach der Chorknabengewänder im Weihrauchnebel um die Altäre leuchten. Das Nationalheiligtum von Guadalupe ist das Rückgrat der mexikanischen Nationalität, das, was alle Provinzen und Stämme des Landes am stärksten zusammenhält. Bis in die entfernten Gebirgstäler, bei Stämmen, die kein Spanisch verstehen und kaum zum Christentum bekehrt sind, soll man Kopien der blassen, von einem mandelförmigen Glorienschein ganz umrahmten Madonna antreffen; und seitdem sie Hidalgo, der erste Held der Befreiungskriege, auf seinen Fahnen den mexikanischen Freiheitsscharen vorantrug, ist sie auch für die liberale Partei das höchste Symbol des mexikanischen Patriotismus. Der Dom, in dem das Wunderbild steht, liegt vor den Toren der Hauptstadt, auf dem Boden, den früher ein weitberühmter indianischer Tempel, der Göttermutter der Azteken geweiht, einnahm. Schon jetzt, da kein Fest ist, füllt die Kirche eine beständig wechselnde Menge. Fortwährend rutschen neue Prozessionen von dunklen, inbrünstig blickenden Männern und Weibern, Kerzen haltend und wie im Takte Gebete murmelnd, auf den Knien die Schiffe hinauf bis ans massiv silberne Gitter, das den Hochaltar und das heilige Bild vom Volke trennt. Wie Gesumm von Bienen schweben die Gebete über dem Pilgerschwarm, der sich langsam vorwärtsbewegt. Am 12. Dezember aber, am Tage von Guadalupe, versammeln sich hier jedesmal an die hunderttausend Indianer aus allen, auch den fernsten Teilen von Mexiko und führen in den alten heimischen Federtrachten, von den katholischen Priestern unbehelligt, ihre eigenen Riten und Tänze in und um dem Heiligtume auf.

Das Nationalgefühl besteht zum Teil in dieser gemeinschaftlichen von der Kirche geförderten Verehrung der Madonna von Guadalupe; zum Teil ist es seinem Ursprunge nach der Haß gegen das Aussaugungssystem der spanischen Beamtenschaft, ein Ressentiment, dem das Volk und seine Führer einen idealen Grund in ihrer den Spaniern fremden Stammeszugehörigkeit und Heimat erfanden. Es fußt also mit allen Wurzeln im indianischen, nicht im spanischen Blut, das der Mexikaner in den Adern hat. Cortez hat hier kein Denkmal, nicht einmal eine Straße; nur ein einziges armes Erinnerungszeichen: eine Zypresse in einer staubigen Vorstadt inmitten von elenden Baracken und Pulquewirtschaften. Unter diesem Baume saß der Eroberer in der Nacht vom 1. Juli 1520, besiegt durch Montezuma und bitterlich weinend. – Das Denkmal des letzten, von Cortez grausam gefolterten Aztekenkaisers Guatemoc steht an der schönsten Stelle der Stadt, in der großen Allee nach Chapultepec hinaus, die als Korso dient. Und das Standbild gehört zu den wenigen modernen Denkmälern, die nichts Kleinliches oder Theatralisches an sich haben. Der Kaiser schreitet, den Speer offenbar gegen seine spanischen Bedränger leicht erhebend, ruhig vorwärts; der Blick ist fest in die Ferne gerichtet, den Kopf bedeckt der mächtige, gefiederte Helm der Aztekenkrieger. Ringsum weitet sich die Allee zum Kreise; zwischen den Stämmen der alten Akazien erscheint in der Ferne der Grat der Kordilleren; und dahinter geht abends in flammender Pracht die Sonne unter.

Den Abfall vom Mutterlande empfindet der Mexikaner nicht wie der Nordamerikaner als Absplitterung von seinem Stammvolk, sondern als Befreiung vom Joche eines fremden Volkes, oder sozusagen als den Anfang der Wiedereroberung ihrer Heimat durch die dunkle Rasse. Vielleicht ein Traum! da der romanische Geist den Mexikanern doch so tief eingeprägt ist, daß sie nie wieder dem Volke, das Cortez vorfand, gleichen könnten; aber kein gleichgültiger, weil gerade die Sehnsucht bestimmt, welche von den Realitäten, die ein Volk unsichtbar umschweben, zur Entladung und Wirksamkeit kommt.

Der mexikanische Staat ist seit dem Befreiungskriege, was er den Verhältnissen und dem Volkscharakter nach sein muß, das heißt brutal, auf die Kirche als mächtigere Nebenbuhlerin neidisch und selber dabei ohne selbständige innere Kohäsionskraft; die Beamtenschaft zum großen Teil bestechlich und erpresserisch, weil die geistigen

Voraussetzungen und das Milieu für eine aus persönlichen Gründen festgehaltene Ehrlichkeit fehlen; die Politik außer in ihrer Kirchenfeindschaft rein persönlich, weil Ideen ja hier nie zu Motiven breiterer Volksschichten werden können, und auch den natürlichen Volksgruppierungen das gesellschaftliche Gefühl fehlt, um die Interessen ihrer Gruppe zu erkennen oder geltend zu machen. Da der jeweilig bestehenden Regierung jede ernsthaft zu nehmende Sanktion, außer der durch Gewaltstreiche erlangten und zu persönlichen Zwecken ausgebeuteten Macht fehlt, unterschied sie sich bis vor kurzem, trotz einzelner für ihre Person dem Stehlen abholder Männer, von den Briganten-Assoziationen, die über das ganze Land hin bald hier als kleine Räuberbanden die Chausseen unsicher machten und bald dort als Gewaltherrschaften ganze Provinzen aussogen, eigentlich in nichts außer darin, daß sie unter diesen Banditengesellschaften die mächtigste war, der nach innen das ausgedehnteste Plünderungsgebiet und von außen diplomatische Anerkennung, Ordensauszeichnungen und Freundschaftsverträge von fremden Souveränen zuteil geworden waren.

Diaz aber, das Haupt der zuletzt an die Staatskassen gelangten Politiker und Soldatenbande, ist jetzt schon zwölf Jahre Präsident der Republik. Als soldatisch-gedrillter und mit den reicheren Grausamkeitsmitteln des neunzehnten Jahrhunderts arbeitender Ludwig XI. oder Cäsar Borgia dient er, geschickter als seine Amtsvorgänger, zu gleicher Zeit seinem Ehrgeiz, seinem Bankkonto und seinem spätestens am eigenen Wirken erwachsenen Patriotismus. Er unterdrückt die unabhängigen Briganten im Lande und das offene Plündern der vom Staate Angestellten und verbindet damit ein Geschäft für sich, indem er Gewinnbeteiligungen an den zahlreichen Unternehmungen annimmt, die infolge seines Regiments aufzublühen anfangen. Das Land macht, während es früher bei den fortwährenden »Revolutionen« nicht zur Ruhe kam und verarmte, jetzt Fortschritte, durch die es zur zweiten wirtschaftlichen Großmacht Amerikas werden muß, falls Diaz am Ruder bleibt. Es fragt sich nur, wem dieser Aufschwung frommen wird, ob den Mexikanern oder fremden Kapitalisten. Diaz aber hat seine bei einem Jahresgehalt von fünfzehntausend

Talern verdienten Millionen in englischen Banken in Sicherheit gebracht.

Seine Ziele hat Diaz erreicht, weil er seine Mittel dem Charakter des Volks anpaßte. Daß aber solche Mittel, wie er sie gebraucht, nötig und sogar daß sie anwendbar sind, kennzeichnet noch einmal dieses Volk Mexikos und seine Befähigung zum Gesellschaftsleben. – – Nominell ist Mexiko eine Föderativ-Republik mit Zweikammersystem und einem alle vier Jahre vom Volke zu wählenden Präsidenten; und die gegenwärtige Regierung nennt sich liberal. Allerdings heißt liberal hier nicht wie etwa in England oder bei uns wirtschaftlich und politisch individualistisch, sondern nach Art von Frankreich, Spanien, Italien und von allen andern katholischen Ländern antiklerikal; nach Geist und Geschichte sind ja die nordeuropäischen und die katholischen Liberalen andere Parteien, haben andere Fehler, und wenn sie Vorzüge haben, andere Vorzüge. Aber die mexikanischen Liberalen schikanieren nicht nur die Kirche, sondern haben dem Volke selbst und jedem einzelnen im Volke seine Rechte genommen. Zunächst das Wahlrecht. Wo noch Wahlen markiert werden, sind es Scheinzeremonien, und in vielen Provinzen geben sich die Gouverneure nicht einmal mehr die Mühe, ein erdichtetes Wahlresultat zu verkünden. Diaz wählt alle vier Jahre feierlich sich selber wieder zum Präsidenten; und in der Zwischenzeit ernennt er auch, sooft es nötig ist, die Mitglieder der Volksvertretung und die verfassungsmäßig vom Volk zu erwählenden Provinz-Gouverneure. Die »liberale« Regierung hat aus der konstitutionellen Republik eine unumschränkte Monarchie gemacht. Wer protestiert, kommt um; das heißt: er fällt der »Ley Fuga« zum Opfer, der geistvollen Handhabung der Polizeibefugnis, auf fliehende Arrestanten zu schießen. Mißvergnügte Personen werden arretiert, fliehen und werden erschossen. Prozesse werden dadurch vermieden und die Entscheidungen Gerichten entzogen, die trotz des Regierungsdruckes auch für Privatbestechungen nicht unzugänglich sein könnten. Namentlich aber erschüttert solch plötzlicher Tod die Phantasie des Volkes viel stärker als gesetzmäßige Hinrichtungen. Wie Kunst und Religion in Mexiko greller Farben und hyperphantastischer Darstellungen bedürfen, so soll Schrecken nach der Meinung aller kompetenten Beurteiler das einzige Mittel sein, hier staatlich einen Eindruck zu machen. Das Volk wehrt sich nicht, erstens weil der einzelne sich bei dem so hergestellten Frieden wohler und vielleicht sogar sicherer fühlt als bei den Bürgerkriegen früher; zweitens weil das einzige gesetzliche Mittel dagegen die gerichtliche Klage der Verwandten des Toten gegen den Todesvollstrecker wäre, und die Gerichte die Sache dann so lange verschleppen würden, bis die Verwandten und die Mörder ebenfalls gestorben wären; und schließlich weil zu Revolutionen, eben infolge der Handhabung der »Ley Fuga«, vorläufig der Mut fehlt. Zurzeit erfolgt auf dem Ley-Fuga-Wege hauptsächlich die Beseitigung von unbequemen Generälen, Briganten und Politikern, so unter anderem vor einiger Zeit die des Gouverneurs der Provinz Zacatecas. Aber manchmal sind doch die Folgen auch tragisch. Vor einigen Jahren entdeckte der Gouverneur von Veracruz angeblich eine Verschwörung, deren Hauptmitglieder die Söhne von Männern sein sollten, die ihm politisch verfeindet waren. Er telegraphiert das nach Mexiko und bittet um Instruktionen. Diaz depeschiert zurück: »Matanlos Todos«, d. h. »Alle töten«. Noch in derselben Nacht ließ der Gouverneur neun junge Leute von neunzehn und zwanzig Jahren in ihren Wohnungen überfallen und auf der Stelle unter ihrem eigenen Dache umbringen. Die Leichen wurden den Eltern, durch den Rücken geschossen, zur Verfügung gestellt. – G., der selber Parlamentarier, also Diaz-Anhänger ist, sagte neulich zu mir: »Nous ne sommes pas en république, nous sommes en Russie, et encore...! Wir genießen umgekehrt wie Rußland eine republikanische Staatsverfassung, die durch den Mord von oben gemäßigt wird.«*

* Leider haben wir in Deutschland nach der Revolution ähnliches, und insbesondre auch die »Ley Fuga«, erlebt. (Anm. z. Aufl. 1921.)

Mexiko, den 22. November 1896.

Nachmittags zum letzten Male mit C. in seinem Tilbury zum Korso. Die Wagen sind tadellos, Kutscher und Geschirr wie in Rom oder Madrid, beste Londoner Imitation, und schnell und hochtrabende Pferde. T., der Schwiegersohn des Präsidenten, hat eine Mailcoach, die selbst in England Figur machen würde. Der Jockey-Klub an der Calle San Francisco ist der alte Palast der Familie Cortez; außen ganz mit bunten Majolikakacheln inkrustiert; das Treppenhaus ein Juwel von vornehm-heiterer Eleganz; oben die Räume nach Art englischer Klubs eingerichtet, Speisezimmer in dunklem Mahagoni und Lese- und Spielräume mit niedrigen, tiefen Ledersesseln. Ich bin für die Dauer meines Aufenthaltes Mitglied gewesen. Abends ist viel Verkehr: Gutsbesitzer, große Unternehmer, Politiker, im Smoking, rauchend und hoch spielend; alle nach südlicher Art mehr als liebenswürdig. Man glaubt es kaum, daß diese Mailcoachfahrer und Ekartéspieler nach den Grundsätzen der Malatesta und Borgia regiert werden. C. versichert, daß gerade sie, diese oberen Klassen weißen oder gemischten Blutes, welche die Politiker-Kaste bilden, die »Ley Fuga« unentbehrlich machen.

Kapitel III

Teotihuacan, 12. November 1896

Im Frühzuge nach San Juan Teotihuacan. Die Morgennebel waren über den Seen noch nicht zerstäubt und lagen dicht auf den Wiesen; vor den Lehmhütten der Dörfer spielten die kleinen Indianerkinder; an den weißen Bahnstationen gingen die buntgekleideten Marktweiber mit vollen Körben auf dem Kopfe am Zuge entlang, und über den Halmen der Maisfelder stieg, wie der Fudschijama auf einem Holzschnitt von Hokusai, der Kegel des Popocatepetl schlank und unbewölkt am Himmel auf.

Das Ruinenfeld von Teotihuacan liegt in dem großen reichbebauten Tal, das sich vom Texcoco-See östlich bis zu den blauen Bergzügen von Veracruz und Puebla erstreckt. Es ist das mexikanische Gizeh. – Zuerst hält es schwer, sich im Wirrwarr von Pyramiden und Schuttkegeln, die die Ebene bedecken, zurecht zu finden; aber allmählich erkennt man den Plan des Ganzen als den einer einzigen Tempelanlage, die an Ausdehnung zu den gewaltigsten gehört, deren Spuren sich auf Erden erhalten haben: in der Mitte eine große Pyramide, noch heute über zweihundert Fuß hoch und fast achthundert Fuß im Geviert; zu beiden Seiten, nach Norden und Süden, zwei weniger hohe, die durch eine breite Feststraße verbunden sind; an diesem heiligen Wege in regelmäßigen Abständen zahlreiche kleine Kegel, die ihn auch dort begleiten, wo er in weiten Bogen an seinen Endpunkten die zwei niedrigeren Pyramiden umkreist und zu Festplätzen sich weitet; und an allen drei Pyramiden die Überreste von Treppenanlagen, die schnurgerade und steil zu den auf der obersten Terrasse errichteten Tempeln emporführten; auch diese Treppenfluchten breit und von gewaltigem Maße der Stufen. In allem gibt sich das Bestreben kund, die Stimmung durch massige Schwere und feierliche Langsamkeit zu beeinflussen, auf das Gefühl durch das Gewicht zu wirken, das das Bauwerk zur Schau trug, und durch die Zeit, die der sich Nahende gebrauchte, um vom Eingang des geweihten Bezirks zur Weihestätte selbst zu gelangen; ein Bestreben, das nicht den Mexikanern oder Tolteken eigen, sondern allen früheren Stadien religiöser Kultur gemein und auf Eigenschaften berechnet ist, die, wie es scheint, zu den ältesten des menschlichen Geistes gehören. Die Größe der Masse und die Länge der Zeit müssen zu den Vorstellungen gehören, die sich am ersten und allgemeinsten mit starken subjektiven Gefühlen verbunden haben, und vermöge deren man daher am frühsten durch die Sinne zum Herzen dringen konnte; es sind die Zeichen, durch die überall, wo Reste alter Kultur erhalten sind, in Ägypten und Indien, in Assyrien und Siam ebenso wie hier in der Vorzeit Priester und Könige zum Volke sprachen.

Die Überlieferung berichtet, daß die Tempelstadt von Teotihuacan den Lichtgottheiten, der Sonne, den Sternen und dem Monde, heilig gewesen sei. Das Bild, das das Heiligtum ursprünglich bot, ist mit Hilfe der Schilderungen der Conquistadoren und der in vielem dieser Anlage so merkwürdig gleichenden japanischen Tempelbauten nicht schwer zu ergänzen: die breite, feierliche Feststraße, auf beiden Seiten von kleinen Tempeln oder Totendenkmälern begleitet und im Schatten uralter Bäume von geweihter Stätte zu geweihter Stätte führend; nach beiden Seiten der Blick auf die in breiten Absätzen machtvoll emporstrebenden Massen der Tempelfundamente, an denen von Stufe zu Stufe die Priesterprozessionen aus dem Schatten der Haine ins heilige Licht emporstiegen; und oben der grausig wilde Opferritus: das dem aufgeschnittenen Leibe entrissene und noch zuckend der Sonne und den lichtstrahlenden Gletschern ringsum geweihte Menschenherz. Das Bild sehen wir; aber die Gefühle, die damals die Brust des versammelten Volkes und des Opferpriesters, der den heiligen Mord vollzog, bewegten, sind auf ewig dahin: selbst die Phantasie vermag nichts mehr zur Erweckung dieses toten Stückes Menschheitsseele. Nur eins ist sicher, daß hier etwas Gewaltiges gestorben ist, etwas, das sich zu unserer Kultur und zu unseren Seelen, aus denen die große, als heilig empfundene Grausamkeit geschwunden ist, so verhält wie die Flammenwelt, die die Berge und Vulkane

ringsum geboren hat, zu der Nützlichkeitswelt, deren Felder und Pflanzungen heute das Tal bedecken.
Wie überall, wo gewaltige, noch nicht wissenschaftlich sterilisierte Überreste alter Kultur vorhanden sind, blüht auch auf diesen Ruinen üppig das bunte Kraut der Legenden und Hypothesen: angefangen von den düsteren Sagen des ringsum wohnenden braunen Volks, das die Riesentrümmer als die Wohnungen geheimnisvoller und mächtiger Geister fürchtet, und fortwuchernd bis zu den hypothetischen Gebilden der in der Hauptstadt zahlreichen Halbgelehrten, deren Seele sich um irgendeine zur fixen Idee versteinerte Theorie wie zu einer psychologischen Neubildung kristallisiert hat, und die wie um ihr Leben sich streiten um sogenannte »wissenschaftliche Fragen«: nämlich ob die Riten und Religionen von Teotihuacan mit denen des »ägyptischen Hermes« identisch sind, oder ob die älteste mexikanische Kultur ein Überrest der vor zehn Jahrtausenden in den Ozean versunkenen des Landes Atlantis sei. Der Hauptvertreter der »hermetischen« Theorie, der sich langsam verhungern läßt, um das Geld zu gewissen geheim gehaltenen Ausgrabungen zu sparen, glaubt, vielleicht mit Recht, daß sein »atlantischer« Gegner ihm nach dem Leben trachtet. Der Charme des mexikanischen Altertums besteht zum Teil in dieser ersten, psychologischen Flora auf dem Neuentdeckten. Es gibt uns das Schauspiel eines ähnlich phantastischen Lebens und einer ähnlichen Fluidität und traumartigen Unbestimmtheit der Formen, wie es Hellas und Rom dem Mittelalter boten; der »Zauberer Virgil« ist hier noch aktuell.

– – – – – – – – – – – – – – – – –

Abends, in Mexiko, spielte auf der Plaza Mayor die Militärmusik, meistens Potpourris aus Bellini und Donizetti: ein dichtes Publikum drängte sich auf dem großen Platz, rauchte Zigaretten, spielte Ball oder promenierte langsam durcheinander in der Runde herum. Die Frauen trugen Fächer und Mantillen, die Männer Ohrringe, spitze, breitkrempige Hüte und scharlachrote oder mauerfarbene Banditenmäntel. Es war bei der Zirkusmusik im elektrischen Licht vor der großen Kulisse des Domes wie ein Monsterchor aus ›Zampa‹.

Besteigung des Popocatepetl
14./15. November 1896

Um acht Uhr früh nach Amecameca abgefahren, von wo aus der Vulkan am leichtesten zu besteigen ist. Der Sekundärbahnzug hält an jeder Station zwischen fünf und fünfundzwanzig Minuten; während dieser Zeit gehen die Reisenden im Schatten Korso; an den Coupéfenstern wird geflirtet; ganze Familien kommen vom Lande herein, um durchreisende Bekannte zu besuchen; und im Innern der Wagen, die nach Art der D-Züge ineinandergehen, bieten Hökerinnen Milch und Knoblauchkuchen feil. An jeder Haltestelle genießt man dasselbe Schauspiel und denselben Geruch. Unter diesen Umständen haben wir uns auf der zweistündigen Fahrt von Mexiko nach Amecameca um eine Stunde verspätet.

In Amecameca dagegen ging alles unverhofft schnell, dank den Briefen, die mir der General O., dem der Popocatepetl gehört, an seine Beamten mitgegeben hatte. Nach zwei Stunden, gegen ein Uhr, ritten wir durch das andere Ende des kleinen, von klaren Gebirgsbächen durchströmten Ortes gletscherbereit hinaus, im ganzen fünf Mann; ich, zwei Führer, ein Pferdehalter und ein Mestize, der sich aus nicht zu erforschenden Gründen, vielleicht als Koch, angeschlossen hat. Die beiden Führer und der Pferdehalter sind Vollblutindianer.

Der Weg steigt zuerst zwischen Kulturen leise an; rechts und links sind Korn- und Weizenfelder, die sich in großen Teppichstücken zwischen den bewaldeten Gebirgshängen ausstrecken; oben lagern heute auf den Bergen Nebelmassen, die die Schneespitzen verhüllen; die Gegend gleicht bis auf die braunen Feldarbeiter und die Kaktushekken dem Tal von Innsbruck.

Nach anderthalb Stunden hört die Straße auf. Steil geht es durch trockene Flußläufe und Felsenschluchten aufwärts. Unter uns senkt sich allmählich das Tal. Von Zeit zu Zeit begegnen uns noch Züge von Packtieren, dahinter die Treiber barfuß in Poncho und Spitzhut. Der Wald fängt an nordisch zu werden; die Kiefer verdrängt die anderen Bäume, und am Boden wachsen deutsche Waldblumen.

Als wir etwa elftausend Fuß hoch sind, bricht die Dunkelheit herein. Hier beginnen die Grasmatten; Kühe, großgehörnte Prachttiere, weiden da jahraus, jahrein im Freien. Von unserem Zuge aufgescheucht, sprengen sie im Mondlicht wie großes Wild in Rudeln davon. Und jetzt schimmern über uns plötzlich durch Wolkenrisse Schneehänge.

Dreizehntausend Fuß hoch in einem Gebirgstal liegt der Rancho des Generals O., in dem wir übernachten sollen, drei dicht aneinandergelehnte Bretterhütten, die plötzlich inmitten einer Wüstenei von umgehauenen und halbverkohlten Kiefernstämmen im Helldunkel vor uns auftauchen. In der einen sind Reste eines Stalles und einer Krippe. In der anderen dicht daneben sollen wir schlafen. Mitten im Raume, im niedrigen, kreisrunden Herd, wird auf dem Erdboden mit feuchtem, knatterndem Reisig Feuer angelegt. Die Decke läuft spitz zu und empfängt nur unten an den Seiten den Feuerschein; in der Mitte steigt sie in die Dunkelheit auf. An der vom Berge geschützten Wand des Raumes liegt noch eine alte, verfilzte Streu. Der Rauch zieht so gut er kann, durch die offene Tür oder durch undichte Stellen der Decke ab. Um das Feuer hocken schweigend meine vier Rothäute. Es ist Biwakstimmung, aber unter welchen Gestalten!

Bald nach dem Abendbrot wird die Streu mit Mänteln belegt; die Indianer wickeln sich in ihre Zarapes und schlafen ein. Allmählich verlischt das Feuer, und nur ein Mondstrahl, der durch eine Öffnung im Dache dringt, erhellt schwach noch den Herd und eine in ihren Mantel gehüllt dahingestreckte regelmäßig atmende Gestalt. Mich aber verfolgt im halben Wachen wie ein Fiebertraum von Stunde zu Stunde das Geräusch der jenseits der Bretterwand kauenden und mit ihren Halftern an die Krippen schlagenden Pferde...

Endlich gegen zwei Uhr wird zum Abmarsch aufgestanden. Die Nacht ist vollkommen still und klar. Der Himmel senkt sich sternenfunkelnd in die Ebene hinab. Der Vulkan ragt dunkel und riesenhaft in seine Klarheit hinauf; die Aschenwände unten verschwimmen in Finsternis; oben aber leuchten Eisfelder im tropischen Glanz der Nacht wie weiße, von Sternen beschienene Wolkenstreifen. Der Weg führt über Gras und Bimssteingeröll aufwärts durch Nadelwald. Eine leichte Brise bewegt die Kiefernwipfel vor den Sternen auf und ab. Dann werden die Stämme lichter und hören ganz auf. Heide und Bimssteinfelder wechseln ab. Kleine, nicht zusammenhängende Schneestücke gehen allmählich in ein großes Schneefeld über. Wir steigen in kurzen Zickzacklinien schnell aufwärts; bald erscheint der Wald schon weit unten wie eine tiefschwarze lichtlose Fläche, die das grauere Dunkel der Heide finster begrenzt. Über uns wächst allmählich der Berg an Masse; jetzt sind sein dunkler Umriß und das Himmelsgewölbe ringsum die ganze Landschaft. Je höher wir kommen, um so breiter wird die finstere Form, und um so weiter auch entfaltet sich des Himmels Pracht; neue Sternbilder steigen aus der Tiefe auf, und die alten stehen am Himmelsabgrund uns gegenüber wie an einer schwarzen Wand. Wir sind am Fuß des Vulkankegels selbst angelangt; der Abhang wird steil, fünfundvierzig Grad; große Basaltblöcke lagern im Schnee, die von oben herabgerollt hier, wo der Fallwinkel flacher wird, liegen geblieben sind. Höher hinauf ragen Aschengrate aus dem Schnee empor. Schwefeldampf quillt aus Klüften herauf und schwebt niedrig über dem Boden fort. Es ist gegen sechs Uhr. Nur einzelne Sterne glitzern noch. In der Dämmerung fangen entfernte Bergketten an, sich am Himmel unter uns abzuzeichnen; über ihnen lagern im Osten vor der wachsenden Helligkeit schwarze Wolkenstreifen; und unten wird das Wolkenmeer sichtbar, das wie im Sturme durcheinandergepeitscht die Täler füllt und die Vorgebirge umfließt. Wir sind sechzehntausendfünfhundert Fuß hoch; noch dreihundert Meter unter dem Kraterrande. Die Luft ist kalt und klar und dünn. Man hört den Schlag des eigenen Herzens ganz scharf in der großen Stille. Und jetzt will die Sonne aufgehen. Das Weltenweihefest beginnt. In den Tälern regt sich's, und vom Nebelmeer lösen sich Wolkenzüge und schweben an Abgründen aufwärts; Dunstschleier schwinden von nahen Bergen, und darunter erscheinen die Matten schon nebelhaft grün; Strahlen brechen aus den östlichen Tiefen weißflimmernd hervor und stehen am Himmel wie Unterpfande des kommenden Lichts: Himmel und Erde sind künftige Farbe, schweigendes Werden. Da leuchtet das Eis am Kraterrand auf; und im selben Augenblick rollt das Licht wie ein Mantel an den Hängen des Berges herunter; am Erdenrande erscheint der Sonnenball. Die See, der er entsteigt, schwebt wie ferner Rauch bläulich durchsichtig in der schimmernden Rundung des Horizontes. Der Himmel erfüllt ganz das Auge wie auf dem Meer und der Ebene; nur größer als dort; flammender, runder. Von allen Seiten umgibt er uns hier; umstrahlt uns kupferglühend im Morgenrot; die Sonne umkreist uns, und unter uns liegt das Erdenrund im Himmelsblau wie ein zweites Gestirn.

Von diesem Augenblick ab wandelt sich mir, was ich erlebe, in eine Art von Traum. Mechanisch schleppen sich meine Glieder noch über Schnee und Eisstufen aufwärts bis an den Kraterrand; der Wille aber versinkt allmählich in traumartige Schwäche; und den ganzen Körper erfüllt ein Gefühl, das einer langsam sich verdichtenden Umwölkung der Sinne gleicht. Zugleich beginnen an Stelle der Bilder der Außenwelt die inneren Körpervorgänge sich immer deutlicher der Wahrnehmung aufzudrängen, das Herz; der Pulsschlag; das eigene Licht des Auges, das vor der Retina flimmert. Ich erinnere mich jetzt deutlich des Gebirges, das, von diesen Höhen gesehen, wie eine wellige Ebene unter uns ausgebreitet lag; ich sehe den Krater mit seinen riesenhaft aufgetürmten roten Basaltwänden und empfinde noch das Albtraumartige des Augenblicks, da wir zur Talfahrt auf einer als Bockschlitten dienenden Matte in die fast senkrecht unter uns liegenden weißen Nebelmassen absausten; aber die Erinnerungen sind nicht wie die, die man an wachend Erlebtes hat, sondern wie die, die ein deutlicher Traum hinterläßt. Die Abkehr der Sinne von der Außenwelt kann nur Schein sein; denn sonst würden diese Bilder, die damals nicht empfunden wurden, auch nicht im Gedächtnis haften. Aber die Aufmerksamkeit hört in diesen Höhen offenbar auf, sich den äußeren Dingen zuzuwenden; und so versinken deren Eindrücke anscheinend spurlos, wie Regentropfen in stille Gewässer. Es wäre von Interesse, die körperlichen Zustände, vor allem die des Gehirns, genau zu kennen, die diesen Veränderungen des Seelenlebens in großen Höhen entsprechen; zum Beispiel zu wissen, ob die Veränderung der Herztätigkeit Ursache, oder wie die scheinbare Verdunkelung der Sinne, Folge der Willensschwäche ist; die Untersuchung würde einiges Licht auf die so ähnlichen visionären Zustände werfen, bei denen wahrscheinlich bloß noch eine Umdeutung der inneren Vorgänge durch die Phantasie zu den auch die Höhenkrankheit begleitenden Symptomen hinzutritt, und manche Erscheinungen des künstlerischen und dekadenten Schaffens erhellen.

Heute nachmittag haben wir in kaum drei Stunden im Laufschritt, meistens zu Fuß, die Pferde vor uns hertreibend, den Abstieg von zweitausend Metern vom Rancho bis nach Amecameca zurückgelegt. Auf dieser halsbrecherischen Tour über harten Boden, durch Gebirgsbäche und Schluchten abwärts, ist keines von den kleinen struppigen Tieren auch nur gestrauchelt.

Oaxaca, 17. November 1896

Die Bahnstrecke hierher durch die Kordilleren gleicht an Wildheit den Gotthardpässen; schäumende Gewässer und Bergschluchten, in die durch Bananen und Dattelpalmen Schnee und blauviolette Gebirgsspitzen herabscheinen.

Man muß auf den Bahnhöfen die Begrüßungs- und Abschiedsszenen beobachten; die Männer umarmen sich wie bei uns Monarchen; der einfache Handdruck ist nicht sinnenfällig genug. Was wir theatralisch nennen, weil wir es nur in Rampenlicht oder vor Reportern brauchen, muß hier schon im täglichen Verkehr und am hellen Tage angewendet werden. Der Südländer schauspielert nicht; er gebraucht nur die einem weniger scharfen Wahrnehmungsvermögen adäquaten Zeichen.

Oaxaca – die Stadt, nach deren milder Höhenklarheit sich in kranken Tagen Nietzsche sehnte – habe ich nur im Mondenschein gesehen; und da nur den großen Platz, auf dem zwischen einem Musiktempel und der Barockkathedrale eine braune Menschheit lustwandelte. Keine Laternen; nur der Vollmond auf dem Dom, der abseits vom Platze theatralisch einsam auf einer weiten, mit Steinfliesen belegten Terrasse steht. Die Musik spielte ohne Lichter verborgen in einem Orangenhain; und wenn sie schwieg, hörte man unter den Bäumen das Plätschern unsichtbarer Brunnen und das leise Schürfen von bloßen Füßen auf dem Kies... So muß Italien vor dem Risorgimento gewesen sein; Pisa oder Perugia in den fünfziger Jahren.

Mitla, 18./19. November 1896

Von Oaxaca nach Mitla fährt man im Maultierwagen. Die erste Strecke bis Tlacolula ist ein Teil der großen Handelsstraße, die von der Hauptstadt nach Acapulco an den Stillen Ozean hinunterführt. Früher war die Straße wegen der Frequenz des Verkehrs und der Zerrissenheit des Gebirges, durch das sie hinabsteigt, eine der unsichersten von Mexiko. Die Ley Fuga und der gegenwärtige Präsident haben das geändert. Diaz beförderte zu Anfang seiner Regierung eine Anzahl von angesehenen Brigantenhauptleuten dieser Provinz zu Obersten der regulären Armee und schickte sie dann mit ihren Regimentern gegen ihre früheren Kameraden. Da die neuen Kommandeure alle Schlupfwinkel kannten, mußten die Briganten ihr Handwerk lassen. Die, die nicht zu Offizieren ernannt oder leyfugiert worden waren, verarmten; und jetzt trifft man sie an den Bahnhöfen der Hauptstadt kärglich ihr Brot als halbgeduldete Taschendiebe verdienend.

Hinter Tlacolula verödet die Gegend. Über rauhen Steingrund gelangt man nach zwei Stunden zu einer schroff emporsteigenden, von zyklopischen Mauerringen gekrönten Felsenkuppe. Es ist die Akropolis von Mitla. Dahinter liegt das Totental.

Mictlan, das Haus des Todes, oder Liobäa, die Wohnungen des Friedens, nannten es die Alten. Von drei Seiten umschließen es kahle Basaltwände; von der vierten führt der paßartige Eingang an der Akropolis vorüber ins Tal hinein. Zur Zeit der Zapotekenherrschaft bedeckten die Ebene von Ende zu Ende Paläste und Tempel des Todes; hier wurden die Fürsten und Vornehmen des Reiches bestattet; und die Felsenfeste schützte ihre Gebeine. Von den Azteken als letztes und festestes Bollwerk des Zapotekenreiches erobert, ging die heilige Stadt in Flammen auf. Und dann plünderten, was übrig geblieben war, die Spanier.

Heute noch stehen die Trümmer von drei Tempelpyramiden und von vier der großen Totenpaläste. Niedrig, massig, weit auf Terrassen hingelagert, steigen die erhaltenen Paläste am nordöstlichen Abhang des Tales auf. Ein Wildbach, der tief in das steinige Tal einschneidet, trennt sie vom Dorf, das heute Mitla heißt. Bei allen vieren ist der Grundriß gleich; jedesmal liegen um drei Höfe je vier lange, schmale, fensterlose Säle, unter denen sich unterirdisch wieder Hallen und Gewölbe als Ruhestätten der Toten hinziehen. Die Steine, aus denen die oberirdischen Tore und Türen aufgetürmt sind, haben an Größe nur an indischen oder ägyptischen Bauten ihresgleichen; aber die Porphyrsäulen, die die Decken stützen, die Architravblöcke, die auf den Monolithen lasten, die Türschwellen, die wie Felsen jetzt aus dem Erdboden aufragen, alle sind sie, wie die Schnittfläche der Steine erkennen lassen, mit den einfachen steinernen Werkzeugen der Steinzeit bearbeitet. – Wie im Kontrast zu diesen Blöcken umkleidet dann innen und außen die Gebäude die zierlichste, feingemeißelte und kolorierte Ornamentik. Bis etwa einen Meter über den Boden waren die Mauern und Wände mit mennigrotem poliertem Stuck verkleidet; die Überreste haften noch hier und dort glatt und glänzend am Steine. Darüber ziehen sich bis zur Decke übereinander drei friesartige Streifen bizarrer, eckiger Zickzackmuster hin, die aus kleinen, sorgfältig in die Hausteinblöcke gefügten Sandsteinstückchen zusammengesetzt sind und erhaben aus der Wand herausstehen. Der Grund des Mosaiks war dunkelrot gefärbt; die erhabenen Steinchen braun oder gelb. Die Wände glichen orientalischen Teppichen. Im Innern waren zwischen den großen Mosaikmustern an einzelnen Stellen noch bandartig schmale Streifen glatten Stucks angebracht, über die die Reste einer aus feinen weißen und gelben Linien bestehenden Bilderschrift hinlaufen. – In diesen überirdischen Sälen wohnten die Priester des Totenkultes und in gewissen Monaten der König und die Großen des Reiches.

Wohl nie sind die Wohnungen des Todes so nah mit denen von Lebenden, noch das Leben und die Existenz selbst eines Volkes so eng mit den Gebeinen seiner Toten verbunden gewesen, wie hier in

Mitla, das das Gräberfeld und zugleich das Heiligtum und die Festung einer Rasse gewesen ist. Es ist, als hätten erst die Toten und die Lebenden zusammen hier die Volksgenossenschaft ausgemacht; und zum Vergleich drängt sich der Gräberkultus und die Shinto-Religion der Mongolen und Japaner auf.

Die Empfindungen, die bei diesem Kultus das Volk hatte, möchte man aus den Bauten und der Landschaft, in die sie hineingesetzt sind, erschließen. Aus diesen öden Basaltwänden, vor deren Kahlheit die dunkle Farbenpracht der Totenpaläste glühte, scheint eine düstere Volksphantasie, das Bedürfnis nach tragischen, tieferschütternden Eindrücken, und ein triebhaftes Empfinden für das Ernste und Furchtbare in der Natur zu reden. Und vielleicht haben in der Tat diese oder ähnliche Gefühle ebensosehr wie der Wunsch, das Heiligste, die Gebeine der Vorfahren, am sichersten Ort, im entlegensten Tal zu bergen, die Wahl gerade dieses unter allen Hochtälern des Landes bestimmt; unser scheinbar durch Zufälle entstandenes Landschaftsempfinden wäre demjenigen dieser Rasse konform gewesen, die von uns durch alles geschieden ist, was Menschen und Völker trennen kann.

Hier zeigt sich im einzelnen, was auch im großen angesichts der altamerikanischen Kultur am tiefsten bewegt: die geheimnisvollen Verwandtschaften zwischen diesen Resten und denen der alten europäisch-asiatischen Kultur und die innere Notwendigkeit aller menschlichen Entwicklung, die dadurch bezeugt wird, daß hier ganz unabhängig von der andern europäischen Zivilisation, nur um drei bis vier Jahrtausende verspätet, eine menschliche Kultur ihren Lauf begonnen hatte, die auf demselben Wege war, der in der Alten Welt von Chaldäa und Ägypten zu Goethe und Kant geführt hat. Man könnte glauben, daß, wenn die Alte Welt in den Ozean versunken wäre, hier in Mittelamerika nicht nur Gelehrte, sondern auch Religionsstifter, Philosophen und Künstler mit denselben oder mit ganz ähnlichen Gedanken entstanden wären, wie die, in denen wir jetzt den Wert der Menschheit sehen. Das Nichtsein aller europäisch-asiatischen Helden und Völker hätte die Geschichte der Menschheit vielleicht nur um fünf Jahrtausende verspätet. Die amerikanische Kultur eröffnet ähnliche Ausblicke und stellt ähnliche Dilemmen, wie wenn auf einem fremden Stern Menschen und eine menschliche Kultur entdeckt würden.

Das Dorf jenseits des Wildbachs heißt offiziell San-Pablo de Mitla, und der Name, mexikanischer Stamm und christlicher Firnis, bezeichnet sehr gut die Kultur seiner Bewohner, die die Nachkommen der Palasterbauer sein sollen. Neben den Ruinen der Bauten die Ruinen der Rasse. Der Ackerbürger, bei dem ich mich einquartiert habe, ist Mestize und als solcher eine Ausnahme an Wohlhabenheit; er besitzt ein schönes Stück Land und ein hübsches Haus, das nach spanisch-mexikanischer Art sich einstöckig und fensterlos um einen inneren Arkadenhof zieht, auf dem Orangenbäume mit reifen Früchten und große Rosenstöcke wirr durcheinander wuchern. – Die anderen, die Indianer, sind ein armes, schmutziges Pack. Ihre Höfe liegen von hohen Agavenhecken umgeben dicht nebeneinander an schmalen Wegen, auf denen sich halbnackte Kinder mit mageren Hunden und Schweinen tummeln. Die Hütten sind aus Lehm oder geflochtenen Bambusmatten. Der Indianer baut auf seinem Felde nur gerade so viel, wie er für sich und seine Familie zum Unterhalt braucht: ein wenig Korn und einige Magueypflanzen zur Pulquegewinnung. Mehr als diesen engsten Familienbedarf an Naturalien produziert er nicht. Der Lehrer, der hergesetzt ist, um den Kindern außer Lesen und Schreiben nach dem Regierungsprogramm Geographie, Naturwissenschaften und »die Anfangsgründe der Geometrie« beizubringen, sagt, daß es schwer hält, die Schüler zu bewegen, Spanisch zu lernen. Die Mädchen werden seit einiger Zeit nicht mehr unterrichtet, weil die Männer fanden, daß die Frauen durch das Lernen zu unabhängig wurden. Der Priester mag auch dahinterstecken; die Kirche ist die einzige Einrichtung, an deren Macht der gewöhnliche Mexikaner nicht zweifelt. – Im Grunde genommen ist der indianische Bauer nicht faul, sondern genügsam. Er fühlt sich offenbar in seinem Zustande ziemlich wohl; denn er läßt sich in seiner Ärmlichkeit nicht einen gewissen Luxus entgehen; die Frauen tragen am Halse und an den Ohren Schmuck, Glasperlen und Silbersachen. Die Matten sind fein geflochten; die

Muster und Farben der Ponchos und Zarapes oft auffallend künstlerisch; das Kochgeschirr und Tongerät gefällig geformt und bunt glasiert; dieses alles durch die Hausindustrie der Frauen bestritten, die in Mitla zum Beispiel Zarapes weben. Wer leidet, denkt nicht an solches. Dieses stumpfe Genügen eines alten Herrenvolkes in Schmutz und Armut und kleinlichem Tand ist noch tragischer als die Verwüstung und Verödung, die die Stadt betroffen haben.

Jetzt ist es Nacht geworden; und während die Hunde anfangen im Dorfe zu bellen, stehen die Paläste im Mondlicht weiß inmitten gigantischer Schatten; dahinter leuchten die blanken Basaltwände der Schlucht wie Stahl.

Puebla, 20./21. November 1896

Puebla inmitten seiner Schneeberge, mit seinen flachen Dächern und seinem halb maurischen Aussehen, hat den Duft des alten spanisch-mexikanischen Koloniallebens in ähnlicher Weise bewahrt wie Florenz den der Frührenaissance. Die Fassaden der Häuser sind rosa oder blaßblau gestrichen und oft mit Mustern aus bunten Majolikakacheln eingelegt; die Mauern fast fensterlos, oder die Fenster schwer vergittert. Die Straßenfluchten laufen zwischen verschlossenen Mauerreihen wie im Orient geheimnisvoll hin. Wo die Haustür offen steht, zeigen sich Binnenhöfe, in denen im Schatten von Myrten und Brotbäumen der Hausbrunnen rieselt.
Den Mittelpunkt der Stadt bildet nach spanisch-katholischer Sitte der Dom, der wie fertig von der Inquisition aus Spanien importiert scheint; die Fassade ist schwer und einfach; der Innenraum majestätisch groß, und weiß, grau und golden dekoriert. Ein mächtiges vergoldetes Eisengitter vor dem Chor vertieft den Eindruck massiver Pracht. Aber trotz seines Reichtums scheint der Raum eher kahl als überladen; die schwere Glanzentfaltung erweckt infolge ihrer Eintönigkeit bloß das Gefühl tiefer und düsterer Melancholie; die Fülle von Gold gehört zu diesem Eindruck; der Reichtum löst sich in Stimmung auf. Die Kathedrale ist ein würdiges Denkmal des Reiches Philipps des Zweiten.

Die offizielle Kunst hat aber die sozusagen einheimische, die koloniale, nicht verhindert, gerade die Werke zu schaffen, Bauten und Waren, die den eigentlichen Zauber von Puebla ausmachen. An ihnen tritt die eigentümliche Bedeutung zutage, die der kolonialen Kultur unter allen Arten der Gesinnung zukommt. Vermöge gerade der Entfernung vom Kulturzentrum kann in Kolonien, ähnlich wie in der Provinz, aber noch freier, manches, was sich im intensiven Kampf ums Dasein im Mutterlande nicht zu erhalten vermag, nachblühen und daher hier erst zu Ende blühen. Setzlinge alter, daheim zu früh entwurzelter Kunst erleben jenseits der Meere einen an Wunderfarben reichen Herbst. Die Kultur ist dort ewig gestrig und daher ewig altmodisch; aber deshalb reich an allem, was altmodisch zur Welt gekommene Dinge an reizender Inkonsequenz und bezaubernder Schwäche besitzen.

In Puebla ist es nicht nur wie sonst in Mexiko die Gotik, die sich mit dem Barock verquickt auslebt, sondern auch das maurisch-spanische Töpferhandwerk, das seine späteste und reizendste Blüte treibt. Dieselben Töpfer, die die Kachelmuster an den Hausfronten als letzte Nachahmungen der maurischen Azulejos anfertigten, haben in Töpfe und Hausgerät Farben gebrannt, die gewiß alt und verschossen zutag gekommen sind; in vergilbendes Weiß lachsfarbene Rosen und seladongrüne Tulpenblätter, und mit Kanariengelb Verbindungen von Puce und verwaschenem Blau; Rokokokunst mit der Gabe, altmodisch zu bleiben, statt historisch zu werden; am stilwirrsten an der Talaveraware, die in allen Halbtönen von Blau und Blaßblau japanische Motive mit maurisch-europäischen vermischt und so den Kreis zwischen dem Orient und Okzident, zwischen Japan und Marokko schließt. Damals, da noch die Lack- und Porzellanwaren Chinas und Zipangus zugleich mit dem Silber und Smaragd von Peru auf spanischen Galeonen von Veracruz über den Ozean fuhren, war Mexiko die Brücke zwischen Ostasien und Europa.

Wo sich diese Töpferkunst mit dem barock-gotischen mexikanischen Kirchenstil verbindet, entstehen Bauten, die an altväterischer Originalität nirgends ihresgleichen haben. Die Perle unter ihnen ist die Kirche von San Francisco. Sie liegt fast außerhalb der

Stadt, jenseits des Atoyac-Baches inmitten von hohen Bäumen. Die Fassade ist aus roten Ziegeln und bis auf ein reiches steinernes Barockportal ungegliedert. Aber in vier Reihen übereinander sind in diese Backsteinwand Teppiche aus bunten Kacheln eingelassen, zwischen denen horizontale Majolikastreifen als Verbindung hinlaufen. Der Grund der Majoliken ist weiß; die Ornamente darauf blau, gelb und grün. Auf den Teppich-Vierecken sind kolossale Delfter Vasen abgebildet, aus denen stilisierte Blumenstöcke wie Kandelaber emporwachsen, um dann arabeskenartig mit ihren Zweigen die Fläche zu überranken; auf den Streifen Tiere: Hasen, Katzen und Papageien, auf jeder Kachel je ein Geschöpf. – Die glanzlose Backsteinfläche, von der sich die Kacheln abheben, erhöht die Farbenwirkung des Majolikas und hält sie zugleich durch ihr Mattrot wie der Grundton einen Akkord zusammen. Die Glasur hat durch das Alter alles Grelle und Blitzende des Porzellans verloren; sie ist reif geworden und erglänzt jetzt tief und weich im grünen Schatten der alten die Kirche kühlenden Bäume. Nichts kann einen Begriff von der altmodischen Frische des Bildes geben.

Zurzeit ist hier der Präsident zum Besuch, um Denkmäler zu enthüllen. Die Stadt, die er persönlich vor dreißig Jahren von den Franzosen zurückerobert hat, läßt sich seinen Empfang fünfzigtausend Taler kosten. Die Hauptstraßen verschwinden unter Bannern und Blumengirlanden. Den ganzen Tag über gibt es Glockengeläute, Militärfanfaren und Truppenbewegungen. Nachmittags war großes Pelotospiel. Ich saß in der Loge neben der des Präsidenten und habe ihn beobachten können. Er ist ein schöner Mestize mit kurzgeschnittenen grauen Haaren und soldatisch gebräuntem Gesicht. Beim Grüßen und Händedrücken hat er die Bewegungen eines Gentleman. Trotz seines militärischen Ranges trug er Zivil; sehr gut gemachtes; wahrscheinlich aus London importiert, wie seine Manieren. Energie und Ley-Fuga-Reminiszenzen geben seiner Eleganz die richtige Stimmung. Unter den ihn umgebenden europäischen Diplomaten fiel er entschieden auf, wegen seines vornehmen Äußeren.
Heute abend ist alles illuminiert. Die Straßen, die sonst hier in ihrer

Verlassenheit nur von Öllaternen und vom Monde erhellt in den Sternenhimmel und die Unendlichkeit hinaufreichen, schließt heute ein rötlich erleuchteter Qualm, ein Gemisch von Staub und Feuerwerksrauch, wie die einer Großstadt über den Köpfen ab. Die venezianische Nacht mit der wimmelnden Menge von hellen Mantillen und roten Ponchos unter den Lampiongirlanden gleicht dem Ballettakt einer Ausstattungsoper. An einigen Orten haben sich mitten auf dem Fahrwege Freiluft-Bäckereien niedergelassen, die roten Pfeffer-Pfannkuchen und Knoblauchauflauf braten; und die Krämer überbieten einander an wohlgelittenem Enthusiasmus. Über einem Laden steht in Flammenschrift: »Bienvenido sea al Iris de la Paz«: »Willkommen dem Regenbogen des Friedens.« Der »Regenbogen« ist Diaz.

Veracruz, 25. November 1896

Den Tag über nach Veracruz hinuntergefahren. Der Höhenunterschied, den die Bahn überwindet, beträgt etwa achttausend Fuß.

Das Auffallendste bei diesem Abstieg ist der Wechsel in der Pflanzenpsychologie. Oben sichern die ungünstigen Entwicklungs-Bedingungen jeder Pflanze genügenden Raum; die Kiefern, Kakteen und Magueysträucher richten daher ihre ganze Kraft auf die Bekämpfung und Ausnutzung der rauhen Natur. Unten gelangen infolge der Fülle von Licht, Wärme und Nahrung mehr Keime zur Reife als Wesen Platz haben; hier entstehen Pflanzen, die nur durch Vernichtung von anderen Pflanzen sich und ihre Art erhalten können: die tropischen Waldblumen, die Orchideen und die blühenden Lianen; Wesen, die ihre Wurzeln wie Krallen in die Äste schlagen und deren Blüten die gesprenkelte Schönheit des Panthers und Tigers haben, Raubblumen; und zugleich Satyrblumen, deren Lüsternheit in den gigantisch vorgestreckten Pistillen, in den wollüstig geöffneten, üppigen Kelchen und im betäubenden, brünstigen Duft wie ein aphrodisischer Zauber den Wald umwebt.

So beim Abstieg ist die Landschaft grandioser als im Hochtal selbst; die Ebene, die fern in bläulichen Dunst verschwimmt, liegt abends wie ein großes, stilles Meer zu Füßen der wilden Gebirgswelt.

Veracruz, 23./24. November 1896

Über Veracruz ist kaum ein Wort zu verlieren, Straßen, Tiere, Menschen und Neger sind gleichmäßig schmutzig. Ihre gelbgraue Staubkruste ist nicht weniger eintönig, als der fade Verwesungsgeruch, der wie ein allgegenwärtiger fauler Odem die Stadt erfüllt. Die gesetzlich geschützten städtischen Aasgeier, denen das Monopol der Straßenreinigung gesichert ist, haben sich überfressen und besorgen ihr Geschäft schlecht oder gar nicht. Sonst ist nur noch der Profit bemerkenswert, den der Verkauf von Grabdenkmälern den Galanteriewarengeschäften bringt; jetzt sieht man in den Schaufenstern nur noch Restbestände; die neuen Muster werden zur Gelben-Fieber-Saison im Sommer aus Italien eingeführt und »gehen« dann besser als die laufenden Artikel, wie Reisetaschen oder Krawatten. Den Kommentar zu diesem Geschäft bieten die armen großen Fieberaugen der Kinder und Frauen, die man abends auf dem Platz bei der Musik sieht, zur Stunde, wenn die Seebrise weht.

Auf See, 24. November 1896

Mittags haben wir die Anker gelichtet. Der Tag ist stürmisch und warm; tropischer Herbst. Schwärme von fliegenden Fischen umschwirren wie blaue Libellen das Schiff. Wolken ziehen von Norden her. Die See gleicht im Sturmesdunkel geschmolzenem Amethyst; die Wellen rollen vor dem schwülen Winde langsam nach Süden.

Kapitel IV
Yucatán

26. November 1896

Sehr früh ankerten wir heute vor Progreso, drei Seemeilen von Land. In der Ferne glich der Strandsaum einer vom Meer bespülten Sandbank. Nur einige Palmenkronen hoben sich darüber dunkel und klein vom Himmel ab.

Man segelt in Fischerbooten an Land. Nach der Hauptstadt Mérida fährt eine Eisenbahn. Die Gegend, die sie durchschneidet, ist steinig und flach; nirgends ein Hügel und außer in den Küsten-Lagunen nirgends Wasser. Die Vegetation zieht ihre Feuchtigkeit nur aus den Grundgewässern. Sie sprießt trotzdem, wo sie nicht gewaltsam ausgerottet wird, üppig empor. Ein dichter Urwald reicht stellenweise bis an die Schienen heran. Aber überall weicht sein zügelloses Leben der streng geregelten Uniformität der Aloekulturen; auf den Feldern folgen einander bis ins Endlose parallele Agavenreihen perspektivisch konvergierend; und am Horizonte ragen hier und dort zwischen Palmen die Schornsteine von Maschinenhäusern auf. Die Plantagenlandschaft ist bereits an die Stelle der tropischen Natur getreten. Der Mensch ist gezwungen, alles Unabhängige, Freie, das ihm nicht dient, zu knechten oder zu zerstören. Er legt damit allmählich der Welt, die ihn hervorgebracht hat, eine teleologische, auf seine Erhaltung gerichtete Bedeutung bei; alles, was ihm nicht dient, geht zugrunde; er selber ist es, der sich, wie früher ideell, so jetzt praktisch zum Zwecke der Schöpfung macht.

Mérida, 26. November 1896

Die Rasse ist hier von der mexikanischen verschieden; heller, schlanker, schlaffer. C., der Yucateke ist, meint: »Der Mexikaner ist schmutzig, reitet und stiehlt; der Yucateke ist reinlich, reitet nicht und betrügt.«

Der Mittelpunkt der Stadt ist ein gewaltiger und ernster Renaissance-Dom, dessen Steinmassen fast den Eindruck des Romanischen machen. Er ist schon 1598 fertig geworden, wenig mehr als fünfzig Jahre nach der Eroberung. – Die Spanier verpflanzten gleich zu Anfang mit dem Katholizismus auch ihre religiöse Kunst mit in ihre Kolonien, so eng hing die Kunst bei ihnen mit der Kirche zusammen. England gab seinen Puritanern nichts mit als ihre Moral und die Glaubensartikel. Das kennzeichnet, wie verschieden die Seelenbedürfnisse waren, denen die Religion in Nord- und Südeuropa diente. – Vielleicht ist deshalb in Nordamerika statt der importierten, oft reizenden aber dekadenten und welken Kunst der spanischen Kolonien langsam Eigenes gewachsen. Im spanischen Amerika sind die einheimischen Keime nie zur Reife gelangt; und doch waren sie vorhanden und sind es noch. Don Ernesto R., dem ich empfohlen bin, bewohnt einen Palast, der den italienischen an solider Bauart und Dimensionen nichts nachgibt; Säulengänge um schattige Höfe, Zimmerfluchten, in denen jedes Zimmer sechs Meter hoch ist, Marmorfußböden und Antikensammlung. Man empfindet dort wie in Italien scharf die kleinbürgerliche Enge unseres nordeuropäischen Lebens. Bei uns scheitert alles an der Notwendigkeit, monatelang zu heizen; im Süden vergrößert das Bedürfnis nach Kühle die Räume. Es hätte hier bei der Prunkliebe und dem Überfluß an Geld und Sklavenmaterial seit dem siebzehnten Jahrhundert eine den tropischen Lebensgewohnheiten angepaßte einheimische Kultur großartigen Schnitts geben können. In Nordamerika werden die Möglichkeiten, die die verbesserten Heizeinrichtungen und der fast tropische Sommer bieten, ausgenutzt. Hier stehen in den riesigen Räumen, die auf Palmenhöfe blicken, Stubenmöbel, die in Österreich fabriziert sind.

Ticul, 27. November 1896

Auf der Reise nach Uxmál* in Ticul, einem großen Eingeborenendorf, beim Forschungsreisenden Theobert Maler übernachtet. Von der Haustür sieht man jenseits des Marktplatzes eine verlassene Fran-

* Sprich Uschmál

ziskanerabtei, in deren verfallenen Sälen schon ein Laubwald emporwächst. Und nach allen Richtungen strahlen dichte Brotbaumalleen zwischen den Höfen der Eingeborenen in die Felder hinaus. Auf den Wegen stehen heute abend vor jeder Hoftür die Weiber in kleinen weißen Gruppen schwatzend zusammen; bei den nächsten erkennt man die einzelnen Frauen: helle, schlanke Gestalten im Ypil – so heißt ihr Maya-Leinengewand –; die Glieder schimmern durch das dünne Gewebe wie durch ein griechisches Peplon hindurch; das Kopfhaar ist hoch hinaufgesteckt; die Haut blaß. Als Schmuck lieben sie Korallen.

Uxmál, 28. November 1896

Von Ticul nach Uxmál führt der Weg durch einen von Schlingpflanzen erstickten Urwald. Blühende Lianen breiten sich bis über die Baumkronen weg dicht verschlungen wie ein buntes Tuch, einige mit hellroten, kleinen Kelchen, andere mit herabhängenden mattlila Glocken, die meisten mit großen, blauen Sternen, alles so dicht verstrickt, daß man nicht mehr einzelne Bäume, Stämme, Äste unterscheidet, sondern nur diese den Weg einengenden Mauern, dieses steigende Meer von wilden Blüten, in dessen Tiefen man zu beiden Seiten wie in Dornröschens Märchenwald hineinsieht. In ihm liegen die Städte und Fürstenhöfe der Mayas begraben.

Eine halbe Stunde vor Uxmál ist noch eine Lichtung und eine öde, fieberverrufene Hazienda; dann steht man vor den ersten Trümmern, einem wilden Wellengeröll von eingestürzten Mauern, Architrav- und Skulpturstücken, Pyramiden und Schutthaufen mitten im blühenden Wald. Meilenweit erstreckt sich nach allen Seiten unter Lianen und Dornen das Trümmerfeld. Erhaltene Gebäude ragen nur an einer Stelle über die Urwaldwipfel empor; auf Terrassen und Steinpyramiden dicht beieinander dreizehn Paläste und Tempel.

Von Maßen geben nur Zahlen einen Begriff. Nach Holmes ist der Hauptpalast dreihundertzwanzig Fuß lang und hat Steinmauern von anderthalb Meter Dicke. Die große Pyramide soll dreihundert Fuß an den Seiten lang und eine kleinere achtzig Fuß hoch sein. Die anderen Gebäude sind in ähnlichem Maßstabe aufgeführt. Und alle verbinden sie mit diesen Größenverhältnissen in gleicher Weise glatte Eleganz und üppige Ornamentik. Die Außenmauern sind jedesmal in halber Höhe, dort, wo innen das Gewölbe anfängt, durch ein schräg vorladendes Gebälk in eine untere und obere Hälfte geteilt. Die untere ist schmucklos und aus viereckigen Blöcken glatt wie vom Schreiner gefügt. Die obere ladet erkergleich vor und bildet eine breite, das Gebäude umziehende Ornamentfläche. Aus dieser springen noch einzelne Spitzen und Haken horizontal vor und umgeben den Oberbau wie mit einem Kranz von Stacheln. Wahrscheinlich soll diese schwere Ornamentlast die inneren Gewölbe, die aus vier nach dem Prinzip des Kartenhauses gegeneinandergelehnten Betonmassen bestehen, nach außen balancieren, um sie durch Gegengewicht am Einstürzen zu hindern. Die Folge aber ist, daß die Gebäude von unten nach oben nicht schmäler und leichter, sondern massiver und breiter werden, und daß die natürlichen Verhältnisse wie in einem Traume auf den Kopf gestellt scheinen.

Nicht minder phantastisch gibt sich die Aufstellung der Bauten, die ebenfalls aus praktischen Bedürfnissen hervorgegangen ist. Sie sind ein jeder für sich auf einen künstlichen Hügel gestellt; die meisten auf mehreren übereinander aufsteigenden Terrassen; die wichtigsten, die Haupttempel, auf Pyramiden, die durch die Anzahl und das stufenartige Schmälerwerden von aufeinandergetürmten Terrassen entstehen. In den ältesten Zeiten standen auf den Stufen der Pyramide die Wohnstätten des Stammes, und die ganze Ansiedelung bildete so, statt wie in Asien und Europa durch Wälle geschützt zu sein, selbst eine Festung um das zuhöchst am sichersten Ort liegende Heiligtum. Es ist eines der ersten Bedürfnisse jeder menschlichen Gesellschaft, das sich hier diese unserer Gesittung fremde Form geschaffen hat; so weit reicht zum mindesten die Trennung zwischen den Rassen der europäisch-asiatischen Kulturwelt und denen der amerikanischen zurück. Das ganze architektonische Empfinden ist davon beeinflußt. Aus den verschiedenen Keimen haben sich andere ästhetische Gesetze und architektonische Ideale entwickelt. Von der Stadt mit ihren zahlreichen einander überragenden Pyramidenkolossen würde ein

Lageplan keinen Begriff geben. Sie ordnet sich nicht horizontal auf eine Fläche, sondern vertikal in die Höhe. Ihr Charakter liegt in einem Höhenrhythmus. Sie ist eine Versammlung von dicht aneinandergerückten Akropolissen, die von Palästen und Tempeln gekrönt, jetzt aus dem Urwald aufragt.

Und auch im einzelnen empfindet man überall, daß für andere Nerven und Sinne als die unsrigen gearbeitet worden ist, denen andere Assoziationen als den unsrigen möglich waren und die stärkere Erschütterungen und eine eindrucksvollere Sprache verlangten; so sehr, daß es schwer hält, mit unseren Wörtern, die aus anderen Bildern geprägt sind, von dieser Kunst einen Begriff zu geben. Man müßte krassere, blendendere, mystischere Zeichen haben, um den Pomp und den Ernst des allein auf seinen Terrassen stehenden Hauptpalastes wiederzugeben, oder die wilde Pracht der Nordpaläste zu schildern, die zu vieren feierlich Stufe um Stufe emporsteigend einen Platz umlagern; Riesenschlangen umringeln hier im höchsten Relief mit gefiederten Leibern den einen Flügel; einen anderen schmückt sechsmal hieratisch wie eine liturgische Formel wiederholt in kolossalem Maßstabe ein einziges Ornament, eine umgekehrte Balkenpyramide, auf die Schlangen- und Menschenköpfe genagelt sind. Ein Riesenmäander krönt eins der Portale, aus dessen erhabener Starrheit phantastische Masken wie Medusenköpfe hervorblicken; und rostrenartig springen an den Palastecken zu mehreren übereinander Elefantenrüssel und Schlangenstachel vor. Am fernsten stehen vielleicht aber aller modernen Kultur gewaltige Fragmente, deren sonderbare Form vermuten läßt, daß in Uxmál die für uns grandios unmögliche Sitte herrschte, als Grabstein der Großen das Emblem des sich ewig selber neuschaffenden Lebens aufzustellen. Und wie diese Pfeiler, so waren wahrscheinlich alle anderen Bildwerke hier Symbole; sie hüllten für das Mayavolk die Gebäude in ein Phantasiegewebe, das die Üppigkeit ihrer Steinformen überbot.

Die Beschreibung der einzelnen Bauten müßte, wenn sie möglich wäre, wie ein Märchen klingen. Ich möchte hier nur zwei davon andeuten. Im Süden der Stadt liegt ein Palast, von vieren der einzige noch erhaltene. Die Indianer nennen ihn das Taubenhaus. Es ist ein langgestreckter Bau, und durch seine Mitte führt ein Portal in einen großen Hof. Die Gewölbe der Palastkammern sind eingestürzt, und wildes Kraut wurzelt in ihren Wänden. Aber darüber steht noch wie durch ein Wunder der Dachfirst, acht Steindreiecke nebeneinander in einer Reihe mit vielen Fensterchen versehen und dünn und flach wie Theaterkulissen; eine jede Zacke überragt den Palast spitz um dessen doppelte Höhe. Sie waren früher mit hellroter Farbe gestrichen und standen flammenfarben wie Hahnenkämme in den Himmel. – Noch rätselhafter sieht ein anderes Bauwerk aus. Zwischen den Hauptpalästen steigt aus der Ebene schmal und hoch eine Pyramide auf. Eine Treppe führt hinauf, die so steil ist, daß, wer im Aufsteigen zurückblickt, fast senkrecht unter sich den Erdboden sieht. Oben geht ein schmaler, geländerloser Umgang um das kleine Gebäude, das die Pyramide krönt, herum zu einer engen Pforte. Es ist dies, was die Eingeborenen das Haus des Wahrsagers nennen. Die Tür ist kunstvoll verziert und stellt gleichsam den aufgerissenen Rachen eines Schlangenkopfes dar, dessen Riesenaugen den Türsturz bilden. Im Innern sind drei lichtlose Räume. Vor der Schlangentür ladet der oberste Plan der Pyramide wie zu einer Warte viereckig aus, und dieses Viereck bildet das Dach eines zweiten, kleineren Gebäudes, das in halber Höhe in die Pyramide hineingebaut ist. Nur der Haupttempel steigt höher als diese Pyramidenanlage über die Stadt empor; man sieht sie von allen Seiten, und überall macht sie denselben, wahrscheinlich gewollten, unzugänglichen, unheimlich verschlossenen Eindruck. Mit der düster schweren Massivität ihrer Steinterrassen und der dunklen Symbolik ihrer Arabeskenpracht überragt sie wirklich wie eine Orakelstatt den wilden Reichtum der zu ihren Füßen im Walde vergrabenen großen Stadt.

29. November bis 1. Dezember 1896

Da R. behauptete, daß wir mit einigen Äxten bewaffnet von Izamal nach Chichén-Itzá im Volán, der landesüblichen, zwischen zwei Lederriemen hängenden und von Maultieren gezogenen Sänfte, durchkommen könnten, so sind wir des Gepäcks wegen gefahren und mitten in der Dschungel stecken geblieben. Eingeborene Führer haben uns dann zu Fuß auf Waldwegen über Pisté, den letzten Vorposten der mexikanischen Regierung, nach Chichén gebracht. Des Tags strömte der Regen. Nachts aber flimmerten in den Baumwipfeln die Feuerfliegen auf, und darüber gingen die Sterne. Ich habe die Welt, ich meine das der Seele Fremde, nie mächtiger empfunden, als hier gerade in der Dunkelheit. Das Übergewicht der Augen beim Spiegeln des Lebens ist nachts geringer; und nun flutet das Werden in der Überfülle, zu der es sich hier entfaltet, in alle Sinne, in jeder Form der menschlichen Sinnlichkeit zu Millionen von Eindrücken sich gestaltend, vom Surren und Flattern und Duften und Rauschen und Glitzern und Flimmern des Tropenwaldes bis zu den kühlen Berührungen der hier regelmäßig in gewaltigen Strömen hin und her flutenden Erdatmosphäre und zum stechenden Glanz der südlichen Sterne.

Chichén-Itzá, 1./3. Dezember 1896

Wir genießen hier die Gastfreundschaft des Rancho von Chichén, den ein amerikanischer Gelehrter, Herr T., sich seit zwei Jahren als wissenschaftliches Hauptquartier eingerichtet hat. Das große, weißgetünchte Wohngebäude liegt von einigen Hütten umgeben mitten im Walde. Jenseits der Hütten stehen noch die eingestürzte Kapelle und die Wirtschaftsgebäude der früheren Hazienda von Chichén-Itzá, die von feindlichen Indianern mitsamt dem Besitzer verbrannt worden waren. Hier ist die Barbarengrenze. Im Süden, bis nach Honduras hin, haben die Stämme die mexikanische Herrschaft abgeschüttelt. In einiger Entfernung lagern im Walde Kundschafter, die vom Nahen von Sublevados, von Rebellen, wie hier die freien Indianer heißen, durch Signalraketen Nachricht zu geben haben. – Die Kapelle des Rancho ist noch rauchgeschwärzt; die früheren Ökonomiegebäude bedeckt schon der Wald. Man staunt immer wieder, wie reich die Natur hier alles in Leben verwandelt.

Die Ruinen von Chichén-Itzá sind ausgedehnter als die von Uxmál.

Von den Pyramidenspitzen sieht man noch am Horizonte Tempel und Trümmerhaufen aus dem Walde emporragen; und nichts kann an melancholischer Größe diesen Blick übertreffen. T. versichert, daß man in einem Umkreis von acht Kilometern rings um den großen Tempel herum keine hundert Meter weit gehen kann, ohne auf Trümmer von Steingebäuden: Säulentrommeln, Inschriftenblöcke oder Skulpturenfragmente, zu treffen. Die Stadt muß danach einen Durchmesser von sechzehn Kilometern und wahrscheinlich mehrere Hunderttausende von Einwohnern gehabt haben. Selbst dann aber ist die Fülle von Tempeln und von Fürsten- und Adelspalästen erstaunlich; denn nur sie wurden aus Stein erbaut. – Jetzt ist alles dichter Wald, und in den Tempelkammern findet man Schlangen- und Tigerspuren. Die Trümmer in der Wüste sind weniger ernst, als diese unter Baumwipfeln und hängenden Blüten; denn dort besteht kein Kontrast mit dem Leben.

Es ist in der kurzen Zeit unmöglich, alles zu besuchen, und vieles wäre nur durch tagelanges Fällen von Bäumen und Gestrüpp sichtbar zu machen. Erreichbar sind zwei Paläste, fünf oder sechs guterhaltene Tempel und einige von den sogenannten Cenotes. Diese Cenotes, die in Yucatán häufiger vorkommen, sind eingefallene Kalksteinhöhlen, in deren Tiefe unterirdische Flüsse ans Licht treten. Andere fließende Gewässer fehlen im Lande; die Bewohner waren von jeher für ihren Wasserbedarf auf die Cenotes und auf Regen angewiesen. So bildeten sich um diese Erdspalte die Städte. Der größte Cenote von Chichén-Itzá liegt in der Nähe des Haupttempels. Er mißt etwa hundert Fuß im Durchmesser. Die Höhlendecke ist kreisrund eingestürzt; in der Tiefe erscheint der Fluß still und schwarz wie ein Brunnen. Ein schmaler Pfad führt hinunter; die Luft unten ist am Tage frischer als oben im Walde, und das Wasser kühl und angenehm zum Baden. Über sich sieht man nur ein kleines Stück freien Himmels von dichten Baumkronen rund begrenzt; zum Waldboden steigen rings um den Wasserspiegel die Felsen gerade empor; an Ecken der Felsenwand klammern sich Fächerpalmen; Lianen und Wurzeln hängen lang von oben herunter. Hier war zu der Maya Zeiten der Mittelpunkt der Stadt. Tempel von Wassergöttern umstanden den

Rand; und in großen Dürren wurden ihnen von oben als Opfer Mädchen und Gold in die Tiefe gestürzt.

Das Hauptheiligtum der Stadt war der Schlange, wahrscheinlich dem Sinnbild der schaffenden und zerstörenden Sonnenkraft, geweiht. Es steht auf einer hundert Fuß hohen, in vierzehn Stufen aufsteigenden Terrassenpyramide. Schlangen ringeln sich von oben an den Ecken der Pyramide in großen Bogen von Stufe zu Stufe herunter und bewachen die Aufgänge zähnefletschend. Zwischen ihren gefiederten Leibern führten an den vier Pyramidenseiten Treppen hinauf zu den vier Pforten des Tempels. Die Säulen des Hauptportikus sind Drachen, deren Ringe sich wie Querkannelüren um den Säulenschaft winden. Die vorgestreckten, riesig vergrößerten Stachel bilden die Treppenwangen; der Schweif schlägt sich am Gebälk empor; der Kopf ist groß stilisiert und zeigt Reste von Bemalung: an den Augen blau und im Rachen rot. Von oben bis unten waren der Tempel, die Pyramide und ihr Ungeheuerschmuck farbig. So standen sie grell über der Stadt am tropischen Himmel.

Die beiden Paläste geben an burgartiger Schwere und üppiger Prachtentfaltung denen von Uxmál nichts nach. Ein buddha-artiges Götterbild bewacht inmitten eines Glorienscheins das Ostportal des Hauptpalastes. Über seinen inneren Pforten stehen schöne, klargemeißelte Schriftzeichen. Die kühne, fast japanische Eleganz der Muster an den Palastwänden, der Ernst der aus den Arabesken hervorblickenden Menschenköpfe und der große Stil der Tierornamentik übertreffen sogar, was in Uxmál sich erhalten hat.

Der wirksamste Unterschied gegen dort ist aber, daß die Skulpturen hier infolge ihres Reichtums an Tier- und Menschenformen die Illusion erwecken, wie wenn ihre Sprache für uns lebendiger geblieben sei als die Symbole von Uxmál, die wir nur noch als Ornamente empfinden. An den Türpfosten des Schlangentempels haben die Bauherren sich selbst: die Priester und Kriegerkaste, darstellen lassen, in flachem Relief, das fein in den grauen Stein gemeißelt ist; die dünne Farbenschicht, die darüber lag, ist meistens abgeblättert: aber hier und dort haben die Lippen sich rot erhalten. Der Schnitt des Gesichts ist edel; die Nase fein geschwungen; die Wangen schmal, und das Auge groß und ernst. Alle tragen den Gürtel des Kriegers und den gestickten Mantel des Priesters. Das sandalenartige Schuhwerk war verziert, und vom Stirnreif weht reicher Federschmuck. In der Kammer eines anderen Tempels stellt ein flaches Relief, das sich von einem mit Eisenoxyd leicht geröteten Grunde abhebt, einen Kriegstanz dar. Die Tanzenden halten in der einen Hand einen Bündel Speere und in der anderen den eigentümlich gefiederten Maya-Wurfpfeil; den Kopf schmückt ein phantastisch reicher Federschmuck. Auf fünf Friesreihen übereinander entfaltet sich der heilige Reigen; die Tanzenden schreiten feierlich langsam, schwingen die Leiber hin und her, biegen geschmeidig die schlanken Körper und strecken verehrend starr die Arme. Oben sitzt eine von lockigen Federn umwallte Gestalt, die vielleicht die Gottheit darstellt. – Ganz in der Nähe ist noch der Schauplatz erhalten, auf dem sich diese und ähnliche Handlungen abgespielt haben mögen: ein kolossaler rechteckiger Hof oder Zwinger, auf dessen zehn Meter dicken Umfassungsmauern drei kleine Tempel standen. Der Zwinger diente wahrscheinlich dem Ballspiel und heiligen Wettkämpfen. Ein Steinkreis, durch dessen Öffnung beim Spiel die Bälle geschleudert wurden, steht noch kunstvoll verziert quer aus der einen Längsmauer heraus. – Und doch lehrt Chichén-Itzá, trotz dieser anekdotenhaften Aufklärungen in betreff von Äußerlichkeiten, über das Wesentliche, das innere Leben der Maya-Menschheit, nicht viel mehr als Uxmál. Es sind bloß einige Züge, die hinzukommen, und die wie Blitze Perspektiven erleuchten, in die es doch versagt bleibt, klar hineinzusehen. In der Cella des einen Tempels haben sich Wandmalereien erhalten, welche auf die Anfänge der Naturbeobachtung bei den Mayakünstlern ein Licht werfen. Die Bilder, die Szenen des Mayalebens behandeln, bedecken wie in einer ägyptischen Mastaba die ganzen Wände. Die Pigmente sind auf eine dünne, schön geglättete Stuckschicht aufgetragen. Die feinen Konturen der Zeichnung scheinen durchweg braun gewesen zu sein, die Farben überhaupt nicht nach der Natur, sondern nach symbolischen Regeln gewählt: gelb, wie ich glaube als Farbe des Krieges, blau des Friedens, grün der Trauer. Modellierung und Perspektive fehlen. Und auch in den Gesichtern ist eine genaue Beobachtung und Individualisierung nicht einmal versucht; die Figuren haben untereinander die Ähnlichkeit von Hieroglyphenzeichen. Und doch führen sie schon richtig differenzierte Bewegungen aus; hier hat der Künstler scharf gesehen. Wie bei den frühsten griechischen Vasen und wieder bei der Neugeburt der Kunst im Mittelalter in Verona und Chartres, beginnt der Realismus auch hier mit dem richtigen Wiedergeben nicht von Formen oder Farben, sondern von Bewegungen, die den älteren subjektiven, strengen Ornamentalismus allmählich auflösen, indem sie ihn mit objektiv beobachtetem Leben immer mehr erfüllen. – Ein anderes Gemälde läßt Vermutungen zu über die Entstehung der Schrift, deren selbständige Erfindung in Amerika dasselbe eigentümliche Interesse besitzt wie die selbständige Ausbildung der Sprache, des Begriffs, indem auch sie die Notwendigkeit, die alle menschlichgesellschaftliche Entwicklung beherrscht, durch ein Beispiel belegt. Das Bild zeigt einen Krieger, der aus dem Munde Flammen speit. Offenbar ist diese Darstellung eine ins Sichtbare übersetzte Sprachmetapher. Der Künstler unterschied in der ersten Zeit nicht das Zeichen für den Geist vom Zeichen für das Auge. Mit dem Bewußtwerden des Unterschiedes entsteht die Schrift. – Aber ebenso wie in Uxmál fehlt auch hier die Möglichkeit, über das Allgemeinmenschliche hinaus, welches sozusagen konstruierbar ist, in jenes Individuelle der Seele einzudringen, das bloß durch ein Bekenntnis, eine Mitteilung offenbart werden kann. Wir kommen an alles nur von außen hinan, und so bleibt es im Grunde genommen stumm und tot. Das gibt ein Gefühl, wie wir es Denkmälern der alten europäisch-asiatischen Kultur gegenüber kaum mehr empfinden.

Höhlen von Loltoun, 7. Dezember 1896

Ich habe mich von T. bestimmen lassen, im großen Walde einen Abstecher nach den Höhlen und unterirdischen Tempeln von Loltoun zu machen. Nach seinen Angaben haben wir heute den Eingang gefunden. Er liegt in einem Dickicht unter Gestrüpp und gestürzten Baumstämmen versteckt. Man steigt über Stufenfolgen und an

Baumwurzeln in einen Schacht hinunter, der zu einer meilenlangen Folge von unterirdischen Hallen hinabführt. Breite, grünliche Lichtgarben, die durch die Risse der Decke brechen, erhellen die ersten Räume; mit Fackeln kann man noch stundenlang weiterdringen. Zahlreiche Raubtiere, die nach Sonnenuntergang in den Wald hinaufsteigen, bewohnen, wie die Eingeborenen sagen, die Tiefen der Höhle; auf dem feinen Sand, der den Boden bedeckt, waren Pumaspuren.

Der Höhlenkomplex gehört in seiner Ausschmückung zu den rätselhaftesten Denkmälern der ältesten yukatekischen Kultur. Unbekannte Bildner haben die Stalaktitenspitzen zu Tigerköpfen umgemodelt, in die Wände kolossale Totenschädel gebohrt, niedergestürzte Felsenblöcke zu Tier- und Menschenähnlichkeit geformt und aus Steingeröll durch kühne Meißelschläge Schädelhaufen gemacht. Im Wandel der Sonnenstrahlen, die langsam über das Einzelne hingleiten, verschwimmen die Bilder beständig wechselnd ineinander. Nur allmählich erkennt man im Dämmerdunkel flach in den Felsen geritzte Tiger- und Totengerippe und unter Stalaktitenmassen, die sich neu gebildet haben, was vielleicht die verschwindenden Umrisse von Riesengötzen sind. Diese Undeutlichkeit der Linien unter den neuen Kalksteinschichten im fahlen Licht der gewaltigen Hallen erweckt durch die Phantasie eine Art von Angst, die dem Schwindel verwandt ist; auch das Natürliche, nicht von Menschenhand Geformte, die hängenden Felsenmassen der Höhlendecke, die Feuchtigkeit, die in dunklen Flecken aus den Wänden sickert, der grünlichglatte Pflanzenschleim, der stellenweise die Felsen überzieht, werden wie die ringsum verschwimmenden Formen für das Auge zu entsetzlichen Gestalten und zu Symbolen der Zerstörung, der Verwesung und des Todes. Die deutlich gemeißelten indischen Höhlentempel sind weniger eindrucksvoll als dieser Lemurenort, dessen weite Gewölbe nur von Schatten von Formen bevölkert werden. Die Überlieferung sagt nicht, welchen Mysterien dieser Hades gedient hat.

Tabi, 8. Dezember 1896

Ich habe heute nacht in Tabi, der Hazienda des Don Eulogio D., meine Hängematte anhängen können und bei dieser Gelegenheit eine der größten Plantagen von Yucatán kennen gelernt. 192 Quadratkilometer, die neueste Maschinerie, und als Personal zweihundert Arbeiter: einen pro Quadratkilometer. Ein Dutzend Familien spanischer Abstammung besitzt unter solchen Bedingungen, was von Yucatán noch mexikanisch ist, und hält sich die ganze Indianerbevölkerung als Schuldknechte zu Hörigen. – Die Haziendados hintertreiben auf jede Weise die pekuniäre oder geistige Emanzipation ihrer Leute. N. verhindert seine Knechte, Lesen und Schreiben zu lernen; er nutzt dazu ihren Mangel an Selbstbeherrschung und Ausdauer aus. Wenn einer ihn bittet, lernen zu dürfen, zwingt ihn N., regelmäßig Stunden zu nehmen; er sieht darauf, daß er jeden Tag zum Lehrer geht. Nach einiger Zeit kommen die Leute selbst zu ihm und bitten, vom Zwang dispensiert zu werden. Er will damit gute Erfolge gehabt und die Zahl der Analphabeten stark vermehrt haben. – Der regelmäßigen, ausdauernden Willenstätigkeit sind die heutigen Mayas psychologisch unfähig. Ihr Charakter ist noch stärker als der mexikanische vom Klima beeinflußt. Die Seele des Mannes hier ist die eines zu schnell reif gewordenen Kindes; der Energieverbrauch im Knabenalter übersteigt seit Generationen die Ersatzmöglichkeiten; gleich diese erste Entwicklung erschöpft die Kraft. R. verheiratet auf seiner Hazienda die Jungen spätestens mit sechzehn Jahren; es soll das einzige Mittel sein, Ordnung zu halten. Von Kraftlosigkeit zeugt schon der Gang der Männer; man sieht sie kaum anders als mit gekreuzten Armen, unterwürfig, wie resigniert ihres Weges gehen. Geld ist ihnen gleichgültig, der Reiz des Verdienstes nicht stark genug, um ihre Apathie zu überwinden; durch Bezahlung sind sie zu nichts zu bringen; nur der Priester oder Gewalt und äußerer Zwang sollen wirksam sein; die Haziendados entschuldigen damit ihr Behandlungssystem. – Inwieweit die natürliche Gleichgültigkeit von der alten Erfahrung verstärkt worden ist, daß der spanische Grundherr jeden Verdienst, jedes Ersparte, so oder so, als Raub oder Zins, immer bald wieder an sich bringt, inwieweit also die Haziendados selbst an der

Trägheit, unter der sie zu leiden behaupten, schuld sind, ist nicht genau abzumessen; gewiß hat auch diese historische Ursache, und zwar im selben Sinne wie die ältere, klimatische, auf die Bildung des Mayacharakters eingewirkt. – Auch die Sinne scheinen infolge der größeren Willensschwäche stumpfer zu sein als selbst in Mexiko, die Reaktionen träger, die Aufmerksamkeit schlaffer. Maler sagt, daß er oft auf Haziendas mitten in der Fassade oder über der Viehtränke große Mayaskulpturen eingemauert gefunden habe, deren Existenz selbst vom Besitzer und von den Knechten bestritten wurde, bis er sie ihnen zeigte. Sie hatten sie nicht nur mißachtet, wie ein deutscher Bauer, sondern Tausende von Malen davorgestanden, ohne sie zu sehen.

Infolge ihrer Energielosigkeit sollen die Indianer auch gegen die Herrschaft der Haziendados nicht murren; sie müßten heftiger, durch Ungewohntes gereizt werden, um zu klagen. Aber Yucatán, das vor Ankunft der Spanier wohl mehrere Millionen von Menschen ernährte, ist jetzt eine Waldwildnis mit dreihunderttausend Einwohnern, und die Fiebergefahr steigt in Wechselwirkung mit der Entvölkerung. Trotzdem frißt die Sklavenrasse das Herrengeschlecht allmählich auf; die spanischen Familien vermischen sich immer mehr mit Indianerblut oder sterben an Inzucht und vor allem am Aussatz aus. Man könnte den Moment fast vorausberechnen, wann ohne Kampf auch der Rest von Yucatán in die Hände seiner Urbesitzer zurückfallen müßte. Doch werden die Nordamerikaner wohl vorher eingreifen, wirtschaftlich und vielleicht auch politisch.

Sabaktché-Labná, 8. Dezember 1896

Von Tabi bis Labná, sechzehn Kilometer weit, führt der Weg, der für Voláns passierbar ist, fast ununterbrochen an Trümmern vorbei. Der Augenschein bestätigt hier, was Molina sagt: daß bei Ankunft der Spanier ganz Yucatán einer einzigen Stadt geglichen habe. Maler allein hat zwischen hier und Guatemala in der Waldwildnis die Trümmer von hundert großen Städten, eine jede mit weiten Terrassenanlagen, Steinpalästen und reichgeschmückten Tempeln, gefun-

den, und wie zum Hohne laufen streckenweise neben dem erbärmlichen modernen Holzwege die Fragmente der wie ein Damm fest aus Stein aufgeschütteten Mayastraße hin.
Ich bin unterwegs nur zweimal ausgestiegen. – Zuerst bei Mulottseca, wo kaum hundert Schritt vom Wege entfernt, in einem Dornenfelde, ein kleiner Steinpalast steht. Er ist so fein und anmutig gebaut, daß sein Säulchenfries trotz seiner Zierlichkeit für den schmalen Unterbau fast zu schwer erscheint. Mit der größten Sorgfalt sind die Bauglieder geglättet und ineinandergefügt, und der Elfenbeinton des Steins gibt weiche und tiefe Schatten. Im Innern sind nur zwei Räume. Der Bau diente, wenn er nicht ein Tempel war, vielleicht als Lustschlößchen oder Sommerhaus eines Mayafürsten.
Nach einer Stunde haben wir noch einmal, bei den Hütten von Sabaktché, gehalten. Hier liegen über einige Quadratkilometer die Trümmer einer größeren Stadt verstreut. Verschiedene Tempel und zwei Paläste stehen noch. Der eine Palast ist zweistöckig und einfach aber geschmackvoll mit Steinornamenten verziert. Am anderen, weit bedeutenderen stützen das Gebälk mächtige, zu dreien gekuppelte Halbsäulen. Die Bauten sind so in Vergessenheit geraten, daß es mehr Mühe kostete, ihre Lage von den Indianern zu erfahren, als sich durch die Dschungel zu ihnen hindurchzuhauen. Der größere Palast war bisher unbekannt. Ich habe ihn durch Zufall entdeckt, während wir nach zwei angeblich guterhaltenen Tempeln suchten. Die Tempel dagegen blieben im Walde verborgen.
Labná liegt in einem Talkessel des kleinen Hügelzuges, der Yucatán im Osten durchzieht und der heute noch die meisten Ruinen birgt, weil die spanischen Grundherren hier weniger als in der Ebene mutwillig zerstört haben, um sich Äcker zu schaffen. Die Ruinen sind, da sie an den Hügelabhängen über den Wald emporragen, leicht zu finden. – Ein Tempel, der wie das Taubenhaus in Uxmál von einer viereckigen, gewaltigen Steinkulisse überragt wird, gehört zu den phantasievollsten Bauten Yucatáns, und auch die beiden Paläste geben denen von Uxmál und Sabaktché nichts nach. – Aus dem kleineren Palast machen harmonische Verhältnisse und lieblich-phantastische Ornamentik ein Steinjuwel. Er gleicht an zierlicher Anmut, obgleich

er im übrigen größer und reicher ist, dem Schlößchen von Mulottseca. Eine von seinen Türnischen ist noch so frisch in der Farbe, daß man deutlich die Valeurs der Töne erkennen kann: auf grell zinnoberrotem Grunde giftig grüne Palmetten; das Fragment gibt eine Ahnung davon, wie bunt die ganzen Bauten verputzt waren; die Reizstärke der Farben gab der der Ornamente und Symbole nichts nach. – Am großen Palast sind die Verhältnisse gedrungener und archaischer, die Tore niedriger und breiter, das Gebälk im Verhältnis zur Höhe schwerer. Die Masken sind so üppig stilisiert, daß sie nur durch ihre imposante Größe und ihre groß-ornamentale, strenge Linienführung davor gerettet werden, kindlich fratzenhaft zu erscheinen. Die auffallendste steht über einem der Haupttore mitten unter Mäandern und halb zerstörten menschlichen Figuren. Zwischen tellergroßen, viereckigen Augen springt ein Rüssel wie ein Schiffshaken vor; darunter zeigt der lippenlose Mund zwei Reihen viereckiger Zähne und an jedem Mundwinkel zwei hornartige Haken. Die Pupillen der Augen waren blau. Die Zähne standen weiß glasiert hell im roten Rachen. Der ganze Kopf ist an die fünf Fuß hoch, und der Rüssel ragt hieroglyphengeschmückt etwa drei Fuß aus dem Fries vor. Uns Moderne bewegt tiefer eine andere Kolossalmaske, ein schönes Menschenantlitz, das wie erstarrt zwischen den Fängen eines Alligatorrachens gehalten wird. Als längst verdorrtes Symbol welches entschwundenen, welches verlorenen Glaubens blicken diese Augen noch so tragisch hernieder? – Das alles steigt, einem dunklen, unterirdischen Zyklopenwerk gleich, aus den Trümmern der heruntergestürzten oberen Stockwerke auf. Die Vegetation, die darauf lastet, ist so mächtig, daß sie ganze Mauern mitsamt ihrem Gebälk in einem Stück umlegt; ihre durstigen Wurzeln sprengen wie Arme die Decken, um in die Feuchtigkeit der Palastkammern hinabzulangen. Der Schatten des Waldes vertieft den Eindruck des unheimlich Nächtigen, Höhlenartigen. So gleichen die Paläste den Zinnen irgendeines aus dem Erdinnern in phantastischer Pracht aufragenden Nibelheim.

Kabà, 9. Dezember 1896

Kabà bietet von der obersten Terrasse des großen Tempels aus ein ähnliches Bild wie Chichén-Itzá; in allen Himmelsrichtungen eine unübersehbare Anzahl von Trümmerkomplexen, die wie Inseln aus dem großen Walde aufsteigen; die Ausdehnung der Stadt, die Menge und die Masse der Bauten, der Reichtum der Symbole und Ornamente, welche langsam im steigenden Humus- und Wurzelmeer versinken, sind hier nicht merkbar geringer als dort. Der Ort war wie Uxmál und Labná, wie Sabaktché und Aké, wie Bolontchén und die Dutzende von anderen Städten, die Stephens und Maler entdeckt haben, eine große, reiche, mit prunkvollen und kolossalen Gebäuden geschmückte Hauptstadt. Wenn Kunst, wie es scheint, auf seiten ihrer Schöpfer wie auf seiten derer, die sie genießen, eine Summe überschüssiger Kraft repräsentiert, dann muß man staunen, wie auf einem so kleinen Gebiet wie Yucatán so zahlreiche Kulturzentren möglich waren; das heißt, wie der Bruchteil von Arbeit, den diese Menge von Palästen und Tempeln verbraucht hat, immateriellen Bedürfnissen, Luxuswerken, zugewendet werden konnte; nichts gibt einen größeren Begriff von der verschwenderisch schenkenden Fruchtbarkeit der tropischen Natur. Diese Fruchtbarkeit ist hier sozusagen kapitalisiert sichtbar; der Mangel an Export hat sie zu Stein werden lassen: was an Volkskraft durch das mühelose Empfangen von der schenkenden Natur entbehrlich gemacht wurde, ist, statt außer Landes zu gehen, hiergeblieben. Also auch hier wie bei uns im Mittelalter war der beschränkte Markt eine Ursache hoher Kultur. Man muß annehmen, daß, wo der Arbeitsertrag größer ist oder schneller steigt als die materiellen Bedürfnisse und auch nach außen hin keinen Ausfluß findet, die Kraft, die sich staut, Luxusbedürfnissen zufließt. Luxusbedürfnisse sind ja nicht wie die materiellen an eine feste Aufnahmefähigkeit gebunden, sondern steigern sich unbegrenzt nach den Arbeitsmengen, die sie beherrschen, und können alle Formen und Stufen der Kunst in Anspruch nehmen, von der Ornamentik der Naturvölker bis zu den Bauten Ägyptens und den gotischen Domen. Während die Exportkultur mit der Mehrkraft des Volks Exportwaren schafft, das heißt einen Ersatz für Wertpapiere, eine Art von Münze, die den Nachteil hat, viel Arbeit zu kosten und doch zu verfließen, bietet also die Umgrenzung des Marktes den Kraftüberschuß Herrschern, Priestern, geistig oder künstlerisch verwandten Menschenreihen, kurz allen, die Schöpfer sein wollen, als ein mächtiges Werkzeug dar; mit dem sie, wenn ihr Sinn auf Dauerndes geht, über sich selbst hinaus produktiv werden können. So ist es in Yucatán gewesen; seine Fruchtbarkeit wurde statt zu Geld zu Bauten. – Japan könnte, wenn es nötig wäre, beweisen, daß die Produktivität, der Eigenwert eines Volks mit seinem Geldreichtum, seiner Kaufkraft, nicht identisch ist; denn die Kaufkraft ersetzt und verdrängt dort allmählich, was ich Produktivität genannt habe. Die Arbeitsmengen, die bis vor kurzem Dinge schufen, die Eigenwert besaßen, fabrizieren jetzt Waren, die nur einen Tauschwert haben; die alten, ganz feinen Lack- und Porzellan-Arbeiter sterben aus, weil die Jungen sich der Herstellung von Strümpfen und Streichhölzern, die ausgeführt werden, zuwenden. Dort steigt also die Kaufkraft des Landes, während seine Produktion an Selbstwerten sinkt; seine Arbeit wird statt zu Genüssen zu Geld. Mit dem Gelde werden sich einzelne vielleicht einen plutokratischen Luxus kaufen; dieser aber, der zum Beispiel auch aus dem Auslande bezogen sein kann, ruht auf einem ganz anderen Grunde als die alte, volkstümliche Luxuskultur, die sich nicht anders als national denken läßt. – Man übersieht, um wieviel die Höherentwicklung der europäischen Kultur durch die Erweiterung der Handels- und Auswanderungswege seit dem Ende des Mittelalters möglicherweise auch verzögert worden ist.

Das bedeutsamste Bauwerk in Kabà ist wegen seiner Fassade der Tempel des Kukulcàn, des Schlangengottes. Er setzt sich aus fünf Doppelheiligtümern zusammen, die in einer Reihe hinter einer einzigen langen Front liegen. Diese Front besteht in ihrer ganzen Länge und von unten bis oben aus nebeneinander und aufeinander gestellten, je drei Fuß hohen Kolossalmasken mit blanken Zähnen, großen viereckigen Augen und vorgestreckten Rüsseln; ein kräftiges Gebälk und die mächtigen Monolithe der Eingangstüren bieten dem Blick einen Maßstab und halten das Ganze so zusammen, daß es trotz seiner Phantastik den Eindruck eines Architekturwerkes, eines großen

Gebäudes macht. Die Pupillen, die einem aus den zahllosen Augenhöhlen der Maskenreihen entgegenblicken, die Menge der Lippen, die in regelmäßigen Zwischenräumen mit Schmuck beladen in der Fassade herniederhängen, die Gebisse, die ihre geschlossenen Zähne zeigen, überziehen die ganze Front wie mit einem Riesenmuster aus Augen und blanken Zahnreihen. – Durch die Tür des mittelsten Heiligtums sieht man an der Rückwand auf dem Boden aufgestützt eine ähnliche Maske wie die der Fassade; ihr Rüssel, der in drei Bogen auf dem Erdboden vorrollt, bildet den Stufenaufgang zu einem zweiten, höher gelegenen Raum, wohl dem Allerheiligsten. Wenn der Pilger auf der Treppe, die die Terrassen des Tempels emporführt, die oberste Stufe erreichte, erschien ihm plötzlich zwischen den übrigen Ungeheuern aus dem schwach erhellten Tempelinnern diese aus dem Boden aufragende Riesenmaske wie ein Phantom; und darüber in der hinteren Kammer, in noch tieferem Dunkel, der Gott.

Wenn ich richtig empfinde, was die Mayakünstler erstrebt haben, dann ist dieser Bau ihr Meisterwerk. Als die Flucht seiner blauen Augen und roten Rachen unter den Bäumen des heiligen Hains im Dämmerlicht riesengroß auf den tragenden Terrassen emporragte, einem Traumgesicht gleichend, da hat sie wie keine andere von ihren Schöpfungen eine Vision verwirklicht, die die Phantasie wie eine Erzählung von Poe oder ein Capriccio von Goya in ihren Bann zwang. Und eben diese Vergewaltigung der Phantasie scheint mir das eigentliche Ziel der Mayakunst gewesen zu sein.

Denn die Paläste und Tempel Yucatáns sind dem Märchen nicht nur äußerlich in ihrer Stimmung ähnlich, sondern auch innerlich verwandt durch den Instinkt, den sie befriedigten. Sie entsprechen dem Drang einer noch kindlichen Menschheit, an wechselvollen Erregungen alle noch frischen Fähigkeiten ihrer Seele zu erproben; auch sie wollen die Phantasie durch Überraschungen und Wunder wecken, Abenteurer sein, die die Sinne erleben, und Symbole, über die der Verstand grübeln kann; nicht abwechselnd grimme und holde, wie die des nordischen Märchens; ihnen fehlt der Humor: sondern bizarr unmögliche, durch die statt des Lachens eine düstere Sinnlichkeit wie tropischer Blumenduft zieht. Das Fabulieren erstrebt hier in schwülen, furchtbaren Bildern eine Gewaltsamkeit der Eindrucksmittel, die nur auf das stumpfste Empfinden oder auf einen Kraftüberschuß berechnet sein konnte, der sich in den heftigsten Nervenerschütterungen Luft machen mußte. Man kann nicht zweifelhaft sein, welches von beiden hier der Fall war. Denn wenn die Kunst gebraucht wird, um der Kraft, die den Menschen bis zum Schmerze spannt, einen Ausfluß durch die Sinne zu bahnen, dann bleibt neben dem Genießen auch das Handeln in seinem Recht; als direktere Schwächungsmittel des Körpers und des Willens treten orgiastische Zeremonien, blutige und ermüdende Wettkämpfe, das Aufsuchen ferner Abenteuer und die Selbstmarterung durch Askese neben der Kunst auf; ja, der erschöpfende Kunstgenuß ist dann für jenes erschöpfende Handeln im Grunde genommen nur ein Surrogat. In Yucatán, wo sich trotz genügender Überlieferung nicht einmal die Sage an solches erhalten hat, wo im Gegenteil ein quietistisches, energieloses Volk solche Wirkungsstärke gesucht hat, bleibt nur der Schluß, daß es stumpfe Nerven waren, die dieser Lautheit bedurften; wie denn überhaupt die sogenannte reichere Sinnlichkeit des Südländers bloß eine gesteigerte Reizbedürftigkeit sein könnte.

Kapitel V

13. Dezember mittags

Die Nacht über an Bord der ›Yumuri‹ auf der Reede von Progreso; dann um sechs Uhr früh die Anker gelichtet und westwärts am palmenbestandenen Küstensaum hinausgefahren. Das Land war bald unter dem Horizont versunken. Die See ist bis an den Himmelsrand ein Glanz und eine Glätte; das Wasser klar und blau wie Eis in einem Gletscherspalt. Nirgends Leben; alles regungslos: nur Licht und Blau. Diese tropischen Lichtwüsten sind die einsamsten aller Meere. Es ist, als hätte auf sie nie ein Auge geblickt. Sie ruhen selbstgenügsam in unberührter Herrlichkeit. »Was schön ist, selig scheint es in ihm selbst.«

Veracruz, den 15. Dezember 1896

Heute in der ersten Morgenhelligkeit stieg ganz fern die mexikanische Küste auf, der Häusersaum von Veracruz, und über einem Wolkenstreifen, durchsichtig wie ein Phantom, die weiße Spitze des Orizaba.

Leider haben wir den Zug verfehlt und mußten hierbleiben. Ich habe die Zeit benutzt, um das alte Conquistadoren-Kastell San Juan de Ulua zu besuchen. Es liegt auf einer Insel vor der Hafeneinfahrt; die weißen Bastionen steigen an der Hafenseite steil aus dem Wasser auf; die Barken segeln bis heran an die Kasematten. – Am Meere schützt den Wall ein schmaler Sandsaum, auf dem einige wild zerzauste Kokospalmen im Winde hin und her wehen. Gräber von französischen Soldaten, die hier während des Krieges am Fieber starben, verfallen langsam auf der Düne.

Die Festung dient als Gefängnis. Sie hat einen düsteren Ruf; Diaz soll die Verliese am Meer benutzt haben, um Oppositionspolitiker von der steigenden Flut ertränken zu lassen. Inquisitionsgeschichten entsprechen dem südlichen Sensationsbedürfnis. Die Qualen, die man sieht, sind andrer Art. Hierher verschwindet, was an politischer Opposition nicht der »Ley Fuga« zum Opfer fällt; Verdächtige oder vielleicht bloß Mißliebige mit gemeinen Verbrechern zusammen. Die Gefangenen sind untergebracht in Kasematten, kellerartigen Steingewölben, in die nur durch Schießscharten ein schwacher Lichtschein dringt. Die Luft unten ist dick und feucht. Jeder Raum ist belegt mit einer Herde von Gefangenen; wenn man durchgeht, drängen sie sich beiderseits eng an den Wänden zusammen. Der Lichtmangel hat ihre Haut entfärbt, alle sind verblaßt zu einer Art von Larven; man kann die einzelnen kaum auseinanderkennen; die Reihen aschgrauer Gesichter, deren Augen in den zu tief gewordenen Augenhöhlen unsichtbar sind, gleichen einander wie Totenschädel an Katakombenwänden. Für was für verschiedene Taten oder Worte die einzelnen auch hier sein mögen, jetzt gleichen sich die Gesichter, und auch die Gedanken; alle, die noch so viel Kraft haben, strecken ihre Hände vor und betteln. – Das Gelbe Fieber erlöst jährlich einen starken Prozentsatz.

Auf den Grund, auf dem die Festung steht, hat Cortez zum ersten Male am 21. April 1519 auf mexikanischen Boden das Kreuz gepflanzt!

Córdoba, den 16. Dezember 1896

Den Tag in Córdoba am Fuße des Orizaba verbracht. Der Ort liegt bloß sechshundert Meter hoch; an den 17000 Fuß des Berges sieht man fast von unten bis oben empor. Rings im Umkreis der Stadt, die in Wirklichkeit bloß ein großes Gebirgsdorf ist, liegen Kaffeeplantagen, auf denen zum Schutz der jungen Pflanzen zwischen den Stauden möglichst dicht großblätterige oder immergrüne Bäume: Steineichen, Bananen und Orangen, gepflanzt werden. Das gibt um den Ort einen künstlichen Urwald, durch den Grenzwege stundenweit zwischen blühenden Hecken führen. Brotfrüchte und reife Orangen hängen in den Ästen, die Tulipane strecken ihre schwachduftenden Blüten vor, und ihren Riesenkelch öffnet blutrot die Weihnachtsblume. Durch die Zweige glänzt überall der ungeheure weiße Vulkan; und der ferne Schnee wirkt paradiesisch inmitten des blühenden Tropengartens.

Orizaba, den 17. Dezember 1896

Orizaba liegt unter dem Orizaba-Vulkan an einem laut zwischen Bananendickicht niederrauschenden Gießbach. Die grüne Schlucht schneidet die Stadt entzwei. Zu beiden Seiten steigen ihre bunten, hellrosa oder lila gestrichenen Häuser empor, und zwischen ihnen gotische Kuppeln und Glockentürme, zierlich geschmückt mit leichten Pilastern.

Zur Abendandacht habe ich das mexikanische Weihnachtsmysterium, das Posada-Spiel, in der Kirche der Schmerzensmutter gesehen. Am Hauptaltar stellte eine lebensgroße Papiermasse-Gruppe Maria und Joseph dar, auf der Wanderung gen Bethlehem: Joseph in einem Mantel aus grüner Seide, Maria elegant im Strohhut und Reiseschleier. Sie durchschreiten einen Wald, der durch echte Brotbäume markiert wird. Zuerst spielt die Orgel ein weiches Präludium, zu dem Kinder auf Wasserpfeifen den Gesang von Waldvögeln nachahmen. Dann trägt eine Prozession, der sich die ganze Gemeinde anschließt, eine zweite Darstellung derselben heiligen Personen zur Sakristeitür, die das Tor einer Herberge bedeuten soll. Die Tür ist verschlossen; Maria und Joseph begehren Einlaß, werden aber mit rauhen Worten zurückgewiesen; da fällt die Gemeinde ein und begleitet das Pfeifen noch mit Trommeln und dann mit Schnarren, bis in einem betäubenden Lärm sich schließlich die Herbergstür den Reisenden öffnet. Das ist der Schluß des Weihnachtsmysteriums. In den Zwischenpausen dieser Katzenmusik wird gebetet und gepredigt! Man muß wieder dumpfere, dämpfende Sinne annehmen, um zu begreifen, wie jemand in Andacht solche Erschütterungen ertragen kann.

Abends waren wir auf dem Platz bei der Musik. Ringsherum stehen Hasardbuden für das Volk, in denen um Centavos eine Art von Lotto gespielt wird. Alle Buden waren brechend voll. Die Spielenden saßen gebeugt über ihre Karten an langen, schmalen Holztischen und pointierten mit Maiskörnern. Das Merkwürdigste war ihrer aller Ruhe und Gleichgültigkeit; von Aufregung keine Spur. Aus der Ferne sahen sie aus wie eine Abendklasse von fleißigen Schülern.

Von Orizaba nach Mexiko
18. Dezember 1896

Die Fahrt die Kordilleren hinauf von Orizaba übertrifft die Erwartungen. Das Gebirge steigt in Stufen auf. Dazwischen führen Schluchten empor. Wilde Gewässer rauschen talwärts oder stauen sich in der Enge zu grünen Weihern. Weiter unten bedeckt der Wald den Talboden wie ein tiefer Teppich. – Aber die Kraft des Lichts ist zu groß; die Stärke des Eindrucks wirkt brutal auf die Sinne und die Phantasie. Die Schneegipfel versengen die Augen oder verschwimmen in lauter Licht; das Laub steht ohne Farbe – nur Schatten, nur Schwarz – am blendenden Himmel.

Guadalajara*, 24. Dezember 1896

Nach zwanzigstündiger Fahrt von Mexiko heute abend hier angekommen. So habe ich meinen ersten Eindruck vom Dom nachts bei der Weihnachtsmesse empfangen. Ich weiß noch nicht, wie er bei Tage wirkt; im Kerzenglanz ist sein Inneres das Fremdartigste in Mexiko; im Stil eine Mischung von Flamboyantgotik und Empire: die Säulen der Schiffe antik mit dorischen Kapitälen, die aber gotische Rippen palmenartig emporsenden. Die Wände und Pfeiler weiß lakkiert. Die gotischen Rippen vergoldet. Goldene Kronleuchter an goldenen Ketten leuchten in langen Reihen mit Hunderten von Kerzen die Schiffe entlang. Die Lichter vervielfältigen sich im Golde und blanken Lack zu zahllosen Feuerreflexen: die Kirche gleicht beim zitternden Spiegelschein einem unermeßlich großen Ballsaal, wirkt aber infolge ihrer erhabenen Maße nicht frivol. Der matte Glanz der

* Sprich: Gwadalahára.

Lackwände und der Schimmer des Goldes verschmelzen im Kerzenlicht zu zartester Farbigkeit; den ganzen Raum erfüllt ein mildes Leuchten und Wogen, das im Chor allmählich in Nacht verlischt.

Dieser blasse Akkord von Weiß und Gold und Flammenrosa umspielt heute nacht den gewaltsamen Farbenmißklang der Gemeinde, die dichtgedrängt vom Hauptportal bis zum Gitter des Hochaltars blau, schwarz, knallrot, wie ein großes Beet greller Papierblumen das Parkett bedeckt. Die meisten hocken seit Stunden auf dem Boden; die Frauen betend, tiefverschleiert und in sich zusammengesunken, die Männer schlafend oder stoisch gleichgültig und unbeweglich ihre Gesichter aufstützend in kupferbraunen Händen, über die das Haar in langen, schwarzen Strähnen niederfällt. Weihrauchdunst vermischt mit Atemqualm schwebt in den Kirchenschiffen wie eine bläuliche Lichtwolke zwischen der Menschenmenge und den hoch darüber brennenden Kerzenkronen.

Seit elf Uhr läuten die Weihnachtsglocken. Von allen Kirchen strömen die Klänge, nahe und ferne, dunkle und helle, im Rhythmus majestätisch oder hastig, in der Farbe rein oder wie durch einen Riß getrübt, in ihrer Gesamtheit ein erzenes Dröhnen, ein Brausen wie von vielen Menschenstimmen, durch die offenen Portale zum Dom herein. Das Ohr ermattet in der Klangfülle, die in langgezogenen Riesenwellen, gleichmäßig im mächtigen Takt heranschwellend und wieder abebbend, wie ein Ozean nach dem Sturme brandet. Die Nerven werden durch sie für den Tonzauber der spanischen Weihnachtsmesse vorbereitet.

Um Mitternacht verstummen die Glocken; die Domportale fallen zu, und in der plötzlichen Stille beginnt Musik, kaum hörbar, und doch sanft und voll, heranwallend aus dem dunklen Chor wie aus einer weiten Ferne: Orgelakkorde verschmelzen mit hohen Kinderstimmen und leisem Vogelgezwitscher zum zartesten Nervenzauber; dann fallen Knaben und Frauen leise ein. Anschwellend scheint der Klang jetzt aus den Höhen der Kuppel herabzuschweben, voller und doch noch gedämpft, als ob durch dämmernde Nacht ein Sternensang nahte, Auge und Ohr durch leise Lockungen schmerzhaft-selig spannend. Sanfte Melodien tragen, von Stimmen aus der Höhe gesungen, die Weihnachtsbotschaft durch die weißen Hallen zur morgenländisch bunten Menge herunter. – Dann, nach diesem Vorspiel, beginnt die Liturgie. Priester in Weiß und Gold treten in den Kerzenglanz des Hochaltars wie in einen Glorienschein. Der tiefe Baß des Offizianten wechselt mit den Frauen- und Knabenstimmen aus der Kuppel; und immer wieder erhebt sich eine einsame Stimme, die Stimme des Menschen, als Antwort auf die Responsorien, die wie Weltenharmonien millionenfach verschlungen rauschen und schwellen.

Ein großer spanischer Dichter, Bécquer, hat in Worte gekleidet, was spanische Gemeinden während der Liebesekstasen dieses mystischen Hochamts fühlen. Der sterbende Meister Perez berührt mit den Fingern die Tasten seiner Orgel. »Ein Ton entschwebte ihren hundert Metallrohren, verbreitete sich erhaben und langsam und verging dann in Nichts, als habe der Wind ihn verweht. Diesem ersten Ton, der einer Stimme glich, die von der Erde zum Himmel stieg, antwortete wie aus der Ferne ein zweiter, zunächst sanft, dann mit rasender Schnelligkeit zu Fluten donnerähnlicher Harmonie anschwellend: die Stimme der Engel, die durch den Weltenraum zur Erde tönte. Man begann ferne Gesänge zu hören von himmlischen Heerscharen, tausend Gesänge zugleich und doch nur einen, wogende Umrankungen einer Wundermelodie, die auf dem Ozean jener geheimnisvollen Chöre wie ein Nebelstreif auf Meereswellen heranschwebte. Und schon sangen einzelne Chöre leiser, verrauschten, verstummten; das Klanggewirr wurde einfacher, nur noch zwei Stimmen waren es, die nebeneinander hinschwebten; und dann blieb nur eine einzige übrig, ein einziger schriller Ton, der wie ein Licht glänzte. Der Priester verneigte sich tief, und über seinem greisen Haupte erschien der Gemeinde, eingehüllt in blauen Weihrauchdampf wie in einen dünnen Schleier, die Hostie. Der schrille Ton, den bis dahin ein Triller hielt, zerging jetzt, wurde voller und immer voller; bis eine Explosion gewaltiger Klänge den Dom erschütterte, so daß in seinen Winkeln die zu dicht gewordene Luft summte und die Glasfenster in ihren Spitzbogen zitterten. Aus jedem Einzelton jenes machtvollen Akkordes brach eine Melodie hervor; die eine nah, die andere fern, die eine glänzend, die andere dumpf, ganz so als wollten Gewässer und Vögel, Winde und Wälder, Menschen und Engel, Erde und Himmel, jede in ihrer Sprache, die Geburt des Heilandes preisen. Der Priester fühlte, wie seine Hände zitterten: denn der, den sie emporhielten, den Menschen und Erzengel grüßten, war Gott, war sein Gott. Er sah den Himmel offen und berührte in der Hostie des lebendigen Gottes Leib.«

Gewiß sind nicht dieses die Träume, die die Indianermenge hier träumt. Aber was hier diese Musik weckt, die die Seele bis in ihre letzten Tiefen aufwühlt, wer will es sagen? Sind es die Bilder von entthronten Göttern oder solche von blutigen und perlenglitzernden Heiligen? Sind es düstere Gefühlsnachklänge orgiastischer und grausamer Riten? Ist es Sehnsucht, die nur durch feierliche Reigen um Menschenopfer auf Bergspitzen befriedigt werden könnte? Speist diese göttliche Musik naive Grausamkeit, tierische Brunst, plumpe und urweltliche, oder zarte und märchenhafte Vorstellungen? Die Menge verharrt schweigend und unbeweglich, undifferenziert trotz der bunten Lappen, die die einzelnen grellverschieden auszeichnen; während über ihre Köpfe wegbrausend die Orgel noch einmal den alten, reinen, jungfräulichen, weißen Dom mit Jubel und Sieg erfüllt. Und dazu noch immer, jetzt nur noch ganz leise, die süßen Stimmen der Heiligen Nacht, das Vogelgezwitscher bei den Hirten auf dem Felde und die sanften Engelchöre fern entschwebend die alte Weihnachtsbotschaft weitertragen: »Fürchtet euch nicht! Siehe ich verkündige euch große Freude, die allem Volk widerfahren wird. Denn euch ist heute der Heiland geboren... Ehre sei Gott in der Höhe und Friede auf Erden und den Menschen ein Wohlgefallen. Gloria Patri, Laetentur coeli et exultet terra ante faciem Domini, quoniam venit...« Als die Domportale auffliegen, strömt in den Weihrauch die Weihnachtsnacht warm und blütenduftend herein.

Guadalajara, 25. Dezember 1896

Nachmittags hinaus zur indianischen Weihnachtsfeier in einem der Dörfer nahebei; sie besteht in dem Pastores-(Hirten-)Spiel. Ein Mysterium wird im Freien gegeben, ohne Bühne. Die Zuschauer sitzen um die Spieler im Kreise auf der Erde herum. Vier Teufel treten auf; dann der Erzengel Michael, der Greis Winter und Hirten, die zum Jesuskinde gen Bethlehem fahren. Winter ist die komische Person und belustigt das Publikum; die Teufel sind als Indianer ausstaffiert mit Stirnreifen, gewaltigen Federkronen und roten Mänteln; die heiligen Pilger dagegen spanisch in Kniehosen, kurzen, ärmellosen Torero-Jacken und weißen, reichgestickten Hemden. Es wird abwechselnd zu monotoner Musik getanzt und rhythmisch rezitiert: die Verse schildern die Höllenqualen der Ungläubigen, die Tänze bestehen aus langsam schreitenden Reigenbewegungen, die an das Relief von Chichén-Itzá erinnern. Vielleicht ist das Ganze ein altes, vorspanisches Sonnenwendfest der Indianerstämme. Aber jeder Zug des Spiels, wie es jetzt ist, die verschiedene Tracht der Teufel und Hirten, die Betonung der Strafe für die Ungläubigen, die geschickte Umdeutung alter Bräuche, lehren, wie die Kirche sich in Mexiko die Herrschaft erkämpft hat; und zugleich, wenn man an die spanische Weihnachtsmesse denkt, mit wie viel einfacheren und naiveren und daher blutfreudigeren und grausameren Vorstellungen sich hier noch ganz natürlich das religiöse Gefühl verbindet. Es ist ein Beispiel der moralischen Eroberung, der Art wie Glaube und Kultur einer Rasse scheinbar zum Eigentum einer anderen werden.

Guadalajara, 26. Dezember 1896

Die innere Stadt ist eine Folge von Arkadengängen und Gärten, denen allzu süße, betäubende Düfte entströmen. Rosen und Tuberosen, Narzissen, Orangen und Tulipane blühen jetzt. Inmitten der Blumen und Blütenwolken stehen Türme von fensterlosen, gewaltigen Kirchen; gotische Strebepfeiler treten aus dem kahlen Steinmauerwerk wie Bastionen hervor, so daß man Kanonen dort erwartet, wo groteske Wasserspeier, Drachen, Adler, Ungeheuer, das Steinwerk bekrönen. Überall tragen die Mauern dieser kirchlichen Zwingburgen noch Spuren der früheren Kriege und Revolutionen: Einschläge von Granaten und Gewehrkugeln. Bis auf Diaz herrschten wie im Mittelalter hier fortwährend kleine Fehden. Losada, der sogenannte Banditenkönig, ist noch vor achtzehn Jahren mit einer Briganten-Armee von zehntausend Mann gegen Guadalajara marschiert: »Dem Gouverneur, der die Barbaren geschlagen hat«, hat die Stadt vor San Francisco ein Denkmal gesetzt.

Auf den meisten Plätzen ist in der Mitte ein Brunnen, an dem abends Weiber Wasser holen; ihre Tonkrüge, die sie auf einer Schulter oder an der Hüfte tragen, sind rot und dickbäuchig wie antike Amphoren, bizarr verziert mit Weiß und Gold nach altindianischen Mustern. Diese Frauen sind kräftiger gewachsen und schöner als die von Mexiko, von hellerer Haut und lieblicherem Gesichtsausdruck; die ernste und herbe Schwermut der mexikanischen Augen weicht bei ihnen einem halben Lächeln. Ihre Liebe zur Musik ist eine Leidenschaft. Des Nachts hört man überall, aus allen Fernen Gesang und Gitarrenspiel, schwermütige oder schalkhaft-heitere Liebeslieder, von sanften und warmen Frauenstimmen gesungen.

In den Volksvierteln, außerhalb der inneren Stadt, haben die Häuser nur ein Stockwerk und wie in Puebla flache Dächer; Fenster sind nach maurischer Art selten, und die wenigen, die die Straßenmauern durchbrechen, dicht vergittert. Aber innen ziehen sich die Wohnungen der Armen klosterartig um große, mit Orangen und Blumen bepflanzte Höfe. Die Zimmertüren öffnen sich nach dem Hofe zu; und auf diesem spielt sich am Tage das ganze Wirtschaftsleben ab. Materiell leidet der Arme unter seiner Armut hier weniger als im Norden: Sonne und Blumen kann ihm der Reiche nicht rauben; der Ärmste hat eine gewisse Anzahl von angenehmen Empfindungen, also von Luxus, umsonst. Dieses noch mehr als die größere Leichtigkeit, die Bedürfnisse des Lebens zu erlangen, macht die Kluft zwischen Reichen und Armen hier weniger empfindlich als bei uns. In Geld gemessen wäre sie größer als im Norden. –

Heute nachmittag waren Stierkämpfe; Blut und Blechmusik als Nervenkitzel; aber selbst hierbei sind die Ruhe und Gleichgültigkeit erstaunlich. Einmal entstand unter dem zuschauenden Militär, das auf der Arena saß, eine Prügelei: einige Sergeanten kugelten mit Mannschaften zusammen die Stufen herunter. Die Leute, die unten saßen, Volk und meistens Männer, rückten nur etwas zur Seite, fast ohne sich umzusehen. Als ein Stier einen Pikador warf und aufspießen wollte, stand das bessere, weißere Publikum, die Schattenseite der Arena, auf; das Volk gegenüber in der Sonne blieb sitzen; die mexikanische Menge reagiert auf Reize ebenso träge wie der einzelne Mexikaner. Erst ganz zuletzt, nachdem zwei ungewöhnlich wilde Stiere mehrmals über die Brüstungen gesprungen waren, wurde die Bewegung auch unter den billigeren Plätzen stärker und lauter. Aber selbst dann war die Aufregung mit der bei englischen oder deutschen Rennen oder mit dem frenetischen Geschrei bei einem Stierkampf in Sevilla oder Paris nicht zu vergleichen; namentlich fehlen die große, atemlose Stille und das jähe Losbrechen des Jubels, die das tiefbrandende Innenleben der europäischen Menschenmenge bezeugen.

Das Gedränge in den Straßen hier ist größer als selbst in unseren Millionenstädten. Aber still und lautlos wogt die dunkle, schillernde, massenhaft flutende, fremdartige, bunte Menge überallhin: auf die Märkte und Plätze, durch die Gärten und Höfe, in die Kirchen und Theater, an die Kneipen und Spielhöllen, in die entlegenen Straßen und in die schlechten Viertel, dort, wo die Häuser nicht mehr vergittert sind, sondern nachts lichtstrahlend offenstehen und ihre ausgekleideten geschminkten Insassen ohne Scheu zeigen. Alles umflutend, alles füllend, fließt der wimmelnde, endlose Menschenstrom. Am Tage bunt: Männer im Farbenkaleidoskop ihrer roten und weißen und regenbogenartig gestreiften Ponchos; juwelenbehangene, reitende, rauchende Weiber, Viehhirten, die in den Pulquekneipen mit silbernen Sporen und silbergesticktem Filzsombrero am Schanktisch zu Pferde halten, Frauen, die sich in den Hüften wiegend ihren Krug zum Brunnen tragen, Packträger, denen die Lasten an Stirnreifen wie an Diademen hängen und die spät im roten Sonnenstaub durch die Tore der Stadt einziehen. Des Nachts dieselbe stumme Menge schwarz, als bestünde sie aus wallenden Scharen phantastischer Schatten, als sei sie bloß bewegte Dunkelheit: außer wo unter einer einsamen Bogenlampe ein Teil durch das Licht leise hindurchflutet und beständig aus Nacht auftauchend auf Augenblicke farbig wird; oder noch phantastischer draußen bei der Weihnachtskirmes, wenn ein Binsenfeuer im Aufflackern das Gesichtermeer der wimmelnden, weiten, schwach bewegten Volksmassen plötzlich rot erleuchtet. Überall, in der Dunkelheit wie in der Helle, dieselbe Ruhe; gedämpfte Schritte, gedämpfte Gespräche: man ahnt bloß in der fast geräuschlosen Stille das Treten und Flüstern von Tausenden. Die kraftvolle Lautheit, der Reichtum an Einzelphysiognomien, die trotzdem feste Geschlossenheit der nordischen Menge kommen nirgends so stark ins Bewußtsein wie hier, wo man sie mit der stummen, trägen, monotonen und innerlich doch lose gefügten Masse eines tropischen Volkshaufens vergleicht. Diese südliche Menge steht der blonden, nordischen ebensosehr an sozial wertvollen Trieben nach wie der tropische Einzelmensch dem Europäer an Charakter: an Willensstärke und innerem Reichtum; beides erklärt den Sieg des Nordens.

Guadalajara, 27. Dezember 1896

Früh hat mir G. das Armen- und Waisenhospiz gezeigt, das die Regierung hier unterhält. Die Anstalt dehnt sich einstöckig um siebenundzwanzig mit Blumen und Palmen bepflanzte Arkadenhöfe. Die Reinlichkeit ist musterhaft; die Küche, die Schlafräume, die weißen Betten und Tischtücher, die Kleider der Leute peinlich sauber; und weil alle Türen immer offenstehen, ist nirgends der fade europäische Anstaltsgeruch. Es gibt Krippen für Säuglinge; und Säle, wo Greise ihr Leben beschließen; Schulen, wo Kinder Volksschulbildung erhalten, Lesen, Schreiben und Geographie, und praktische Kurse, in denen Knaben ein Handwerk und Mädchen haushalten und kochen lernen. Die Pflegerinnen sind weltliche Diakonissinnen in sauberen, einfachen Kleidern, die geräuschlos und pünktlich ihre Pflicht tun. Durch diese Anstalt werden über fünfhundert Arme versorgt, Findlinge aufgezogen, Bettler von der Straße gerettet... und heute morgen stand in der Zeitung folgendes: »Ley Fuga: Am Ende der vorigen

Woche wurden durch einige Feldgendarmen an einem Punkte, der Cerro Alto (Hoher Berg) heißt, zwei gut beleumundete Köhler festgenommen, während sie gerade Holzkohle brannten. Kaum waren sie an den Fuß des Berges angekommen, als der eine von beiden ohne weitere Umstände erschossen wurde. Der andere floh, als er das grausame Schicksal sah, das seiner wartete, in der Hoffnung, sich vor dem sicheren Tod zu retten. Dieselben Gendarmen arretierten in seinem Hause in Ixtlahuacan del Rio den José Rodriguez, der nur dadurch vom Tode gerettet wurde, daß er telegraphisch vom Distriktsrichter dieser Stadt einen Strafaufschubbefehl erlangte. – Die Festnahme der Köhler soll ihren einzigen Grund in einer böswilligen Denunziation durch Knechte der Hazienda von Astillero und Ocotengo gehabt haben, die daran interessiert waren, daß niemand ihnen im Brennen von Holzkohle Konkurrenz mache.« – Man erstaunt in Mexiko immer wieder über den Kontrast zwischen der Art der Erfolge, die die Diazregierung zeitigt, und der Gemeinheit der Mittel, durch die sie sich erhält. Das Befremden, das die Ley-Fuga-Exekutionen uns Europäern auch in anderen, hierzulande nicht als außerordentlich empfundenen Fällen verursachen, ist kaum zu überwinden. Seitdem der alte, notwendige Selbsterhaltungs-Instinkt der Gesellschaft, kraft dem sie den Einzelnen dem Ganzen auch gegen sein »Recht«, gegen »Billigkeit« und »Humanität« opfert, durch Rousseau zu etwas, dessen man sich schämt, geworden ist, fühlen wir Europäer uns selber fast verletzt, wenn jenes Prinzip einmal ohne Verhüllung hervortritt, wie hier, wo noch die Geburtswehen einer Gesellschaft Anstands-Rücksichten nicht erlauben.

Kapitel VI

Durch die West-Kordilleren

Zacoalco, 28. Dezember 1896

Um sechs sind wir auf einer mit acht Maultieren bespannten Postkutsche aus Guadalajara abgefahren. Das Morgenrot brannte auf dem Chor des Domes; in den Straßen leuchteten noch blaß einige elektrische Bogenlampen; in der Mestizenkneipe am Tor, »La Libertad de Andromeda«, nahm der Postillion vom Bock aus noch einen Aguardiente; und dann waren wir draußen auf der Kordilleren-Hochebene. –

Man sieht hier deutlich, wie nicht nur ein Land seine Bewohner, sondern die Bevölkerung auch ihr Land gestaltet. Die Landschaft ist nicht bloß in ihrer Bebauungsweise, der Feld- und Dorfanlage, dem Stil der Bauernhäuser, sondern gerade in ihren großen, scheinbar ureigenen Zügen ein zweites, nur in der Lichtwirkung noch blendenderes Spanien geworden. Daß die Conquistadoren nach heimischer Sitte die Wälder zerstörten, hat fast alles andere, was der spanischen Landschaft eigen ist, nach sich gezogen. Die abgeholzten Berge ermöglichen in ihrer Kahlheit alle Lichtbrechungen und Farbenspiele. Überall haben die reißenden Berggewässer in die Ebene mehr als mannestiefe Spalte gefurcht. Die Ackerkrume verweht infolge der Waldverwüstung und Trockenheit zu Staub, der in sämtlichen Farben der Landschaft Weiß mischt: das Gebirge leuchtet in allen Tönen vom tiefsten Purpur bis zur Lichtfarbe; bei Sonnenaufgang rote Lichtspiegel inmitten violetter Schatten; später Taubengrau und Orange, Blau und Blaßgelb, Kupferrot und Lila; aber alle Farben sind wie mit Milch getränkt. Man weiß aus gleichzeitigen Berichten, in wie kurzer Zeit die spanischen Eroberer das dichtbewaldete Tal von Mexiko abgeholzt haben. Eine Rassensitte hat in der Kolonie die beiden wichtigsten Bestandteile des Landschaftsbildes, die Oberflächen-Geologie und das Licht, das heißt die Tonart der Farbenskala, wahrscheinlich radikal verändert und in beiden das Mutterland neugeschaffen. Es ist eine ähnliche, sozusagen psycholo-

gische Umformung der Landschaft, wie sie auch einige von Angelsachsen besiedelte Gegenden erlitten haben.
Die Straße, auf der wir reisen, soll vor vier Jahren noch unsicher gewesen sein; damals pflegte man die, die als Briganten erschossen wurden, nachher an den Telegraphenstangen aufzuknüpfen; wer reiste, sah zu seiner Beruhigung die Banditen, die er gefürchtet hatte, halb von Geiern zerfressen oder als Skelette längs des Weges zwischen den elektrischen Drähten hängen. Jetzt ist die Straße erstaunlich belebt; die unsrigen, die von den Eisenbahnen entvölkert sind, können davon keinen Begriff geben. Streckenweise gleicht sie einer langen Kirmes. Trink- und Eßbuden stehen an der Chaussee alle paar hundert Schritt. Ochsenkarren und Reisewagen, Maultiere und Viehherden, Hausierer und Fußreisende, Reiter und Bettler drängen sich fast. Züge von Packeseln kommen des Weges, auf Anruf ihrer Treiber anzackelnd, und dann wieder ein Weilchen am Wege grasend; Packwagen zu zehnen zusammen mit dem nötigen Troß an Reitern und Fußknechten, einem unruhigen, farbigen, hin und her galoppierenden Schwarm, sind nicht selten; und Männer gehen neben Frauen her, die auf einem Esel reiten, ein kleines Kind im Mantel haltend, wie auf einem alten Holzschnitt der Flucht nach Ägypten. – Sammetbreughel und Callot haben nicht phantasiert. Man lernt hier in der langen Untätigkeit der Kutschreise, die das Lesen nicht zuläßt, mit ihnen den Augen- und Gefühlszauber der Landstraße empfinden, den Reiz des Sonnenlichts im Staube, der Helligkeit des Weges inmitten der dunkleren Kulturen, der bunten Bewegung der Farbenflecke, die Menschen sind, und schwarz und violett, blau und gelb, rot und weiß, so weit das Auge reicht, allmählich kleiner werdend durcheinander zittern und dann in Staub und Licht auf immer verschwinden.
Spät war die Kutsche am Salzsee von San Marcos. Die Gebirgszüge, die diese Lagune umgeben, sind vollkommen kahl; das Wasser ruht auf dem Grunde des Tals dunkel und blank; den Rest der kleinen Ebene bedeckt eine Kruste von Salz und Sand. Der Ort vereinigt die dreifache Melancholie des Wassers, der Wüste und des Dunkelvioletts seiner Berghänge.

Auch unser Nachtquartier, Zacoalco, liegt an einem Wasser, aber umgeben von Baumpflanzungen, die sich mit den Bergen zusammen im See spiegeln. Die Landschaft ist wie die am Lago Maggiore, doch alles weiter, dunkler, ernster.

Atenquique, 29. Dezember 1896

Unser erster Ausspann war heute am Wirtshaus ›Las Batallas de la Vida‹, Les batailles de la Vie. Herrn Ohnet gebührte ein Platz unter den hiesigen Kneipenschildern. –

Hier auf dem Lande bestimmen nicht nur die gotischen Bauregeln den Organismus der Gebäude, sondern bis heute noch auch gotische Formen ihre Ornamentation. In Sayula, wo wir heute zu Mittag gerastet haben, ist eigentlich die ganze Stadt gotisch, von den modernen, in einem naiven lokalen Spitzbogenstil errichteten Arkaden des Hauptplatzes bis zur mächtigen alten Franziskaner-Kirche, der ›Iglesia del Tercér-Orden‹, die, von Dattelpalmen umgeben, mit ihren finster verschlossenen Formen die Stadt überschattet. Es gibt sogar eine sehr saubere gotische Apotheke und einen alten, eher malerischen gotischen Maultierausspann, dessen Spitzbogen ganz unter blühenden Geranien verschwinden. An der Franziskaner-Kirche ist eigentlich nur ein nicht sehr großes Eingangsportal barock. Das Innere ist einschiffig mit einfachen gotischen Mauerpfeilern. Draußen steigen schwere, burgartige massive Strebebogen direkt vom Erdboden zum Dachsims auf und bilden an beiden Seiten der Kirche eine Art von riesigem Arkadengang, als wären die Seitenschiffe nach außen verlegt. Hier wie in der Hauptkirche des Orts, und wie in Zapopán, Zacoalco, San Pedro, kurz fast überall auf dem Lande, ist der Hochaltar gotisch. Es wirft auf die Stellung des gotischen Stils in Mexiko einiges Licht, daß er sich gerade auf dem Lande am Hochaltar erhalten hat; die Gotik war der volkstümliche Faktor, aus dessen Mischung mit dem von den offiziellen Kreisen importierten Barock der churrigueresket Stil der mexikanischen Stadtkirchen entstanden ist.

Die Postkutsche fährt nur bis Zapotlán, das wir heute um zwei erreicht haben. Von da muß man über die Pässe ans Meer hinunter auf Maultieren. Ich habe zwei Maulesel, ein Packpferd und als Burschen einen Mestizen mit, José Rolon Serrano. Die Maultiere sollen in ihrem kurzen, weichen Trab Tag für Tag leicht achtzig Kilometer laufen. – Gegen Abend waren wir schon auf der Höhe des ersten Passes. Gegenüber, hinter dem Bergrücken, der tiefgrün und schwarz den anderen Abhang der Paßschlucht bildet, lagerte das Hochgebirge, Gebirgszüge hinter Gebirgszügen bis zu fernen Spitzen, die rosa und lila im Wolkenrot verschwammen; und dahinter im Westen schien in den klareren Himmelsfernen schon der Widerschein des Meeres. Am Paß selbst steigen die Schneefelder des Nevado und der Krater des Colima-Vulkans auf: Flammen und Eismassen. Zuerst vermischte sich noch das Vulkanfeuer mit dem verglühenden Abendrot; je tiefer aber die Nacht, um so feuriger entzündete sich der Widerschein am Zenit, leuchtete in der Dunkelheit am Himmel wie die Lohe einer ungeheuren Esse, bald hell aufflammend, bald schmutzigrot auf den ziehenden Rauch riesige Gestalten malend. – Wir haben unten in der Paßschlucht Halt gemacht, beim Rancho von Atenquique. Die unteren Paßhänge bedeckt ein dichter Wald, durch dessen feuchte Finsternis die Tiere sich langsam Schritt für Schritt hinuntertasten mußten. Den regelmäßig wiederholten Zuruf des Serrano in der Dunkelheit übertönte allmählich, je tiefer wir hinunterstiegen, um so lauter das Brausen des großen Gebirgsbaches, der sich die Schlucht gerissen hat. Jetzt haben wir auf einige Stunden, bis es hell wird, abgesattelt. Das Rauschen des Wassers und der Gesang zahlloser Vögel erfüllt die Nacht. Ein schwerer, warmer Duft staut sich in diesen Engpaßtiefen. Die Luft ist hier so weich, daß wir auf unseren Schlafmatten am Feuer unter freiem Himmel liegen. Über uns funkelt das Südliche Kreuz.

Von Atenquique nach Colima
30. Dezember 1896

Wir sind gegen drei aufgebrochen, um noch vor Nacht die vierundachtzig Kilometer nach Colima zurückzulegen. Bei Tagesanbruch waren wir in der Gegend am Südabhang des Vulkan-Kegels. Der Blick reicht hier vom Höhenkamm der West-Kordilleren bis fast an den Stillen Ozean: schmale Täler senken sich zwischen hohen und steilen Gebirgszügen dem Meere zu. Ihre schwarzen und zackigen Felswände ragen nach Süden wie Kulissen hintereinander auf. – Die Talsohlen sind flache, reiche Alluvialebenen; das durch reißende Gewässer vom Hochgebirge hinabgespülte Erdreich hat sich zwischen den Bergwänden aufgestaut. Die Mitte dieser fruchtbaren Ablagerungen durchfurcht aber immer wie ein Erdspalt Hunderte von Fuß tief die Schlucht, die der Wildbach sich durch seinen eigenen Schutt und tiefer dringend in den Felsenuntergrund gerissen hat. Die Tätigkeit des Wassers kommt durch diesen sichtbaren Gegensatz ihres schaffenden und zerstörenden Erfolges stark zum Bewußtsein und zeigt, verbunden mit den gewaltigen umgestaltenden Kräften, die im Vulkan erscheinen, hier deutlicher als sonst die Erdoberfläche als etwas Lebendiges, Bewegliches, Werdendes. Die Landschaft erscheint wie die große Leinwand, auf der die Natur noch fortwährend neue Bilder malt. Wie im Anblick der sich dumpf bewegenden Alpengletscher oder des Meeres oder Himmels kommt zur Erhabenheit der Formen das Göttliche der sichtbar schaffenden Weltenkräfte hinzu, die zum Gemüt wie Verwandte sprechen. Hier sind die beiden Bestandteile des landschaftlich romantischen Empfindens; und diese Gegend vereinigt sie in seltener Stärke. – Achtmal haben wir zwischen Zapotlán und Colima die tiefen Schluchten der Gebirgsgewässer hinunter und wieder hinaufsteigen müssen. Die Felsenwände schneiden jäh und senkrecht ein in reiche Kulturen. Aber in der feuchten Wärme der Schlucht entwickelt sich eine andere, natürliche, üppige, jetzt mit Blüten bedeckte Pflanzenwelt; und Singvögel und Papageien nisten in den Zweigen. Oberhalb des Dorfes San Geronimo sind wir endlich aus diesem Schluchtenlabyrinth herausgekommen. Unten lag mit ihren Kuppeln und Türmen die Stadt Colima marmorweiß auf einer grünen, von Höhenzügen umschlossenen Ebene. – In ihrem Tal fließen die Gebirgsgewässer tiefblau an der Oberfläche; Kokospalmen und blühende Bäume stehen wie in einem Garten auf saftigen Wiesen; ein Duft wie von Tuberosen weht bis ins Gebirge her.

Colima, 30. Dezember bis 1. Januar 1897

Überall sind hier Kokospalmen. Selbst die einstöckigen bunten Häuschen der Stadt beschattet zwei- oder dreimal so hoch wie ihre niedrigen Ziegeldächer ein Wald dieser Palmen. Durch ihre Kronen blickt in alle Plätze und Straßen scheinbar ganz nah der große Vulkan. Sein Aschenkegel ist fast weiß und steht in der klaren Morgenfrühe wie glanzloses Silber am lichteren Himmel. Der Reichtum des Tales sind seine fließenden Gewässer. Den Ort durchtost ein großer Gebirgsfluß in Strudeln und Stromschnellen. An den Brüstungen der Brücken sind Steinbänke, auf denen man abends, wenn keine Musik auf der Plaza ist, dem Rauschen des Wassers zuhören kann; die Gespräche der Nachbarn und die Schritte derer, die vorübergehen, sind so leise, daß sie kaum die vom Geräusch des Stromes erfüllte Stille stören. Der Flußwind weht Kühlung und den Nachtduft der Gärten zur Stadt herein. Und unten baden Kinder und Frauen: weiß im Mondenschein.

Die Frauen sind hier von einer glühenden Schönheit; der neapolitanische Idealtypus, der in Neapel so selten ist, kommt hier wirklich und oft vor. Was die Italiener »Morbidezza« nennen, die wie vom Fieber erschlaffte Glut der großen, tiefgeränderten Augen, gibt dem Gesicht den Charakter; und dem Gesichtsausdruck entsprechen, wie man sagt, die Sitten.

Manzanillo, 31. Dezember 1896

Eine kurze vereinsamte Bahnstrecke verbindet Colima mit dem Hafenort Manzanillo am Stillen Ozean. Die See ist an dieser Stelle der Küste in ein kleines Gebirgstal eingedrungen, dessen Rundung das

Wasser, kaum vom Winde berührt, leise rauschend füllt. Ringsherum fangen am Strandsaum gleich Wald und Hügel an, hinter denen das Hochgebirge wild zerklüftet emporsteigt. Der Ort liegt zwischen diesem Wasserspiegel und einem großen Bergsee auf der Einsenkung eines Hügelrückens wie ein Sattel. Seine leichten Holzhäuser dehnen sich nach beiden Gewässern hinunter; ihre Bretter sind von der Sonne geschwärzt, trotz der Kokospalmen, die über ihnen ihre Kronen breiten. Den Ozean sieht man nicht; nur seine Brandung gegen das Außenriff tönt wie ein tiefer Baß zum helleren Rauschen der Hafenwellen. Die Landschaft erinnert an italienische waldumschlossene Meeresbuchten; doch ist das Gebirge hier wilder und mit Wald bewachsen dunkler; der Himmel tiefer; und das Blau des Wassers noch zarter und klarer: bis weit draußen sieht man darin die großen Fische, die Haie und Delphine, wie in Kristall schweben. Im Orte leben etwa achthundert Familien, die ihren Unterhalt auf die eine oder andere Weise an den im Durchschnitt viermal im Monat anlegenden Schiffen verdienen. Die Männer fischen oder helfen beim Ein- und Ausladen von Waren. Die Sitten der Frauen sind wie an der ganzen Westküste! Und das Leben kostet fast nichts. Es gibt Männer, die jährlich bloß zwei Monate, das heißt etwa acht einzelne Tage, arbeiten und davon leben. Die Natur bietet hier ohne Arbeit das Notwendige: und das Klima tut das übrige, um die Menschen schlaff und wunschlos zu machen. – Für Europäer bedeutet der Aufenthalt den fast sicheren Tod. Die Luft bleibt selbst im Schatten immer schwer und warm; das Meerwasser umfließt einen, wenn man badet, wie lauer Balsam; ein feuchter Dunst steigt fortwährend aus der Lagune auf und schwebt vor allen Fernen wie ein Schleier von zitterndem Gold und Blau. – Wie die Sünde den Augen der Frauen hier ihre lockende Tiefe zu geben scheint, so leiht das Fieber der glühenden Schönheit der Landschaft einen nicht in Worte zu fassenden, dämonischen Reiz.

Tonila, 1. Januar 1897

Gegen Abend sind wir von Colima zum Rückritt aufgebrochen. Im Gebirge ziehen heute zur Feier des Tages die Packträger betrunken und revolverknallend ihres Weges; in der Dunkelheit an den Wegebiegungen klang es wie Banditenüberfälle.

Wo wir übernachten, war ganz spät noch auf dem Marktplatz Serenade: zu Gitarren schwermütige Volksgesänge in Moll. In Europa kennt man davon nur die ›Paloma‹. Vieles mag auch nur mündlich überliefert sein; vielleicht lebt darin wie in der mexikanischen Gotik und Töpferkunst manches Altspanische, Alteuropäische, das im Mutterlande längst verklungen ist; Landsknechts- und Conquistadorenlieder, die mit dem Kreuz und dem Scheiterhaufen von jenseits der Meere kamen; oder vielleicht Reste von uralten indianischen Weisen, die wie die heidnischen Ornamente der Volkstöpfer von Guadalajara in die christliche Zeit sich gerettet haben; Lied und Ornament sind gleich zäh, ja unausrottbar. In die Neujahrsnacht klingen die weichen, einstimmigen Mollmelodien melancholisch und heimwehschwer zur Gitarre.

Sayula, 2. Januar 1897

Heute kam unter dem Vulkankegel ein junger, merkwürdig dunkler Indianer auf einem mageren Schimmel an uns herangetrabt und erbat, da sein Diener beim nächsten Dorf zur Heimreise umkehre, die Erlaubnis, sich uns anzuschließen. Er komme sechs Tagereisen durch das Gebirge her und reite nach Guadalajara auf Universität. Da er Student und offenherzig ist, habe ich im Laufe des Tages den Inhalt seines Geistes ausgepackt und notiert. Von spanischen Autoren kennt er nur Castelars bändereiche liberale Umwertung der Weltgeschichte. Don Quichotte steht zu Hause im Schrank, aber ungelesen. Engländer kennt er nicht. Von Deutschen dagegen Moltkes Kriegsgeschichte, die aber trocken sei, und Nordaus ›Lügen‹. Er war erstaunt, daß Nordaus Werke bei uns nicht als große Literatur gälten. Gehört hatte er von ›Don Carlos‹, Kant und Hegel und vom zweiten Teil des ›Faust‹. Seine wahren Lehrer aber sind die Franzosen, etwa die, die vor fünf bis zehn Jahren in Frankreich den Ton angaben: Renan mit seinem ›Leben Jesu‹, Viktor Hugo mit seinen Dramen, Alexandre Dumas der Sohn, dessen Stellung zur Ehe er bewundert, und Zola, an dem ihm die Kirchenfeindschaft gefällt; von Taine hatte er kaum gehört; er scheint für hier zu positiv und grau, nicht genügend »liberal«. Außer diesen Büchern bevölkerte seine Phantasie natürlich alles, was einmal in Paris aktuell war: die Patti, die Marsbewohner usw. Auch die nichtfranzösischen Dinge faßt er französisch auf. Ich dachte an das, was L., ein gebildeter Franzose, mir neulich sagte: das moderne, d. h. das nichtkirchliche Mexiko sei nur der Sprache nach spanisch, geistig dagegen französisch. – Vom Präsidenten meinte der Student: »Es muy asasino«: »Er ist ein großer Mörder«. Es lag darin naive Bewunderung, Ironie, kein Haß.

Gegen Mittag waren wir wieder am Engpaß von Atenquique. Neulich hatte ich ihn nur in der Dämmerung und nachts beim Lichte des Vulkans gesehen. Bei Tage ist er weniger malerisch-romantisch, aber dafür als Stück sichtlich erst werdender Natur um so gewaltiger. Der Gebirgsstock ist im Zickzack durch Wasser und Feuer mittendurch gespalten. Der Riß steigt in großen Kreuz- und Querzügen durch Felsenmassen auf. In der Tiefe sind Wälder und Dörfer mit Wiesen und Viehtriften. Die Basaltwände ziehen zu beiden Seiten parallel zueinander gegenüber und völlig senkrecht hin; der Felsen tritt, wo eine Ecke ist, wie ein Küstenriff, mit blanken Wänden, aber waldgekrönt vor. Man verfolgt den Spalt in seinen Windungen hinauf bis ganz fern an den Fuß des Vulkankegels. Immer wieder ragen hinter den vorderen Felsenwänden jäh abstürzende entferntere auf, wie Stufen, die zu den Vulkangipfeln emporführen. Der Stein geht in Asche, und die Asche in Rauch und dann in Wolken über. Was sonst nur in der Pflanze, im Tiere, in Körper und Gesichtsausdruck des Menschen erkennbar ist, erscheint hier im gewaltigsten Maßstabe auf dem Antlitze der Natur: die werdende Form, die Schöpferkraft der sich selbst schaffenden Welt.

Die Nacht verbringen wir in Sayula. Es war schon Abend, als wir einritten. Auf den Plätzen des Orts brannten wieder überall, wie gestern in Tonila, lichterloh die Freudenfeuer. Einige Gruppen hockten an der Flamme unter den Palmen eines Gartenplatzes und sangen leise Lieder in Moll. Durch Kneipenfenster leuchteten im Tabaksqualm die bunten Ponchos und die silbernen Ohrringe von Maultiertreibern. Ich habe die Franziskanerkirche noch einmal sehen wollen. Sie steht abseits von den heute erleuchteten Straßen mit ihrem mächtigen Pfeilerkranz im Dunkeln. Das Innere war nur schwach erhellt und fast leer; ein Beichtstuhl noch besetzt, und vor dem Altar einige betende Männer, sowie zwei Frauen, die mit einem Kinde in ihrer Mitte knieten; der Kleine sprach ganz schnell die Gebete nach, die die beiden Frauen leiser murmelten; es war kein anderes Geräusch in der Kirche; zum Schluß hob die eine das Kind auf und ließ es Christi Kniee, die blutigen, hoch am Kreuze küssen; dann entfernten sich die drei, die beiden Frauen und das Kind, Hand in Hand. – Im niederen Volk gibt es kaum einen Mexikaner, der nicht jeden Tag seine Andacht in der Kirche verrichtet und zu fest bestimmten Zeiten beichtet. Liberalismus und Unglaube sind hier noch aristokratisch; mein Student ist auf sie stolz. – Es ist nicht abzusehen, welche Veränderung in den Nachwirkungen aller Erlebnisse es hervorrufen muß, wenn einer sie Tag für Tag durch Gebet und Beichte ihrer Bitternis zu entkleiden vermag; und das von Kindheit an; ohne Kampf und ohne Zweifel alles in regelmäßigen Zwischenräumen im Himmel verziehen und deshalb auch aus dem eigenen Innern wie ausgelöscht. Unser Gemüt ist durch Generationen von selbstmarternden Vorfahren vielleicht krankhaft empfindlich geworden; wir werden schon so geboren, daß jede Berührung der Außenwelt länger und tiefer als bei den Menschen hier im Inneren unserer Seele fortschwingt. Ein kurzes Gewissen und stumpfe Nerven, das ist mexikanisch.

Guadalajara, 4. Januar 1897

Wir sind mittags um ein Uhr heute hier angekommen; diesmal den ganzen Weg zu Pferde; die kleinen struppigen Tiere sind die dreihundert Kilometer durch Hochgebirge in dreimal vierundzwanzig Stunden gelaufen.

Guadalajara, 8. Januar 1897

Heute nachmittag hat mir L. die Infanteriekaserne und das Gefängnis gezeigt. Sie ergänzen einander, da das System Diaz die kräftigsten Verbrecher der Armee zuteilt, statt sie im Gefängnis zu belassen. Man bekommt schwer Auskunft, ob und wie die Beimischung der Sträflinge den übrigen Ersatz im Heere demoralisiert; namentlich da auch dieser gewaltsam in entlegenen Dörfern oder aus dem Proletariat der großen Städte gepreßt wird. Im Offizierkorps sollen die Banditen, die Diaz hineinbefördert hat, ganz tüchtig sein; ja, klubfähig. Eine moralische Ansteckung scheint man hier wenig zu befürchten, aus verschiedenen Gründen; unter anderen, weil eine Berufsarmee, im Gegensatz zu den modernen europäischen Heeren, Zeit und Gelegenheit hat, durch andere Bande als die allgemein menschliche Moral zusammenzuwachsen; und dann weil das Handeln hier überhaupt weniger von einem inneren Gesetz als von äußeren Einflüssen und Strafen bestimmt wird. Jedenfalls hält die Armee, wie sie rekrutiert wird, die Ordnung im Lande wirklich aufrecht; zum Teil gewiß durch die Ley-Fuga-Tötungen. Der Oberstleutnant, ein liebenswürdiger, älterer Mann, zeigte uns selber seine Kaserne, ein altes Franziskanerkloster. Die Räume sind groß, hoch, wohlgelüftet und sogar sauberer als meistens in Europa; hauptsächlich weil es keine Türen und kein Mobiliar gibt, vor allem weder Schränke noch Betten. Der Mann schläft auf der Erde; sein Zeug hängt an Nägeln, die Waffen stehen an offenen Ständern, und er wäscht sich und badet draußen in einer dichten Bananenallee. Nur für die Offiziere ist das Brausebad in einer früheren Klosterzelle. Überall ist elektrisches Licht; in den Mannschaftssälen brennt es die ganze Nacht.

Eine Folge der Rekrutierungsweise ist, daß es den Soldaten verboten ist, einzeln auszugehen. Sie haben, was wir »permanenten Kasernenarrest« nennen. Zweimal in der Woche führt man sie zugweise in Reih und Glied in die Stadt oder zum Stierkampf; sonst läßt man sie nicht hinaus. Dafür ist von ihnen so gut wie keiner ledig; ihre Frauenzimmer, die den Tag über nicht in der Kaserne bleiben dürfen, ruft abends ein Signal. Wir waren gerade um sechs da, als es geblasen wurde; in ganzen Scharen kamen Weiber mit Schlafmatten, Kindern

und Essen herein. Bei der Reveille müssen sie hinaus. Sie ersetzen im Kriege den Train; während die Männer kämpfen, sorgen sie für den Nachschub; angeblich ausgezeichnet. –
Im Gefängnis diente uns der Dichter Gutierrez als Führer, der zum Tode verurteilt ist und wahrscheinlich in den nächsten Tagen erschossen wird. Innerhalb der Anstalt läßt man ihn frei, und da er ein Bekannter von L. ist, so bot er sich uns als Begleiter an. Er erschien mir, abgesehen von der »Aktualität« seines Verbrechens, als Mensch und als Exemplar seiner Rasse ungewöhnlich interessant.
Er ist wegen Meuchelmordes verurteilt. Geldfragen, Erbschaftsstreitigkeiten hatten ihn mit seinem Schwager verfeindet; die Erbitterung war im Wachsen; da wurde vor vier Jahren der Schwager in Sayula, während Gutierrez in ihrem gemeinschaftlichen Hause in einem Nebenzimmer saß, getötet. Ein Bandit gestand bald darauf den Mord, gab aber an, er sei von Gutierrez um achtzig Taler gedungen. Der Indizienbeweis scheint diese Aussage zu bestätigen. Gutierrez soll sogar geplant haben, den Banditen selber bei der Mordtat sozusagen in der Notwehr umzubringen, nur ein Zufall dieses verhindert haben.
Vor diesem Abenteuer hat Gutierrez Lieder gedichtet, die volkstümlich geworden sind; sentimentale und sarkastische Sachen, die zwischen dem Bänkelsängerstil und Heinrich Heine stehen. Jetzt verteidigt er seit drei Jahren seinen Kopf gegen den Scharfrichter ebenso kaltblütig wie er den Mord des Schwagers entworfen und vollführt hat. Vor kurzem war ihm seine Hinrichtung für den nächsten Morgen angezeigt; er kam in die Armesünderkapelle; mußte dort eine ganze Nacht bleiben, um am nächsten Morgen zu sterben; im Morgengrauen kam ein Aufschub. – Weder diese Stunden noch die Jahre, die er im Gefängnis Tag für Tag auf den Tod wartet unter rohen, schmutzigen Gesellen, oder noch schlimmer mit sich selbst allein, scheinen die geringste Spur hinterlassen zu haben; die Erlebnisse sind über seine Persönlichkeit wie Schatten über einen Stein hingegangen. Er ist als verurteilter Mörder ein hübsch reimender, gewandter Weltmann geblieben: mit guten Manieren, langsamen, vornehmen Bewegungen und einer Schlagfertigkeit, die scheinbar nie versagt.

Er hat durch seine weltmännische große Art, trotz der Häßlichkeit seines Falles, eine Sonderstellung im Gefängnis. Als Diaz vor kurzem die Anstalt besichtigte, hat der Mörder Gutierrez ihn im Namen der Gefangenen begrüßt. Er soll dieses, ohne jede Anspielung auf sein Todesurteil, mit vollendetem Takte getan haben. Nach der Art, wie wir heute von ihm unterhalten wurden, hege ich daran keinen Zweifel. Er führte uns und erklärte die Anstalt ruhig und ohne Schauspielerei, man könnte sagen: wie ein Gentleman sein Haus. Vor allem vermied er sorgfältig den billigen Panzer der Ironie. Über seinen Fall sprach er, als L. ihn darauf brachte, vollkommen sachlich: nicht zu kurz, als ob ihm das Thema peinlich wäre, und nicht so ausführlich, daß es uns hätte langweilig werden können. Seine Unschuld betonte er nicht, das fände er wahrscheinlich geschmacklos; sondern erwähnte nur beiläufig, der Staatsanwalt habe ihm nichts nachgewiesen. Im übrigen, sagte er, hoffe er noch fest auf die Gnade des Präsidenten; und sei er schuldig, nun dann: wer den Mut habe, ein Verbrechen zu begehen, müsse auch den Mut haben, die Folgen mit Gelassenheit zu tragen. Er machte sogar einen Taktfehler von F. wieder gut. Gutierrez selbst hatte sich einen Augenblick, wie unter guten Bekannten, gehen lassen und gefragt, ob wir nicht auch fänden, daß es im Auskosten der tiefsten Verzweiflung eine Art von Genuß gäbe, der der Freude gleiche und den Schmerz durch den Schmerz selbst tilge. F., der Kurzwarenimporteur ist, erwiderte vorschnell, er wisse das persönlich nicht; »denn ich war in meinem Leben bestimmt noch keinen Augenblick unglücklich!« Darauf wurde es peinlich still, bis Gutierrez selbst sich lächelnd F. zuwandte: dann ginge es ihm wie dem General Mejia, den Kaiser Max am Abend vor ihrer Hinrichtung scherzend fragte, welcher Anzug für einen zum Tode verurteilten Feldmarschall oder Kaiser Vorschrift sei? Worauf Mejia: er könne darauf Seiner Majestät nicht Antwort geben, denn ihm sei noch nie die Ehre geworden, erschossen zu werden.

Bei Gutierrez gehen die Wurzeln eines merkwürdigen Einzelcharakters deutlich in den Boden der Rasse zurück. Die Unempfindlichkeit und das kurze Gewissen des Mexikaners wachsen bei ihm ins Dämonische.

Kapitel VII

Querétaro, 11. Januar 1897

Eine stille, dunkle Bergstadt ist Querétaro. An Stelle der Blumengärten, die sonst in Mexiko den Städten Buntheit und Frische verleihen, stehen auf den Plätzen Zypressen und schwarzgrüne Eiben. Der Boden soll hier nur für sie günstig sein. Nirgends sind auch die Klöster so zahlreich; viele Straßen laufen ganz zwischen ihren öden Umfassungsmauern, deren obere Kante mit Glasscherben gesäumt ist. Die Stadt ist die kahlste und blasseste in Mexiko. Und in diesen Rahmen hat der Zufall die düstere Endtragödie der mexikanischen Monarchie verlegt.

Der Kerker, in dem Maximilian mit seinen Todesgenossen Mejia und Miramon die letzten Tage vor der Hinrichtung zugebracht hat, liegt im ersten Stock des früheren Kapuchinasklosters; drei hohe und mäßig geräumige Klosterzellen. Der Fußboden besteht aus roten Ziegeln; die Türen gehen auf eine schmale Veranda, die einen kleinen, gepflasterten Binnenhof überhängt. Licht empfingen die Räume durch schmale Öffnungen in mehr als Manneshöhe. Der gegenwärtige Besitzer hat in die Straßenwand Doppelfenster brechen lassen; der Blick ist öde; gerade gegenüber begrenzen den Platz die weißgekalkten Mauern eines Klosters, über die hier und dort Zypressenwipfel emporstehen, und am Ende einer Straße nach der Vorstadt, ganz in der Ferne, zieht ein kahler Bergrücken. Die Räume sind vermietet. In Maximilians Zelle schlief das Ehepaar, das hier bis jetzt wohnte. Heute gerade ziehen neue Mieter ein. Betten und Muttergottesbilder, Plüschsofas und Nachttische, das schäbige Hausgerät der alten und der neuen Familie stehten in ihrer kleinbürgerlichen Abgeschmacktheit auf dem Flur und in den drei engen Stuben durcheinander. Ein Kanarienvogel piept in einem früher einmal vergoldeten Bauer. Der Kaiser hat die Nachricht von der Zurückweisung der Gnadenbitte der Fürstin Salm und von seiner bevorstehenden Hinrichtung mit Mejia zusammen bei Miramon empfangen, in der entfernteren Zelle, die jetzt als gute Stube dient. Das übrige Gefolge, die Flügeladjutanten und der Stab des Kaisers waren abgesondert in anderen Teilen des Klosters interniert; diese Flügel läßt man verfallen; Schutt liegt dort in den Sälen, und auf den Treppen wächst Gras; nur die Kirche ist restauriert und jetzt der Mutter Gottes von Lourdes geweiht.

Der Platz, auf dem die Hinrichtung stattfand, liegt draußen vor der Stadt. Der Weg führt vom Kerker aus zuerst unter Eiben in eine Vorstadtstraße und dann durch tiefen Sand zur Stadt hinaus. Gleich nach den letzten Häusern sieht man rechts einen sonnengedörrten, steinigen Hügel, den ›Cerro de Las Campanas‹; an dessen Fuß hatte der Kaiser seinen Degen Escobedo, dem republikanischen Oberfeldherrn, übergeben; und dorthin ließ ihn dieser zum Tode führen. Der Feldweg geht durch Wiesen und dann über Geröll hinauf. Auf der Richtstätte stehen drei Säulen aus rotem Granit; die erste trägt die Inschrift MEJIA, die zweite MIRON, die dritte MAXIMO. Sand und Steine umgeben sie. Im Tal schlängelt sich ein von Weiden gesäumter Bach; in der Ferne liegt die Stadt, Kuppeln und Kirchtürme, zwischen denen Zypressen, wie schwarze Kerzen, stehen. Dahinter steigen amphitheatralisch flache Sandhügel auf. Sie waren die Tür der strategischen Falle, in die Maximilian gegangen war. Sein letzter Blick – er hatte gebeten, mit unverbundenen Augen zu sterben – muß den Hügelrücken und die Stadt mit ihren Zypressen gestreift haben.

Von den drei Monarchen, die gerichtet worden sind, verdient Maximilian am meisten Interesse. Er war begabter als Ludwig XVI. und gewissenhafter als der englische Karl; seine Schönheit und seine Jugend, die Mannhaftigkeit seines Ausharrens trotz Wortbruchs und Verrats, die Würde und die Anmut seiner letzten Stunden geben seiner Gestalt einen eigentümlichen, ritterlichen und menschlichen Zauber; und auch politisch zum Wohle Mexikos hat sich sein Schicksal nicht gerechtfertigt. Äußerlich ist er allerdings an der Phrase der »nationalen Freiheit« gescheitert; politisch, das heißt zufällig, an der perfiden Unterstützung, die Nordamerika seinen Gegnern gewährte; im letzten Grunde aber ging er unter, weil er versuchte, eine noch unentwickelte Rasse mit europäischen Mitteln, das heißt anständig, zu regieren. Seine Regierung ist die aufgeklärteste, die wirtschaftlich fruchtbarste und bis auf den offenen Krieg die unblutigste gewesen, die Mexiko in diesem Jahrhundert gehabt hat. Ihr Mißerfolg hat nur die Notwendigkeit dargetan, Mexiko zu regieren, wie es Diaz regiert. Nachdem noch einmal alles experimentiert worden war, hat Diaz schließlich doch dasselbe wie Maximilian, das heißt die Befriedung des Landes durch die Monarchie, erstreben müssen. Er hat sein Ziel erreicht, weil er die Stirn gehabt hat, das vielleicht einzige hier wirksame Mittel anzuwenden: die Ley Fuga.

Anhang

Zu dieser Ausgabe

Keiner der Zeitgenossen, die 1898 die »Modernität« und »seelische Ganzheit« der *Notizen über Mexiko* rühmen, vermutet hinter den redigierten Reiseaufzeichnungen jene Energie der Wahrnehmung, mit der Harry Graf Kessler fünf Jahrzehnte lang, von 1880 bis kurz vor seinem Tod am 30. November 1937, tagtäglich festhielt, was er sah und wen er traf und sprach. Dem Flaneur, wie er aus Munchs Ganzfigurenbild spaziert, galten die eigenen Tagebücher als bloße Privatdossiers, gehäuftes Rohmaterial des unermüdlichen Protokollanten, authentische Grundlage künftig zu schreibender Memoiren. Sein *Curriculum Vitae* (vgl. S. 319–334), die Biographie über Walther Rathenau (vgl. *Gesammelte Schriften III)*, Erinnerungen an die Entstehung der *Josephslegende* oder Aristide Maillols Holzschnitte für den *Eklogen*-Druck der Cranach-Presse (vgl. *Gesammelte Schriften II* S. 280–284) präludieren das verlokkende Vorhaben; 1929, im »année terrible« des Sechzigjährigen, während er in rückblickenden Reflexionen den Verlust Hofmannsthals, Diaghilews und Gustav Stresemanns beklagt, wird aus der Erwägung ein Plan. Als 1930/31 die *Denkwürdigkeiten* des Fürsten Bülow erscheinen, desselben, der einst als alberner Don Juan Mémé nachdrängte und nun mit schwatzhafter rancune den Vater verunglimpft, gerät der Entschluß zum Selbstzwang. Unter dem Datum des 5. Dezember 1931 berichtete Kessler von einer Beratung mit Heinz Simon, dem Miteigentümer der ›Frankfurter Zeitung‹ und des Societätsverlags:

»Ich sagte ihm, daß ich etwa ein Jahr brauchen würde, um sie zu schreiben, und während dieser Zeit einen materiellen Zuschuß haben müßte, der auf das Honorar angerechnet werden würde. Er war im Prinzip einverstanden und sagte, er müsse sich die finanziellen Möglichkeiten überlegen, werde mir dann schreiben. Er sprach offen über die ›Legenden‹, die mir zweifellos nicht unbekannt seien, die meine Geburt beträfen; ich gelte allgemein als ein Hohenzoller, ein Sohn Wilhelms I.; gerade deshalb hätten mir die Rechtskreise mein Eintreten für die Republik so übel genommen, weil ich ein ›Onkel‹ Wilhelms II. sei. Ich sagte ihm, die Sache sei sehr leicht als der Unsinn, der sie ist, festzunageln, da meine arme Mutter den alten Kaiser erst nach meiner Geburt kennengelernt habe. Ja, meinte er, sie sei aber doch die letzte Liebe des alten Herrn gewesen. Ich sagte, vielleicht, aber so, wie Marianne die letzte Liebe des alten Goethe gewesen sei. Jedenfalls, meinte er, stamme ich aus dieser alten konservativen Umgebung, und es werde interessant sein, die Wandlung zu erleben, die mich auf meinem Lebensweg aus diesem streng monarchischen Kreis zur Fronde gegen Wilhelm II. und dann zur Republik geführt habe... Jedenfalls ist mir das eine bei meinem heutigen Gespräch mit Simon klargeworden, daß das erste Kapitel der Memoiren ›Meine Mutter‹ heißen muß und dem törichten Geschwätz über meine Abstammung ein für allemal ein Ende machen soll. Die Memoiren sind dadurch gewissermaßen eine Pflicht der Pietät geworden.«*

Erste Überlegungen zur Methodik werden Ende April 1932 verzeichnet: »Memoiren: Sinngebung der Zeit aus der Perspektive einer Persönlichkeit. Eben darum Perspektive, Rangordnung der Dinge und Geschehnisse im Hinblick auf die Persönlichkeit und ihr Drama, ihre wechselnden Situationen, ihre Tragik oder Tragikomik. Dadurch Überwindung der bloßen Chronik, der Rangordnung der Personen nach ihrer bloßen ›Berühmtheit‹; dafür die Einordnung in die Situationen und den dramatischen Aufbau des Ganzen; Organisation des Stoffes. Jede Person, mag sie noch so ›berühmt‹ sein, gilt nur soviel, wie in diesem Drama ihre Rolle gewesen ist; ihr Wert für das Werk resultiert nur aus der scharfen Umreißung ihrer Besonderheit (ihres ›Charakters‹) und der Bedeutung dieses Charakters für den Fortgang des *Dramas,* nicht der Weltgeschichte; sie müßte ebenso interessant sein, wenn sie anonym aufträte... Die Gefahr des Memoirenschreibers (und um so größer ist diese Gefahr, je reicher und bewegter das Leben des Schreibers gewesen ist) – die Gefahr ist die Übermacht und Zähigkeit des Stoffs, den der Verfasser zu kneten und durch seine Kunst zu bändigen hat. Meines Erachtens kann nur, wer dramatisch, und zwar leidenschaftlich dramatisch erlebt, gute Memoiren schreiben.«**

Und am 30. April bei Gelegenheit der Lektüre von Klaus Manns *Kind dieser Zeit:* »Er gibt vor allem die Dichtigkeit der menschlichen Gemeinschaft, in der er groß wird; indem er und seine einzelnen Figuren immer in dieser dichten, sehr einzigartigen Atmosphäre stecken, wird ihre persönliche, individuelle Prägung erst recht deutlich. Die einzelnen aus einer sehr dichten, scharf sich einprägenden Gemeinschaft oder Gesellschaft herauswachsen zu lassen, dieser sozusagen ›kollektivistische‹ Kniff der Charakterisierung, sehr wirksam... Die spezifische Atmo-

* *Tagebücher 1918–1937.* Hrsg. von Wolfgang Pfeiffer-Belli. Frankfurt/Main: Insel [4]1979, S. 650f.

** Ebd. S. 663f.

sphäre einer Zeit in einer kleinen Gemeinschaft von intim erlebten Menschen verdichten und aus diesem tragkräftigen, dichten Boden die Persönlichkeiten und Ereignisse der Zeit hervorwachsen lassen. Nichts im luftlosen Raum schweben lassen im Vertrauen auf das Interesse, das es auch sonst als bedeutsames Ereignis oder historische Persönlichkeit für den Leser haben mag. Valeurs, valeurs, wie in einem Gemälde!«*
Im Oktober 1932 beginnt die Sichtung verwendbarer Originaldokumente: Briefe an die Eltern, das Tagebuch der Mutter als Kernstück und perspektivische Erweiterung des ersten Kapitels, eigene Schülerdiarien und poetische Versuche aus Paris, Ascot und Hamburg, Kollegmitschriften der Bonner und Leipziger Semester, Widmungsexemplare, Photos. Die ersten hundert Typoskriptseiten, eine Fassung des *Mémé*-Abschnitts, liegen dem Lektorat des Ullstein-Verlags bereits im Dezember zur Begutachtung vor. Am 6. Februar 1933 notiert Kessler: »Mittags Besprechung mit dem alten, tauben Sam Fischer über meine Memoiren. Er hat das erste Kapitel gelesen und begrüßte mich salbungsvoll, indem er mir die Hand drückte, mit den Worten: ›Ich gratuliere Ihnen, Sie sind ein Dichter!‹ Aber er will von Verhandlungen nichts wissen, solange ich noch mit Ullstein verhandele.« Zwei Tage später: »Vormittags rief Frau Fischer wegen der Memoiren an. Sie habe den letzten Teil (des ersten Kapitels, Mamas Tod) ›unter bitteren Tränen‹ gelesen. Dieser ganze erste Teil sei ein kleines geschlossenes Kunstwerk, das ihr Mann gern als solches in seiner ›Rundschau‹ abdrucken möchte.«**
Tatsächlich wird noch im selben Monat anhand einer Disposition der vorläufigen Kapitelfolge (vgl. S. 307–317) zwischen Kessler, S. Fischer und seinem Schwiegersohn Bermann der vertragliche Rahmen fixiert: zwei selbständige Bände im Umfang von jeweils vierhundert Manuskriptseiten, abzuliefern im September 1933 und März 1934; als Honorar sollte der Autor die üblichen 15 % vom Ladenpreis des broschierten Exemplars erhalten, à conto künftiger Abrechnungen aber vom 1. März 1933 an in sechs Monatsraten einen Vorschuß von zwölftausend Reichsmark. Doch der fulminante Anfangsschwung von Kesslers Niederschrift trog. Erst am 7. November dankt Samuel Saenger im Namen des Verlags für den »starken Eindruck« einiger Abschnitte aus den *Lehrjahren:*
»Ich beglückwünsche Sie und möchte wünschen, daß keine äußeren Umstände, welcher Art immer, Sie bei der Vollendung des Werkes stören. Ich messe ihm in literarischer und zeitgeschichtlicher Hinsicht einen

* Ebd. S. 664f.
** Ebd. S. 705.

weit über den Moment hinausreichenden Wert bei. Die Darstellung ist durch das ausgezeichnet, was Strachey (glaube ich) ›a marvellous command of the atmosphere‹ nennt: künstlerisch die Voraussetzung dafür, daß die in die Atmosphäre hineingestellten Personen atmen, leben, gegenwärtig sind. Aber gleichzeitig schaltet sich Ihre Darstellung immer stärker in das Zeitgeschichtliche ein: durch die unaufdringliche Einbeziehung der politisch, sozial und kulturell bestimmenden Faktoren der Umwelt, die wir Heutige, Wissende sich langsam dem ihr (und uns) aufgesparten Fatum zubewegen sehen. Der Sonderfall eines reichen, persönlichen Entwicklungsganges – vorgeführt mit allen anekdotischen und novellistischen Reizen – mündet unauffällig, aber immer spürbar, in den großen geschichtlichen Raum und gibt dadurch diesen Memoiren ›Bedeutung‹. Ich erwarte viel von der Fortführung des Werkes und wünsche Ihnen vor allem ungestörte Ruhe und Gesundheit zur Vollendung.« *

Gesundheit und Ruhe: der ›rote Graf‹ sucht beides, nachdem er Deutschland im März 1933 hatte fluchtartig verlassen müssen, im mediterranen Klima von Mallorca, behindert in seiner Weiterarbeit durch enervierendes Warten auf notwendige Dokumente, die der Adlatus und Freund Max Goertz in Handkoffern aus den mittlerweile bespitzelten (und geplünderten) Wohnungen in Berlin und Weimar herausschmuggelt. Anderthalb Jahre lang, bis ihn im Juni 1935 terroristische Übergriffe der Franco-Faschisten vertreiben, lebt Kessler zurückgezogen, bei immer schwankender Gesundheit, auf der Insel; verstrickt in den befürchteten Kampf gegen eine »Übermacht und Zähigkeit des Stoffs«, bei dessen Bändigung nur unterstützt von Albert Vigoleis Thelen als schelmisch hantierendem Sekretär:

»Die Handschrift war nicht immer leicht zu entziffern ... Mit vollendeter Zurückhaltung gab ich das getippte Pensum ab, um es wenige Tage später mit vollendeter Zurückhaltung wieder in Empfang zu nehmen, dazu wieder ein paar Blätter der neuen Niederschrift. Das alles mußte ich tausendmal verzeihen, was ich auch tat. Denn das schon Getippte wieder abzutippen, wobei die von gotischer Hand angebrachten Verbesserungen, Streichungen und Ergänzungen zu berücksichtigen waren, war kein Schleck. Auf diese Weise entstanden eine ganze Anzahl von Fassungen, die der Philologe, der sich mit textkritischen Ausgaben beschäftigt, mit den Minuskeln des lateinischen Alphabetes zu kennzeichnen pflegt. Das hat sich so eingebürgert in der Wissenschaft; mir bereitete es aber

* Berlin, 7. November 1933. Original im Deutschen Literaturarchiv / Schiller-Nationalmuseum, Marbach am Neckar (Nachlaß Kessler).

Schwierigkeiten rein mnemischer Art. Denn es gab Fassungen, die bis zum Buchstaben m vorgestoßen waren. Nun genügten manchmal kleine Änderungen, ein Wort, und die ganze Seite mußte abgeschrieben werden, mit vielen Durchschlägen. Nur so hatte der Verfasser den klaren Überblick über das, was eines schönen Tages die Fassung von letzter Hand sein würde. Gesichter und Zeiten, Völker und Vaterländer begannen sich in meinem Hirn zu drehen, daß es mir schwummrig wurde; es war wie eine Springprozession, aber mit jeweils vielen Schritten zurück und nur ganz wenigen, die einen weiter brachten ... Aber bei aller Schlüchtigkeit und Abscherung der entsprechenden Hirnpartie konnte es mir doch passieren, daß ich die Erinnerungen von Harry Graf Kessler mit der Zeit auswendig heruntertippte. Nach einem halben Dutzend Mal saß es meistens wie Goethes Erlkönig, mit dem Unterschied freilich, daß der klassische Spuk eine Fassung von letzter Hand war, während die Erinnerungen an Völker und Vaterländer, in mir schon zum literarhistorischen Geoid gestockt, beim Autor noch in schöpferischer Fließe waren; und da ich nur mit zwei Fingern tippe, ob auch ziemlich schnell, und mein Augenmerk mehr auf die Tasten als die Vorlage richten muß, kam ich aus dem neuen in ein altes Konzept, und über die Verbesserungen hinweglesend, ließ ich das Ausgemerzte wieder gelten, vertippte mich also um ganze Worte und Redewendungen: Kessler deutete es oft als meine kritische Mitarbeit, für die er dankbar war; die frühere Fassung sei entschieden die bessere gewesen, und ich erntete Lob für mein vermeintliches Stilgefühl.« *

Ein schließlich doch satzreifes Typoskript geht in den ersten Januartagen nach Berlin, Fahnenkorrektur wird erledigt und am 27. April der Umbruch imprimiert. Im Juni liegt der erste Band von *Gesichter und Zeiten* im Buchhandel vor, im September erreicht Kessler die Nachricht von seinem Verbot. Hatte man im Propagandaministerium begriffen, wieviel subversiven Hohlraum der Abschnittstitel *Völker und Vaterländer* mit dem deutlichen Bezug auf das Achte Hauptstück in *Jenseits von Gut und Böse* umschloß? Nietzsches leitmotivisch verflochtene Verdikte über das »nationale Nervenfieber«, die »Politik des kurzen Blicks und der raschen Hand«, seine Verhöhnung der Deutschen als eines Volkes »ungeheuerlichster Zusammenrührung und Mischung von Rassen«, die Definition des »neuen Menschen« als guten Europäer ließen nach dem Prolog über die Intention der Fortsetzung keine Zweifel. Vorsichtige Vermittlungs-

* Albert Vigoleis Thelen: *Die Insel des zweiten Gesichts. Aus den angewandten Erinnerungen des Vigoleis*. Köln: Eugen Diederichs 1953, S. 630–632. Vgl. auch S. 436 f., 567 f., 622–629, 633–645, 729–741.

versuche Peter Suhrkamps blieben ergebnislos: »Wir haben sowohl bei der Reichsschrifttumskammer wie auch bei der Polizei Bemühungen, Ihr Buch wieder frei zu bekommen, aufgenommen... Eine Besprechung des Buches im Dezemberheft der ›Neuen Rundschau‹ oder ein Hinweis im Katalogteil war bei der augenblicklichen Sachlage nicht möglich. Wir haben den Prospekt unserer Neuerscheinungen deswegen sogar vollständig neu drucken müssen.« *

In der Zwangslage seiner Wiener Emigration legte auch Gottfried Bermann-Fischer keinen Wert darauf, einen Buchplan zu finanzieren, dessen Konturen sich fortwährend veränderten. Schon die umfangreichen *Amerika*-Abschnitte als Ouvertüre des zweiten Bandes sind im ursprünglichen Entwurf noch garnicht vorgesehen; auch die *Notizen über Mexiko* als Ertrag einer zweiten Reise 1896 hätte Kessler wohl kaum ausgespart. Denkt man den 1933 disponierten Stoff in bisheriger Erzählbreite nur bis zu den Revolutionstagen und Pilsudskis Befreiung weiter, wären mindestens vier umfangreiche Bände nötig gewesen. Offen bleibt auch, bis zu welcher seiner rastlosen Aktivitäten in den zwanziger Jahren Kessler die Schilderung noch führen wollte; ein Hinweis S. 268 gilt seiner Amerika-Reise von 1923 aus Anlaß einiger Gastvorlesungen an der University of Williamstown/Massachusetts (vgl. *Gesammelte Schriften II* S. 326, Nr. 74). Aber schon im Oktober 1935 belief sich Kesslers Schuld aus Vorauszahlungen wieder auf über zehntausend Reichsmark. Was lag näher, als eine ohnehin ständig stockende Niederschrift einstweilen abzubrechen und den offenen Betrag durch die Redaktion von Übersetzungen auszugleichen. In den Notizheften und erhaltenen Korrespondenzen fehlt seit der Abgabe des *Amerika*-Kapitels für die Herbst-Hefte der *Neuen Rundschau* jeder Hinweis auf eine Weiterarbeit. Nicht einmal der Titel des nächsten Bandes ist überliefert.

Über den Abdruck seiner Erinnerungen in der *Times* hatte Kessler bereits im Mai 1933 mit dem Chefredakteur Geoffrey Dawson erfolgreich verhandelt und Faber & Faber für die englische Lizenzausgabe interessiert. Gleichzeitig gelang mit dem Verlagshaus Plon in Paris ein Vertrag über die Publikation der *Souvenirs d'un Européen*. Was der beauftragte Übersetzer im Sommer 1935 vorlegt, genügt dem Autor freilich nur als Brouillon. Unterm 15. August vermerkt das Tagebuch: »Heute, am Festtag [Mariä

* Berlin, 7. Dezember 1935. In: *S. Fischer, Verlag. Von der Gründung bis zur Rückkehr aus dem Exil. Eine Ausstellung des Deutschen Literaturarchivs im Schiller-Nationalmuseum*. Bearbeitet von Friedrich Pfäfflin und Ingrid Kussmaul. (Katalog Nr. 40. Hrsg. von Bernhard Zeller) Marbach 1985, S. 454.

Himmelfahrt], die Revision des Teils der französischen Übersetzung meiner Memoiren (bis Schluß des Ascot-Kapitels) beendet, der in meinen Händen ist. Der Übersetzer (Blaise Briod), Beamter an der ›Coopération Intellectuelle‹, hat nichts von der literarischen Form und von allem, was zwischen den Zeilen steht, begriffen. Er hat mein Buch so übersetzt, als ob es eine Völkerbundnote oder eine juristische Abhandlung wäre. Seine Übersetzung verhält sich zum Original wie ein Öldruck zu einem Gemälde. Ich habe fast jeden Satz umgießen, neu formen, der französischen Sprache anpassen, zum Leben erwecken müssen, so daß die französische ›Übersetzung‹ wie ein Originalwerk neben dem deutschen steht. Die Arbeit – ich habe mich daran in den sechs Wochen fast totgearbeitet! Aber jetzt steht sie! Ich hoffe, daß sie so etwas von dem, was ich habe sagen wollen, vermittelt.«*

Solche Skrupel ehren den Stilisten – dem Fortgang der Aufzeichnungen werden sie zum Verhängnis. Selbst eine Zusammenstellung von *Souvenirs sur Bismarck* für die *Revue de Paris* (vgl. S. 444) ist um »valeurs« bereichert; das Buch selbst, als es Ende Oktober 1936 die französischen Freunde enthusiastisch begrüßen, so sehr »Originalwerk«, daß Bernard Berenson die deutsche Erstfassung als einen Umweg empfindet. Die noch begonnene englische Version *Times and Faces*, wiederum eine Übersetzung von eigener Hand, berücksichtigt die Erweiterungen der *Souvenirs d'un Européen* nur zum kleineren Teil. Am 16. Juli 1937, in den Monaten schwerster Krankheit, schickt Kessler die ersten 145 Typoskriptseiten an Faber & Faber. Das im Nachlaß erhaltene Fragment folgt dem deutschen Text bis Seite 111 und schließt: »Ein Gegenstand, der nicht im Lehrplan stand, in den ich mich aber mit Leidenschaft vertiefte, war London.«

Diese Ausgabe versammelt, neben dem Neudruck der *Notizen über Mexiko,* erstmals das Verfügbare: *Völker und Vaterländer* als Band I des Memoirenwerks *Gesichter und Zeiten* mit den wichtigsten Einschüben der französischen Ausgabe und vom zweiten Band das aus Nachlaßmaterial komplettierte *Amerika*-Kapitel; eine Disposition des Geplanten von 1933 und ein *Curriculum Vitae* aus der Mitte der zwanziger Jahre.

Sehr zu danken hat der Herausgeber für Unterstützung und geduldige Mitrekonstruktion einer von Gerüchten umschwirrten Textgeschichte dem Erben Harry Kesslers, Herrn Jacques de Michel-Duroc Marquis de Brion.

* *Tagebücher* S. 744 f.

Anmerkungen

Gesichter und Zeiten. Erinnerungen

Erster Band:

Völker und Vaterländer. I. Mémé, II. Lehrjahre. [S. 11–231] Erstausgabe Berlin: S. Fischer [Juni] 1935. Druckvermerk: »Erste bis fünfte Auflage« [entspricht dem 1.–5. Tausend]. Einbandzeichnung von Walter Tiemann. Mit dreizehn Bildbeigaben, zumeist aus Familienbesitz [die übernommenen Abbildungen wurden für diese Ausgabe mit neuen Untertiteln versehen]. Zueignung: »Meiner Schwester gewidmet.« Weitere Auflagen Frankfurt: S. Fischer 1962 (Fischer-Paperback)

Vorabdrucke:
Völker und Schulen. In: *Die Neue Rundschau*, Berlin. Jg. 46 Heft 2 vom Februar 1935, S. 185–205 [entspricht mit Kürzungen S. 97–121]. Vorbemerkung der Redaktion: »Der frühere Diplomat Harry Graf Kessler schildert seine Schulen in Frankreich, England und Deutschland während der achtziger Jahre. Die Aufzeichnungen sind seinen Memoiren ›Gesichter und Zeiten‹ entnommen. Sie sind über das Persönliche hinaus dadurch bedeutsam, daß in ihnen sichtbar wird, wie in den unterschiedlichen Erziehungsarten die Völkerphysiognomien sich charakteristisch ausprägen.«
Völker und Schulen II. Ebd., Heft 3 vom März 1935, S. 246–265 [entspricht mit Kürzungen S. 121–144].
Erlebnis mit Nietzsche. Ebd., Heft 4 vom April 1935, S. 391–407 [entspricht mit Kürzungen S. 197–216]. Vorbemerkung der Redaktion: »Der folgende Abschnitt aus Graf Kesslers Erinnerungen berichtet von seiner Leipziger Studienzeit. Das Einzelschicksal, dessen Erzählung einen großen Raum darin einnimmt, ist gewiß ein Sonderfall, doch gerade deshalb erhellt es grell das Ungefügte der Menschen jener Zeit. Die Zeit ist bis zu dem Entferntesten für einen Philosophen wie Nietzsche bereit. Und ihre Luft wurde von allen, auch vom Außenseiter, ›sozusagen im Schlafe eingeatmet.‹«

Französische Ausgabe:
Souvenirs d'un Européen. I: De Bismarck à Nietzsche. Première Partie: Ma Mère (Mémé), Deuxième Partie: Anneés d'Apprentissage (Nations et Patries).

Traduit de l'allemand par Blaise Briod. Paris: Plon [Oktober] 1936. Mit zwölf von der deutschen Ausgabe verschiedenen Abbildungen. Zueignung: »Dédié á ma soeur Wilma de Michel Duroc, Marquise de Brion, née de Kessler.«

Vorabdruck:
Souvenirs sur Bismarck. In: *Revue de Paris,* Jg. 43, Heft 9 vom 1. Mai 1936, S. 5–27 (unter Benutzung von S. 62–66, 196–211 und 281–297 der französischen Ausgabe [entspricht S. 54–57, 153–164, 216–229]).
Die von Kessler selbst revidierte Übersetzung (vgl. *Zu dieser Ausgabe* S. 440) weist zahlreiche Änderungen und Umstellungen des deutschen Textes auf. Ein kollationiertes Exemplar befindet sich im Deutschen Literaturarchiv / Schiller-Nationalmuseum, Marbach am Neckar. Die wichtigsten Einschübe werden im Folgenden mitgeteilt:
»AVANT-PROPOS Ce livre a été écrit au fil de mes souvenirs. Mais, en l'écrivant, je me suis aperçu que ces souvenirs, presque tous, se groupaient autour de deux pôles opposés et complémentaires: d'une part, la désagrégation de la vieille Europe cosmopolite et patricienne, floraison prestigieuse, quoique nécessairement éphémère des dix-huitième et dix-neuvième siècles, et, d'autre part, l'avènement, ou plutôt certains signes précurseurs de l'aube d'une Europe future, plus robuste, fondée non plus seulement sur la culture et les liens de famille ou d'argent d'une couche sociale supérieure, aristocratique ou simplement riche, mais issue des masses profondes des nations, devenues conscientes de leurs caractères propres en même temps que de leur civilisation et de leurs intérêts communs. Ce premier volume n'est qu'un prologue, prologue en tant que reflet d'une époque encore superficiellement calme, mais qui déjà annonçait les actes suivants du drame où s'est joué et se joue encore l'avenir du monde. Paris, fin mars 1936.« (*Souvenirs* S. [I])

Seite 22 Zeile 32 (»Mein Großvater Lynch«) bis Seite 24 Zeile 12 (»bald darauf ist er gestorben«) wurde ersetzt durch:
»Mon grand-père, le commandant Henry Blosse-Lynch, officier de la marine royale anglo-indienne, qui s' était distingué dans la conquête de la Birmanie, avait fait la connaissance de ma grand'mère au temps où, tout jeune, il commandait une flottille de canonnières sur l'Euphrate. C'était, quand je l'ai connu, un grand vieillard tout blanc, aux cheveux drus, aux yeux d'un bleu profond, que je me rappelle surtout après la mort de son fils unique, lorsque, homme robuste et puissant d'encolure, semblable à un rocher, il se mourait lentement de chagrin et me témoignait à moi,

petit garçon qui lui rappelait son fils, une tendresse désespérée. Il avait des mots et des gestes, dont, malgré ma jeunesse, je sentais la tristesse et qui, ensuite, me faisaient sangloter éperdument, sans que je consentisse jamais à m'en expliquer. Peut-être avais-je vaguement le sentiment de lui garder un secret qu'il m'avait confié.
Ma grand'mère, femme menue et charmante, d'un goût exquis, à qui je dois mes premières initiations à l'art, était fille du colonel Robert Taylor, résident britannique avec le rang de ministre plénipotentiaire en Mésopotamie; figure légendaire, non seulement dans les récits de ma mère, mais, jusqu'à l'epoque de la Grande Guerre, parmi les populations de l'Irak. Il était, de toutes les silhouettes qui défilaient dans les histoires de ma mère, celle qui me captivait le plus, bien qu'elle demeurât toujours un peu voilée, et, sans doute aussi pour ma mère qui l'avait pourtant connu, enveloppée de mystère. C'était celui de mes ancêtres que j'aurais voulu le plus vivant dans mon sang, celui qui me paraissait le plus brillant et le plus enviable et sur lequel j'avais soif de me modeler. A dix-sept ans, cadet d'un régiment anglo-indien, il avait été envoyé à Bushire en Perse, sur le golfe Persique, »pour y étudier le persan et l'arabe«. Promu lieutenant en 1807, on le retrouve à Bagdad en 1808 et à Bushire en 1809, oû il est commandant de la garde de la résidence britannique. Il avait déjà dû acquérir une certaine autorité, car sir Wallis Budge note qu'en 1808, à Bagdad, ›la présence de M. Taylor dans la ville fit beaucoup pour diminuer les injustices des fonctionnaires locaux et pour limiter leurs exactions‹.* A cette époque, agents secrets et émissaires français fourmillaient en Mésopotamie; ils étaient chargés de préparer les voies à l'expédition projetée par Napoléon aux Indes pour réaliser le rêve de Dupleix, d'un vaste empire français, s'étendant de la Méditerranée jusqu'aux mers de Chine;** menace qui avait fixé l'attention du gouvernement britannique sur l'importance stratégique de la Mésopotamie comme territoire de passage sur la route des Indes. Le pays était administré, de Bagdad, par un pacha turc, tout acquis à la France, et qui, en principe, était soumis au gouvernement ottoman de Constantinople, mais, en réalité, jouissait d'une indépendance presque totale; car ce soi-disant ›fonctionnaire‹ avait

* Wallis Budge, *By Nile and Tigris [A narrative of journeys in Egypt and Mesopotamia on behalf of the British Museum between the years 1886 and 1913*. London: John Murray 1920], I, p. 210.

** Sur les agents secrets français en Mésopotamie, voir Constance Alexander, *Baghdad in Bygone days [From the Journals and Correspondence of Claudius Rich, traveller, artist, linguist, antiquary, and British Resident at Baghdad 1808–1821*. London: John Murray 1928], p. 31 et suiv.

un ›ministre des Affaires étrangères‹ et même un ›premier ministre‹, une cour, avec des chambellans, et une armée locale soumise à ses ordres, pas bien formidable celle-ci, semble-t-il, mais formant, avec le reste, cadre et mise en scène, qui lui permettaient des allures de souverain; et, en effet, depuis 1797, le gouvernement britannique et la Compagnie anglaise des Indes orientales conjointement entretenaient auprès de lui un ›résident‹ ayant le rang de ministre plénipotentiaire de Sa Majesté Britannique.
Quand Taylor parvint à Bagdad en 1808, il y trouva comme résident et ministre un certain Claudius Rich, figure bien curieuse, bâtard de grande famille, jeune homme de vingt-deux ans, beau, tant soit peu aventurier, érudit, artiste, collectionneur à la manière de maints grands seigneurs anglais, dilettante, mais doué d'une énergie tenace et d'un savoir-faire diplomatique remarquable. Car au cours d'une lutte acharnée contre les émissaires et les subsides de Napoléon, il eut le dessus, mina et en vint à ébranler profondément l'influence française. Mais il mourut jeune et, à vrai dire, dans une sorte d'exil; car il s'était brouillé avec le pacha, qui avait fini par l'assiéger dans sa résidence et à l'obliger de prendre un long congé, au cours duquel il mourut, en 1822, à Shiraz en Perse. Il laissait à mon aïeul Taylor le soin de parfaire son œuvre, c'est-à-dire de barrer définitivement la route des Indes à toute puissance occidentale, autre que l'Angleterre.*
C'est en effet mon aïeul qui, promu ›assistant‹ (conseiller) auprès de Rich en 1819, en devint, à trente-quatre ans, le successeur et fut résident et ministre de Grande-Bretagne à Bagdad pendant plus de vingt ans, de

* On a trop peu remarqué que l'épopée napoléonienne coûta à la France, non seulement ses colonies américaines, tout le ›Middle West‹, la vallée du Mississippi, de la Nouvelle-Orléans jusqu'aux confins du Canada, vendue en 1803 par le Premier Consul aux États-Unis, mais aussi l'Asie, où elle avait jeté les jalons d'un Empire. Car la ›perte des Indes‹ ne date pas, – comme le ferait croire le livre intéressant de M. Claude Farrère, – du traité de Versailles signé en 1783 par Louis XVI; la renonciation qui y était impliquée aux conquêtes de Dupleix et de Bussy, ne fut que très passagère. Dès 1797, la campagne d'Égypte annonçait une nouvelle poussée de la France vers l'Orient et les Indes, plus puissante infiniment que la première. Ce qui amena la perte définitive de l'Inde, ce fut l'impossibilité où se trouva l'Empereur, immobilisé en Europe par des guerres continentales subventionnées par l'Angleterre, de déclencher son attaque contre elle en Orient; et, dans la suite, deux événements qui découlèrent de cette carence: l'établissement solide de la Grande-Bretagne en Mésopotamie, et l'évolution de la France, qui, trouvant toutes issues bouchées sur l'Inde, se tourna vers la conquête de l'Afrique. Coïncidence curieuse, c'est en 1797, année de la campagne d'Égypte, que la Grande-Bretagne nomma son premier ›résident‹ auprès du pacha de Bagdad.

1822 à 1844.* Pendant ces années, il parvint, avec le concours de quelques canonnières de la marine anglo-indienne et de deux ou trois détachements de spahis hindous qui étaient censés lui servir de garde – et sans doute aussi à grand renfort de pots-de-vin, – à instituer, dans cette lointaine province de l'empire ottoman défaillant, un protectorat anglais déguisé, une sorte de vice-royauté voilée, pareille à celle que fondait, à la même époque, en Égypte, à son profit personnel, le grand Albanais Méhémet Ali; ce protectorat ne dut sa suppression momentanée qu'à l'insurrection des Indes en 1857 et au retrait consécutif des forces prêtées par le gouvernement anglo-indien, mais il fut restauré, plus tard, à la suite de la révolte arabe au cours de la Grande Guerre, de par le mandat britannique sur l'Irak.**
Mon arrière-grand'mère racontait – et, tout enfant, j'en faisais des rêves hauts en couleur – que, pour éblouir la populace de Bagdad et les Bédouins de passage, mon aïeul déployait un faste qui faisait pâlir celui du pacha. Sa résidence, aux domestiques innombrables, vêtus de riches livrées, entourée de jardins délicieux, parfumés et ombragés, descendant vers le fleuve – sa résidence était, paraît-il, remplie de boiseries de prix, d'antiquités rares et de tapis somptueux. Et quand il en sortait, c'était à cheval, sur un pur sang arabe blanc, caparaçonné de pourpre et d'argent, entouré d'une forêt de lances par ses cavaliers Sikhs, géants vêtus d'uniformes blancs chamarrés d'or et coiffés de turbans multicolores aux ai-

* M. Stephen Gaselee, du Foreign Office de Londres, a bien voulu me communiquer les documents se rapportant à la carrière de mon arrière-grand-père en Mésopotamie.

** Dans la pénombre qui entoure les événements et les personnages en ce Proche-Orient de la première moitié du dix-neuvième siècle, il y a un point fixe qui permet de mesurer assez exactement l'importance qu'attachait le gouvernement britannique au poste de son ›résident‹; c'est le traitement qu'il lui faisait accorder. Rich avait reçu de la Compagnie des Indes, jusqu'à 4000 roupies (400 livres sterling : 10000 francs-or) *par mois,* pour ses dépenses personnelles, après beaucoup de discussions mesquines entre les bureaux rivaux et ennemis du gouvernement britannique et de la Compagnie, le traitement de Taylor fut enfin fixé à 2500 roupies (environ 250 livres : 6000 francs-or) par mois, soit 72000 francs-or par an, ce qui, à l'époque, équivalait, à peu de choses près, au traitement d'ambassadeur auprès d'une puissance de premier rang. Sans doute y avait-il aussi des fonds secrets importants. Les renseignements sur les appointements de Rich et de Taylor m'ont été très aimablement fournis par M. W. Ottewill, du ministère de l'Inde à Londres.
Sur Rich, on trouvera beaucoup de détails amusants dans le livre déjà cité de sa petite-nièce, Constance Alexander: *Baghdad in Bygone Days.*

grettes étincelantes. Le peuple qui grouillait dans la ville des Mille et une Nuits, les marchands, les pillards nomades, les mendiants auxquels il faisait distribuer l'aumône, étaient frappés et conquis par le contraste que faisaient ces lanciers superbes avec les soldats misérables du pacha. Celuici avait beau protester, Taylor répondait qu'il *n'avait pas d'ordres à recevoir de Son Altesse*. Et les détachements spahis et les canonnières sur le Tigre donnaient à cette réponse un sens tout particulier. Homme de goûts simples dans sa vie privée, il savait, par cet étalage de puissance éclatant, insolent même, par ses largesses et une courtoisie raffinée dans ses rapports personnels, en imposer aux chefs arabes autant qu'au menu peuple. Jusqu'aux confins de la Perse, de l'Anatolie et de la Syrie, les bergers bédouins se racontaient, sous la tente et autour de leurs feux de camp dans le désert, les témoignages multiples de la puissance et de la générosité de ce grand Bey, hélas infidèle, mais qui, armé de l'autorité d'un empire lointain et fabuleux, leur apparaissait comme leur soutien contre les mesquineries, les exactions et les cruautés de leurs maîtres turcs.*
Ce conquistador d'un type bien anglais, qui, pour un temps, annexa virtuellement à l'empire britannique la Mésopotamie, clef stratégique des Indes, fut par cela même le prédécesseur du fameux colonel Lawrence qui, avec un savoir-faire non moins génial, ne fit que reprendre ses méthodes et sa tradition. Tradition d'ailleurs encore vivace dans les tribus arabes, jusqu'après 1900; car un de mes cousins, le député anglais Harry Lynch, qui parcourut le pays, voici quelque trente ans, fut accueilli chez les chefs arabes avec de grands honneurs, comme descendant de cet homme *sage et juste*. Parallèlement, du reste, à son action politique et à celle de son prestige personnel, et appliquant, là encore, les méthodes anglaises de pénétration, il ne négligea pas le côté économique; c'est en effet sur son initiative qu'un frère de mon grand-père Lynch créa une compagnie anglaise de navigation sur l'Euphrate et le Tigre, qui resta, jusqu'à la tentative de pénétration allemande par le projet de chemin de fer de Bagdad, l'unique entreprise moderne de grande envergure dans ce vaste pays, et devint, par la suite, l'un des ›points douloureux‹ de la rivalité anglo-allemande. C'est un sujet sur lequel j'aurai à revenir.
Mais ce qui, dans mon imagination enfantine, entourait sa personne du mystère le plus troublant, c'étaient les fouilles que, poursuivant l'œuvre de Rich, il avait entreprises dans l'antique pays biblique des deux fleuves et qui lui avaient permis, à lui un des premiers, bravant les mauvais

* Voir, à ce propos, le passage cité du livre de sir Wallis Budge.

esprits du désert, les Djins et Djinesses des Mille et une Nuits, de voir, de ses propres yeux, les palais et les temples, les tombes et l'écriture même des rois contemporains d'Abraham. Je ne me lassais jamais d'écouter les récits que me faisait, de ces fouilles, mon aïeule qui l'avait accompagné; ses descriptions de souterrains profonds, d'inscriptions mystérieuses et de lampes aux formes bizarres, rapprochaient, dans mon imagination, la figure de mon arrière-grand-père de celle d'Aladin.

Toutefois ce qu'il y avait de plus romanesque dans ca vie, c'était précisément cette aïeule même, sa veuve, qu'il avait enlevée, petite fille de douze ans, belle comme le jour et parente du Shah, et épousée en secret, à l'époque où, lieutenant de vingt ans, il commandait la garde de la résidence britannique à Bushire.

Cette aventure s'amplifiait encore d'un incident qui s'en était suivi. Quand la jeune femme se mit en route, avec un cortège de suivantes, pour rejoindre son mari, elles furent capturées sur le golfe Persique par des pirates; dans la crainte qu'on ne leur coupât les doigts pour prendre leurs bagues, elles les jetèrent à la mer. Mais quelques mois après, un marchand ambulant hindou rapporta à mon aïeule et lui vendit l'une de ses bagues ornée d'un camée antique, émeraude sculptée en taille douce, que des pêcheurs avaient repêchée. Son premier fils, le frère aîné de ma grand'mère, était né précisément pendant la captivité de sa mère chez les pirates.« (*Souvenirs* S. 16–23)

Seite 28 Zeile 1 (»Mrs. Cape«) bis Zeile 12 (»zu vertiefen.«) wurde ersetzt durch:

»›Le Parvis Notre-Dame était la grande maison – ancien couvent de religieuses – que Mrs. Cape avait louée pour y passer les mois de villégiature avec ses enfants, petits-enfants et arrière-petits-enfants. Y habitaient: Mrs. Cape en personne, puis le colonel Taylor, son fils d'un premier mariage, et la mère de ma mère, Mrs. Taylor; puis lady Kyrle-Money et Mrs. Jeffries, fille et petite-fille de Mrs. Cape; son autre petite-fille lady Colthurst, propriétaire du château de Blarney; enfin lord et lady Congleton le beau-frère et la sœur de ma grand'mère Taylor, qui elle aussi avait épousé un Anglais. Quant à ma mère, Mrs. Lynch, elle occupait non loin de là une maison près des remparts.

Mrs. Cape avait quatre-vingt-six ans. Elle était toujours en deuil et portait une petite coiffe en dentelle sur une perruque de soie rouge Titien, qui retombait en boucles luisantes et soigneusement lissées sur ses joues maigres et fanées. Jour après jour et du matin au soir, elle se tenait assise toute droite, sans jamais s'appuyer, sur un siège à haut dossier, tendu de velours vert, dans son parloir monastique qui donnait sur le jardin de l'établissement. Elle avait de petits yeux bruns, perçants et mauvais, dont le regard, lorsqu'il atteignait les enfants perdus que nous étions, nous terrifiait en nous rappelant l'insondable bourbier de péchés qui était en nous et qui, nous enseignait-elle, se révélait par notre soif insatiable de jeux et notre faible ferveur à nous plonger dans la parole de Dieu. Comme j'étais, de tous les enfants, la plus turbulente et certainement aussi la plus insupportable, j'encourais régulièrement les remontrances solennelles de ma sévère et toute-puissante bisaïeule: ›Alicia (mon nom était Alice, et quand j'étais très sage, c'était Aly; lorsqu'on m'appelait Alicia, cela signifiait que j'avais mérité un grave reproche). ›Alicia‹ (ô la force écrasante de ce nom qui sortait de sa bouche comme une goutte d'eau glacée, qui se congelait et durcissait en tombant sur mon petit cœur de quatre ans mortellement angoissé), Alicia, que vois-tu dans ton cœur que tu puisses confesser à ton Père céleste, à ton Créateur (les mots tombaient comme des coups de hache), si tu devais mourir instantanément?‹ A ces mots, la dame de compagnie de ma bisaïeule, ›lady‹ Wytch (nous l'appelions ›lady‹ par dérision, parce qu'elle parlait l'anglais des basses classes), hochait la tête avec une solennité terrible en frémissant comme si elle entendait bruire les ailes de la mort. ›Alicia, poursuivait mon arrière-grand'mère, lis dans ton cœur de péché et de perdition. – Mais je ne sais pas lire, grand'maman, risquais-je faiblement. – Petite effrontée, petite misérable, tu te permets de répondre à ton arrière-grand'mère! criait ›lady‹ Wytch. – Laisse donce, Wytch, disait ma bisaïeule, dont la colère glaciale allait croissant, il faut que, ma main sur la Parole de Dieu, je donne, à cet enfant pécheur, un exemple d'humilité chrétienne.‹ Ce disant, elle faisait claquer des coups secs et mesurés sur la Bible. ›Eh bien, Alicia, si tu ne peux pas lire, tu peux du moins sentir; dis-moi, aimes-tu Dieu par-dessus tout? Mais dis la vérité! Oui! sinon tu tomberas morte à l'instant même comme Ananias et Saphira,‹ croassait-elle. La menace d'être foudroyée si je ne disais pas la vérité, faisait son effet et je m'écriais: ›Non, je n'aime pas du tout Dieu, je ne l'ai jamais vu. C'est maman que j'aime par-dessus tout.‹« (*Souvenirs* S. 28–30)

Seite 65 Zeile 21 (»Eines Tages«) bis Seite 67 Zeile 24 (»das undefinierbar sei!‹«) wurde ersetzt durch:
»›Francis Magnard, dit ma mère dans ses *Souvenirs,* était le propriétaire du *Figaro,* et par le fait, une puissance, lui aussi, et même une très grande puissance. Il était marié à une simple ouvrière, l'une de ses anciennes maîtresses. Elle était très peuple, mais point sotte, ni dépourvue de

savoir-vivre, et toujours habillée par les meilleurs couturiers, Magnard y tenait. Son petit nom était Olympe, et Magnard lui disait souvent, en manière de plaisanterie: »Si tu ne descends pas de l'Olympe ni de la cuisse de Jupiter, reste pour moi l'Olympe que tu *m'es*, bonne fille et amie chère.‹* Magnard était petit, vif et grisonnant, frisant la soixantaine; de physique très ›notaire‹, la vivacité en plus. Il portait habituellement une redingote grise, bien sanglée sur son ventre bedonnant, et toujours des guêtres blanches. Il n'était jamais pris au dépourvu et avait la réplique prompte et rapide comme l'éclair. Il était, lui aussi, plutôt vulgaire et ›peuple‹, mais décidément intelligent, et le petit entrefilet qu'il publiait tous les jours dans *le Figaro,* commentant les nouvelles et les actualités, était un miracle de concision, et cependant résumait littéralement tout. Il n'y avait pas une omission, tant son esprit était clair; il avait tout compris, tout rendu.

›Les Magnard habitaient avec leur fils, Albéric Magnard, enfant d'un premier mariage, une villa agréable du boulevard Montmorency à Auteuil. Ils donnaient des dîners où l'on rencontrait des gens intéressants, surtout des artistes et des écrivains; on y voyait entre autre Adelina Patti qui, à cette époque, approchait de la soixantaine. Ce n'était plus l'incarnation de l'Espagnole pur sang, ardente et capricieuse, la pétulante Rosine du *Barbier.* Sa silhouette, tout en gardant les atours de l'emploi, s'était alourdie, et les petites cabrioles auxquelles la Rosine vieillissante s'assujettissait encore pour rester dans la peau de son personnage, excitaient plutôt la pitié. Elle emprisonnait encore son petit corps, débordant de graisse, dans de courtes robes sévillanes, portait la mantille et un immense bouquet de roses, tantôt rose, tantôt rouge sang, sous l'oreille; mais le visage empâté, délavé, avec ses vieux yeux cernés qu'aucune étincelle ne venait plus éclairer, achevait d'entraîner les dernières illusions.

›Chez Magnard, je rencontrai aussi Victorien Sardou, le soi-disant ›grand dramaturge‹. C'était un vieil homme d'une activité de vif-argent, mais avec une vieille figure tellement couturée de rides, que les journalistes avaient beau vanter son ›éternelle jeunesse‹, on lui aurait bien donné entre quatre-vingts et cent ans, le jour où je le vis pour la première fois, debout, dans le salon des Magnard, devant la cheminée, correctement cravaté de blanc et en gilet blanc et bottines vernies. Il était naturellement le lion de la soirée, dont Coppée était le lionceau. Sardou, comme Coppée, était complètement imberbe et explosait de temps en temps en une grande volée de mots d'esprit un peu usés, aux dépens de ses confrères

* En français dans le texte.

vivants et surtout morts. Parmi ces derniers, il s'en prenait surtout à Shakespeare. ›Si j'avais été Shakespeare, je n'aurais pas fait ceci et j'aurais évité cela,‹ répétait-il. Étant encore très jeune et totalement dénuée de prudence mondaine, et, de plus, profondément indignée qu'on osât toucher à mon dieu Shakespeare, je m'écriai d'une voix claire qui sonnait comme une fanfare: ›Je crois bien que vous n'auriez pas fait comme Shakespeare! Comment en auriez-vous été capable?‹* A peine eus-je prononcé ces paroles fatidiques, que le silence complet qui se fit ›contre‹ moi me permit de mesurer toute l'étendue de ma folie, qui m'avait suscité, en Victorien Sardou, un ennemi mortel qui ne me pardonnerait jamais.‹« (*Souvenirs* S. 76–78)

Seite 70 Zeile 7 folgt nach »die anderen aber ›côté cœur‹«:
»›Côté cerveau‹, il y avait entre autres la vieille comtesse Orloff, une Russe, assez mal soignée, aux vêtements usés et démodés; ses cheveux teints en noir étaient ramenés en boucles sous un petit bonnet blanc défraîchi, garni de nœuds bleus qui récoltaient toutes les poussières, mais qui, à son avis, allaient particulièrement bien à son vieux visage rouge et à bouche édentée. Elle faisait partie d'une secte chrétienne qui ›est tout pardon et amour, ma bien chère‹. Aussi, lorsqu'une de ses femmes de chambre avait fauté, elle la chassait impitoyablement, sans se soucier le moins du monde qu'elle pût mourir dans la rue. Justement il y avait eu un grand scandale à Bade la semaine précédente! Une malheureuse femme de chambre de la comtesse, jetée sur le pavé à la veille d'accoucher, s'était noyée. Lorsque la vieille comtesse fut mise en présence du cadavre, elle se signa, leva les yeux au ciel et dit: ›Très Sainte Mère de Dieu, vous êtes témoin que j'ai fait mon devoir jusqu'au bout, en laissant périr le corps, mais en sauvant l'âme de cette coupable et impure créature.‹* L'Empereur fit allusion à cette tragédie et parla de ›la Orloff‹ sur un ton qui marquait un grand refroidissement à son égard. ›Mais, trêve à tout cela, dit-il soudainement, et permettez-moi maintenant de voir ma filleule.‹« (*Souvenirs* S. 84 f.)

Seite 77 Zeile 10 (»ich ihn am Schluß wecken mußte,«) bis Zeile 19 (»Es folgt eine Posse«) wurde ersetzt durch:
»Il faisait, en effet, valoir qu'il nous était pour ainsi dire apparenté; oh! pas de très près certes, mais enfin, tout de même *versippt*, c'était là le mot allemand qu'il employait. Je ne me suis, à vrai dire, que fort peu

* En français dans le texte.

préoccupé de cette vague et nuageuse ›parenté‹ à laquelle le jeune Bernhard Bülow, dans les commencements de sa carrière diplomatique, attachait tant de prix. En fait, sa grand'mère, née Jenisch, était la sœur d'un certain Gottlieb Jenisch, riche Hambourgeois, qui avait épousé une Mlle de Lützow. La sœur aînée de celle-ci, Sophie, était la grand'mère de mes cousins von Hasperg, dont la mère, née Auffm'Ordt, était nièce de ma grand'mère. Bernhard Bülow et mon père se trouvaient donc être tous les deux cousins germains des Hasperg. Mais le lien était, comme on le voit, des plus ténus et ne justifiait guère l'usage que Bülow en fit en s'installant, sous prétexte de ›cousinage‹, dans l'intimité de mes parents. Quoi qu'il en soit, et malgré le peu de sympathie que lui portait ma mère, il réussit à se faire admettre dans son intimité comme étant presque de la famille. Et dès lors il se mit à l'œuvre pour profiter de cette situation jusqu'au bout. Quoique peu doué pour l'amour physique par sa constitution, mais tenant d'autant plus à passer pour un Don Juan, et surtout à se hisser dans sa carière par les femmes, il entama avec ma mère un flirt romantique, farci de citations plus ou moins usagées de Gœthe. Et lors d'un séjour prolongé que mon père fit aux Etats-Unis, il passa à une attaque en règle que, vu le tempérament du soupirant, ma mère prit probablement trop au sérieux. Il s'ensuivit un imbroglio vaudevillesque dont Bülow se sentit le personnage comique, ce qui engendra chez lui une haine féroce et inextinguible.« (*Souvenirs* S. 93 f.)

Seite 103 Zeile 15 (»Die ›Wildnis‹«) bis Zeile 22 (»von oben eingegriffen.«) wurde ersetzt durch:
»Une partie du parc, vestige épargné par le temps, de l'antique forêt de Windsor, ravin rocailleux et abrupt, s'appelait ›le Désert‹, fouillis de broussailles et d'arbres séculaires où Mr. Kynnersley cultivait des spécimens rares de la flore indigène et où mes camarades et moi élevions une faune de petits animaux domestiques, des lapins, des lézards et des tortues. Au bas du ravin, par lequel un ruisseau descendait en cascades, nous pouvions nous ébattre tout nus, dans l'eau claire d'un étang minuscule entouré de hautes futaies, de sous-bois touffus et de fougères sauvages. Sur un bord se détachait, devant un fond broussailleux, entre un chêne antique et une petite clairière, une cabane en planches mal dégrossies, construite par une équipe de mes camarades, et pareille, comme il nous plaisait de le croire, à celle de Robinson. Nous y déposions nos vêtements, avant de plonger dans cette eau vive où nous nous imaginions voir des truites, et dont la surface transparente était bleuie par des centaines de libellules aux ailes de saphir. Sur le gazon tendre, les pieds nus, nous luttions pour

pousser un camarade dans l'eau; ou bien nous poursuivions un adversaire qui avait glissé de nos bras, à travers les sentiers du ›désert‹, jonchés de feuilles mortes, pour le ramener, pouffant de rire et se débattant éperdument, sur le bord de l'étang et l'y plonger avec une joie teintée de sadisme, dont le goût nous était resté de nos lectures de première jeunesse qui détaillaient les supplices infligés à leurs captifs par les Indiens, Apaches ou Sioux. Une bonne et pudique dame anglaise, ayant réussi par une ruse de vieille fille, à forcer la consigne et à pénétrer dans le ›désert‹ jusqu'aux environs de notre étang, faillit mourir de saisissement en se trouvant tout à coup, dans la forêt, devant son neveu, gamin de treize ans, et une dizaine de ses camarades entièrement nus.« * (*Souvenirs* S. 129f.)

Seite 191 Zeile 11 (»Der studentische und gesellige Hochbetrieb«) bis Seite 192 Zeile 3 (»Springer und Wundt.«) wurde ersetzt durch:
»De ces premiers contacts, dans l'entourage des jeunes princes, avec une de ces petites cours allemandes, si romantiques dans les *Contes* d'Hoffmann et les romans d'Élémir Bourges, je gardai l'impression bien nette, que c'étaient là, en effet, des survivances, petits cénacles clos et surannés, sans communauté d'idées ou de sentiment avec la masse laborieuse du peuple allemand; et je voyais par cela même que la Constitution du nouvel Empire portait à faux. Car une de ses pièces maîtresses devait être, dans la pensée de Bismarck, la communion des populations avec leurs princes, leur *attachement dynastique,* tenu par lui pour un élément à toute épreuve du caractère allemand. Or, c'était là une base vermoulue, qui n'était déjà plus qu'un souvenir, une fiction, si tant est qu'elle eût jamais été une réalité, sauf dans l'ivresse de fêtes patriotiques ou dans la rhétorique de discours officiels. Cela ne faisait qu'ajouter aux réserves que m'inspirait depuis longtemps le système bismarckien.

* Toutefois il convient de noter que l'Angleterre de l'époque ›victorienne‹ était, sous bien des rapports, moins prude que celle d'aujourd'hui. En particulier, sa pudeur ne visait que le costume de bain des femmes, qu'elle obligeait à s'affubler, du menton jusqu'à la pointe des pieds, de falbalas bouffants et ridicules; par contre, les jeunes gens pratiquaient partout, sur les plages et dans le centre même de Londres, dans la rivière Serpentine au Hyde Park, le nu intégral. Les belles amazones qui passaient à côté, dans le Rotten Row, fermaient plus ou moins les yeux; mais aucune ordonnance de police n'intervenait, et personne ne protestait. Aussi, lors de nos excursions à Shanklin, dans l'île de Wight, où nous allions quelquefois nous baigner sur la plage, ne puis-je me rappeler que nous ayons jamais emporté le moindre costume de bain. Innocence? Ce qui n'est pas douteux c'est que, malgré l'ambiance ›victorienne‹ et certaine vieille dame prude, en avance peut-être sur son époque, ni nous ni nos professeurs n'avons jamais soupçonné rien que de naturel dans notre nudité.

En revanche, ce qui fut proprement nouveau à Leipzig, ce fut la vague de fond qui, à la faveur de l'enseignement de mes professeurs, et malgré l'atmosphère de petite cour dans laquelle nous vivions, m'emporta vers les idées ›modernes‹, et, sur certains points, subversives. A Bonn, malgré l'Association Richard Wagner et les théories socialisantes de mon professeur Nasse, le ›climat‹ était traditionaliste; on ignorait, ou ne ressentait que faiblement, les changements profonds qui se produisaient dans la mentalité européenne. C'était un coin abrité, guère touché par les grands bouleversements qui transformaient rapidement le monde. A Paris, quand j'y passais mes vacances, je rencontrais surtout des gens du monde, des académiciens et des diplomates. Seule ma mère, mue par son horreur de l'hypocrisie, avait une tournure d'esprit tranchant hardiment sur les idées traditionnelles. Mes contacts avec des ouvriers et mon travail sur les assurances sociales m'avaient élargi l'esprit, sans me mettre en face des réalités profondes dissimulées sous les dehors brillants de la civilisation européenne. Mais à Leipzig, tout l'enseignement, sans que les professeurs, imbus d'objectivité et de science pure, s'en rendissent toujours compte, conduisait au renversement total de presque toutes les valeurs reçues dans les domaines du droit, de l'art, de la morale et de la pensée. La science et la philosophie allemandes y aboutissaient à une table à peu près rase; et nous, les jeunes, nous étions dressés à douter de presque tout ce qui faisait l'armature du monde dans lequel nous étions appelés à vivre.
A commencer par le droit! J'avais pris mes inscriptions pour le droit et les sciences politiques. C'étaient donc là des disciplines qui forcément occupaient la première place dans mes études. Mais c'était précisément dans ces matières qu'on suggérait aux étudiants un scepticisme général, dont on leur faisait presque un devoir. Dans les cours de mon professeur de droit Wach, homme sarcastique et mordant qui nous captivait par ses saillies, le droit devenait une matière à jamais fluide, qui vous glissait entre les doigts dès qu'on pensait la saisir. Wach appuyait sur les contradictions qui opposent, d'une façon courante, le droit à la justice, en citant nombre de cas où ce divorce s'avérait irrémédiable. Le professeur Binding, dont je suivais les cours de droit pénal, poussait cette distinction jusqu'au paradoxe. Nous ne fûmes pas longs à nous apercevoir que le droit, interprété de cette manière, ouvrait la voie à tous les compromis, devenait un exercice de souplesse, une manière de sophistique prête à se plier aux convenances personnelles, aux pressions de l'argent, de la politique, des puissants du jour; on nous enseignait un jeu subtil, séduisant, mais qui nous laissait dans l'âme une soif que nous ne savions comment satisfaire.
Si je discerne bien notre état d'esprit, dans cette atmosphère de doute

universel, je vois que c'était le *besoin de la certitude* qui nous obsédait. On ne comprendra jamais la jeunesse allemande invitée à s'établir sur le sable mouvant créé par deux siècles de philosophie et de sciences ›*pures*‹, si l'on ne fait pas entrer en ligne de compte sa recherche fiévreuse d'un terrain solide, sur lequel se sentir enfin à l'abri d'un effondrement moral. Depuis le Gœthe des jeunes années tel qu'il apparaît sous la figure de ›Faust‹ jusqu'à l'époque dont je parle, et même avec une violence accrue depuis, on trouve chez tout jeune Allemand cette soif d'un absolu que ni la science ni la philosophie ne puissent ébranler.*
Il peut paraître étrange que ce fût ce besoin de certitude qui me poussa à m'intéresser sérieusement à la matière, d'apperance la plus insaisissable de toutes, à l'art. Mais justement l'histoire et de la psychologie de l'art étaient enseignés, à l'université de Leipzig, par le professeur Anton Springer qui lui aussi s'acharnait à la poursuite de certitudes. Dans ses cours et dans les travaux qu'il dirigeait, tout en réduisant à néant les valeurs esthétiques reçues, tant classiques que romantiques, il aboutissait, en effet, grâce à ses méthodes d'analyse, à des données fixes, qui nous procuraient au moins l'illusion d'un terrain solide sur lequel construire et l'art futur et l'histoire de la philosophie de l'art ancien. Était-ce un mirage? Quoi qu'il en fût, grâce à ces méthodes, les résultats de ses recherches revêtaient un caractère de certitude scientifique qui nous libérait du doute énervant où nous plongeaient le droit et les sciences politiques. Sa personnalité, sa force de suggestion et sa parole autoritaire, contribuaient du reste pour beaucoup à écarter tout scepticisme.« (*Souvenirs* S. 247–250)

Seite 193 Zeile 8 (»Springer und seiner unbeirrbaren Einstellung«) bis Seite 196 Zeile 19 (»meine Arbeit bei Springer mir einbrachte.«) wurde ersetzt durch:
»De plus, à ces *certitudes objectives* qu'étaient les formes dégagées et classées de par l'analyse de ›l'écriture‹ des artistes, il s'en ajoutait d'autres, subjectives celles-là, et psychologiques, mais non moins incontestables, et c'etaient les réactions déclenchées par une œuvre d'art dans celui qui la contemple: les harmonies perçues, de sons, de couleurs, de lignes, et *les émotions suscitées par cette perception.* Variables d'un individu à l'autre, et même d'un moment à l'autre dans le même individu, ces réactions étaient cependant, au moment précis où elles se produisaient, d'une évi-

* Le caractère particulier du nationalisme allemand procède de cette recherche angoissée d'une certitude. C'est ce qui le distingue d'une façon fondamentale du patriotisme anglais.

dence absolue et qui n'admettait aucun doute pour celui qui les ressentait. Ainsi, dans la marée de scepticisme qui envahissait tout, l'art – avec ses données objectives, positives, contrôlables, et ses émotions subjectives non moins incontestables – était à peu près seul à nous offrir des ›Iles Fortunées‹, à l'abri du doute.
J'eus le regret de voir mourir Springer avant la fin de mes études. Son disciple Steinmann, qui l'aimait comme un père, me conduisit auprès du cercueil où il gisait, le visage douloureusement transfiguré, mais paisible pour la première fois; car, dans la vie, il était toujours, et en tout, un lutteur: son œil étincelait et ses mots brûlaient comme des flammes.
Il était logique que la recherche de certitudes m'orientât aussi vers les études philosophiques. D'autant qu'à l'Université de Leipzig, la philosophie était enseignée par Wundt, savant d'une renommée mondiale, dont les cours étaient fréquentés par des Japonais, des Américains, des Russes, des Polonais et des Bulgares presque autant que par des Allemands.* Il passait pour un des initiateurs de la psychologie *expérimentale* basée sur la physiologie. En fait, son domaine était beaucoup plus vaste, car c'était un esprit d'une envergure rare, qui embrassait, avec une égale intelligence, toutes les sciences, tant naturelles que morales. Pendant deux ans, je suivis assidûment ses cours et participai, dans son laboratoire, à ses expériences de psychologie et de physiologie.« (*Souvenirs* S. 251f.)

Seite 209 Zeile 20 (»Unsere Generation«) bis Seite 210 Zeile 28 (»Gesinnung gehen könne.«) wurde ersetzt durch:
»Mais était-ce vraiment des idées, des notions abstraites qui nous menaçaient, ou bien les dangers que nous ressentions en nous-mêmes, qui nous paraissaient réellement redoutables, le malaise moral, l'inquiétude religieuse, le pessimisme, le nihilisme, ne dérivaient-ils pas fatalement d'une situation *de fait?* En examinant le cas de Tin, en observant ce qui se passait autour de nous et en nous-mêmes, nous dûmes, en effet, constater que ces périls avaient tous, ou presque tous, une même origine, qui n'était pas seulement, et même pas en premier lieu, idéologique, tous, ou presque tous, provenant *du manque d'adaptation de l'homme au monde nouveau qui surgissait.* Faussé par les révolutions techniques et morales du dix-huitième et du dix-neuvième siècles, *l'équilibre entre l'homme et le monde,*

* Ce fut Paul Bourget qui, le premier, par une mention dans ses *Essais de psychologie contemporaine,* attira mon attention sur Wundt et me détermina à suivre son cours.

entre l'homme et la nature, était rompu. C'était, mais infiniment plus aigu par suite des développements récents de la technique et de la pensée, le même désaccord qu'avaient douloureusement ressenti, dès la deuxième moitié du dix-huitième siècle, Rousseau, quand il prêchait ›le retour à la nature‹, et Goethe, quand il bouleversait toute sa génération, y compris Bonaparte adolescent, en dressant devant elle la figure tragique de *Werther.* Mais un renoncement au progrès, tel que le prêchait Rousseau, n'étant plus possible, la réadaptation qui s'imposait pour rétablir l'équilibre était celle *de l'homme,* une refonte de son âme, qui le mît en état de résister aux secousses et aux tensions toujours plus rudes que lui faisait subir un monde de jour en jour, plus dur et plus différent de celui de ses ancêtres. Il fallait que l'Européen, que l'Allemand – dont l'âme, en son essence, tenait encore du tendre et sentimental ›Biedermeier‹,* – trouvassent le moyen de se réajuster à ce milieu nouveau, s'ils ne voulaient pas en mourir, tels des sauvages au contact d'une culture à laquelle ils ne sont pas préparés.

Nous fûmes de la sorte amenés à reconnaître, – et la tragique aventure de Tin nous y aida puissamment, – que ce qu'il nous fallait, ce n'était pas, ou pas uniquement, une nouvelle idéologie, une philosophie, une morale nouvelles, mais avant tout, selon un mot de Nietzsche, *›être nous-mêmes quelque chose de nouveau‹.* (*Par delà le bien et le mal,* aph. 253). Principe qu'il renforçait en proclamant que *›l'homme‹*, c'est-à-dire l'homme de ces derniers siècles, *›était quelque chose qu'il s'agissait de dépasser‹.* Il fallait en effet dépasser l'homme du dix-neuvième siècle, pour aboutir à un homme transformé qui fût de force à soutenir le choc des temps nouveaux.**

Mais où trouver des assises solides sur lesquelles établir cet homme nouveau? Le doute à l'égard de tout ce qui avait soutenu l'homme des temps révolus – religion, morale traditionnelle, justice, science, intelligence même – ne permettait guère d'espérer découvrir pour l'homme des temps futurs, un point d'appui extérieur nouveau, soit métaphysique,

* ›Biedermeier‹, romantisme allemand, 1830.

** Je m'en tiens ici à mes opinions d'étudiant. Je sousestimais encore l'influence profonde qu'a exercée, sur l'état d'esprit et les mouvements politiques du dix-neuvième siècle, le manque d'adaptation *de la Société et de l'État* à la technique moderne, – c'est-à-dire le manque d'adaptation des formes et fictions sociales, économiques et politiques des institutions et des mœurs à des conditions de vie et de pensée radicalement transformées et s'éloignant de plus en plus de celles qui avaient suscité l'armature traditionnelle du monde. Ce qui n'empêche, que l'adaptation de *l'homme* aux conditions nouvelles me paraît encore et toujours primer en importance celle de la Société.

soit conventionnel. Ce n'était donc *qu'en lui-même* que l'homme à venir, celui que réclamait le monde moderne, pourrait trouver des certitudes sur lesquelles s'appuyer. Et, précisément, Ibsen, que nous découvrions en même temps que Nietzsche, enseignait, non pas le retour à la nature, mais le retour de chacun à sa nature, à ses tendances innées; libérées de toute convention – et même de toute métaphysique comme celle qui soutenait encore les personnages de Dostoïewsky. L'effort que devait fournir l'homme, pour retrouver l'équilibre perdu, devait donc porter tout entier sur lui-même, sur sa nature intime, pour en extraire les éléments dont il pourrait se forger une armature capable de résister à l'assaut d'un monde qui, de tous ceux qui furent jamais, s'annonçait non seulement le plus jeune, le plus libre d'entraves antiques, mais aussi le plus menacé de lendemains tragiques. Ou plutôt, *il fallait choisir,* non pas entre un retour chimérique ›à la nature‹, mais entre le retour à une foi, fût-elle celle de nos grands-parents, et l'enfantement d'un surhomme qui n'aurait plus besoin de certitudes extérieures pour être homme et pleinement humain.

C'est en rapport avec ce dilemme qui nous confrontait, choix forcé entre le retour *à une foi* et l'enfantement d'un *›surhomme‹*, que m'apparut à moi, ainsi qu'à beaucoup de mes contemporains, la signification et la grandeur de saint François d'Assise. Springer, par ses recherches sur les origines religieuses de la Renaissance, et mon camarade d'études, le prince Hans, franciscain fervent, m'avaient fixé sur l'originalité de ce saint et sur son rôle dans les origines du sentiment moderne de la nature. *La Vie* de Sabatier, *les Fioretti,* les récits des compagnons de saint François complétèrent mon initiation. Une rencontre fortuite à Assise, dans l'humble ›Auberge du Soleil‹, avec Sabatier en personne, et de longues promenades avec lui dans la campagne ombrienne – un soir d'été surtout, où les feux de la Saint-Jean qui flambaient sur les hauteurs paraissaient un hommage au saint qui avait incarné dans sa personne ce paysage fruste et charmant, – achevèrent d'enflammer une sorte de passion de curiosité et de sympathie que je ressentais pour cette figure extraordinaire. Il me semblait que lui aussi, François Bernardone, avait été un jeune homme perplexe *devant un choix* analogue à celui qui nous était imposé, et que *lui* avait trouvé sa voie en poussant au delà d'un ›retour à la nature‹, tel celui, resté simple littérature, de Rousseau, et d'un retour à une foi purement traditionnelle, jusqu'à un point où il rejoignait Nietzsche et son appel aux forces profondes de l'âme, à ses besoins d'enthousiasme, d'humilité, de bonté, de dévouement, d'amour, enfin de bonheur, fût-ce dans le sacrifice total de soi-même. C'était que, cœur illuminé, saint François voyait en toute parcelle de la nature une manifestation de Dieu et, par là, une chose parfaite en elle-même et digne d'être humblement adorée:

›Loué sois, mon Seigneur‹,
chantait-il;
›avec toutes tes créatures.
Loué sois mon Seigneur,

Pour monsieur le frère Soleil
Parce que c'est par lui que nous
donnes le jour et nous illumines,
Et qu'il est beau, et rayonnant
avec grande splendeur!‹

Surtout il avait compris que, tout autant que le Soleil, chaque âme était, elle aussi, une parcelle de la nature et donc un foyer d'où rayonnait Dieu. C'était enflammé par cette conviction de l'essence divine de la nature, – de toute âme, ainsi que de tout fragment de l'univers extérieur, – qu'il avait mené, sans jamais se lasser, sa lutte humble et douloureuse contre tout ce qui, dans le monde ou dans le cœur, tendait à obscurcir le rayonnement de Dieu: contre la richesse et la puissance matérielles, aussi bien que contre la sécheresse du sentiment ou la superbe de l'esprit; lutte révolutionnaire, qui avait libéré le Christ de ses bandelettes millénaires, pour le ressusciter, tel Lazare revenu de la tombe, comme animateur d'un humanisme nouveau, celui du Dante, de Giotto, de Michel-Ange, – miracle aussi étonnant et de conséquences aussi incalculables que celui qu'accomplit la Grèce, en découvrant, par delà l'esclave aplati devant ses dieux et ses maîtres, l'homme libre, – comme raison d'être de la cité.

Saint François avait donc réalisé, nous le constations avec une surprise émue, ce que nous voyions proposé comme but à notre époque, la mise d'aplomb d'une civilisation par un renouveau de l'homme. Même, il l'avait réalisé en laissant de côté, c'est-à-dire à d'autres, la refonte de l'armature extérieure de la civilisation nouvelle, de l'État, de l'Église, de la Société, pour ne s'occuper uniquement que du cœur. Exemple éclatant, qui prouvait que le but que nous proposait Nietzsche, le ›surhomme‹, n'était nullement chimérique, si l'on entendait par là l'homme supérieur à celui des temps révolus, supérieur autant par son âme et la qualité de sa volonté, que par sa science et sa technique. Expérience décisive qui démontrait les possibilités de l'âme! Mais expérience qu'éclairait, dès ses débuts, d'un jour étrange et presque sinistre une parole d'un des premiers compagnons de saint François, objection que saint Égide aurait opposée à son maître: ›Oh! la suprême et rare distinction que de connaître sa propre âme! Dieu seul la connait et celui auquel il veut bien la révéler…‹

Pour le reste, et malgré cet avertissement mystique, la conclusion qu'imposaient la vie et l'œuvre de saint François était celle-là même que proclamait Nietzsche, à savoir que, dans un monde bouleversé, la vertu qui primait toutes les autres, et qui pouvait seule leur fournir un appui solide à toutes, c'était le courage, le courage poussé, sur la base d'une confiance profonde de l'homme en son âme, jusqu'à l'héroïsme: héroîme du cœur et de la douceur, comme celui de saint François, héroïsme de l'intelligence comme celui de Nietzsche, l'un ou l'autre, ou, mieux encore, l'un et l'autre, mais, toujours et dans tous les domaines, gratuit, sans l'appui d'aucune certitude sauf celle que chacun trouvait en soi, dans ses instincts, qui tels les chevaux jumeaux imaginés par Platon, le cheval blanc et le cheval noir, le cheval du bien et le cheval du mal, l'emportaient vers sa destinée.

Les romans de Dostoïewsky, certaines pièces d'Ibsen, *les Fioretti*, restèrent longtemps mes livres de chevet. Même, je ne crois pas trop m'avancer en disant que Dostoïewsky, Ibsen, saint François furent les pères spirituels de toute notre génération, celle qui s'apprêtait à ouvrir son cœur au Symbolisme. Ils étaient comme des torches avant l'aube; mais celui qui finit par éclairer et percer tout d'une lumière éclatante et cruelle, ce fut Nietzsche.« (*Souvenirs* S. 269–274)

Zweiter Band. Nicht vollendet (vgl. *Zu dieser Ausgabe* S. 439f.)

Vorabdrucke:

Amerika. In: *Die Neue Rundschau,* Berlin. Jg. 46, Heft 8 vom August 1935, S. 160–178 [entspricht S. 235–256]. Vorbemerkung der Redaktion: »Diese Beobachtungen, die das erste Kapitel des zweiten Bandes des Werkes ›Gesichter und Zeiten‹ des Verfassers bilden, beziehen sich auf die erste Hälfte der neunziger Jahre.«

Amerika II. Ebd., Heft 9 vom September 1935, S. 322–334 [entspricht S. 256–271, 279]. Nach einem fragmentarisch erhaltenen Typoskript in Privatbesitz konnte der von Peter Suhrkamp für den Vorabdruck gestrichene Teil Seite 271 Zeile 3 (»In Yuma«) bis Seite 279 Zeile 16 (»nach China spedieren zu lassen«) hier wieder eingesetzt werden.

Amerika III. Ebd., Heft 10 vom Oktober 1935, S. 429–443 [entspricht S. 279–296].

Pilsudski. Eine Erinnerung. In: *Die Neue Rundschau.* Berlin. Jg. 46, Heft 6 vom Juni 1935 (Sonderheft zum 60. Geburtstag Thomas Manns), S. 605–612. Vorbemerkung der Redaktion: »Die folgenden vertraulichen Aufzeichnungen wurden in den Jahren 1918/19 niedergeschrieben und damals einigen Mitgliedern der Regierungskreise in Berlin mitgeteilt. Sie werden in *Gesichter und Zeiten,* den Erinnerungen von Graf Kessler, aufgenommen werden, deren 1. Band: *Völker und Vaterländer,* soeben erschienen ist.« Eine Übersetzung von Blaise Briod: *Pilsudski en Allemagne* erschien in der *Revue de Paris.* Jg. 42, Heft 12 vom 15. Juni 1935, S. 830–840.
Der Text folgt mit Änderungen einer Schilderung Kesslers in seinem auf 130 Exemplare limitierten Privatdruck *Krieg und Zusammenbruch aus Feldpostbriefen 1914–1918.* Weimar: Cranach-Presse 1921 S. 111–125. Vgl. auch den Nachdruck: *Aus den Anfängen der Novemberrevolution. Pilsudskis Befreiung.* In: *Frankfurter Zeitung* Nr. 752 (Zweites Morgenblatt) vom 7. Oktober 1928 S. [1–2]

Geplante Kapitelfolge der ›Erinnerungen‹

[307–317] Typoskript. Mit einem Vermerk von fremder Hand: »Harry Graf Kessler's Memoirs. Synopsis submitted by S. Fischer-Verlag to Faber & Faber, 7. April 1933« [vgl. *Zu dieser Ausgabe* S. 437, 439 f.] Die Überschrift stammt vom Herausgeber. Privatbesitz. Erstdruck bei Bernhard Zeller: *Aus unbekannten Tagebüchern Harry Graf Kesslers. In: Jahrbuch der Deutschen Schiller-Gesellschaft.* Stuttgart. Band 31, 1987, S. 6–13.

Curriculum vitae

[319–334] Typoskript mit dem bei Denkschriften gebräuchlichen Vermerk »Vertraulich«. Die Überschrift stammt vom Herausgeber. Anhaltspunkte für eine Datierung um 1924 oder wenig später ergeben sich aus Erwähnungen der »jetzigen« deutschen Botschafter Carl-Ludwig Diego von Bergen (1872–1944) beim Vatikan 1920–1943 und Rudolf Nadolny (1873–1953) in Ankara 1924–1932 (S. 326, 331).

Notizen über Mexiko

[335–432] Erstausgabe Berlin: F. Fontane & Co. [Mai] 1898. Mit drei Heliogravüren: ›Kolossalkopf im Museum zu Mexico‹ [Frontispiz], ›Sagrariokapelle in Mexico‹ [vor S. 345], ›Großer Palast von Labná‹ [vor S. 385]. Druckvermerk: »Das Titelblatt und der Einband dieses Buches wurden von G. Lemmen, die Ornamente nach mexikanischen Mustern von J. Burn entworfen. Für die Erlaubnis, seine Aufnahme des großen Palastes von Labná wiederzugeben, gebührt Dank dem Forschungsreisenden Hauptmann Maler [vgl. S. 387, 398f., 401]. Es wurden von der ersten Auflage fünfundzwanzig numerierte Exemplare auf Büttenpapier gedruckt.« Kesslers ›Vorrede‹ S. 337f. erschien als *Selbstanzeige* in: *Die Zukunft,* Berlin. Jg. 6, Heft 31, vom 30. April 1898, S. 219f. Weitere Ausgaben: Titelauflage des Erstdrucks im Verlag Egon Fleischel & Co., Berlin 1903; im Inselverlag, Leipzig 1921 und 1929; als Nr. 824 der Insel-Bücherei Frankfurt am Main 1962. Dem Neudruck liegt der von Kessler stilistisch leicht überarbeitete Text letzter Hand von 1921 zugrunde. Sämtliche Ausgaben tragen die Zueignung: »Meiner Mutter gewidmet«.

Register